# 마음과 철학

유학편

마음의 본성을
탐구하는
철학의 모험

# 마음과 철학
## 유학편

공자에서
최한기까지

서울대학교 철학사상연구소 엮음

서울대학교출판문화원

발간사

# 〈마음과 철학〉 총서를 열며

서울대학교 철학사상연구소는 동양과 서양의 철학사상을 현대적으로 종합하고, 각 분과 학문의 방법론과 토대에 관해 학제적 연구를 수행하려는 목적으로 1989년 6월 14일에 설립되었습니다. 이후 여러 주제의 콜로키엄, 집담회, 포럼, 학술회의, 심포지엄, 국제행사, 교육과 연구 관련 과제, 그리고 출판 저술 활동들을 주관하며 이제 국내 철학계의 연구 활동을 대표하는 학술 연구소로 자리잡게 되었습니다.

연구소의 나이가 스무 살이 넘어감에 따라, 한국의 지식인뿐만 아니라 일반 지식 공동체도 관심을 둘 기획과제를 수행해보자는 의욕이 연구소의 구성원들 간에 자발적으로 발생하게 되었습니다. 그후 2년여의 준비를 거친 끝에 이제 〈마음과 철학〉 총서를 완성하게 되었습니다. 기획 단계에서 주제를 '마음에 대한 철학적 성찰'로 정하고, 편집위원회가 구성되었으며, 동양과 서양의 대표적 철학자를 총 60명으로 압축하고, 해당 분야를 주요 전공으로 연구하시는 강호의 제현들에게 원고 집필을 부탁드렸습니다. 또 한편으로는, 2년간 〈철학 강좌: 마음에 대한 철학적 성찰〉 시리즈를 개최하였습니다. 일반 대중들과 전문가들 앞에서 원고 내용 일부를 발표하였으며, 청중들과 질의응답하고 토론하면서, 소통을 통해 저희들의 사유를 보다 날카롭게 하였습니다. 매번 그 자리에 만장하셔서 좋은 질문을 해주셨던 이름 없는 청중 여러분께 이 자리를 빌려 감사의 말씀을 전합니다.

본 총서의 주제로 '마음'을 선정하게 된 데에는 몇 가지 이유가 있습니다. 우선 현재 철학계뿐만 아니라 인문학계 또는 한국의 학계 전반에서 불고 있는 통합 학문적 연구에 대한 지식인들의 사명의식입니다. 인문학과 다른 학문 간의 소통을 진작하고 더 많은 대화를 통하여 미래에 새로운 빛과 진보를 가져올 수 있는 새로운 아이디어와 사유를 가져오기 위해, 저희들은 전통적으로 철학자들의 오래된 주제였으며 최근 자연과학자들에 의해서도 그 실체가 탐구되고 있는 '마음'이라는 것을 밝혀보기로 했습니다. 두 번째 이유로는 마음이라는 주제가 동양, 서양 모두에서 많은 철학자들이 오랜 시간을 두고 심대하게 다루어온 주제라는 것에 주목하였습니다.

철학사상연구소는 동서양을 꿰뚫어 소통할 수 있는 철학적 담론을 개발하는 것을 그 주요 설립 목적으로 하고 있습니다. 저희는 이러한 '마음' 연구를 통해, 동과 서를 넘어, 철학과 사상, 종교를 아우르는 인류 정신사의 오랜 자취를 다시 살펴보고자 하였습니다. 서양의 철학 전통이 인식의 주체, 사유의 주체로서의 마음에 천착해온 데 비해, 동양에서의 마음이란 인식과 사유를 넘어서는 종교적 완성의 주체이기도 합니다. 그래서 유학의 경우는 오랜 심성론의 전통이 있습니다. 한편 불교는 의식의 탐구를 수행의 중심에 놓으며, 특히 인도의 경우 오랜 불교 인식론의 이론적 전통이 존재했습니다. 동아시아 불교가 지닌 마음의 본성에 대한 이해는 인식론을 넘어 존재론, 나아가 윤리학과도 관련될 만큼 중요한 주제입니다. 또한, 20세기 역사에서 유물론이 등장하고 사회 발전 단계에서의 물질의 중요성이 부각되었던 것처럼, 21세기에 들어서는 마음이 중요한 화두로 등장하였습니다. 마음과 그의 본성이 무엇인지에 대한 학문적 연구가 활발해졌을 뿐만 아니라, 마음이 지닌 무한한 가능성과 창조적 힘이 문화와 종교에서 강조되면서 마음은 새롭고 신비스러운 모습으로 대중에게 새로이 인식되고 있다고 할 수 있습니다. 이러한 학문적, 그리고 대중적 관심에 대해 저희는 나름의 철학적 답변을 이 네 권의 〈마음과 철학〉 총서로 여기에 제시하고자 합니다.

'마음'이라는 단출한 말 속에 담긴 이런 폭넓고 깊은 전통을 네 권의 책 속에 모두 담아내는 것은 쉬운 일은 아니었으나, 많은 선생님들의 헌신적인 수고로 이 일을 잘 마칠 수 있었습니다. 박찬국, 김상환, 강상진, 이석재, 강진호, 정원재, 안성두 교수님 등 편집위원들께서는 기획 단계에서부터 마무리에 이르기까지 많은 귀중한 조언을 주셨습니다. 특히 강진호 교수님은 공개강좌를 기획 진행하고, 서양편 두 권의 원고를 편집하는 등 이 기획의 전 단계에서 헌신적인 노력을 아끼지 않았습니다. 불교편은 안성두 교수님께서, 그리고 유학편은 정원재 교수님께서 공개강좌를 진행하고 원고를 편집하는 데 노고를 아끼지 않으셨습니다. 서울대학교 철학과 박사과정의 이정규 씨와 이우람 씨는 서양편 원고 수집 과정을 도와주었으며, 특히 이우람 씨는 용어 해설 작성을 맡아 주었습니다. 유학편과 불교편의 경우 서울대학교 철학과 박사과정의 이해임 씨, 그리고 석사과정의 양성철 씨(보일 스님)와 이상엽 씨가 원고 수합과 용어 해설을 맡아 주었습니다. 그리고 이 책의 기획의도를 누구보다도 더 잘 이해하고 편집 방향에 많은 조언을 준 서울대학교 출판문화원의 형난옥 전 운영본부장과 그동안의 여러 가지 어려움에도 불구하고 철학에 대한 애정으로 헌신적으로 이 일을 끝까지 마무리해준 김현호 편집장에게도 감사를 표합니다.

이런 대규모의 기획 프로젝트가 실현될 수 있었던 데에는 커다란 재정적 후원이 있었기 때문에 가능했습니다. 우선 서울대학교 연구처의 특별 지원금이 있었기에 이 프로젝트를 시작할 수 있었고, 특히 유학편과 불교편은 안국선원 회주이신 수불 스님의 너그러운 기금 지원으로 이루어졌다는 것을 밝힙니다. 이 자리를 빌려 깊은 감사를 드립니다.

이번 총서는 철학 전공자들뿐 아니라 마음의 본성에 대해 관심이 있는 타 학문 전공자들과 대학생, 일반인도 읽을 수 있는 고급 학술교양서를 지향하였습니다. 부디 독자 제현들께서 열람해주시고 질정해주시길 바라며 이 사회에서 철학의 가치를 높이고자 노력하는 저희 연구소의 활동에 애정 어린 관심 부탁드리겠습니다.

2012년 5월 매화꽃 향기가 가득한 교정에서

서울대학교 철학사상연구소 소장
조은수 배상

위의 글을 쓴 지 일 년여가 지난 지금 2013년 가을에 불교편과 유학편 두 권을 발간합니다. 이렇게 하여 총 네 권의 〈마음과 철학〉 총서를 마무리하게 되었습니다. 옥고를 기고해주시고 오래 기다려주신 저자 한분 한분께 깊은 감사를 표합니다. 작년의 서양편의 발간 이후 많은 격려와 질정을 보내주시고 그후 동양편의 발간을 재촉하고 기다려주신 독자 제현들께 이 책을 삼가 올립니다.

# 차례

서문

# 유학에서 보는 마음

## 거울과 저울, 또는 사랑과 앎의 변주곡

정원재 서울대학교 철학과 교수

이 책에는 중국과 한국의 유학자들이 인간의 마음에 대해서 어떻게 생각했는지를 설명한 15편의 글이 실려 있다. 애초 이 책을 기획한 의도 중 하나는 이 15편의 글을 읽고 나면 마음의 문제에 관한 중국과 한국의 유학적 사유의 역사가 얼추 파악되기를 희망한 것이다. 이 책의 맨 앞에 실리는 이 글 역시 그 같은 기획 의도에 봉사하기 위한 하나의 개관이랄 수 있다. 기획의 의도를 충실히 살리기 위해, 이 개관 글에서는 책에 실린 여러 글의 내용을 얼마간 요약하고 소개하기도 하겠지만, 그보다는 그 글들의 사이와 사이를 메꾸는 데에 더 힘을 쏟으려 한다. 곧 이 글에서는 이 책의 여러 필자들이 중국과 한국의 유학자들을 놓고 그린 여러 가지 마음의 상이, 전체적인 철학사의 흐름에서는 어떤 맥락에 놓여 있는 것인지를 가능하면 일관된 방식으로 설명하는 데에 주력할 것이다.

이렇게 흐름과 맥락을 좇는 일이란, 각각의 필자들이 제공한 정보를 바탕으로 하여 마음에 관한 한 편의 이야기가 독자에게 더 선명하게 다가갈 수 있도록 재구성하는 방식이 될 것이기에, 그 자체로 매우 거친 도식화가 되리라는 사실을 충분히 예상할 수 있다. 그런 과정에서 때로 여러 글의 필자들이 별로 비중을 두지 않았던 부분을 더 도드라지게 하거나, 반대로 필자들이 방점을 찍은 부분을 빠뜨리거나 하는 경우도 있으리라는 것 역시 넉넉히 짐작할 수 있는 일이다. 이 점 독자 여러분과 각 편의 필자 여러분께 미리 양해를 구한다. 또, 이런 설명 과정에서 혹 생겨났을지도 모르는 오류나 문제점은 모두 이 글을 쓰는 나의 책임임을 먼저 밝혀둔다.

## '마음'이란 말 살피기

현대 한국어의 '마음'이란 말이 유학자들의 저술 속에서 직접 사용된 적은 없다. 중국은 물론 조선의 유학자들도 대부분 중국 철학에서 먼저 쓰던 말, 곧 한자로 된 말을 빌려와 학술활동을 했기 때문이다. 그들이 사용한 중국철학 용어 중에서 현대어의 '마음'과 관련된 개념으로는 심(心; 보통 '마음'으로 번역함), 성(性; 본성), 정(情; 감정), 그리고 의(意; 의식), 지(志; 의지) 등을 들 수 있다. 뒤집어 말하면 오늘날 우리들이 일상생활에서 사용하는 '마음'이라는 말에는, 과거 중국과 조선의 학자들이 사용하던 '심', '성', '정', '의', '지'란 말의 뜻이 어느 정도씩은 모두 담겨 있다는 뜻이다. 이 중 유학자들이 '마음'에 대해 어떻게 생각했는지 살펴보기 위해, 나아가 때로는 그들의 철학 이론을 전체적으로 조망하기 위해서도 가장 중요한 개념은 다름 아닌 '심'이라고 할 수 있다.

중국이나 조선의 유학을 연구하는 현대의 학자들은 흔히 이 '심'을 곧바로 '마음'이라고 번역하곤 한다. 상당한 혼란을 감수하면서까지 연구자들이 그렇게 하는 이유는, 무엇보다도 우리말에서 딱 떨어지는 번역어를 찾지 못해서이다. 그러나 다른 한편, 이것은 '마음'과 관련된 여러 개념들 중 '심'이 '마음'의 본질과 현상을 대표할 만한 용어라고 연구자들이 암묵적으로 동의하기 때문이기도 하다. 이런 사정을 고려하여 이 글에서도 역시 앞으로 별다른 설명 없이 '마음'이라고 할 때는 바로 심, 곧 좁은 의미의 마음을 가리키는 것임을 미리 일러둔다.

유학자들의 글에서 마음은 일차적으로 심리적 사태와 관련된 기술에 사용된다. 그런데 그 기술을 찬찬히 음미하다 보면, 많은 문맥에서 마음이란 말은 일종의 은유로 사용된다는 점을 쉬 눈치챌 수 있게 된다. 이럴 때 마음은 단순히 심리적 사태에 국한된 의미만이 아니라, 비유적으로 나, 주체, 개인 등의 의미를 함축하게 된다. 그리고 바로 이 점이 마음이라는 말이 본성, 감정, 의식, 의지 등 여러 다른 개념들을 제쳐두고 우리의 마음 안에서 벌어지는 여러 일들을 대표하는 용어로 간주되는 가장 중요한 이유라고 할 수 있다. 이런 사실을 고려한다면, 마음 이론이란 마음 곧 나의 성격과 영역, 역할에 대한 규정의 체계라고 말할 수 있을 것이다.

## 유학과 마음

유학이 다른 학문 전통, 다른 철학과 구분되는 특징은 언제나 도덕을 지향하는 이론체계라는 점이다. 유학자들의 목표는 한 마디로 '착하게 살자'는 것이라고 요약할 수 있다. 그 같은 유학적 사유의 전통에서 마음은 왜 중요하게 다뤄지는 것일까? 그런 질문에 답할 수 있는 실마리를 우리는 유학의 창시자랄 수 있는 공자의 철학에서 찾을 수 있겠다.

세상 천지에 길이라곤 찾을 수 없다天下無道는 말로 표현되곤 하는 춘추 시대의 무질서와 혼란에 대해, 공자는 인仁을 문제 해결의 가장 중요한 방책으로 제시했다. 공자가 말하는 인이 무엇인지에 대해서는 다양한 해석이 있지만, 공자 스스로 인은 "사람을 사랑하는 것"이라고 설명한 데에서 드러나듯이, 인은 우선적으로 '사랑'의 의미를 갖고 있다. 공자는 여기서 나아가 사랑을 바탕으로 할 때 인간은 누구나 착하게 행동할 수 있으며, 그렇게 착한 일을 해나가는 사람은 인격을 이루게 된다고 보았다. 그리고 이런 점에서 또한 사람의 본질은 인이라고 말했다.

상식적으로 생각해서 사랑이 일단은 인간의 특정한 감정이나 그런 감정을 산출하는 마음의 능력을 의미한다고 할 때, 사랑으로서 인은 무엇보다도 인간의 감정 내지 마음의 영역과 관련된 주제가 될 것이다. 이 점에서 공자가 인을 주창한 것은 매우 특이한 발상이라고 할 수 있다. 당대 사회의 문제를 해결할 수 있는 근본적인 대안을 일차적으로 개인의 마음 안에서 찾는 것이기 때문이다. 법이라는 개인 외부의 질서를 강제함으로써 국가를 경영하려 한 법가의 이론과 대비해 보면 이 점은 더욱 분명해진다. 곧 인을 중심으로 하는 공자의 철학에서 잘 드러나듯이, 유학은 그 출발부터 마음의 문제를 가장 중시한 학문이라고 할 수 있다.

공자의 철학은 무엇보다도 인간이 착하게 행동할 수 있는 근거가 인간의 마음 안에 이미 충분히 있다는 도덕적 인간관을 전제하고 있다. 하지만 공자는 이런 인간관에 담긴 함축을 본성, 마음, 감정 등의 개념을 동원하여 체계적으로 설명하지는 않았다. 이런 작업은 맹자와 순자에 가서 본격적으로 이뤄진다.

공자가 인간에게 인이라는 마음의 능력이 있다고 본 데 더하여, 맹자는 인의예지 네 가지로 대표되는 도덕적 행위 능력이 마음의 본질로 자리한다고 보고, 이 점에서 인간의 본성은 선하다고 주장하였다. 그리고 이런 본성의 능력을 현실화하는 것이 마음이라고 여겼다. 맹자에 따르면, 마음은 몸의 욕구, 그리고 그것을 유발하는 자신의 외부 사태에 영향을 받기도 하지만, 동시에 선한 본성에 근거함으로써 몸과 자신의 외부에 영향을 미치면서 그것을 이끌고 나갈 수 있는 것이기도 하다. 그는 이를 마음의 의지志와 몸의 기氣로 대비하여 설명한다. 또 마음에 비한다면 몸은 작은 것일 뿐이라며 마음을 '큰몸'이라고 부르면서, 큰몸인 마음이 작은 몸을 이끌고 나가야 한다고 함으로써, 착하게 행동할 수 있는 본성의 능력을 이끌어내는 주체로서 마음의 위치를 확고히 한다.

반면, 순자는 오히려 인간은 그저 몸의 욕구를 충족하려 애쓰는 존재라고 본다. 그래서 자연 상태에서 인간은 자신의 욕구를 충족하려 싸우다 필연적으로 무질서와 혼란을 초래한다는 것이다. 이런 점에서 인간의 본성은 '결과적으로' 악한 것이다. 그렇다면 어떻게 인간은 착하게 살 수 있을까? 바로 이 지점에서 마음의 역할이 요청된다. 마음은 자신의 감정과 욕구에 대해 취사선택하고 이에 따라 행동한다. 이때 '선택'을 수행하는 것은 바로 마음의 핵심적 기능인 사려다. 마음이 이렇게 판단하고 그에 따라 도덕적 행위로 나아갈 수 있는지 여부가 결정된다는 점에서, 순자는 마음을 하늘이 내린 임금, 몸의 임금이라고 부른다. 하지만 사려가 몸의 욕구를 따르려는 감정을 선택하면 어떻게 되는 것인가? 그런 사태를 피하기 위해서는 먼저 마음을 비우고 하나로 하며 고요하게 해야 한다. 그리고 이런 상태에서 모든 선택의 객관적 표준인 도, 곧 예를 받아들여야 한다. 예를 기준으로 자신의 감정과 외부의 사태를 판단함으로써 인간은 올바로 행동할 수 있게 된다. 따라서 순자에서도 마음은 임금으로 불릴 만큼 확고한 주체이지만, 이 주체의 노릇은 자신의 감정에 대한 판단에 집중된다.

순자 이후로 마음에 대한 유학자들의 사유는 어떻게 전개되어 갔을까? 우선 눈에 띄는 것은 한대의 철학자 양웅이 주장한 성선악혼설이다. 마음의 본질은 선악이 뒤섞여 있다는 이 주장은 동중서, 왕충 등 한대 본성론의 일반적 경향을 반영하고 있는 것으로 보인다. 그리고 양웅을 포함한 이들 한대의 주요한 유학자들의 마음 이론은, 인간은 자연 상태에서는 사회적인 악에 이르게 되므로, 후천적인 외부의 교정을 통해 선을 이룰 수 있다고 본다는 점에서 순자 마음 이론의 연장선에 있는 것이라고 할 수 있다.

한대 이후 수·당대는 사상사적으로는 불교철학의 시대라고 할 수 있으므로, 마음에 대한 유학적 사유의 또 다른 개화는 송대에 새롭게 일어난 유학, 말 그대로 신유학의 시기가 오기까지 기다려야 했다.

## 신유학의 마음 이해 세 가지

맹자나 순자의 경우에서 잘 나타나듯이, 마음의 역할은 본성의 선악 여부와 밀접한 관련이 있다. 맹자에서처럼 본성 자체에 이미 도덕성이 내재해 있는 것으로 파악되면 마음은 그것을 드러내는 역할을 하게 되고, 반대로 순자처럼 본성 자체로는 도덕성과 무관하다면, 마음은 외부에서 도덕을 가져오는 역할을 수행하게 된다. 이 점은 신유학의 마음 이론에서도 마찬가지 방식으로 일관되게 나타난다.

다만 신유학자들은 그 같은 선진시대의 이론을 리(理; 이하 '理'를 홑으로 적을 때는 편의상 '리'로 표기한다)와 기를 비롯한 여러 신유학 개념을 동원하여 재구성해내려 한다. 이 중 특히 리와 기는 흔히 신유학의 특징적 개념으로 받아들여지고 있다. 리와 기 각각은 선진시대부터 등장하는 말이긴 하지만, 이 둘이 짝을 이루어 주요한 사고틀로 사용된 것은 역시 신유학의 시대에 이르러서부터라고 할 수 있기 때문이다. 리와 기의 구체적인 의미에 대해서는 학자들마다 조금씩 견해가 다르지만, 대강을 추리는 정도로 말해서 리가 도덕원리 또는 도덕법칙의 의미를 담고 있다면, 기는 개인의 욕망이나 몸, 권력, 재력, 무력 등 사회를 움직이는 갖가지 힘의 요소, 그리고 자연세계를 구성하는 재료, 물질 등의 뜻을 갖고 있다고 할 수 있겠다.

신유학에서 리와 기로 마음을 설명하는 방식은 다시 크게 세 가지 서로 다른 명제를 중심으로 구분되는데, 그 각각은 "마음은 리와 기가 합쳐진 것이다", "마음은 기다", "마음은 리다"이다. 이렇게 마음에 대한 이해가 셋으로 달리 나타나는 것은 직접적으로는 지각의 기능과 관련이 있다.

신유학자들은 대체로 마음을 '지각'으로 규정한다. 지각이란 외부의 자극에 대해 반응하고 이 반응을 계산하는 능력이다. 인간의 감정, 나아가 인간의 행위 전체는 일단 외부의 자극에 대한 반응으로 파악된다. 이 반응은 자극하는 대상을 좋아하고 싫어하는 두 가지로 크게 구분되는데, 외부 대상을 좋아하는 반응은 다시 그 대상을 가까이 하려는 욕구로 이어지고, 외부의 대상을 싫어하는 반응은 그 대상을 멀리 하려는 욕구로 나타난다. 이런 반응과 욕구가 있으면 곧바로 마음속에는 자신이 느끼는 감정적 반응을 어떻게 처리할지 더듬는, 일정한 판단의 성격을 띠는 생각들이 나타나는데 이것이 반응에 대한 '계산'이다. 이 계산은 최종적으로 상응하는 행동으로 이어지게 된다. 여기서 알 수 있듯이 지각의 두 가지 주요한 기능은 반응과 계산이라고 할 수 있다. 이 두 기능 중에서 어느 쪽에 더 주목하여 마음을 이해하는지에 따라 신유학자들의 마음 이론이 셋으로 구분되는 것이다.

한편 신유학자들이 사용하는 '지각'의 용례는 현대 한국어에서도 그 흔적이 발견된다는 점을 짚고 넘어갈 필요가 있다. 보통 학술서적에서 등장하는 '지각'이란 단어는 대체로 영어의 'perception'의 번역어로, 외부의 감각정보를 수용함으로써 성립하는 인지 작용의 의미를 갖고 있다. 반면 "지각 있는 사람이라면, 함부로 그런 일을 하지 않을 텐데"라는 말을 보자. 여기서 사용된 '지각'은 '사리 판단을 할 줄 아는 능력'의 뜻으로, "이제야 철이 들었군"이라고 할 때의 '철'과 같은 의미를 가지고 있다. 즉 현대 한국의 일상어에서 사용되는 지각 중 어떤 용법은 신유학자들이 사용하는 지각의 주요한 두 의미 축에서 특히 반응에 대한 계산 내지 판단의 의미와 연결되어 있다고 볼 수 있다. 이제 지각의 기능과 관련하여 나타난 신유학의 세 가지 마음 이론의 흐름에 대해 살펴보자.

## 마음은 리와 기가 합쳐진 것이다: 선한 반응과 행위를 이끌어내는 마음

흔히 중국의 신유학을 대표하는 인물로 여겨지곤 하는 주희의 마음 이론을 먼저 살펴보자. 마음에 대한 주희의 생각 역시, 그의 다른 이론처럼 선진시대와 북송대 여러 철학자의 이론을 종합한 것이다. 이미 본 것처럼 맹자는 인간의 "본성은 선하다"고 주장한다. 북송대에 정이는 맹자의 이 주장을 "본성은 리다"고 바꾸었다. 주희는 정이의 명제를 그대로 수용함으로써 자신이 맹자의 성선설을 계승하려 한다는 점을 명확히 한다. 이 선한 본성, 곧 리인 본성을 선한 감정과 행위로 현실화하는 것은 바로 마음의 역할이다. 그래서 주희는 "마음은 본성과 감정을 거느린다"고 말한다. 이것은 몸의 작음에 대비하여 마음을 '큰몸'이라고 부르고서, 마음이 몸을 이끌고나가야 한다고 선언한 맹자의 견지를 전면적으로 밀고나간 것이라고 할 수 있다. 곧 주희에서는 본성에 깃든 선을 능동적으로 이끌어낼 수 있는 것이 마음이다.

이와 관련하여 주희는 마음을 '텅 비었으나 도덕적으로 반응할 수 있는 지각虛靈知覺'이라고 규정한다. 인간의 마음은 텅 비어 있기에 개인적인 욕구를 벗어나 공평할 수 있고, 도덕적으로 반응할 수 있기에 선하게 행동할 수 있다는 것이다. 이런 규정은 장재의 마음 이론을 겨냥하고 있다. 장재는 자연의 본모습인 태허처럼 텅 빈 마음이 되면 인간이 욕구에서 벗어나 올바른 행동을 할 수 있을 것이라고 기대한다. 그러나 주희는 인간이 도덕적으로 행위하려면 단지 욕구를 비우는 것만으로는 부족하다고 본다. 텅 빈 마음은 공평하긴 하지만 그것만으로 선이 되기에는 충분하지 않다는 것이다. 마음은 이에 더하여 선의 근원인 본성을 이끌어내어 도덕적으로 반응할 수 있는 능력을 지닌 것이기도 하다. 곧 주희는 마음은 지각이므로 몸의 욕구에 따라 반응하기도 하지만, 선한 본성에 근거함으로써 얼마든지 도덕적인 반응을 낼 수 있다고 주장한 셈이다. 이런 생각은 나중에 본성에 근거한 지각의 반응인 도심과 몸에 근거한 지각의 반응인 인심을 구분하는 인심도심설로 발전한다.

이황의 마음 이론은 주희에서 출발한다. "본성은 리다"와 "마음은 본성과 감정을 거느린다"는 주희의 두 명제에 대한 전면적 지지가 그것이다. 이황이 마음을 본체와 작용의 구조로 파악하는 것도 바로 이 때문이다. 마음의 본체는 본성이며, 마음의 작용은 감정이라는 것이다. 곧 주희에서와 마찬가지로 이황이 보는 마음 역시 본성과 감정의 양 측면을 아우르고 주재하는 것이다.

이황의 마음 이론이 주희의 이론에서 진전된 특징적인 면모를 드러내는 점은, 마음 자체를 리와 기로써 규정하기를 즐겨한다는 점이다. 이황은 주희의 제자 진순이 남긴 "마음은 리와 기가 합쳐진 것이다"는 말에 적극적으로 동의하면서, 마음을 설명하는 거의 모든 글에서 이를 일관되게 강조한다. 이것은 리인 본성과 기인 몸이 합쳐지면서 마음이 생겨난다고 여긴 데에서 비롯한 말이다. 곧 마음은 도덕적인 본성과 욕구하는 육체의 양 측면에 모두 관계하는 것이며, 마음이 본성과 감정을 주재할 수 있는 것도 바로 이 때문이다. 곧 "마음은 리와 기가 합쳐진 것이다"는 명제는 "마음은 본성과 감정을 거느린다"는 주희의 말을 이기론의 측면에서 명확하게 뒷받침한 것이라고 할 수 있다. 이 때문에 이후 이 명제는 퇴계학파를 다른 학파와 구분하는 핵심 이론 중 하나가 된다.

## 마음은 기다:
## 자신의 이익을 계산하는 마음

장재는 세계를 기로써 설명한다. 자연세계에서 기는 모여서 구체적인 사물을 이루는데 이것이 흩어지면 눈에 보이지 않는 상태가 된다. 여기서 장재는 기의 모임과 흩어짐 중 흩어짐의 상태가 자연세계의 본래 모습이라고 보고, 이를 태허太虛 곧 '큰 빔'이라고 본다. 장재는 이 같은 세계에 대한 설명을 마음 이론에도 적용한다.

장재는 신유학자 중에서는 맨 먼저 인간의 마음을 '지각'으로 규정한다. 하지만 지각의 반응은 사실상 몸의 욕구를 반영한 것이라고 본다. 그래서 그는 인간에게 자연의 본모습인 태허를 본받으라고 한다. 마음을 태허처럼 크게 비우면 몸의 욕구에서 벗어나서 공평해진다는 것이다. 문제는 마음을 비웠다고 해서 곧바로 착한 행동이 나오지는 않는다는 점이다. 이 때문에 장재는 다시 예를 통해 도덕으로 나아갈 것을 주장한다. 예를 기준으로 외부 사태와 그에 대한 자신의 반응이 마땅한지 여부를 헤아림으로써 올바른 행위에 이를 수 있다는 것이다. 이렇게 보면 장재 이론의 뼈대는 '비운 마음에 예를 받아들이기'라고 할 것이고, 이는 곧 순자 이론의 신유학적 재현이라고 할 수 있을 것이다.

장재의 마음 이론을 밀고나가 완결된 이론체계를 만든 조선의 대표적인 신유학자는 이이다. 이이는 신유학자 중 처음으로 "마음은 기"라고 명확히 선언한다. 이 선언은 직접적으로는 이황의 "마음은 리와 기가 합쳐진 것이다"는 명제를 비판하는 것이면서, 동시에 이황의 명제가 뒷받침하고 있는 "마음은 본성과 감정을 거느린다"는 주희의 주장을 거부하는 것이기도 하다. 기인 마음은 리와 근본적으로 구분되므로, 마음이 리인 본성에 근거하여 선한 감정을 이끌어내는 것은 애초에 불가능하다는 것이다. 그래서 이이는 "감정은 내 뜻대로 나오는 것이 아니다"고 단언한다. 마음은 기이므로, 일상에서 인간이 지니는 감정은 기본적으로 몸에서 비롯한 욕구를 반영한 것이라고 할 수 있다.

여기서 이이는 감정에는 의식意이 수반된다고 본다. 그리고 의식은 주어진 감정을 특정한 기준에 맞추어 계산하고 비교하여 어떻게 할지 생각하는 기능이 있다고 말한다. 곧 마음의 영역에는 크게 감정과 의식이 포함되는데, '주체'로서 마음의 역할은 의식의 계산부터 시작된다는 것이다. 물론 "마음은 기"라는 명제가 시사하듯이 의식은 무엇이든 자신에게 이로운지를 먼저 따지기 마련이다. 그래서 인간에게 필요한 것이 바로 예다. 자신의 이익이 아닌 예를 기준으로 감정을 계산하고서, 그 결과로 판정된 예에 들어맞는 감정과 행위를 실천함으로써 비로소 도덕의 길은 열린다. 곧 지각의 두 기능 중, 감정이라는 반응보다 계산의 기능에 주목하여 이를 의식의 자리에 부여한 것이 이이 마음 이론의 새로운 점이다.

이이의 이론은 이후 조선의 역사적 전개 과정에서 사상계의 주류로 자리 잡게 되는데, 시간이 지나면서 학파 내부에서 이론적인 분화를 겪게 된다. 이것이 곧 호학과 낙학이라는 두 개의 진영이다. 이 분화는 무엇보다도 김창협에 의해 촉발된 것이다. 김창협을 비롯한 낙학 진영의 사상적 모색은 곧 이이 이론의 전면적 수정으로 비쳤고, 이것이 이이의 이론적 틀을 대체로 고수하려 한 호학의 비판을 불러일으켰다. 호락논쟁은 바로 이 비판과 응답 과정에서 성립한 것이다. 인물성의 같고 다름, 지智와 지각, 미발 심체, 태극 등 호락논쟁의 여러 쟁점 중에서 김창협의 마음 이론과 관련하여 가장 중요한 것은 지와 지각의 관계 문제다.

본성과 마음을 구분하는 나흠순의 논법을 원용하여, 김창협은 지와 지각을 각각 본성과 마음으로 명확히 구분한다. 하지만 나흠순이 본성과 마음을 구분하면서 본성에 비중을 두었던 것과 달리 김창협은 마음의 의미를 강조한다. 이것은 지각으로서 마음은 도덕성의 근거인 본성과 구분되는 독자적인 기능과 역할을 가지고 있다는 주장이기도 하다. 김창협은 무엇보다도 반응에 대한 '계산'이라는 지각 본래의 기능에 입각해서 마음을 바라보려는 것이다. 따라서 지각은 단순히 옳고 그름만을 판별하는 시비지심과는 다르며, 인간의 감정에 대해 도덕적인 기준은 물론 도덕과 무관한 기준에서도 계산할 수 있는 것으로 파악된다. 이렇게 하여 김창협의 마음 이론은 인간의 마음이 규범으로부터 자유로워질 수 있는 가능성을 열어둔 셈이 된다. 이 가능성은 그러나 한편으로는 조선 사회를 지탱하는 근간인 도덕으로부터의 이탈로 읽힐 수 있을 것이다. 정약용의 문제 제기는 바로 이 지점에서 비롯한다.

정약용은 마음의 역할을 세 가지로 규정한다. 우선 마음의 본성은 외부 자극에 대해 좋아하고 싫어하는 식으로 반응할 수 있다는 점에서 '기호'이다. 이런 기호에는 선을 좋아하는 기호도 있지만 몸에서 비롯한 식욕과 성욕의 충족 대상을 좋아하는 기호도 있다. 또 이런 기호에 대해 스스로 계산하고 판단하여 자신이 나아갈 길을 선택할 수 있다는 점에서 마음은 하나의 '저울'이다. 그리고 마음은 이 선택을 바탕으로 '실천'해나가는 것이기도 하다. 마음에 대한 이같은 이해 특히 기호와 저울에 대한 설명은, 지각의 두 가지 기능인 외부 자극에 대한 반응과 이 반응에 대한 계산과 판단을 그대로 가져온 것이다.

여기서 정약용은 선을 좋아하는 기호를 마음이 능동적으로 이끌어낼 수는 없다고 본다. 곧 마음은 자극에 대한 반응 자체는 통제할 수 없다는 것이다. 이렇게 반응이 일어난 이후에야 비로소 마음의 선택과 실천이 가능하다는 점에서 정약용의 마음 이론은 이이의 그것과 일단 궤를 같이한다. 반면, 정약용은 특히 선을 좋아하는 기호란 하느님인 상제의 명령이므로, 이를 선택하여 실천함으로써 인격을 이룬다면 상제의 보상이 주어지겠지만, 반대의 경우에는 벌이 내려질 것이라고 본다. 곧 정약용에서 도덕이란 처음부터 끝까지 하느님이라는 인간 외부의 절대자를 따름으로써 성취된다. 이는 개인이 자율적으로 예를 이행함으로써 도덕으로 나아갈 수 있다고 본 이이의 이론이, 김창협의 경우에 나타나듯 당대 조선의 현실에서 한계에 봉착했다는 선고라고 할 수 있다. 한편 이이의 이론적 원형을 선진시대의 순자에게서 발견할 수 있다면, 정약용의 하느님 이론의 시원은 묵자에게서 찾을 수 있다. 이 점에서 정약용의 철학은 동북아시아 유학사에서 매우 독특한 위치를 차지하고 있다.

정약용 이래 점차 뚜렷한 추세로 계속되는 서세동점의 시대에, 최한기는 이이의 이론을 변형하여 서구의 과학기술을 수용하려 시도한다. 장재 이래 많은 신유학자들이 세계는 기를 재료로 하여 이루어진 것이라고 본 데 비해, 최한기는 인간과 자연 세계 구성의 기본 단위를 '신기神氣'라고 파악한다. 최한기 스스로 '신'의 기능을 밝은 지각明知이라고 한 데에서 알 수 있듯이, 신기란 곧 지각 능력이 있는 기라는 점에서 붙인 이름이라고 할 수 있다. 신기의 이같은 성격에서 예상할 수 있듯이, 최한기 철학에서 마음은 바로 인간이 지닌 신기다. 그리고 신기의 작동 방식이 곧 추측이다.

추측은 하나의 일을 미루어推 다른 일을 헤아린다測는 뜻이다. 외부의 감각정보를 미루고 이를 근거로 헤아림이 일어난다는 최한기의 설명에서 알 수 있듯이, 추측은 일차적으로는 자극과 반응 사이를 매개하는 판단을 의미한다. 그리고 이런 추측 활동의 결과물로 얻어진 앎을 최한기는 지각이라고 부른다. 여기서 한걸음 나아가 그는 인간의 마음과 관련된 모든 활동의 영역을 추측의 틀로 설명해내려 한다. 추측을 주희 철학의 궁리를 대체하는 말로 쓰거나, 도덕을 미루느냐 개인적인 욕구를 미루느냐에 따라 선악이 결정된다는 식의 설명이 그런 예이다. 곧 최한기가 말하는 추측은 전통적인 지각의 두 기능 중 계산의 의미를 새롭게 제시한 것이라고 할 수 있다.

최한기는 추측을 통해 얻은 리를 자연세계의 실제적인 리 곧 '유행의 리'로써 검증해야 한다는 점을 강조한다. 그리고 추측의 리와 유행의 리가 일치하는 대표적인 사례가 유학의 강상윤리와 서양의 과학기술임을 시사함으로써, 이 둘의 결합이 새로운 세계의 이상적인 모습이라고 보는 동도서기론의 경향을 드러낸다. 이 점에서 최한기의 철학은 마음을 기로 보는 조선 신유학의 전통이 서구의 충격에 대응한 한 사례라고 할 수 있을 것이다.

## 마음은 리다:
## 옳고 그름을 계산하는 마음

마음을 리로 보는 흐름은 직접적으로는 왕수인에게서 비롯한 것이다. 왕수인은 사람은 누구나 자신이 느끼고 행동한 것이 옳은지 그른지 즉각적으로 알 수 있다고 보고, 이런 능력을 맹자의 용어를 빌려 '양지'라고 부른다. 또 인간의 마음에는 양지라는 도덕적 판단능력이 있다는 점에서 "마음은 리"라고 주장한다. 그리고 이런 의미에서 양지란 자나 컴퍼스, 저울과 같다고 설명한다. 이는 지각의 두 기능 중 반응을 계산하고 판단하는 능력을 이상적으로 설정한 것이다. "마음은 기"임을 주장하는 장재나 이이 등이 도덕 판단을 위해 외부의 기준, 특히 예를 먼저 수용하는 것이 필요하다고 여긴 데 비해, 왕수인은 별다른 노력 없이 인간은 애초부터 자신이 느끼는 감정과 그것에 이어질 행위가 옳은지 그른지 곧바로 알 수 있다고 간주한 것이다.

왕수인의 이런 주장은 인간이 누구나 도덕성을 가지고 있다고 본다는 점에서 주희의 "본성은 리"라는 주장과 같은 맥락에 있는 것처럼 보이기도 하지만, 그 도덕성이 인간의 본질적 수준, 본성이 아니라 일상에서 우리가 경험하는 현실적인 마음에서 늘 드러난다고 본다는 점에서 주희의 주장을 근본에서 배격하는 것이기도 하다. 이를 통해 왕수인이 말하려는 것은, 도덕적으로 옳은 것이 과연 무엇인지 고민하느라 세월을 허송하는 대신에 우선 자신이 아는 옳은 것을 실천하라는 것이다. 인간이 다른 무엇보다도 강력한 도덕 실천의 주체로 서고자 하는 것, 그것이 왕수인 철학의 목표일 것이다. 따라서 인간은 단지 '양지를 실현하기致良知'만 하면 된다.

왕수인의 이런 주장에 대해 나흠순은 마음을 기로 보는 견지에서 비판한다. 나흠순은 왕수인 철학의 핵심 개념인 양지는 그저 지각에 불과하다고 본다. 지각이란 자극에 대해 반응하고 이를 계산하는 능력일 뿐이므로, 그 자체로는 어떠한 도덕적인 함의도 발견할 수 없다. 이 점에서 양지 역시 일종의 지각인 한, 왕수인이 생각하듯 도덕적 판단능력이 될 수는 없다는 것이다. 곧 양지에는 리가 결여되어 있다. 리가 없는 양지를 믿고 행위하는 것은, 자신의 감각적 욕구에 따라 행동하는 것에 불과하며, 이것은 결국 사회질서의 파괴로 이어질 것이라는 것이 나흠순의 주장이다.

나흠순이 왕수인 철학을 비판하면서 드러냈던 우려는, 후대에 특히 태주학파를 통해 현실화된다. 태주학파는 왕수인의 이론을 극단적으로 밀고나간다. 그들은 일상적 자아의 느낌과 행동은 있는 그대로 모두 옳다고 보면서, 세상을 구하려는 의지로 거침없이 실천해 나가지만, 동시에 사람이면 갖게 되는 동물적 욕구도 다 긍정하고 만다는 비판에 부딪치게 된다.

태주학파라는 사태에 대한 반성에서 출발해서 왕수인의 철학을 재건하려 한 이가 황종희다. 왕수인의 "마음은 리"라는 이론, 그리고 이것의 실천적 강령으로서 "양지를 실현하라"는 말을, 태주학파는 "마음은 기"라는 전제의 연장선에서 이해했다는 것, 그럼으로써 왕수인이 본래 의도했던 도덕의 기획을 무너뜨리고 말았다는 것이 황종희의 반성이다. 그래서 황종희는 마음은 본래 자연스런 욕구라는 점을 일단 인정하되, "마음은 리"라는 왕수인의 명제를 자연적인 마음, 생명으로서의 마음, 활동성으로서의 마음이 지니는 '규칙'으로 이해한다. 그리고 이를 통해 마음의 주재를 달성하려 한다. '마음의 자연화와 자연의 주재화'라는 이 모순된 기획을, 황종희는 스승인 유종주가 제시한 길을 따라 마음의 영역 중 '의식'을 마음에 내재된 '의지'로 재규정함으로써 이루고자 한다. 이리하여 일찍이 왕수인이 '의식을 진실하게 할 것誠意'을 강조하면서 선보였던 '의식'은 유종주를 거쳐 황종희에 이르러 전면에 부각되기에 이른다.

태주학파에 부정적이었던 황종희와는 달리, 양수명은 태주학파의 사유를 바탕으로 현대신유학을 건설한다. 양수명은 왕수인의 양지를 '직각'으로 고쳐 부른다. 직각은 시비선악을 즉각적으로 판단할 수 있는 능력이라는 것이다. 양수명에 따르면 개인적인 이해를 계산하는 '이지理智' 때문에 직각이 마비됨으로써 악이 발생한다. 따라서 인간은 사심 없이 오직 내면에서 발동하는 직각에 따르기만 하면 된다. 이것은 동시에 인간이 지닌 생명력을 자연스럽게 발휘함으로써 절대적인 즐거움에 이르는 길이기도 하다. 이런 생각은 곧 있는 그대로의 양지를 밀고나가라는 태주학파의 주장을 새롭게 윤색한 것이라고 할 수 있다. 양수명은 자신의 직각 이론을 베르그손의 철학과 결합하여 설명함으로써 서구의 신사조를 아우르는 도덕 이론으로서 유학을 새롭게 정립하려고 한다.

## 세 마음 이론의 의미

우리가 확인할 수 있는 한 공자는 세상에서 가장 먼저 마음에 대한 생각을 다듬어서 내놓았다. 하지만 곧, 어쩌면 그 당시에 이미 그것은 마음에 대한 세상의 수많은 생각 중 하나였을 뿐이었다. 그리고서 2천 년의 시간이 지난 뒤에 적어도 한국과 중국에서는 마음에 대한 공자의 생각은 세상의 모든 생각이 되었다. 그 모든 생각 안에 크게 보아 셋 정도의 이론적 흐름이 있음을 앞서 살펴보았다. 물론 이 세 흐름은 지역과 문화의 차이에 따라서 역사적으로 서로 다른 비중으로 나타나기도 한다. 가령 중국 유학의 경우에는 대략 16세기부터는 왕수인의 철학과 그에 대한 비판적 입장들이 뒤얽히면서 사상사가 전개되어온 것을 볼 수 있다. 반면 한국의 경우에는 17세기 이래로 이이의 철학이 주류가 되면서 마음을 기로 보는 경향이 두드러지는 것을 확인할 수 있다. 이런 양상은 동북아시아에서 유학의 마음 이론이 지역적으로 변주되며 드러내는 특색이라고 할 것이다.

이제 마음에 대한 세 이론이 어떤 의미를 지니고 있는 것인지 정리해보자. 이 글의 맨 처음에서 마음이란 말은 일종의 은유로 사용되면서, 나, 주체, 개인 등의 의미를 함축하게 된다는 점을 지적했다. 그리고 이 점에서 마음 이론을 나의 성격과 영역, 역할에 대한 규정의 체계로 이해할 수 있다고 설명했다. 이하의 정리에서는 특히 이런 맥락에 유의하려 한다.

우선 "마음은 리와 기가 합쳐진 것이다"는 말은 마음에는 기인 육체의 측면뿐만 아니라 리가 상징하는 도덕성의 측면이 있다는 뜻이다. 이런 주장은 성선설의 견지를 전제하고 있다. 그것이 곧 본성은 리라는 말이다. 표면적으로 볼 때 인간의 마음에 우선적으로 나타나는 것은 욕망과 의식의 흐름이지만, 이것 말고도 인간에게는 그 밑바닥에 나의 지속성을 담보하는 어떤 것, 그래서 진정한 나의 본질이라고 할 만한 무엇이 있는데, 이것은 내가 착하게 행동할 수 있는 능력이며, 따라서 그것은 나의 인격의 원천이라고 할 수 있다는 것이다. 그러므로 인간이 착하게 산다는 것은 나의 본질을 그대로 드러내는 것이다.

마음은 바로 이 선한 본성의 능력, 리를 현실화하는 것이므로, 선한 감정과 이 감정이 추동하는 선한 행위를 이끌어내는 주체가 된다. 내 마음이 주체가 되어 나의 인격이 온전히 발휘될 때 내가 부딪치는 세상의 온갖 일들은 비로소 옳은 일이 되며, 도덕적인 의미를 부여받게 된다. 이런 의미에서 마음은, 그리고 나는 나를 둘러싼 세상과 사회에 대한 의미의 부여자가 된다. 도덕적으로 의미 있는 사회적 관계를 창출할 능력이 다름 아닌 나에게 있다는 점에서, 이는 내 안에 사회가 있다는 생각이랄 수 있다. 나는 이 세계의 중심이다.

반면 "마음은 기다"라는 명제를 통해 전면에 부각되는 것은 육체화된 마음이다. 순간순간 바뀌고 움직이는 욕망과 의식의 흐름으로서 나만 있다는 것이다. 이는 눈앞에 보이는 현상 또는 현실로서 자아이며, 나의 욕망과 나의 이익만을 생각하고 계산하는 자아의 모습이다. 이런 마음 또는 자아에 대한 생각은 개인과 사회의 관계에 대한 이해에서 성악설과 공유하는 지반을 가지고 있다. 내 안에는 사회가 없다. 반면 나의 밖에 이미 사회는 주어져 있다. 원초적으로 나와 사회와의 연관은 부재하며, 그런 의미에서 나는 사회 밖에 있는 존재이고 사회에 의해 버림받은 존재이다. 나만 있는 곳에 도덕이란 없다.

그래서 내가 생존하기 위해서는, 나의 삶이 의미와 닿기 위해서는 나는 사회 속으로 편입되어야만 한다. 사회에 투항하여 사회의 요구를 받아들여야만 한다. 그래서 사회로부터 나의 의미를 규정받아야 한다. 이런 맥락에서 사회는 유일한 실재이며 사회는 리다. 따라서 나는 사회가 개인에게 부여한 규칙을 받아들여 사회를 기준으로 자신과 자신이 부딪친 사태를 판단해야 하며, 그 역할을 하는 것이 바로 마음이다.

그런데 사회로부터 규칙을 부여받기 전에 나에게 있는 것은 육체에 딸리는 사적인 계산, 자신의 이익을 계산하는 마음뿐이다. 따라서 이 사적인 계산을 공적인 것으로 비약시킴으로써 나는 도덕적으로, 착하게 살 수 있다. 그러므로 "마음은 기다"라는 명제는 도덕적으로는 선택과 결단을 필요로 하는 이론이며, 자아의 비약을 요구하는 이론이다. 그만큼 선택하는 자로서 자아의 강고한 주체성을 상정하는 이론이기도 하다. 그런 강고한 주체성을 스스로 확보하지 못할 때, 대신 그 역할을 해줄 존재로 정약용처럼 외부의 절대자인 하느님에 의탁하게 되는 것이다.

한편 "마음은 리다"는 말은, 마음이 있는 그대로의 상태에서 곧바로 옳고 그름을 판단할 수 있다는 의미다. 그래서 마음을 기로 보는 견지와는 달리, 도덕적인 판단을 위해 나의 외부에서 별도로 규범을 가져올 필요는 없다. 내 마음 속에는 언제나 감정과 욕망의 흐름이 있긴 하지만, 그것과 결을 달리하며 그 욕망의 흐름이 옳은지 그른지 살필 수 있는 도덕적 판단능력은 있고 그 능력이 진정한 나이다. 곧 나는 사회가 나를 바라보는 눈을 미리 가지고 있다.

그렇지만 마음은 리라고 하는 것은 지각이 가진 계산능력의 측면에서 그렇다는 것이다. 지각의 다른 한 축인 반응의 측면에서는 여전히 몸의 욕구에 시달리는 것이 인간이다. 반응으로서 마음은 그래서 기라는 인식이 이 입장에는 암묵적으로 깔려 있다. 왕수인이 양지·마음의 본체·리를 '선도 없고 악도 없는' 자리에 놓는 것은 바로 이 때문이다. 반응으로서 기인 마음 바깥에서 그것을 살펴보는 리의 마음은 선과 악이 있는 반응의 현실과 다른 차원에 있는 것, 그것을 초월한 것이기에 선도 없고 악도 없다. 양지이며 리인 마음은 고요하고 고요할 뿐이다. 그러나 반응으로서 마음은 기이므로, 나의 마음은 부단히 욕망에 흔들리고 있으므로 양지의 판단을 실천으로 옮길 때 겪게 될 어려움은 고스란히 남아 있다. 따라서 마음을 리로 보는 견지에서 나의 주체성은 무엇보다 실천에 있다. 앎과 행위는 합일되어야만 하는 것이다.

요컨대 마음에 대한 세 개의 이론은 각각 마음을 반응과 계산과 실천의 주체로 우선해서 파악한다.

## 반응과 계산, 거울과 저울, 사랑과 앎

마음을 리와 기가 합쳐진 것으로 볼 때, 마음은 우선 도덕적 반응을 이끌어내는 주체로 상정된다. 곧 여기서는 지각의 두 기능 중에서 반응능력으로서 마음에 주목한다. 반면 마음을 기로 파악하거나 마음은 리라고 주장하는 경우에는 지각의 계산·판단능력의 측면에서 마음을 중시하는 것이라고 할 수 있다. 곧 이 두 입장에서는 마음이 처음부터 도덕적인 반응을 이끌어낼 수는 없으나, 내게 주어진 반응에 대해 판단할 수는 있다는 것이다. 다만 그 판단의 기준을 외부에서 가져와야 하느냐, 그럴 필요가 없이 즉각적으로 판단할 수 있느냐의 차이는 있다. 이렇게 마음을 반응의 측면에서 접근하는지 계산의 측면에서 접근하는지에 따라서 마음에 대한 이미지도 조금씩 달라진다.

선진 이래로 철학자들은 마음을 여러 사물과 사람으로 비유해 왔다. 물, 나무, 몸과 몸에 딸린 기관, 구슬, 말과 마차, 마부, 정원사, 주인, 장군, 임금 등이 그것이다. 그런 비유들 중 신유학자들이 가장 흔하게 쓰면서 또 가장 중시하는 이미지는 거울과 저울이다. 거울은 비추고 저울은 잰다. 유학자들은 대부분 이 두 개의 이미지를 다 사용하지만, 마음을 어떻게 보느냐에 따라 두 개의 이미지를 조합하는 방식은 조금씩 다르게 나타난다.

반응으로서 마음은 흔히 거울로 비유된다. 옛날 사람들은 거울이 사물을 비출 수 있는 것은 스스로 빛을 내는 능력이 있기 때문이라고 생각했다. 유학자들은 그 능력을 선한 본성으로 여기곤 했다. 그래서 유학자들의 마음속에는 모두 거울이 있지만 그 거울은 스스로의 빛으로 바깥 대상을 밝게 비추기도 하고(맹자, 주희) 몸의 욕망으로 어둑하기도 하다(순자, 이이). 이에 비해 계산으로서 마음을 중시할 때 마음은 자주 저울이나 자, 컴퍼스, 먹줄에 비유된다(왕수인, 정약용). 또 도덕적 반응이란 곧 외부의 대상에 대한 올바른 판단이기도 하다는 점에서 때로 거울 안에는 저울이 포함되어 있기도 하다(맹자, 주희). 또 저울에는 본래부터 눈금이 있기도 하고(맹자, 주희, 왕수인) 없어서 새로 새겨넣어야 하기도 한다(순자, 이이).

그런데 마음을 반응의 측면에서 접근하면서 거울로 비유하는 것은 인간이 도덕적으로 반응할 수 있다고 생각하기 때문이다. 그리고 이것이 가능한 것은 근본적으로는 마음의 근저에 사랑의 본성이 있다고 여기기 때문이다. 반면 마음의 계산하는 기능에 주목하게 되면, 마음에서는 결국 앎의 요소가 가장 중요한 것이 된다. 따라서 마음을 리와 기가 합쳐진 것으로 보는 쪽에서는 마음의 핵심을 사랑으로 포착하는 반면에, 마음을 기나 리 한편으로 보는 쪽에서는 마음의 역할은 우선 지적인 것이라고 간주한다. 여기서 마음에 대한 세 가지 다른 모델은 다시 두 가지 이해 방식으로 귀결된다. 공자 이래로 마음에 대한 이 두 가지 이해 방식은 오랫동안 대립해왔다. 유학자들이 사용하는 덕德이라는 개념으로 말하자면 그것은 '인과 지', 곧 사랑과 앎의 대립의 역사이다.

그러므로 유학에서 보는 마음이란 반응과 계산, 거울과 저울, 사랑과 앎이라는 갈래의 조합들이라고 할 수 있겠다.

## 마음에 이르는 길

"세상 천지에 길이라곤 찾을 수 없다"던 공자의 탄식은, 어떤 응답을 얻은 것일까? 유학자들은 공자의 통찰을 이어받아 자신의 인격을 이룸으로써 공자에 호응하고자 했다. 동시에 그들은 인격이란 언제나 다른 사람과 만나고 부딪치면서 생기는 일들을 통해 완성되며, 그 일과 사람의 전체로서 사회 속에서 드러나야 하는 것이라고 생각했다. 그런 점에서 마음에 대해 얘기한다는 것은, '나'의 인격자로서의 가능성과 한계에 대해 탐색하는 것이며 또한 그런 '나'들이 함께 어우러져 사는 세상에 가 닿을 수 있는 방법을 찾는 것이라고 하겠다. 그것이 그들이 외쳤던 '착하게 살자'라는 말의 의미일 것이다.

그래서 마음은 본래 사랑이라고 생각한 사람들은 그 사랑으로 다른 이들을 비춰줄 수 있으리라 기대했다. 마음을 아무리 들여다보아도 사랑을 발견하지 못한 사람들은, 저울의 바늘 끝이 가리키는 대로 나아가면 다른 이들의 눈물을 닦아줄 수 있으리라 믿었다. 그들은 그것이 글을 배운 자의 책무라고 여겼다. 바로 이 지점에서 유학자들의 마음 이론은 나의 마음에 대한 탐구를 매개로 다른 이들의 마음에 이르려는 여정이 된다. 그렇다면 유학자들이란, 한 가객의 노래에 나오는 것처럼 "그대의 슬픈 마음을 환히 비춰줄 수 있는, 변하지 않을 사랑이 되는 길을 찾고 있"는(김광석, 「기다려 줘」) 사람들이라고 할 수 있겠다. 이제 그들이 그 길을 찾아 헤맸던 자취를 하나하나 더듬어보자.

## 일러두기

1 본문에 수록된 용어 설명은 서울대학교 철학사상연구소에서 작성한 것이다.

2 각 철학 용어의 번역은 필자들의 협의를 거쳐 통일하려 노력하였다. 하지만 번역어 선택 과정에서 필자의 철학적 해석이 개입하는 경우는 각 필자의 번역을 존중하였다.

3 각 글에서 다루는 해당 철학자의 인용은 본문주로, 그렇지 않은 경우는 각주로 표기하였다. 독자의 이해를 돕기 위해 본문주의 문헌명은 가급적 한국어로 표기하고 장·절을 표시하였다. 단 『논어』, 『시경』 등 널리 알려진 주요 경전의 경우는 다른 학자를 다룬 글에서도 본문주로 표기하였다.

# 공자

# 흰 마음과 검은 마음

## 신정근

서울대학교 철학과에서 동서철학을 배우고 같은 대학원에서 석사와 박사 학위를 취득했다. 석사논문은 한제국의 고문경학과 금문경학의 논쟁을 다루었고, 박사논문은 갑골문과 금석문에서 맹자까지 '인'의 의미에 대한 개념사 연구를 수행했다. 지금은 성균관대학교 유학대학 동양철학과에 적을 두고 있다. 동아시아철학을 근대적인 학문방법론에 따라 연구해서 영역과 관심을 넘어 소통하고 이해할 수 있는 글쓰기에 주력하고 있다. 최근 동아시아 미학예술의 주제 발굴과 동아시아현대철학의 성립 가능성을 탐구하고 있다. 저서로는 『동양철학의 유혹』, 『마흔, 논어를 읽어야 할 시간』, 『동양고전이 뭐길래?』, 『사람다움의 발견』, 『사람다움이란 무엇인가』, 『철학사의 전환』 등이 있고, 역서로는 『공자씨의 유쾌한 논어』, 『백호통의』, 『의경, 동아시아 미학의 거울』, 『소요유, 장자의 미학』 등 30여 권이 있다.

## 공자 철학의 개인적·시대적 배경

**화엄경**
원래 이름은 『대방광불화엄경大方廣佛華嚴經』이고, 초기 대승불교의 중요한 경전이다. 『화엄경』은 매우 웅대한 희곡적 구상과 유려한 서술로 법계, 즉 부처의 깨달음의 경지를 묘사하고 있다.

동아시아 사람이라면 "세상사 모든 일이 마음먹기에 달려 있다"는 말을 즐겨 쓰고 그만큼 또 그 말을 쉽게 듣는다. 원래 이 말은 『화엄경』의 '일체유심조'에 나오는 구절을 풀이한 말이지만, 사실 일상 언어생활에서 어원이나 교파가 그렇게 중요하지는 않다. 그만큼 '마음'은 학파를 넘어서 모든 사람이 공통으로 쓰는 자원이 된 것이다.

'마음'을 조합해서 만든 숱한 어휘를 통해 우리는 사고하고 행동하는 과정을 주관하고 유도한다. 예컨대 '양심'과 '참마음'은 옳고 그름을 가리며 훼손될 수 없는 존엄한 터전을 가리킨다. '큰마음'과 '공심公心'은 개인적인 이해를 넘어서서 장기적이며 전체의 관점에 설 수 있는 태도를 가리킨다. '진심'은 기준에 다소 미치지 못하더라도 자신의 능력을 최대로 발휘했다는 사실을 주장하며 사용한다. '야심'은 설혹 타인에게 피해를 줄지언정 자신의 욕망을 최우선으로 실현하겠다는 굳은 결의를 나타낸다. 이 외에도 왈칵 성내는 진심嗔心, 세속적 욕망으로 찌든 진심塵心, 이러지도 저러지도 못하는 두 마음은 비워야 하는 '허심'의 대상이기도 하다. 이 중에서 공자는 마음을 사심보다는 공심, 욕심보다는 무심無心 중심으로 쓰이도록 물꼬를 튼 인물이다.

공자는 BC 551년에 아버지 숙량흘과 어머니 안징재 사이에 태어나서 BC 479년에 죽었다. 그의 출생과 이력은 결여와 보충의 연속이었다. 공자는 할아버지뻘의 아버지와 누나뻘의 어머니 사이에서 태어난 탓에 따뜻한 가정의 기억을 가지지 못했다. 그나마 있던 가정도 세 살 때 아버지의 사망으로 결손 가정이 되었다. 전하는 이야기에 따르면 공자의 아버지는 첫째 부인에게서 딸 아홉을 두고 둘째 부인에게서 장애가 있는 아들을 두었다고 한다. 아버지에게 공자는 대를 이을 희망이었겠지만, 정작 아버지의 이른 사망은 셋째 부인과 그 자식에게 미지의 세계를 개척해 나가야 하는 고난의 시작이었을 것이다. 가족의 생계를 맡은 어머니는 공자가 태어난 곳을 떠나 노나라의 수도이자 친정이 있는 곡부曲阜(현재 산둥성 취푸시)로 이사를 갔다. 그래서 오늘날 공자가 살았던 집이며 집안 무덤 등 공자와 관련된 숱한 유적들이 산둥성 곡부에 남아 있게 된 것이다.

곡부 생활은 힘겹기는 했지만 공자의 눈을 뜨게 만들기도 했다. 공자는 어린 시절부터 가계의 일부분을 맡아야 했는데, 그 덕택으로 위대한 인물과 어울리지 않을 법한 다양한 기술과 전문 능력을 갖추게 되었다. 공자는 어려서 제기를 가지고 놀며 다양한 분류 기술을 쌓았고, 이는 나중에 창고와 가축 관리를 하는 데 뛰어난 회계 실력을 발휘하게 만들었다. 사실 서양 철학사에서 스피노자도 사상의 자유를 지키면서 생계를 위해 안경 렌즈를 가는 일을 했다. 사춘기 시절에 공자는 또 상실을 경험하게 된다. 그는 어머니를 의지하며 힘겨운 삶을 버텨왔지만 17살에 어머니를 저세상으로 보냈다. 장례를 치를 당시 공자는 아버지의 장지를 모르고 있었다. 그는 시내 한복판에 어머니의 관을 놓고서 수소문을 한 뒤에야 장지를 알아내서 양친을 합장했다. 그는 모친상을 치르고서 19세에 계관씨의 딸과 결혼하여 상실의 고통을 달랬다.

공자는 당시 노나라의 실권자인 계씨 가문의 창고 관리와 가축 사육을 맡아서 업무 능력을 인정받았다. 동시에 그는 어린 시절부터 제기를 가지고 놀던 관심을 키워서 예학 분야의 전문가로 명망을 쌓게 되었다. 이처럼 공자는 실무 능력과 학식을 바탕으로 30세부터 노나라의 인물로 관심의 대상이 되었다. 그의 이름이 알려질 즈음에 노나라는 힘없는 제후(소공)와 힘센 세 대부의 갈등으로 소공이 망명을 떠났다. 공자도 조국을 떠나 제나라로 가서 못다 이룬 꿈을 펼치고자 했다. 이게 그의 1차 출국이다. 그는 2년 남짓 제나라에 있다가 노나라로 돌아왔다. 이즈음에 그는 민간인 신분으로 제자들을 받아들여서 공자 학단을 키웠다. 이때의 제자들이 전기 제자군이다. 동시에 공자는 공직에 나가서 노나라 국정의 분위기를 새롭게 바꾸었을 뿐만 아니라 노나라와 제나라의 국경 분쟁을 탁월하게 해결했다. 이렇게 점차 노나라가 힘을 얻어가자 제나라는 친선관계의 선물로 여성 악단을 노나라에 보냈다. 노나라의 정공定公과 실권자 계환자季桓子는 연일 악회를 여느라 사흘이나 조례를 열지 않았다. 이를 보면서 공자는 조국이 개선될 가능성이 없다는 사실에 절망하여 제2차 출국에 나섰다. 2차는 1차와 달리 14년에 이를 정도로 장기간 지속되었다. 그 기간 중 공자는 위나라, 진나라에서 벼슬살이를 하기도 했지만 자신의 이상을 맘껏 펼치지는 못했다.

공자는 귀국한 뒤에 출국 시기에 만난 제자와 함께 고전 정리에 집중했다. 이때의 제자들이 후기 제자군이다. 돌아온 뒤에 슬픈 일도 많았다. 사랑하는 자식이 죽고 아끼는 제자 안연과 자로가 죽었다. 특히 안연의 죽음은 공자를 절망적인 상황으로 몰아넣었다. 공자는 안연을, 자신의 학문을 잘 발전시킬 후계자로 보았던 것 같다. 공자는 말년에 죽음을 예감하고서 "태산이 무너지는구나, 대들보가 쓰러지는구나, 철인이 시드는구나!"라며 노래를 읊조린 뒤에 병을 얻었다. 공자는 꿈에 두 기둥 사이에서 자신이 제사를 받는 모습을 보았다. 이는 은나라의 풍습으로, 공자는 제자들에게 이 점을 보아 자신이 은나라 사람이라 이야기하고 7일 후 세상을 떴다.

공자의 사상을 알 수 있는 자료로 『논어』가 있다. 『논어』는 공자가 제자와 동시대의 인물들과 주고받은 이야기를 짤막하게 기록해 놓은 형식으로 되어 있다. 오늘날의 『논어』는 공자나 그 제자들이 직접 편집한 것이 아니라 한나라의 장우가 다양한 판본의 책을 하나로 정리한 판본을 가리킨다. 따라서 오늘의 『논어』는 공자가 했던 모든 말을 기록한 것이 아니라 기억과 전승 과정을 통해 살아남은 것들의 집합이라고 할 수 있다.

## 멀티플렉스관의 개장

그렇다면 이 글에서 다룰 모든 것이 일어나는 마음, 즉 '멀티플렉스 극장'이 언제 시작되었는지 살펴보자. 공자가 '마음心'을 독특한 맥락에서 사용한 것은 사실이지만 마음이라는 개념을 처음 만든 이는 아니다.[1] 공자가 마음을 그 나름으로 사용하기 이전에 있었던 역사를 간단하게 훑어보자.

오늘날의 한자는 최초의 글꼴이 그대로 이어져 내려온 것이 아니라 갑골문자 이래로 끊임없이 쓰기에 편하도록 간단하게 네모꼴로 진화된 결과물이다. 갑골문은 은나라 중·후반기에 제사·군사

1 공자는 심心자를 쓰고 마음을 쓰지 않았지만 心의 대응어가 마음이므로 앞으로 心 대신에 마음을 쓰고자 한다.

등과 관련해서 점을 친 결과를 거북과 소 등의 뼈에 새긴 글자를 말한다. 아직 갑골문에서 '마음'에 해당하는 글꼴을 찾지는 못했다. '마음'의 최초의 용례는 갑골문자 다음에 나오는 금석문이다. 금석문은 상주시대에 청동과 돌로 그릇을 만들면서 그릇의 속이나 표면에 제작과 관련된 사연을 적은 글이다.

금석문 「사장반史牆盤」은 미씨微氏 가문의 사관 장史牆이 자신의 가문이 일찍이 은·주 교체기에 주나라에 투항한 뒤에 봉지封地를 받고서 협력관계를 유지하다가 통혼을 하는 등 을조乙祖에 이르러 복심腹心(마음놓고 믿을 수 있는 부하)이 되었다는 내용을 기술하고 있다. '복심'은 오늘날의 '심복'과 같은 뜻이다. 이밖에도 마음은 "그 마음을 환히 밝게 하다", "너의 마음을 삼가 밝게 하여 너의 동료를 이끌어 왕의 몸을 보호하라"는 식으로 쓰이고 있다.

복심은 원래 배와 심장을 가리키지만, 둘 다 생명 유지에 빼놓을 수 없다는 점에서 마음 놓고 부리거나 일을 맡길 수 있는 사람을 가리키기도 한다. 따라서 복심은 사람이 주종관계에 있으면서도 서로 공동 운명체여서, '가장 신뢰할 만한' 사이를 나타내기도 한다. 나머지 두 경우 마음은 상황 여하에 따라 어두워지거나 밝아지고 각오 여하에 따라 축 처지거나 활짝 개기도 하는 '기분'을 가리킨다. 이는 일정 정도 지속되는 불쾌함과 유쾌함의 감정에 가깝다. 특히 군사적 상황에서 감정은 전투의 승부에 커다란 영향을 주는 사기로 이어질 수 있다.

이처럼 마음은 두 세력이 힘을 모아서 정치 질서를 유지하고 군사 활동에서 우위를 확보하는 데에 중요한 요소로 간주되고 있다. 곧 정치와 군사가 눈에 보이는 물리력만이 아니라 심리적 요인에 의해 영향을 받는다는 사실을 발견했다고 할 수 있다. 하지만 이 자료만으로 마음이 도덕과 사상의 맥락에서 쓰인다고 볼 수는 없을 듯하다.

다음으로 눈여겨볼 만한 자료로 『역경』·『서경』·『시경』 등을 들 수 있다. 용례를 찾아보면 마음은 『역경』·『서경』·『시경』에서 각각 7, 26, 162차례 쓰이고 있다. 이들은 모두 『논어』 이전의 문헌으로 금석문 이후의 마음 용례를 보여주는 믿을 만한 자료다.

세 문헌 중에서 유독 『시경』에서 마음이라는 말이 많이 쓰이고 있다. 아무래도 『시경』이 사람의 정서를 표현하는 문학 작품이기에 현실과 상상을 넘나들면서 다른 두 문헌보다 '마음'을 많이 이야기할 수밖에 없으리라. 시에서 많은 경우 '마음'은 "아심我心…"의 꼴로 쓰인다. 이때의 '아我'는 주로 제후와 같은 특별한 사람을 가리키므로 이를 개인의 감정으로 일반화하기는 어렵다. 하지만 시가 감정을 표현하는 만큼 사회적 금기와 충돌하더라도 양도할 수 없는 개인의 참된 정서를 노래할 수는 있을 것이다. 우리는 이를 탈출구가 없는 세상에 태어난 것을 두고 하늘과 부모를 원망하는 시에서 확인할 수 있다.

예컨대 결혼한 지 얼마 되지 않아 남편이 징집되었는데, 아내는 왕업의 수호에 참여한 남편의 처지를 이해하기보다 국정 불안에 신변 불안까지 겹쳐 '아심'이 괴롭기만 하다. 버림받은 아내는 남편에게 자신의 마음을 제대로 보여줄 수 있기를 바라며 노래한다.

> 내 마음이 거울이 아니니 환히 비춰서 보여줄 수 없네. (…) 내 마음이 돌이 아니니 데구루루 구를 수도 없고 내 마음이 돗자리가 아니니 돌돌 말 수도 없네.(『시경』「패풍」 백주)

아내는 진심을 보여줘서 억울함을 풀고 싶고, 그렇지 못한다면 차라리 마음을 접고 포기할 수 있기를 바라고 있다.

『시경』에 이르러 사람은 상상의 힘을 빌려서 자신을 다양한 사물로 대체시키면서 마음을 '감정이 자발적으로 일어나는 기관'으로 인식하기 시작했다. 돌아오지 않는 남편이 죽었는지 살았는지 모르면서 참기만 한다면, 까닭 없이 버림받고서 운명이려니 한다면 사람이 아니라 목석이다. 사람인 한 슬픔·불안·공포의 근원 사태를 겪고서 그 무엇도 억누를 수 없는 격정을 표출할 수밖에 없다. 그것이 바로 진정성의 힘이다. 진실로 걱정하기에 불안을 드러내고 참으로 억울하기에 진실을 밝히고 싶은 것이다. 하지만 진정은 시를 통해서 울부짖는 것으로 표출될 뿐, 부당성을 고발하고 진실의 해명을 요구하지 않는다. 나의 진정이 드러나지 못하는 것을 안타까워하지 불의와 투쟁하여 정의를 수호하려는 움직임은 보이지 않는다. 내 마음이 알려질 수만 있다면 그것으로 문제는 해결이 되는 것이다.

## 마음은 쌓지도 감추지도 않는다

공자는 학교를 운영하면서 예의·음악·활쏘기·말타기·셈하기·글쓰기, 즉 육예를 가르쳤다. 육예는 실용이 아니라 세상을 전체적으로 통찰하여 나아갈 길을 모색하는 엘리트의 종합적 능력과 교양 교육에 해당되었다. 이는 르네상스 시기의 자유 인문liberal arts에 가까웠다.

나아가 공자는 일찍이 『역경』·『서경』·『시경』의 문헌을 정리하고 연구했을 뿐만 아니라 제자들에게 시의 문학, 서와 춘추의 역사, 역경의 형이상학을 학습하도록 했다. 이 때문에 공자는 고전 문헌에 나오는 마음의 존재를 충분히 의식하고 있었다고 볼 수 있다.

공자는 금석문에서부터 『시경』까지 성장한 '마음'의 내포를 더 넓혔으리라 예상할 수 있다. 이제 그는 마음을, 양도할 수 없는 개인의 감성을 일으키고, 고대 성인이 발견하여 전승한 진리(이상)를 이해하여 그것에 따라 현실을 인도하는 실천적 방안을 내놓는 중심 기관으로 보았으리라 생각할 수 있다.

공자가 『시경』의 마음, 즉 억제할 수 없는 진정을 일으키는 기관을 더 진전시키려고 했다면, 그는 마음을 자기 이외에 누구도 접근할 수 없으며 지식을 탐구하며 대상 세계를 분류하는 비밀의 방으로 꾸미는 쪽으로 나아갈 수 있었을 것이다. 하지만 공자는 이런 기대를 저버리는 이야기를 『논어』 곳곳에 뿌려놓았다.

공자는 자신이 바람직하다고 생각하는 이상적인 인물이 갖는 특성을 설명하고 있다. "슬기로운 사람은 헷갈리지 않고, 평화를 위해 사는 이는 속을 태우지 않고, 용기 있는 자는 두려워하지 않는다."(「자한」 29) 공자가 말하는 세 가지 이상적인 인물은 속빈 사람처럼 너무나도 태평스럽다. 슬기·평화·용기는 나의 이해 관계를 위해 있는 것이 아니고 또 누구도 그 자체의 가치를 부정하지 못할 정당성을 가지고 있다. 그러므로 그것을 실현하기 위해서 노력해야겠지만 그것을 두고 번민할 이유는 없다. 따라서 세 부류의 인물이 자신의 사적인 편향을 가지거나 드러낼 까닭이 없는 것이다. 사람이 비밀의 방과 같은 마음을 가지면, 확실하지 않고 긴가민가해서 헷갈리며, 뜻대로 되지 않을까봐 근심 걱정으로 시간을 보내며, 다른 사람에게 빼앗길까봐 두려워한다. 이런 사람은 늘 조마조마하며 불안해하는 모습이 역력하다. 그를 아는 사람이 왜 그러냐고 물어봐도 별일 없다며 터놓고 말하지 않을 것이다.

제자들은 공자가 자신들에게 말해주지 않는 비밀스런 것이 있지 않을까 생각했다. "이 사람들아, 내가 뭔가를 숨긴다고 생각하는가? 나는 자네들에게 숨기는 게 하나도 없다네. 내가 진리의 길을 걸어오면서 자네들과 함께 나누지 않는 것이 없다네. 이게 바로 구라는 사람일세."(「술이」 24) 제자들은 공자의 마르지 않는 지식의 샘을 부러워하며 속이거나 숨긴다고 생각했을 수 있다. 그들은 선생님이 말과 행동으로 지식의 일부를 자신들에게 보여줄 뿐 중요한 것은 보이지 않는 곳에 깊숙이 숨겨두었으리라 생각했던 것이다. 이에 공자는 언행으로 드러나는 것 이외에 자신만이 알고서 타인에게 비밀로 하는 것이 없다는 것을 솔직하게 고백하고 있다.

『논어』에는 사람과 사람 사이에서 일어나는 불인정, 불일치, 원망(원한)을 다룬 이야기가 많다. 감정에는 한때 표출하고 사그라지는 것도 있지만 지속적으로 유지되면서 판단과 행동의 방향을 결정하는 종류도 있다. 불인정, 불일치, 원망(원한)이 사그라지지 않고 지속되려면 그 감정이 약해지지도 줄어들지도 않은 채 굳게 쌓아두는 비밀스런 장소가 필요하다. 『시경』의 연장선상에서 생각하면 아심이 그 역할을 하리라 예상할 수 있다.

공자는 인정과 관련해서 주위 사람들이 자신을 알아주느냐 알아주지 않느냐에 신경쓸 것이 아니라 자신에게 그만한 실력이 있는지 없는지 신경쓰라고 권고하고 있다. 나아가 그는 주위 사람의 인정 여부를 초월하는 사람이 되기를 바라고 있다. "주위 사람들이 알아주지 않더라도 성내지 않는다면 군자, 즉 자기 주도적인 사람

답지 않겠는가?"(「학이」 1) 성내지 않는다는 것은 불인정을 마음에 담아두지도 않을 뿐만 아니라 그것 때문에 어떠한 심리적 영향을 받지 않는다는 말이다.

백이와 숙제는 고죽국의 왕자로서 왕위를 계승할 수 있는 합법적 자격을 가지고 있었다. 아버지가 자신들보다 동생을 총애한다는 사실을 알고서 두 사람은 아무런 미련 없이 조국을 떠나서 수양산으로 은거하여 내정에 전혀 끼어들지 않았다. 두 사람이 왕위 계승의 권리를 내세운다면 나라는 정치적 격변에 휩싸여서 숱한 사람들이 죽고 죽이며 부모 형제는 원수지간이 될 수밖에 없다. 두 사람은 위대한 포기를 통해 나라의 정치적 안정을 도모한 것이다. 훗날 자공은 공자에게 두 사람이 자신들의 행동을 후회했을지 물어본 적이 있었다. 공자는 두 사람이 인仁, 즉 공동체의 평화를 추구해서 그것을 얻었는데 무슨 원망을 했겠느냐며 후회 가능성을 부정했다(「술이」 15). 사람은 합당한 욕망, 즉 권리가 좌절되었을 때 그 원인 제공자를 저주하면서 원래의 상태로 되돌리기 위해서 투쟁을 할 수 있다. 이렇게 되면 투쟁을 통해 갈등의 승부가 날 수는 있지만 인간관계는 그 이전 상태로 되돌릴 수 없을 정도로 심하게 악화될 수밖에 없다. 백이와 숙제는 권리의 실현이 부정당했지만 투쟁의 길로 들어서지 않았다. 만약 그들이 자신의 행위를 후회했더라면 왕위를 포기한 후의 고난에 찬 삶을 받아들이지 않았을 것이다. 하지만 그 삶을 받아들였다면 포기하고서도 후회하지 않았다고 볼 수 있다.

이렇듯 공자는 마음을 사람 사이를 대립과 분열로 이끄는 감정을 일으키는 것이라고 생각하지 않으며, 이러한 감정을 축적해서 이후의 판단과 행동에 영향을 주는 기관으로도 보지 않는다. 오히려 그가 말하는 마음은 그런 감정을 조금도 담아두지 않아 텅 빈 상태로 있다고 할 수 있다. 예컨대 a와 b의 관계에서 a가 b의 존재 가치를 인정하지 않고 그의 권리를 박탈했을 때, a는 b가 자신에게 복수하려고 하는 것인지 아니면 지금의 처분을 그대로 수용하는 것인지 전혀 알 수 없다. 이때 b가 소인이라고 한다면 그는 a가 자신의 생각을 결코 들여다볼 수도 없고 헤아릴 수도 없는 두꺼운 장막으로 쳐진 '검은 마음'을 가지고 있는 것이다. 하지만 b가 군자라면 사정이 다르다. 『논어』에 따르면 군자인 b는 자신이 a의 처분에 대해 부당하다고 생각하는지 정당하다고 생각하는지 감추지 않아 누구나 알 수 있는, 즉 '흰 마음'을 가지고 있다.

## 마음은 표정과 언행으로 그대로 옮겨진다

속임수는 사람의 언행과 마음이 다른 것이다. a가 b를 속여서 많은 이익을 노린다면, a는 b에게 다가가서 b를 위해 움직이며 b의 환심을 산 뒤 결정적인 순간에 배반을 할 것이다. 속고 난 뒤에 b는 비로소 a의 속과 겉이 다른 줄 알았지만 그 이전에는 그 사실을 전혀 눈치챌 수 없었다.

『논어』에서 마음을 음모와 사기만이 아니라 의사와 의중을 전혀 들여다볼 수 없는 기관으로 간주하고 있을까? 공자는 사람이 마음心 → 표정色 → 언행行의 세 단계를 거쳐서 타인과 교제를 한다고 본다.

공자는 여러 차례에 걸쳐서 교언영색, 즉 듣기에 솔깃한 말이나 유들유들 웃는 얼굴이나 지나친 공손은 사랑과 거리가 멀다며 주의해야 할 태도로 이야기하고 있다(「학이」 3, 「공야장」 26, 「양화」 17). 공자가 왜 교언영색을 부정적인 자세라고 간주했을까? 말과 표정이 마음과 다를 수 있기 때문이다. 예컨대 우리가 가게에 가면 말과 표정은 친절하지만 제품에 문제가 있어서 교환과 환불을 요구하면 표정을 바꾸면서 딱딱하게 나오는 경우가 있다. 이것이 바로 교언영색의 사례일 수 있다. 비용이 들지 않을 경우 겉으로는 친절한 척하지만, 비용이 문제가 되면 불친절한 태도로 확 바뀌는 것이다. 이렇게 얼핏 보면 『논어』에 분명히 마음과 말·표정 사이의 불일치가 나타나고 있다. 하지만 맥락을 살피면 공자는 교언영색을 바람직하지 않은 태도로 보고 있다. 따라서 공자는 말과 표정 그리고 마음이 달라지지 않고 한결같은 상태를 유지하는 것을 바람직한 것으로 보고 있는 것이다.

공자는 교언영색과 다른 유형을 실례로 들고 있다. 우리는 겉으로 부드럽지만 속으로 곧은 사람을 보통 외유내강이라는 말로 표현한다. 교언영색은 외유내강 중 외유의 측면을 잘 드러낸 것이다. 흥미롭게도 공자는 외유내강과 반대되는 외강내유의 인물을 제시하고 있다. 외강내유의 사람은 얼굴빛이나 표정은 누가 접근하기 어려울 정도로 사납고 엄숙하다. 하지만 남에게 보여지는 것과 달리 그런 사람은 마음 씀씀이가 물러터져서 바퀴벌레만 보아도 호들갑을 떨 정도로 벌벌 떨며 매사에 두려워하곤 한다. 공자는 이런 사람을 뭔가 모자란 소인에 비유하고, 그들을 마치 남몰래 벽과 담을 뚫어 물건을 훔치는 도둑과 닮았다고 보았다(「양화」 12).

여기서도 공자는 소인의 표정과 마음이 달리 나타난다는 점을 말한다. 하지만 그것은 이것이 바람직하니 누구나 그렇게 해야 한다는 것이 아니라, 이러한 모습을 보여서는 안 된다는 맥락이다. 공자는 표정과 마음, 즉 색色과 내심內心이 하나가 되어야 한다는 점을 강조하고 있는 것이다.

공자는 사람이 하는 행위에 분명히 마음과 표정의 선행 사건이 있다는 점을 부정하지 않는다. 즉 그는 사람의 마음 또는 내심이 먼저 표정으로 드러나고 마지막으로 행위로 마무리된다고 보고 있다. 예컨대 우리는 오랜만에 친구를 만나서 반가운 마음이 들면 그 마음이 환한 표정으로 나타나서 환대를 표시하고, 이어서 악수나 포옹을 하고 안부를 물으며 그동안의 일을 이야기하게 된다. 이때 반가운 마음과 환한 표정과 포옹은 『논어』의 마음과 표정과 행위에 대응한다고 할 수 있다. 만약 반갑다고 인사하면서 표정이 어둡거나 반갑다고 말해놓고 건성으로 이야기를 한다면 우리는 마음과 표정 그리고 행위의 세 국면이 일관되지 않다는 것을 느끼고서 뭔가 이상하다고 생각하게 된다.

공자에 따르면 마음이 그것을 쏙 빼닮은 표정을 낳고 다시 표정이 그것을 쏙 빼닮은 행위를 낳게 되므로 마음과 행위가 서로 동일성을 갖는다. 즉 마음과 표정 그리고 행위는 세쌍둥이처럼 서로 다른 점을 찾아볼 수 없는 것이다. 이로써 우리는 행위만 보더라도 그 사람의 마음이 어떠한지를 그대로 들여다볼 수 있게 된다. 이러한 사람은 결국 행위와 표정 그리고 마음 사이에 커튼이 드리워져 속을 알 수 없는 검은 마음이 아니라 가리운 것 없이 투명하여 훤히 비추는 흰 마음을 가지고 있다고 할 수 있다.

## 마음은 자립적 실체가 아니라 네트워킹 센터다

공자는 마음과 표정 그리고 행위 사이에 다른 것의 틈입을 허용하지 않으며, 세 국면의 '절대적 연속성'을 주장하고 있다. 이것이 바로 사람의 자아가 분열되지 않고 통합성을 지니는 길이기 때문이다. 하지만 이를 잘못 읽어 마음이 표정과 행위에 비해 고유한 특성을 가지지 못한다고 한다면, 마음을 표정 또는 행위로 환원하는 설명이 가능해진다. 이로써 공자의 마음은 독립성이 없게 되고, 이는 출발점은 다르다고 하더라도 사고·정서 및 내적인 정신 경험을 제외하고 전적으로 관찰과 측정이 가능한 행위(자료)를 연구 대상으로 삼았던 고전적 행태주의behaviourism의 심리학과 비슷해진다.

우리는 이런 비판을 벗어날 수 있는 실마리를 미국의 사회학자 허버트 미드G. H. Mead의 상징적 상호작용론symbolic interactionism에서 찾을 수 있다. 그는 자아를 자족적 실체로 보지 않는다. 그는 자아를 영어의 주격 'I'와 목적격 'Me'(이를 주체아와 객체아로 옮기기도 한다)로 구분한다. 'Me'는 다른 사람의 눈에 비쳐진 나이다. 비쳐진 나, 즉 'Me'는 무시해도 좋을 만큼 아무런 가치가 없는 것이 아니라, 타자와 교제하면서 나를 객관적으로 돌아보게 하고 나를 새롭게 만들어나가는 소중한 자료가 된다. 이때 'I'는 'Me'에서 드러난 자료를 바탕으로 해서 나를 끊임없이 재구성하게 된다. 이를 통해 미드는 자아가 타자와 환경으로부터 고립되지 않는 유기적인 관계를 회복하며 또 환경에 수동적으로 조종되지 않고 개성을 빚어내는 주체적 대

**행태주의 심리학**
인간의 행동이 화학이나 물리학 등의 자연과학처럼 관찰 가능한 요인에 의해 설명되고 예측될 수 있다고 보는 이론이다.

**미드**
1863~1931. 미국의 사회학자이다. 사회심리학에서 미드의 중요한 업적은 타인과의 상호관계를 통하여 어떻게 자의식이 발생하는가를 보여주려 한 것이다.

**상징적 상호작용론**
미드의 이론을 기초로 1960년대 정식화한 사회학의 이론이다. 사회관계에 접근하는 방식의 하나로 자아와 타자 사이의 상호작용 속에 교환되는 상징과 그 의미의 중요성을 강조하는 이론이다.

응의 가능성을 확보한 것이다.

그렇다면 미드가 말한 'I'와 'Me'의 관계를 『논어』에 적용할 수 있을지 살펴보자. 근현대인은 사람의 행위를 고독한 결단으로 보는 데에 익숙하다. 하지만 우리는 성장 과정에서 부모, 친구, 또래집단, 교사, 주위 환경, 연예인, 인기 스타 등에게서 많은 영향을 받는다. 공자도 존재의 고독한 선택보다는 주위 사람들에게서 끊임없이 영향을 받는 측면을 강조하고 있다. 예컨대 우리는 뛰어난 인물을 만나서는 어떻게든 본받아서 그 사람과 같아지기를 바라고, 모자라는 사람을 만나면 그를 교훈삼아서(반면교사) 자신을 단속한다(「리인」 17). 나는 긍정적인 인물을 닮으려 하면서 내 속에서 그 사람과 같은 측면을 키워내고 부정적인 인물을 보며 내 속에서 그 사람과 같은 측면을 제거하려고 한다.

물론 이러한 모방과 배제의 수양은 쉽지 않다. 공자도 이 사실을 알았는지 실망한 듯이 복잡한 심정을 토로한 적이 있다.

> 끝인가 보다! 나는 여태까지 어느 누구도 자신의 시행착오를 시인하고 교훈을 받아들여서 스스로 따져보는 사람을 본 적이 없구나!(「공야장」 28)

공자가 그런 사람을 보지 못했다고 하더라도 그렇게 해야 한다는 것을 부정한 것은 결코 아니다. 공자에 따르면 사람은 누구에게나 무엇에 호소하지 않고, 내면적 고뇌를 겪을지언정 전적으로 자신의 지성에 의지해서 최종적인 입장을 선택하지는 않는다. 사람은 자신을 주위의 긍정적 인물이나 부정적 인물과 병치시켜서 객관적으로 관찰하고 있다. 이 과정이 바로 미드가 말하는 'Me'이다. 그 과정은 대조로만 끝나는 것이 아니라 결과(자료)가 곧바로 'I'에게로 전달된다. 'I'는 그 데이터를 기초로 고칠 것은 고치고 받아들일 것은 받아들이고 키워야 할 것은 키우는 작업을 지휘하게 된다. 이 결과는 다시 'Me'에게로 전송이 된다. 이렇게 공자의 내자성內自省(스스로 단속함)과 내자송內自訟(스스로 따져봄)은 미드의 'I'와 'Me' 사이의 지속적 선순환 과정을 그대로 재연하고 있다. 미드의 상징적 상호작용론에 따르면 공자의 마음·표정·행위는 서로 연속되어 있을 뿐만 아니라 쌍방향성을 가지므로 창조적 행위를 가능하게 한다. 반면 고전적 행태주의는 오로지 자극과 반응의 도식에 따라 원하는 행위의 유형을 산출할 수 있으므로 마음·표정·행위 사이의 쌍방향성을 설명할 수 없다.

이제 공자의 '마음'은 주위 환경과 완전히 절연한 채 가치와 방향을 결정하여 구체적인 행위를 선택하는 자립적 실체가 아니라는 것은 분명해졌다. 그의 마음의 특성을 어떻게 규정할 수 있을까? 나는 공자의 마음을 네트워킹 센터로 보고자 한다. 사람은 가족, 친구와 사회적 역할 등으로 짜인 복잡한 관계망에서 많은 타자와 이어져 있다. 관계가 지속적이라면 네트워킹이 활성화되어 있고, 관계가 간헐적이라면 네트워킹이 상대적으로 불활성화되는 것처럼 차이가 있다. 나는 숱한 관계망으로부터 지속적인 나를 분류하고 평가하는 데이터를 수신한다. 나는 수신한 데이터 중에서 의미와 무의미를 걸러내서 의미 있는 데이터와 기성의 의미체계로서 '나'를 조합해서 '나'를 새로운 텍스트로 직조해낸다. 나는 타인과 관계망에서 나만을 새롭게 구성하면서 동시에 타인을 분류하고 평가해서 그 데이터를 끊임없이 전송한다. 이는 기존의 매체(TV, 라디오, 메시지 등)가 일방향 미디어에서 쌍방향 미디어로 바뀌어가는 경향과 유사하다. 이런 점에서 보면 공자의 사상에서 사람이 다양한 역할로 맺어진 매듭node 또는 결절점이라면, 마음은 매듭이 다른 매듭과 쌍방향으로 수신과 발신을 되풀이하면서 매듭의 질과 양을 발전시키면서 개성을 갖추도록 하는 네트워킹 센터라고 할 수 있다.

## 군자의 흰 마음은 지향이 있다

공자의 사상에서 마음이 주위 환경과 끊임없이 교류한다고 하더라도 타자에 의해 비쳐진 나의 데이터와 자아에 의해 비쳐진 타자의 데이터가 모두 무조건적으로 수신되지는 않는다. 폭력, 사회적 편견, 종교적 편향을 담은 메시지는 수신이 거부될 뿐만 아니라 네트워킹 시스템에서 걸러낼 수 있어야 한다. 이처럼 데이터를 거른다는 것은 네트워킹 시스템에 의미 없는 메시지가 부유하는 것이 아니라 자체 정화 기능을 가지고 있으며, 개별적인 네트워킹 센터에도 개별적 지향이 있다는 것이다. 예를 들자면 각 나라마다 KBS, MBC, SBS, NHK, CCTV, BBC, CNN 등의 방송국이 있더라도 각각 색깔과 지향이 다르듯이 이 네트워킹 센터도 신정근, 홍길동, 황진이, 임꺽정 등 사람마다 다른 특성을 드러낼 수 있다.

그러면 공자의 마음이 네트워킹 시스템에서 공유하고 있는 지향이 무엇인가 살펴보자. 이와 관련해서 공자는 사람이 사람에 대해 공정한 평가를 내리는 것을 중시하고 있다. 그는 인자仁者, 즉 평화를 일구는 사람이라야 함께 하는 사람을 제대로 좋아할 수 있고 제대로 미워할 수 있다고 보았다(「리인」 3). 왜냐하면 적어도 사람이 참으로 평화에 뜻을 두어야만 이해관계에 의해 타자에게 해악을 끼치려고 하지 않기 때문이다(「리인」 4). 이 취지를 살린다면 사람 사이의 네트워킹은 적어도 평화를 일구어 세상에 질서를 가꾸는 방향으로 설정되어 있고, 그 속에 참여하는 사람도 그 가치를 공유하고 있는 셈이다.

네트워킹 시스템이 잘 짜여 있어도 그것의 운영은 시스템의 결절점(매듭)을 이루는 마음을 가진 사람에 의해 결정된다. 이 사람이 네트워킹에 참여하면서 데이터를 조작하여 그것의 자유로운 송수신을 교란하거나 데이터 소유의 비대칭을 바탕으로 권력을 행사하게 된다면, 네트워킹 시스템은 그 권력을 유지하는 도구로 전락할 수 있다.

공자는 네트워킹에 참여한 사람은 군자, 즉 자율적 사람이 되어야 한다고 보았다. 군자가 되려면 먼저 자신을 갈고 닦아서 맡은 바를 신중하고 차분하게 수행해야 한다. 이것은 자신을 스스로 통제하며 역할에 충실한 것을 기본으로 요구하는 것이다. 이어서 자신을 갈고 닦아서 주위 사람들을 편안하게 해주고 더 나아가 백성(인류)을 편안하게 해주려는 지향을 가져야 한다(「헌문」 45). 이로써 네트워킹의 센터로서 사람은 자신의 마음이 자기 통제를 바탕으로 하여 타인과 상성相成으로 나아가도록 설정하고 있다.

아울러 공자는 네트워킹에 참여하는 사람들마다 데이터의 송수신과 해독 과정에서 차이가 있다는 사실을 알고 있었다. 이 차이가 권력관계로 변환된다면, 네트워킹은 쌍방향의 소통이 아니라 일방향의 지시-복종 시스템으로 전락될 수 있다. 그는 이를 막기 위해서 획일성의 독점이 아니라 다양성의 공존이 일어나야 한다고 생각했다. 이런 생각은 자공이 공자에게 "한평생 내내 나침반으로 삼아 자신을 이끌어갈 만한 한 마디가 무엇인가요?"라고 묻자 "관용의 원

**황금률**
예수의 산상수훈山上垂訓에서 유래한다. '남에게 대접받고자 하는 대로 남을 대접하라'는 윤리 원칙이다.

칙이지, 자신이 바라지 않는 것을 주위 사람들에게 끼치지 않도록 하라"(「위령공」 24)고 대답한 데서 알 수 있다. 이는 흔히 호혜성reciprocity과 역지사지Put yourself in other person's shoe로 풀이되는 서恕(또는 황금률Golden Rule)를 말한다. 이 속에서 공자는 한 사람이 데이터의 송수신과 해석에서 어떠한 우위 또는 절대적 지위를 가지는 상황을 배제하고 있다. 사람은 차이와 비대칭의 조건에서 출발해서 자신의 속도와 폭으로 네크워킹 시스템 중의 기지국을 책임지고 있는 것이다.

이렇게 보면 마음은 어떠한 왜곡(증대와 축소, 과장과 허위 등의 조작) 없이 그대로 표정과 행위로 드러나면서 동시에 타자와 공존하며 차이를 존중하는 방향성을 드러내고 있다.

## 소인의 검은 마음

지금까지 공자의 마음을 군자의 입장에서 살펴보았다. 군자의 마음은 투명하고 주위와 끊임없이 교류하여 개성을 드러내기 때문에 하얀 색으로 그 마음의 특성을 상징할 수 있다. 공자는 사람이 군자의 흰 마음을 추구하기를 요구했으므로 그것이 공자의 마음에 대한 관점을 대표한다고 할 수 있다.

앞의 논의에서 언급했듯이 공자가 부정했지만 『논어』에는 소인의 검은 마음을 말하는 부분이 분명히 들어 있다. 이제 검은 마음을 들여다볼 차례가 되었다.

우리는 오늘날 쇼핑센터에서 교언영색, 즉 듣기에 솔깃한 말이나 유들유들 웃는 얼굴을 보면 친절하다고 생각하는 반면 말이 통명하고 표정이 무거우면 불친절하다고 생각한다. 현대인은 감정노동을 하는 노동자의 마음(영혼)까지 신경 쓰지 않고 다만 그들의 언행을 보고 친절한지를 판가름할 뿐이다. 공자는 교언영색의 친절한(?) 언행이 속마음에서 우러나온 것인지 아니면 가식인지에 주의를 기울인다. 그는 교언영색에서 마음과 언행 사이의 불일치를 읽어냈기 때문에 가식적 친절을 가짜로 보며 그것에 의미를 부여하지 않는다. 공자가 부정적으로 간주하기는 했지만 교언영색에는 언행으로만 판단할 수 없는, 겉으로 보아서는 알 수 없는 불투명한 검은 마음이 전제되어 있다는 것을 알 수 있다.

『논어』를 보면 마음과 표정·행위의 불일치만이 아니라 말과 행위의 불일치를 다루는 내용이 있다. 공자는 낮잠을 잔 제자의 행위를 무척 실망한 듯 아주 격정적으로 비판하고 있다. 낮잠을 잔다는 것은 처음에 무엇을 하겠다고 시작한 열망이 식어서 배움을 게을리한다는 것을 보여주기 때문이다.

> 나는 지금까지 주위 사람과 어울리며 어떤 사람이 '…을(를) 하겠다'고 약속하면 그 말대로 실행되리라 믿어왔다. 이제 나는 어떤 사람이 '…을(를) 하겠다'고 약속하더라도 그 사람이 말대로 실행하는지 살펴보게 되었다.(「공야장」 10)

공자는 처음에 말과 행위는 쌍둥이여서 말하면 그 말이 바로 행위로 일어난다고 보았다. 이런 주장은 언어철학자 존 오스틴J. Austin이 『말과 행위』에서 주장한 수행적 발화performative utterance를 연상시킨다. 공자는 말과 행위의 연속성을 믿었지만 당시에 또 둘을 갈라놓는 현상이 생겨나기 시작했다. 예컨대 어떤 사람이 "금연하겠다!"고

**존 오스틴**
1911~1960.
'언어행위speech acts'에 대한 많은 이론을 개발한 언어철학자이다. 그는 의미meaning를 설명하기 위해 단어들이 어떻게 사용되는지 검사하여 비트겐슈타인과 함께 영국 언어철학의 중요한 위치를 차지한다.

선언해놓고 금방 담배를 피우면, 다음에 그 사람의 말이 실제 행위로 이어질지 믿기 어려워진다. 여기서 말과 행위 사이의 불일치는 단순히 둘의 불일치에 한정되지 않는다. 군자는 마음과 표정 그리고 행위가 연속적으로 일관되게 드러난다. 하지만 지금 세 단계 중 제일 마지막 단계에서 균열이 생긴다면 행위(언행)가 표정이나 마음과도 더는 연속되지 않는 연쇄적인 불일치가 일어날 가능성이 생겨나게 된다. 그렇게 되면 사람은 누군가의 말을 듣고서도 그 사람의 행위가 어느 방향으로 향할지 알 수 없고 표정을 관찰하고서도 그 사람이 무슨 말을 할지 모르게 되니, 이제 마음은 알 길이 없게끔 몇 겹의 장막으로 둘러쳐진 '검은 마음'이 되어버린다.

우리는 이러한 검은 마음이 바로 소인의 특성을 반영한다는 점을『논어』에서 확인할 수 있다. 공자의 제자인 자공의 생각에 따르면 군자의 잘못(과실)은 비밀이 아니라 일식이나 월식처럼 늘 공개되어 있다. 군자는 잘못을 하더라도 사실을 시인하고 잘못을 고치려고 하게 된다(「자장」21). 즉 군자도 일시적으로 자신을 완벽하게 통제하지 못하여 잘못을 저지를 수 있다. 이것은 의식적으로 마음과 표정 또는 행위가 불일치하게 된 것이 아니라 의식하지 못한 상태에서 둘 또는 셋 사이에 불일치가 생겨난 것이다. 이러한 일시적인 불일치는 수정을 통해서 금방 일치의 상태로 복원할 수 있는 것이다.

반면 소인은 잘못을 저지르게 되면 반드시 다른 변명을 꾸며대기 시작한다(「자장」8). 우리는 약속 시간에 늦게 와서는 늦게 출발한 사실을 말하지 않고 차가 막혔다며 뻔뻔스럽게 변명을 한다. 소인이 변명을 한다는 것은, 역설적이지만 그들도 마음과 표정 그리고 행위가 일치되어야 한다는 점을 알고 있다는 것을 방증하는 셈이다. 하지만 소인이 고의가 아니라 주위 환경 탓이라고 하는 순간부터 마음과 표정 그리고 언행의 사이가 끊임없이 벌어지기 시작한다. 이러한 상황이 되풀이되면 소인은 마음과 표정 그리고 언행 사이를 고의로 분리시켜서 자신의 속내를 전혀 알 수 없게 만들어버린다. 마음을 있는 그대로 드러낸다면, 그것은 소인이 하고자 하는 것을 실패로 만들게 하고 이루고자 하는 욕망을 좌절시키게 만드는 것이다. 예컨대 왕위를 노리는 왕자는 세자에게 속마음을 들키지 않아야 언젠가 왕위를 가로챌 수 있으며, 만약 속마음이 들통난다면 자신의 욕망을 결코 이룰 수 없게 된다.

이렇게 보면 『논어』에는 군자의 흰 마음만이 아니라 소인의 검은 마음도 들어 있다. 군자의 흰 마음과는 달리 소인의 검은 마음은 독립적 실체일 수가 있다. 검은 마음은 자신과 주위 사람을 철저하게 분리하고 자신의 이해와 욕망을 가장 우선시하며 그것을 실현하기 위해서 최선의 방법을 입안하고 주도면밀하게 실천해나간다. 공자는 검은 마음의 사람이 많아진다면 공동체가 타락하고 부패한다고 보았기에 그들은 수양과 감화를 통해서 변화되어야 할 대상이었지 제 권리를 주장할 수 있는 떳떳한 주체가 아니었다. 철학사를 훑어보면 공자는 수양을 통해 흰 마음을 키우고 검은 마음을 줄여야 한다는 마음 이론을 형성하는 데에 초석을 다졌다고 할 수 있다.

## 공심公心과 동심同心, 결국 무심無心

소인은 타인이 들여다볼 수 없게 장막으로 둘러친 검은 마음을 가지고 있는 반면 군자는 어떻게 생각하는지 누구나 들여다볼 수 있는 흰 마음을 가지고 있다.[2]

공자는 검은 마음을 흰 마음으로 바꾸어야 한다고 주장하고 있다. 『논어』에 검은 마음과 흰 마음이 모두 나타나고 있다고 하더라도 가치로 보면 흰 마음만 있는 셈이다. 사실 중국에서는 청말의 지식인 리쭝우李宗吾가 일찍이 후흑학厚黑學을 주창하며 생존의 논리에 뛰어난 낯가죽이 두껍고 속이 검은 사람을 재발견하기 전까지 검은 마음은 늘 음지에 있었다.

**리쭝우**
1876~1943. 중국 사천 출신의 혁명가, 교육가이다. 청년기에는 쑨원孫文과 함께 중국혁명동맹회에서 활동하였고, 장년기에는 중고등학교와 대학에서 후학을 양성하였다.

**후흑학**
청조가 멸망하고 신중국이 탄생하는 격변의 시기에 리쭝우의 저작인 『후흑학』의 영향 아래 형성된 것이다. 후흑학의 요지는 영웅호걸이라 불리며 중국 역사를 장식한 수많은 위인이 모두 낯가죽이 두껍고 음흉하기 이를 데 없는 인물들이었다는 것이다.

이제 마지막으로 흰 마음은 과연 나의 마음, 즉 『시경』에서 처음으로 발견했던 아심我心인지 알아보자.

근대에 와서 타인의 정체는 수수께끼와 같게 되었다. 자아는 확실하지만 타자는 오리무중이라는 유아론에 빠지게 된다. 이를 넘어서기 위해서 공통감각, 계급의식, 간주관성·상호주관성intersubjectivity, 가족 유사성 등이 제시되었다. 공자의 마음, 즉 군자의 흰 마음은

2 글을 쓰기 전에 제목을 이리저리 생각하다가 우연히 김태길의 『검은 마음 흰 마음』(민중서관, 1968)을 만나게 되어서 그렇게 제목을 정했다. 머리말을 보면 선생은 처음에 흑심黑心 소심素心으로 제목을 달까 하다가 순수한 우리말에 끌려서 검은 마음 흰 마음으로 정했다는 이야기를 하고 있다. 제목 걱정을 덜어준 선생님께 감사드린다.

애초에 자립적 실체가 아니라 네트워킹 센터였던 만큼 늘 타자와 데이터를 수신하면서 송신하고 송신하면서 수신하며 송신된 데이터를 재해석해서 네트워킹의 결절점(매듭)으로서 자아를 개성 있게 직조할 수 있다.

따라서 우리는 군자의 흰 마음을 들여다보기 위해서 내면의 자아 또는 내면의 관찰자를 상정할 필요가 없다. 우리는 흰 마음에 다가서기 위해 내아內我의 특별한 접근권을 주장할 필요가 없다. 흰 마음은 늘 나와 너에게 공적 초대장을 발송한다. 공자의 말을 들어보자.

> 우리가 만약 그 사람이 함께 하는 사람을 찾아보고, 그 사람이 좇는 방법을 들여다보고, 그 사람이 편안해 하는 상태를 살펴본다면, 그 사람이 어떻게 자신의 정체를 숨길 수 있겠는가? 그 사람이 어떻게 자신의 정체를 숨길 수 있겠는가?(「위정」 10)

이렇게 우리는 장막에 덮여서 감추어진 존재가 아니라 발갛게 벗겨져서 완전히 드러난 존재, 즉 투명한 존재일 뿐이다. 그런 투명한 존재가 개성을 가진다고 하더라도 그 개성은 네트워킹 시스템에서 송수신의 속도, 데이터의 집적의 차이에 불과한 것일까 아니면 또 다른 차이가 있을까? 아니면 공자는 애초부터 수도동귀殊道同歸, 즉 가는 길은 다르지만 도달 지점은 똑같다고 보았을까?

나는 공자가 같은 성인이라고 하더라도 요 임금과 순 임금, 문 임금과 무 임금의 차이를 인정하고 있다는 점을 볼 때 네트워킹 센터의 고유성uniqueness을 완전히 부정하지는 않는다고 생각한다. 나아가 전체적으로 보면 결국 공자는 길은 다르지만 도착지는 동일한 상태를 지향한다고 생각한다. 이 귀결은 모두 각각 하나의 마음을 갖는 일인일심一人一心이 아니라 모두 같은 하나의 마음을 갖는 만인일심萬人一心의 상태라고 할 수 있다. 일심은 결국 마음으로 보면 나의 마음과 너의 마음이 차별이 없는 무심無心이 되고 자아로 보면 나와 너의 구분이 없는 무아無我가 된다. 나는 이런 무심론과 무아론이 차이를 적극적으로 주장(토론)하기보다는 동화를 바람직하다고 여기며 개성의 표출보다는 억제를 선호하는 당시의 사회 문화와 어느 정도 관련이 있다고 본다.

그렇다고 공자의 사상에서 흰 마음이, 숨조차 제대로 내쉴 수 없는 압제와 전제의 사회로 이어지는 것은 결코 아니다. 압제와 전제는 공자의 흰 마음이 아니라 특정한 역사 시대를 운영했던 책임자에게 원인이 있는 것이다. 군자의 흰 마음은 표정·행위와 상호작용을 통해서 창조적 실천으로 나아간다. 이를 위해서 사람은 각자의 재질에 따라 끊임없이 거칠게 갈고 쪼개며 곱게 다듬는 절차탁마切磋琢磨의 과정을 통해 각자의 차이를 지향한다(「학이」 15). 군자의 흰 마음은 마음·표정·행위의 연속성을 단일한 빛깔이 아니라 무지개 빛깔로 드러나게 한다. 또 군자가 그리는 공동체는 구성원이 예에 따라 스스로 통제하므로 차별받는 이방인이 없는 우주 가족cosmopolitan을 추구한다(「안연」 5). 공자는 상상하지 못했겠지만 절차탁마의 차이 지향은 공동체와 대립하는 개체로 나아가지는 못하더라도 독특성을 지닌 개체로 나아가는 길을 열어줄 수 있을 것이다. 그것은 네트워킹 센터로서 흰 마음이 분투하는 여정으로 맺어지는 결실이다.

## 더 읽을거리

신정근, 『공자씨의 유쾌한 논어』, 사계절, 2012

이 글의 기본 텍스트인 『논어』를 번역투가 아니라 오늘날의 구어로 풀이하고 있다. 아울러 『논어』를 처음부터 끝까지 읽는 것이 아니라 주제와 인물별로 다양하게 재구성해서 읽을 수 있는 독법을 제시하고 있다.

허버트 핑가레트, 『공자의 철학』, 송영배 옮김, 서광사, 1991

공자 철학의 핵심 개념을 서양 철학의 맥락에서 다루면서도 동아시아 철학의 고유한 문맥을 놓치지 않으며, 서양 철학이 빠진 이원론의 문제를 극복하는 대안을 모색하고 있다.

가노우 요시미츠, 『몸으로 본 중국사상』, 동의과학연구소 옮김, 소나무, 1999

동아시아의 마음과 관련된 제반 개념과 논의를 실증적인 자료와 꼼꼼한 분석으로 풀어내고 있다. 의학적 지식을 첨가하여 철학적 논의가 가지는 사변성의 무미건조함을 희석시키고 있다. 특히 마음을 뇌나 심장으로 보는 각각의 견해를 숙독할 필요가 있다.

벤자민 슈워츠, 『중국 고대 사상의 세계』, 나성 옮김, 살림, 2004

지은이는 중국의 고대와 근현대 철학에 훌륭한 연구 성과를 일군 연구자이다. 그는 비교철학의 방법론을 통해서 공자 사상을 끊임없이 현대적 지평에서 논의 가능한 자원으로 끌어올리고 있다.

신정근, 『사람다움의 발견』, 이학사, 2005

어원, 통계적 분석에서부터 용례 분석을 통해서 공자의 마음을 입체적으로 다루고 있다. 아울러 공자가 마음을 주관주의로 끌어가지는 않는지 그 맥락을 찬찬히 짚고 있다.

신정근, 『논어의 숲, 공자의 그늘』, 심산, 2006

공자의 사상을 이해하기 위해서 필수적인 개념들, 즉 군자와 소인, 화華와 이夷, 의義, 정명正名, 가家와 국國, 문文과 질質, 의意와 지知 등을 종합적으로 다루고 있다.

조긍호, 『선진유학 사상의 심리학적 함의』, 서강대학교출판부, 2008

이 책은 현대 심리학을 서양의 이성 중심주의를 벗어나 덕성 중심주의로 재구성하려는 시도에서 쓰여졌다. 유학 사상의 인성론, 군자론(성인론), 도덕실천론(예론), 수양론에서 심리학적 의미를 끌어내고 있다.

조지 허버트 미드, 『정신·자아·사회: 사회적 행동주의자가 분석하는 개인과 사회』, 나은영 옮김, 한길사, 2010

고전적 행동주의를 넘어서 사회적 행동주의 입장에서 자아가 사회와 끊임없이 서로 영향을 주고받으면서 정체성을 구성해가는 과정을 밝히고 있다. 공자의 마음과 자아를 현대적으로 해명하는 데 반드시 참고해야 할 책이다.

# 맹자

## 선한 뜻을 이끄는 나의 큰몸

## 장원태

서울대학교 철학과를 졸업하고 같은 대학원에서 「맹자 · 장자 · 순자의 마음 이론」으로 석사학위를, 「전국시대 인성론 형성과 전개에 관한 연구」라는 논문으로 박사학위를 받았다. 현재는 서울대학교 철학과 부교수로 재직 중이다. 중국 고전에 대한 해설집인 『사고전서총목제요四庫全書總目提要』 번역에 참여한 바 있다. 고대 중국 철학자들이 사용한 심성론 관련 주요 개념에 관심을 가지고 있으며, 이 개념들이 중국 철학사에서 어떤 방식으로 전수되었는지 연구하고 있다.

## 맹자 마음 이론의 배경

맹자(372?~289? BC)의 마음 이론은 중국 철학사에서 전개된 다양한 마음 이론 중 가장 초기의 것에 속한다. 성립 연대가 분명하지 않은 몇몇 단편을 제외하면, 『맹자』 이전에 성립한 것으로 보이는 문헌 중에서 마음에 관한 본격적인 이론은 찾아보기 어렵다. 예컨대 춘추시대(770~403? BC)를 다루는 역사책인 『좌전』에서도 인간의 감정이나 정신 활동에 대한 서술이 드물게나마 보이고 이것이 후대 사상가들에게 영향을 끼친 것으로 보이지만, '마음이라는 개념'을 긍정적으로 다루는 기사는 보이지 않는다. 맹자 이전부터 활동해온 묵가의 저작에서도 이러한 사정은 마찬가지여서 묵가는 '心'이라는 글자조차 거의 사용하지 않는다. 물론 후기 묵가가 『묵경』에서 지각知에 대한 깊은 관심을 보이고 이에 대해 10여 개 이상의 정의를 내렸지만, 후기 묵가의 지각 이론은 맹자와 동시대, 혹은 그 이후에 성립했을 가능성이 크다.

이처럼 전국시대(403?~221 BC) 초·중반기에 마음 이론이 본격적으로 등장하게 된 것은 당시 중국 사회의 급격한 변동과 관련되어 있다. 주나라(1046~711 BC) 초기부터 춘추시대 중반기까지 유지된 종법제宗法制 사회에서 사회 구성의 기본 단위는 성姓을 공유하는 씨족 집단으로, 씨족 집단들이 다양한 방식으로 결합하면서 전체 사회를 구성했다. 각 씨족은 그들 내부에서는 서로 동질적인 존재로 파악했지만, 성姓이 다른 씨족 집단은 자기들과 이질적인 존재로 간주하곤 했다. 이 시대의 역사를 기록한 『좌전』과 『국어』에 인간 일

**종법제**
대종大宗과 소종小宗으로 이루어진다. 대종은 제후의 적장자 외의 아들을 별자別子로 하여 조祖로 삼고, 적장자 상속으로 무한히 이어져가게 한 가계를 말한다. 소종은 대종에서 갈라져 나온 것으로, 적장자 자손의 남동생들이 세운 가계이다.

반을 동질적인 존재로 파악한 사례는 거의 보이지 않는다. 그러나 춘추시대 말기 이후 각 씨족 집단은 해체되기 시작했다. 이러한 변화에 따라 전국시대에는 전체 사회를 씨족 집단의 결합이 아닌 개인의 결합으로 이해하는 관점이 등장하게 되었다. 예컨대 묵가는 『묵자墨子』「상동尙同」에서 한 사람에게 한 사람의 의義가 있으며 각 개인의 의義가 충돌하여 혼란을 낳는다고 주장하며 이에 대한 대안으로 의義의 통일을 주장하면서 사회계약론을 연상케 하는 논의를 전개한 바 있고, 이와 정반대에 서 있던 양주楊朱는 천하라는 큰 이로움을 준다 해도 자신의 삶과 바꾸지 않겠다고 선언하고 모든 사람은 자기 삶을 위해야 한다는 주장을 펼쳤다. 이처럼 전국시대 사상가들 사이에는 전체 사회의 구성단위를 개인으로 파악하는 흐름이 나타났고, 자연스럽게 인간 일반에 대해 정의하려고 시도하며 개인의 내면에 관심을 기울이게 되었다. 마음에 관한 이론들은 바로 이러한 배경에서 등장한 것으로 보인다.

**양주**
440~360 BC.
전국시기 위나라 출신의 사상가이다. 유가와 묵가를 반대했다. 특히 묵가의 겸애를 반대하면서 귀생貴生·중기重己를 주장하였다. 양주의 사상은 『장자』, 『맹자』, 『한비자』, 『여씨춘추』 등에서 보인다.

인간 내면에 관한 관심은 인간의 몸에 대한 분석으로 이어졌다. 당시 사상가들 상당수는 몸을 여러 부분으로 나누면서 마음을 몸의 한 기관으로 이해하고 마음을 포함한 몸의 여러 부분 사이의 상호 관계에 주목했다. 맹자와 동시대 혹은 조금 앞선 시기에 성립된 것으로 추정되는 죽간본竹簡本 『오행五行』에는 "귀·눈·입·코·손·발 여섯 가지는 모두 마음에 의해 부려진다耳目口鼻手足六者, 心之役也"는 표현이 보이고, 맹자보다 30년 정도 늦게 태어난 것으로 추정되는 장자莊子는 『장자』「제물론齊物論」에서 한몸의 진정한 주재자에 대해 여러 의문을 제기하면서, 몸의 부분들을 더 세분한 뒤 이들이 서로 어떤 관계를 맺고 있는지, 이들 사이의 주종관계가 어떻게 되는지, 그리고 자아와 어떤 관계인지에 의문을 제기한다. 그리고 맹자의 사망 시기 즈음에 태어난 것으로 보이는 순자荀子 역시 마음을 몸의 일부분으로 이해하고 마음은 군주로서 몸의 다른 부분들을 다스린다고 이해한 바 있다. 장자를 제외하면, 『오행』의 저자나 순자는 마음을 몸의 다른 부분들을 부리거나 다스리는 것으로 이해하고 있다. 이러한 경향은 인간을 자기 외부와 영향을 주고받는 동시에 자신을 통제하거나 표현하는 존재로 바라보고 그렇게 할 수 있는 근거를 찾고자 하는 문제의식이 표출된 것이다.

맹자의 마음 이론은 이러한 흐름과 맞닿아 있다. 맹자는 당시 사상계를 전체만을 위하자고 주장하며 혈연관계를 부정하는 묵가와, 오직 자기 자신만을 위하자고 주장하며 군신관계와 같은 사회적 관계를 부정하는 양주의 양 극단으로 나눈다. 전자는 결국 전체를 위해 개인을 지워버리려고 시도하고, 후자는 개인의 절대성을 주장하며 일체의 사회적 가치를 거부한다. 맹자는 이 양자를 완전히 부정하지는 않으며 비판적으로 종합하려고 시도한다(「등문공장구하」 9). 맹자는 양자를 선택의 문제로 보지 않고 각 개인 내부에서 전체 사회를 지탱할 수 있는 도덕성의 근거를 찾으려고 노력하며 마음과 본성에 대한 이론을 전개했다.

## 부동심과 용기

한 개인은 끊임없이 외부와 영향을 주고받는다. 외부의 힘은 한 개인의 힘을 넘어서는 것처럼 보인다. 현실 권력의 힘, 주변의 상황 등은 언제나 각 개인의 삶의 방향을 결정하는 것처럼 보이기 때문이다. 그러나 맹자는 여러 곳에서 어떤 사람들은 외부의 힘에 의해 좌우되지 않고 자신의 길을 걸어간다고 주장한다. 예컨대 현명한 선비는 자신의 도를 즐기며 다른 사람의 권세를 잊으며(「진심장구상」 8) 자신에게 우호적이지 않은 상황에서 의로움을 잃지 않는다(「진심장구상」 9). 이처럼 자신에게 우호적이지 않은 외부의 조건에도 불구하고 흔들림 없이 자신의 길을 간다는 사실 때문에 이들은 마치 강한 용기를 가지고 적과 맞서고 있는 것처럼 보인다. 맹자는 이러한 태도를 마음이 동요하지 않는 것, 즉 부동심不動心이라는 말로 요약한다(「공손추장구상」 2). 물론 맹자의 부동심에 관한 세부적인 내용에 대해서는 역대 주석가들 사이에 논란이 많았고 현대에도 그 논란이 계속되고 있다. 그럼에도 맹자가 말하고자 했던 바의 대강은 비교적 분명하다.

먼저 맹자가 말하는 부동심은 공자가 나이 마흔에 미혹되지 않게 되었다. 즉 불혹不惑(『논어』「위정」 4)하게 되었다고 했던 말을 중심으로 한 공자 사상의 상당 부분을 계승한 것으로 보인다. 이렇게 추측할 수 있는 근거는 단지 양쪽 모두 나이 마흔에 이를 이루었다는 공통점만은 아니다. 맹자가 부동심을 논하면서 다룬 문제들은 공자가 말한 불혹과 관련된 문제들과 상당 부분 일치한다.

『논어』에서 혹惑, 즉 미혹된다는 말은 다음과 같은 일과 관련되어 있다. ① 공자가 해서는 안 될 것처럼 보이는 일을 하자 제자가 의문을 가진 경우(『논어』「술이」 28), ② 공자가 같은 질문에 대해 제자에 따라 다른 대답을 주자 이를 본 다른 제자가 의문을 가진 경우(『논어』「선진」 21), ③ 다른 누군가를 모함하는 말을 듣고 뜻/지향志이 미혹된 경우, 즉 누군가에 대한 부당한 의심을 갖게 된 경우(『논어』「헌문」 38), ④ 어떤 대상을 좋아한다고 그 대상이 살기를 바라고 어떤 대상을 싫어한다고 그 대상이 죽기를 바라다가, 한발 더 나아가 이전엔 살기를 바랐던 대상에 대해 죽기를 바라는 경우(『논어』「안연」 10), ⑤ 격한 분노로 큰 화를 불러오는 경우(『논어』「안연」 21) 등이다. 이런 사례들 중 ①②③은 납득하기 어려운 행동이나 말이 야기하는 문제다. ④⑤는 격한 감정이 야기하는 문제다. 후자와 관련해 한 가지를 더 추가하자면, 공자는 혈기血氣 때문에 발생할 수 있는 문제로 성적 쾌락에 몰두하는 일(혹은 부적절한 표정), 다툼, 탐욕 등을 제시한 바 있으므로 ④⑤는 기 혹은 혈기와 관련되어 있을 가능성이 크다. 『좌전』에 기록된 자산子產의 주장은 이를 뒷받침해준다. 자산은 인간의 신체적 욕구와 감정을 기氣를 이용해 설명한 바 있고(소공 25년) 육체적 쾌락에 탐닉한 것을 미혹됨이라고 칭하고 이로 인해 뜻/지향을 잃게 되는惑以喪志 경우를 말한 바 있다(소공 12년).

이상에서 볼 때, 『논어』에서 말하는 미혹됨이란 다음과 같이 정리해볼 수 있다. 미혹됨이란 한 개인이 자기 외부와 영향을 주고받는 과정에서 발생하는 것이며, 모순되어 보이는 행동이나 말, 거짓된 평가로 이해에 어려움을 느끼거나 판단에 장애가 생기는 경우, 그리고 어떤 사건이나 사물이 인간이 가진 기에 영향을 주고 이 때문에 격정에 빠져 문제를 일으키는 경우가 이에 해당한다. 그리고 ③과 『좌전』의 용례에서 볼 수 있듯이, 미혹됨은 뜻/지향에 나쁜 영향을 줄 수 있다. 공자는 이런 문제들의 해법과 관련하여 미혹된 상태를 분별해내는 일辨惑(『논어』「안연」 10·21)을 ④⑤의 예를 들어 설명하고 "지혜로운 자는 미혹되지 않는다知者不惑"(『논어』「자한」 28)고 말하여 지혜의 필요성을 강조했고, 혈기에 대해서는 평생을 조심해야 한다(『논어』「계씨」 7)고 말한 바 있다.

위 내용을 염두에 두고 맹자가 자신의 부동심을 설명한 대목을 살펴보면, 많은 곳에서 일치되는 부분이 보인다. 맹자는 부동심의 방법을 설명하면서 뜻/지향을 붙잡고, 기氣를 남용해서는 안 된다持其志, 無暴其氣고 주장한다. 이 중 전자는 앞에서 보았던 미혹되어 자신의 뜻/지향에 안 좋은 영향을 받게 되거나 아예 이를 잃게 되는 경우와 상응하며, 후자는 격정이나 육체적 쾌락으로 문제가 생기는 경우와 상응한다. 그리고 맹자는 자신의 부동심이 고자告子의 부동심보다 우월한 점으로 말을 잘 이해하고知言 호연지기浩然之氣를 기른다는 것을 제시한다. 이 중 말을 잘 이해한다는 것은 미혹된 상태를 분별해내는 일의 연장선상에 있는 일이다. 이어진 부분에서 맹자는 옳지 못한 말, 아마도 행위자 자신이나 다른 사람에게 나쁜 영향을 줄 수 있는 말의 사례를 늘어놓고 각각이 발생하는 이유를 밝히고 그 해악을 지적한다. 그러나 호연지기를 기르는 일은 공자가 말한 바와 유사하다고 말하기 어렵다. 공자는 혈기가 가질 수 있는 부정적인 측면만을 지적했을 뿐이지만, 이곳에서 맹자는 길러야 할 대상으로 기를 논했기 때문이다. 맹자는 그냥 기나 혈기가 아닌 크고 굳센 기인 호연지기를 통해 기에 대해 한층 더 적극적인 설명을 시도하는데 여기에서 맹자가 제시하는 부동심의 특징이 드러난다.

맹자는 부동심을 설명하면서 무사의 용기를 예로 든다. 맹자는 적이 많든 적든 개의치 않고 맞서며 반드시 이기지 못할지라도 두려움을 없앨 수 있었던 사람의 용기를 제시하고 이에 대해 기를 지켰다守氣고 평가한다. 뒤이어 이를 증자曾子가 말한 용기와 다시 비교한다. 증자의 용기는 두려움이 없다는 점에서 무사의 용기와 유사하지만 한 가지 차이가 있다. 증자 역시 그 어떤 것도 두려워하지 않는 용기를 말하지만 여기에 한 가지 단서를 붙인다. 스스로 돌아보

**증자**
506~436 BC.
증점曾點의 아들이다. 공자의 제자로 효심이 두터웠다. 공자가 제자들을 모아놓고 "나의 도는 하나로써 일관한다吾道一以貫之" 고 말했을 때, 증자는 '부자夫子의 도는 충서忠恕'라고 대답한 일화로 유명하다.

았을 때 자신이 올바른 경우에만 두려움이 없을 수 있다. 만일 스스로 돌아보아 자신이 올바르지 않다면 부끄러움을 느끼게 되므로 위축될 수밖에 없다. 맹자는 호연지기를 바로 이러한 방식으로 규정한다. 호연지기는 올바름直으로 길러나가는 것이며, 도道 그리고 의義와 짝하는 것이다. 그리고 실천을 하는 과정에서 흡족하지 않다면, 즉 스스로 돌아보아 부끄러움이 있다면 호연지기는 자라지 못한다. 이런 점에서 호연지기란 용기에 가까운 것이지만 이 용기는 의로움 혹은 올바름과 결합한 용기다. 따라서 맹목적인 용기나 방향성 없는 내적 평형이 아니라 오히려 오늘날 말하는 기개氣槪에 가깝다고 할 수 있다. 이렇게 볼 때, 호연지기를 논하면서 맹자가 강조한 바는 기 자체라고 하기는 어렵다. 맹자에게 기란 몸을 채우고 있으면서 뜻/지향을 따르는 것이므로 호연지기는 의로움 혹은 올바름을 행하고자 하는 마음의 뜻/지향을 따르면서 성장해나가는 기라고 보는 것이 옳을 것이다.

이상을 정리해보면, 부동심은 마음의 뜻/지향을 지키는 것이 그 핵심이라고 할 수 있다. 기를 남용하는 일도 조심해야 할 일이지만 이는 격정이나 육체적 쾌락에 빠져 뜻/지향에 나쁜 영향을 주는 것을 막기 위함일 뿐이다. 또한 맹자가 자신의 부동심의 장점으로 제시한 두 가지 중 '말을 잘 이해하는 것' 역시 이와 같은 목표를 갖고 있다. 그리고 호연지기와 같은 기개는 마음의 뜻/지향을 실천해나갈 때 자라나는 것이다. 이처럼 마음은 한 개인의 몸 전체를 이끄는 부분이라고 할 수 있다.

그러나 한편 맹자는 위의 정리와는 상반되는 과정을 제시한 바 있다. 때로는 기氣가 마음에 영향을 줄 수 있다는 것을 인정하여 양자의 상호작용을 인정하고 있는 것이 그것이다. 그렇다면 맹자는 마음은 어떤 방식으로 몸의 다른 부분을 이끈다고 주장하는 것일까? 아래에서는 맹자가 생각하는 마음과 감각 기관의 관계를 살펴보도록 하겠다.

## 마음과 감각 기관의 관계

『맹자』「고자장구상」 7에서 맹자는 마음의 활동을 설명하면서 마음과 다른 감각 기관의 활동에 같은 점이 있다고 주장한다. 맹자에 따르면, 사람들의 입이나 귀와 같은 감각 기관이 좋아하는 대상은 거의 동일한데, 이는 마음도 마찬가지여서 사람들의 마음이 똑같이 긍정하는 대상이 있다. 그리고 그 대상은 리理와 의義다. 따라서 리와 의가 우리 마음을 만족하게悅 해주는 것은 산해진미가 우리 입을 흡족하게 해주는 것과 같다는 것이다. 그런데 이 주장은 마음이 어떤 외부 대상, 예컨대 인간의 내면과 무관한 외적 규범을 좋아한다는 의미로 이해해서는 안 된다. 맹자는 인간의 본성에 인의예지 네 가지 덕이 이미 있고 이는 마음에 뿌리를 두고 있다고 주장한다. 따라서 마음이 긍정하는 대상을 행위자 외부에 있는 것으로 이해하면 맹자의 성선설과 모순을 일으키게 된다.

여기에서 주목해야 할 부분은 마지막에 나오는 만족하게 한다는 말로 보인다. 마음이 뭔가에 만족한다면 그것은 꼭 외적 대상의 획득을 통해서만 가능한 것은 아니다. 애초에 마음은 행위와 판단의 출발점으로 행위와 판단의 동기나 의도와 관련되어 있으므로 마음에 어떤 동기나 의도가 발생하고 이를 충족할 때에도 만족한다고 말할 수 있다. 이와 관련해서는 인간에게 인의예지 네 가지 덕德이 이미 있다는 맹자의 성선설을 참고할 필요가 있다. 맹자는 이 네 가지 덕을 다른 곳에서는 사단四端의 마음, 측은惻隱·수오羞惡·사양辭讓·시비是非의 네 가지 마음으로 바꾸어 말하고 인간이라면 누구나 이 네 가지 마음이 있다고 주장한다. 이 네 가지 마음은 어떤 상황이 주어졌을 때 자연히 생겨나는 마음으로 모두 동기나 의도로 작용하게 되는 마음이다. 물론 이런 마음이 생겼더라도 판단에 영향을 주지 않을 수도 있고 행동으로 이어지지 않을 수도 있다. 그러나 이런 마음이 판단이나 행위로 이어지게 되었을 때엔 동기나 의도를 충족시켰다고 말할 수 있다. 따라서 앞에 리와 의가 마음을 만족하게 한다는 말은 마음이 어떤 외적 대상을 얻어 만족하게 된다는 의미가 아니라 어떤 조건에서 발생하는 선한 동기나 의도를 실현할 때 만족하게 된다는 의미로 보는 것이 옳을 것이다.

이처럼 맹자는 마음의 활동을 다른 감각 기관의 활동과 유비하여 설명하기도 하지만, 한편으로 다른 곳에서는 마음의 활동 방식은 몸의 다른 부분의 활동 방식과 다르다고 주장하며 이 둘 사이의 관계를 논한다. 맹자는 지위상의 구분인 큰사람, 즉 대인大人과 작은사람, 즉 소인小人의 구분을 설명하면서, 대인과 소인은 타고나는 것이 아니라 각 개인의 수양 과정에 따른 결과라고 주장한다. 말하자면 사람의 큼大과 작음小은 애초에 사람 안에 있으며 그중 어느 쪽을 기르느냐에 따라 그 사람이 어떤 사람인가가 결정된다는 것이다(『맹자』「고자장구상」 14).

> 공도자가 물었다. "똑같은 사람인데, 어떤 사람은 큰사람이 되고 어떤 사람은 작은사람이 되는 것은 어째서입니까?" 맹자가 말했다. "큰몸大體을

따르면 큰사람이 되고, 작은몸小體을 따르면 작은사람이 된다." [공도자가] 말했다. "똑같은 사람인데 어떤 이는 큰몸을 따르고 어떤 이는 작은몸을 따른다는 것은 어떤 뜻입니까?" 맹자가 말했다. "귀와 눈이라는 기관은 생각하지 않아서 외물外物에 가려진다. 외물과 외물이 서로 영향을 주면 끌려가게 될 뿐이다. 마음이라는 기관은 생각하니思 생각하면 얻고得 생각하지 않으면 얻지 못한다. 이것은 하늘이 나에게 준 것이니, 먼저 큰 것에 서면 작은 것이 빼앗지 못한다. 이것이 큰사람이 되는 이유이다."(『맹자』 「고자장구상」 15)

문맥상 큰몸과 작은몸은 한몸의 부분들인 마음과 감각 기관에 대응한다. 이 두 부분의 활동 방식은 정반대이다. 귀와 눈과 같은 작은몸은 수동적이다. 외부의 자극이 주어지게 되면 그대로 끌려간다. 게다가 작은몸이 외부 대상을 향해 움직이는 활동, 즉 감각적 욕망의 충족 여부는 행위자가 전적으로 결정할 수 없다. 외부 대상을 얻는 일은 법적 제약이나 사회적 규범과 같은 정해진 절차를 따라야 할 뿐 아니라 개인의 의지로는 어떻게 할 수 없는 상황들에 영향을 받을 수 있기 때문이다(『맹자』 「진심장구상」 3). 그러나 마음은 이와는 반대로 움직인다. 마음은 외부에 의해 추동되는 것이 아니라 하늘이 부여한 인간의 본성에 근거를 두고 활동한다. 이때 한 가지 주의해야 할 것은, '생각하면思 얻는다得'는 말이다. 생각한다思는 말은 사모思慕한다거나 사색思索한다는 등의 의미가 있는 데서 알 수 있듯이 어떤 것에 의식을 집중해 그리워하거나 찾거나 확인해보는 일과 관련되어 있다. 예컨대 『순자』 「해폐解蔽」에는 어떤 사람이 수수께끼를 푸는 것을 좋아했는데, 감각적인 욕망 때문에 그 생각思을 망치곤 했다, 즉 그 수수께끼에 집중하지 못했다는 이야기가 나온다. 그리고 얻다得는 말은 획득한다거나 이해한다거나 만족한다는 등의 의미를 갖고 있는데, 사단의 마음에 대해 맹자는 이런 마음은 찾아보면 바로 얻고得, 놓으면 잃게 된다고 말한 바 있다(『맹자』「고자장구상」16). 따라서 이곳에서 의식을 집중해 찾고 확인해서 얻게 되는 대상이란 앞에서 언급한 사단의 마음으로 보인다. 맹자는 그런 마음이 있다는 사실을 의식하지 못하거나 아니면 이를 지나쳐 버리는 경우가 많다고 생각했을 것이다. 그러나 이런 마음은 원래 갖고 있는 것이므로 생각하는 일, 즉 이를 찾고 확인해보는 일의 결과는 사실상 보장되어 있다. 따라서 마음의 이러한 활동은 감각 기관의 활동과는 반대로 행위자 자신의 의지에 따라 결과를 얻게 되어 있다(『맹자』「진심장구상」3).

맹자가 보여준 큰몸과 작은몸의 구분, 즉 마음과 감각 기관의 구분은 한몸을 구성하는 여러 부분들 사이의 관계를 말하는 것으로 보이지만 오늘날의 관점에서 보자면 의식의 구분이다. 의식을 의식이 생겨나는 근원에 따라 마음 혹은 본성에서 생겨난 의식과 감각 기관에서 생겨난 의식으로 구분한 것이다. 이렇게 보자면 맹자가 말하는 '마음'은 상당히 좁은 의미라는 것을 알 수 있는데, 당시 사상계에서 이런 생각은 낯선 것이 아니었다. 순자도 마음의 위치에 대해서는 상당히 유사한 설명을 한 바 있다. 순자는 「정명」에서 마음과 감각 기관의 관계는 군주와 신하의 관계라고 정의하면서 "마음은 신체의 군주이자 신명의 주인으로 명령을 내리기만 하고 명령받지 않는다"고 말한다. 그렇기 때문에 순자에 있어 마음은 이런 능동적인 힘에 근거하여 감각 기관을 통해 발생한 감정과 욕망을 선별하고 제어할 수 있는 능력도 가지고 있다(『순자』「해폐」·「정명」). 아마도 맹자와 순자는 수동적으로 활동하는 감각 기관의 문제점에 대해 능동적으로 대처할 수 있는 힘의 근원으로 마음을 인식하여 마음에 특별한 지위를 부여했을 것이고, 이 때문에 후대의 용법보다 좁은 의미의 마음 개념을 사용한 것으로 추측된다.

이처럼 마음과 여타 기관의 활동을 상이하게 설명한다고 해서 양자의 관계가 선택의 문제로, 즉 마음을 선택하고 여타 기관을 없애자는 이야기로 이어지지는 않는다. 애초에 작은몸은 없앨 수 없는 것이다. 따라서 중요한 것은 작은몸과 큰몸의 관계이다. 맹자는 큰몸이 먼저 서게 되면 작은몸이 큰몸을 해치지 못한다고 말한다. 더 나아가 맹자는 감각적인 욕구를 충족시키는 일이 때로는 단지 작은몸을 위한 일에 그치지 않는다고 말한다. 먹고 마시는 일과 같은 감각적 욕구와 관련된 활동은 분명히 작은몸을 기르는 일이다. 그러나 큰몸에 먼저 서 있는 상황에서라면 즉 선한 본성에서 유래한 도덕적인 마음을 발휘하고 있는 상황에서 감각적 욕구와 관련된 활동은 단지 작은몸만을 위한 일에 그치지 않는다. 먹고 마시는 일을 즐긴다 하더라도 의롭고 예에 맞게 하려고 노력한다면 이때의 먹고 마시는 일은 작은몸뿐 아니라 큰몸을 위한 일이기도 하다. 따라서 이런 경우에 감각적 욕구와 관련된 작은몸의 활동은 의義나 예禮와 관련된 큰몸의 활동에 종속되어 있다고 말할 수 있다(『맹자』 「고자장구상」 14). 작은몸은 수동적이기 때문에 외부에 의해 끌려갈 수 있지만, 동시에 같은 이유에서 큰몸에 이끌려갈 수도 있는 것이다. 따라서 마음에서 생겨난 동기로서의 사단의 마음이 충족되는 과정은 복잡하지 않다. 예컨대 어떤 상황에서 측은지심이 들었고, 이를 저버리지 않고 집중하면 작은몸은 따라오게 된다. 즉 어떤 동기가 실천으로 자연스럽게 옮겨가게 된다. 이와는 반대로 이해해볼 수도 있다. 누구나 먹고 마셔야만 살 수 있다. 그런데 어떤 사람이 먹고 마시는 일로 타인의 비난을 산다면 이는 그가 먹고 마시는 일 자체 때문이 아니다. 자기 안에 있는 귀중한 것인 인의仁義를 저버리고 먹고 마시는 일과 같이 외부 대상을 추구하는 일에만 몰두하기 때문이다(『맹자』「고자장구상」16·17). 만일 그가 자신이 원래 갖고 있는 귀중한 것을 저버리지 않았다면 그가 먹고 마신다는 사실은 그를 비난할 이유가 되지 않는다.

맹자는 공자가 말했던 군자와 소인의 관계를 염두에 두고 이를 인간의 내면에 적용한 것으로 보인다. 공자는 군자와 소인을 대비하면서 군자는 의義에 민감하고 적극적으로 덕을 행할 수 있는 존재로, 소인은 이익과 토지에 민감하지만 애초에 수동적인 존재라 이끌면 이끄는 대로 변할 수 있는 존재로 이해한다. 그리고 양자의 관계를 바람과 풀의 관계로 비유했다. 바람이 불면 풀이 눕듯이 군자가 자신의 덕을 행하면 소인은 그에 감화되어 이끌려간다는 것이다(『논어』「안연」19). 맹자는 큰몸과 작은몸의 관계에 대한 설명을 대인大人 즉 큰사람과 소인小人, 즉 작은사람의 관계에서 출발한다. 이때 대인과 소인이란 공자가 말한 군자와 소인의 다른 표현이다(『맹자』「등문공장구상」4). 이뿐만 아니라 맹자는 마음과 감각 기관을 설명하면서 공자가 말한 군자와 소인을 설명했던 방식을 그대로 차용한다. 군자가 인의를 품고 이를 실행해나가듯이 마음은 그 안에 판단이나 행위의 의도와 동기가 되는 인의예지의 마음을 가지고 있고, 소인이 이익과 토지에 민감하게 반응하듯이 감각 기관은 외부 대상을 탐하며 외부 대상에 이끌려간다.

그런데 소인이 수동적인 존재라 이익에 탐닉할 수도 있지만 이와 반대로 군자의 덕에 이끌려 감화될 수도 있는 것처럼, 작은몸인 감각 기관은 외부 대상에 끌려가 무절제하게 욕망에 탐닉할 수도 있지만 이와 반대로 마음이 가진 덕의 인도에 따를 수도 있다. 소인이 이익에 몰두하면서 문제를 일으킬 때 그 책임은 소인을 이끌지 못한 군자에게 있듯이, 한 개인이 감각 기관의 욕망에 탐닉하게 되는 경우 그 책임은 마음에 있다. 어차피 감각 기관은 이끌면 이끄는 대로 가는 것이므로 외물에 이끌려가게 되는 상황이 발생했다면 이는 마음이 자신의 임무를 방기했기 때문이다. 이러한 일치점은 각 개인이 저지르는 악의 기원과 그 책임의 소재를 말해준다. 언뜻 보기에 각 개인이 저지르는 악은 감각 기관의 활동으로 발생하는 것처럼 보이지만, 실제론 마음이 제 역할을 하지 않았기 때문에 생겨난다. 우리 몸에 무언가 있기 때문에 악을 저지르는 것이 아니라 무언가 하지 않기 때문에 악을 저지르게 되는 것이다. 그리고 마음이 제 역할을 해나갈 때, 마음은 오관과 같은 몸의 다른 부분들을 이끌어 각 개인을 책임감 있는 존재로 형성해나가게 된다.

이상에서 볼 때, 맹자가 마음과 몸의 다른 부분 사이의 관계를 논하면서 앞에서 보았던 부동심의 주요 주제들을 그대로 이어받고 있음을 알 수 있다. 마음의 뜻/지향과 기氣는 서로 영향을 줄 수 있다. 그러나 격정이나 육체적 쾌락에 사로잡혀 마음의 뜻/지향을 놓쳐버릴 수 있을지라도 중요한 것은 마음의 활동에 따라 기가 움직여나간 것처럼 마음의 활동에 따라 감각 기관의 활동도 따라가게 되어 있다. 따라서 기나 감각 기관 자체에 어떤 노력을 기울이기보다는 마음의 뜻/지향을 붙잡고, 사단의 마음을 놓치지 않도록 주의를 기울이는 일이 수양론의 주요 과제가 된다.

## 사단의 마음과 수양의 동기

앞에서 본 바와 같이 사단의 마음은 인간이라면 누구나 가지고 있고 어떤 일에 대해 즉각적으로 느낀 감정으로 행위의 동기로 작용할 수 있다. 또한 이것이 마음의 일종인 이상 큰몸의 일부이며 확충해나가야 할 대상이기도 하다. 이런 점에서 사단의 마음은 도덕 수양의 출발점으로 이해하기에 충분하다. 그러나 인간이라면 누구나 이 사단의 마음을 가지고 있다는 말을 인간이 태어나는 순간부터 네 가지 덕목 전부를 발휘하고 있다는 말로 이해해서는 안 된다. 인간이 어떤 능력이나 자질을 천부적으로 갖고 있다고 하더라도 태어나는 순간부터 그것들을 발휘하지는 않는다. 고자가 생명 활동의 두 가지 사례로 제시한 식욕과 성욕(『맹자』「고자장구상」 4) 중 하나인 성욕은 천부적인 것이지만 태어나는 순간부터 이 능력을 발휘하는 것은 아니다. 아마도 이는 사단의 마음에도 그대로 적용할 수 있을 것이다. 맹자는 아직 어린아이는 부모를 사랑할 줄 안다고 말하고 좀 더 자라면 형을 공경할 줄 알게 된다고 말한다(『맹자』「진심장구상」 15). 이 말은 갓난아이 시절에는 아직 공경할 줄 모른다고 말하는 것을 전제했을 가능성이 크며 이렇게 보는 편이 상식에도 맞을 것이다. 이런 의미에서 인간이 사단의 마음을 가졌다는 말은 다음 두 가지 방식으로 이해하는 편이 옳을 것이다.

인간이 태어나면서부터 사단의 마음을 가졌다는 말은 인간의 전체 삶의 초기에는 잠재적인 능력으로서만 갖는 것이다. 우물에 빠지는 아이를 보고 측은한 마음을 갖는 경우처럼 사단의 마음을 모두 가지고 있고 이것들을 부분적으로나마 발휘하는 경우란 성인成人에만 해당한다.(『맹자』「공손추장구상」6)

그러나 이렇게 행위의 동기가 될 수 있는 마음을 갖고 있다는 사실이 이를 갖고 있는 사람이 충분히 도덕적인 사람임을 보장해주지도 않을 뿐더러 이를 갖고 있는 사람이 그런 마음을 확충하리라는 것 역시 보장하지 않는다. 그렇다면 인간이 사단의 마음을 갖고 있다는 사실만으로도 수양의 근거, 즉 인간이 자신을 더 나은 존재가 되도록 노력하는 일의 근거는 충분한 것일까? 혹은 사단의 마음을 확충하기 위해서라도 그 방향을 알려줄 오히려 스승의 가르침이나 경전과 같은 외적 권위를 받아들이는 것이 더 중요한 것은 아닐까? 인간에게 행위의 동기가 될 수 있는 사단의 마음이 있다는 것을 받아들일 때 중요한 것은 모든 일에서 이런 마음을 갖고 이를 동기로 삼아 행동으로 옮기는 것이다. 그리고 스스로 이를 더 많은 영역에서 수행해내는 것이 수양의 과정일 것이다. 그런데 어떻게 하면 이렇게 할 수 있을까? 우리는 도덕적인 행위를 하려는 동기를 갖기 위해 또 다른 동기를 가져야만 할까? 예컨대 스스로 생각해보고는 이런 상황에서는 측은하게 여기는 마음을 갖는 것이 옳다고 느끼고 측은하게 여기는 마음을 가지려고 노력해야 할까? 우물에 빠지는 아이의 예화(『맹자』「공손추장구상」6)에서 알 수 있듯이 사단의 마음의 발생은 즉각적인 것이지 어떤 다른 원인에 의해 발생하는 것이 아니다. 맹자는 수양의 동기 자체도 사단의 마음에서 확보할 수 있다고 생각한 듯이 보인다. 이는 맹자가 여러 차례 수치심恥을 강조한 바 있다는 사실에서 추론해볼 수 있다.

> 인간에게 수치심恥이 없을 수 없다. 수치심이 없는 것을 수치로 여긴다면 부끄러워할 일이 없을 것이다.(『맹자』「진심장구상」6)

수치심이란 분명 의로움에 해당하는 부끄러워하고 미워하는 마음, 즉 수오지심羞惡之心의 일종이므로 누구나 갖고 있는 것이다. 따라서 수치심이 거의 없다면 사실 인간 중에서도 거의 바닥이라고 할 수 있을 것이다(『맹자』「진심장구상」7). 맹자는 그럼에도 불구하고 거꾸로 이를 수치로 여길 수 있다면 오히려 수치스러울 일이 없을 것이라고 말한다. 즉 이에 대해 부끄러워한다면 이를 도덕적 성장의 계기로 삼아 부끄러워할 일이 없을 정도로 자신을 성장하도록 만들 수 있다는 것이다. 맹자는 「공손추장구」 7과 「고자장구하」 16에서도 이와 유사한 내용을 말한 바 있다. 「공손추장구」 7에서는 부끄러움을 매개로 인仁을 실천하는 곳으로 나아가는 일에 대해 언급하고 있고, 「고자장구하」 16에서는 자신은 상대방을 좋게 여기지 않는 것을 통해서도 가르친다고 말하여 상대방을 내치는 행위를 통해 상대방이 스스로 자신을 돌아보는 계기를 만들어줄 수 있다고 말한다. 스스로 느끼는 수치심과 타인의 거절에서 오는 수치심 모두 행위자가 더 나은 쪽으로 나아갈 수 있는 계기가 될 수 있다는 것이다.

이렇게 말할 때 맹자는 성악설을 주장하는 순자와 분명 유사한 구석이 있다. 순자는 도덕을 갖지 못했음을 자각하고 갖지 못한 그것을 원하는 것을 수양의 주요 동기로 삼기 때문이다. 이러한 일차적 공통점에도 불구하고 맹자는 순자와 분명히 구분된다. 순자가 볼 때, 수치심을 느끼는 사람은 도덕적으로 변할 수 있지만, 아직 도덕적인 사람은 아니다. 순자의 표현을 빌자면 갖기를 원할 뿐 아직 갖고 있는 사람이 아니다. 반면 맹자에게 이런 수치심은 수오지심의 일부로서 인간의 본성의 일부가 발현한 것이며 그 자체로 도덕적인 것으로 평가된다. 그리고 자신에게 수치심이 없는 것을 수치로 여기는 이상 이 사람은 부끄러워하고 미워하는 마음이 전혀 없는 사람이 아니며 이런 의미에서 이 사람은 구제불능의 인간이 아니다. 이 사람은 부족하나마 어느 정도 이미 의로운 사람이다. 게다가 앞에서 보았듯이 이 사람이 느낀 수치심, 즉 이 사람이 가진 작은 의로움은 결국에는 이 사람이 도덕적으로 완성된 인간이 되는 데 핵심적인 계기가 된다. 타락한 것처럼 보이는 이 사람이 도덕적으로 완성된 인간으로 성장할 수 있다면 그 동력이 된 것은 조금이라도 남아 있던 수치심, 그의 도덕적인 감정이기 때문이다. 수치심이 이와 같이 작용할 수 있다는 사실은 수오지심이 사단의 마음 중에 특별한 지위를 갖고 있다는 것을 말하지는 않는다. 맹자는 어디에서도 사단의 마음 또는 네 가지 덕목 중 어느 것에 특별한 지위를 부여하지는 않았다.

이와는 반대로 위에서 살펴본 수치심의 역할은 도덕 수양의 내부적인 동기를 마련하는 데 있어 사단의 마음 이외의 다른 것이 필요하지 않다는 것을 보여준다. 실제로 맹자가 수양의 방법으로 제시한 마음의 뜻/지향을 붙든다持其志거나 사단의 마음을 찾고 여기에 집중해보는 과정인 생각함思을 강조한다거나 놓아버린 마음放心을 찾아야 한다(『맹자』「고자장구상」11)는 주장들은 모두 이를 벗어나지 않는다. 여기에서 순자와 맹자의 또다른 중요한 차이 하나를 볼 수 있다. 순자에게서 도덕적 성장 과정에서 중요한 계기는 자기를 부정하고 외부의 힘과 권위를 수용하는 것이지만, 맹자에게서 중요한 것은 그 사람이 인간인 이상 갖고 있는 사단의 마음을 확인하는 것이 된다. 맹자 역시 타인의 조언과 스승의 필요성을 인정하지만, 더 중요한 것은 자신이 갖고 있는 도덕적 자원이라고 생각한 것이다.

이러한 입장은 성악설에 대한 잠재적인 비판으로 읽을 수 있다. 이로움과 해로움을 매개로 도덕을 강제하거나 유도하는 것이 아니라 각 개인이 스스로 도덕적이기 위해 노력하기를 권할 수 있으려면, 인간이 부족하게라도 가지고 있는 도덕성에 근거해야만 하며 이곳에서 논의를 출발해야만 한다. 이와 반대로 도덕성의 결핍만을 주장하면 도덕 수양은 애초에 불가능한 것으로 드러나게 되거나 본성에 도덕성이 결핍된 사람이 어떻게 진심으로 도덕을 원할 수 있는지에 대한 의문으로 이어질 것이기 때문이다.

## 수양론과 식물 생장의 비유

맹자가 사단의 마음을 네 가지 덕(인의예지)의 단서라고 말하는(『맹자』「공손추장구상」6) 동시에, 사단의 마음을 네 가지 덕이라고 그대로 부른다는 사실에서 알 수 있듯이(『맹자』「고자장구상」16), 수양의 출발점이 된 도덕성은 도덕적으로 완성된 사람이 보일 수 있는 그것과 질적으로 다른 것이 아니다. 맹자는 그 과정이 어떤 것이건 간에 도덕 수양의 출발점과 목표 지점 사이에 연속성을 상정하고 있다.

이러한 입장은 맹자가 곧잘 사용하는 식물 생장의 비유에서 한층 더 명확히 드러난다. 당시 성악설 계열의 사상가들은 본성을 물들지 않은 옷감이나 가공하지 않은 원료에 비유하고 수양의 과정은 이 옷감에 물을 들이거나 원료에 어떤 형상을 부여하는 일에 비유하곤 했다. 이들은 인간이 도덕적으로 변화하는 과정을 인간이 원래 가지고 있는 자원을 인간이 원래 가지고 있지 않은 외부적 힘으로 변형하는 과정으로 이해하고, 이 과정 중에 인간은 질적인 변화를 겪는 것으로 보았다. 이러한 비유는 꽤 많은 사상가들이 사용한 것으로 보이지만 맹자는 이런 비유를 전혀 사용하지 않는다. 대신에 맹자는 식물 생장의 비유를 사용하여 인간의 변화 과정을 설명한다(『맹자』「공손추장구상」2·7,「고자장구상」7·8). 맹자가 사용한 식물의 비유에 따르자면 식물은 자체의 성장과 발육의 과정을 갖는다. 따라서 식물은 식물 자체를 기준으로 식물 외부의 것들에 대해 좋은 것과 나쁜 것을 구분할 수 있다. 식물 자체의 성장과 발육의 과정에 일치하는 좋은, 우호적인 조건이나 해롭지 않은 조건이 주어진다면 식물은 자체의 성장과 발육 과정을 완수할 수 있다.

그러나 이런 조건이 아니라면 즉 나쁜, 비우호적이고 해로운 조건이 주어진다면 식물의 성장과 발육의 과정을 완수하지 못한다. 전자가 식물의 성장과 발전에 있어 정상적인 상황이고, 후자는 비정상적인 상황이다. 후자의 경우에 식물이 제대로 성장하지 못한 것에 대해 식물이 원래 갖고 있는 성장과 발전의 과정에 문제가 있다고 말할 수 없다(『맹자』「고자장구상」8). 따라서 인간이 식물이 생장하는 것을 돕는다고 했을 때 가장 고려해야 할 것은 '식물에게 좋은 것'을 따르는 것이다. 인간이 이러한 것을 무시한 채 도움을 주겠다고 나서는 것은 식물에게 적합한 조치도 아니며 도리어 해가 될 수도 있다(『맹자』「공손추장구상」2). 그러나 이런 도움과 여러 우호적인 조건에 힘입어 식물이 충분히 성장했을 때 이 식물의 성장의 일차적인 원인은 이런 도움과 외부의 우호적인 조건이 아니라 식물 자체의 잠재적인 능력이다. 인간이 여기에 대해 보탠 도움이나 우호적인 외부적 조건은 보조적인 역할을 넘어서지 않는다.

이를 원래 논의 대상인 인간에게 적용하자면 다음과 같이 말할 수 있다. 인간에게는 고유한 성장의 결이 있다. 따라서 인간은 인간 자체를 기준으로 인간 외부의 것들에 대해 좋은 것과 나쁜 것을 구분할 수 있다. 인간이 이런 좋은 조건을 만난다면 인간은 고유한 성장의 과정을 겪게 될 것이고 그렇지 않다면 인간은 제대로 성장하지 못할 것이다. 전자가 인간이 자신에게 좋은 것을 얻은 정상적인 상황이고, 후자는 비정상적인 상황이다. 따라서 후자와 같은 상황에서 인간이 제대로 성장하지 못한 것은 해당 인간의 본성에 대해 책임을 물을 수 있는 것이 아니다. 물론 식물과 인간 사이에는 중요한 차이가 존재한다. 식물은 스스로 자신의 우호적인 조건을 형성할 수 없지만, 인간은 그렇지 않다. 인간은 스스로를 의식하고 스스로에 대해 어떤 노력을 기울일 수 있는 존재다. 인간의 성장에 좋은 것이란 해당 인간이 속한 국가의 상황이나 이념 등 외부적인 요소들뿐 아니라 자신에게 기울이는 노력이기도 하다. 그리고 그것이 어떤 것이든 인간이 성장하는 데 도움이 되는 것은 인간에게 좋은 것을 따르는 것이다. 마음이 리와 의를 좋아한다고 말했다는 사실에서 알 수 있듯이 맹자는 선을 인간이 바랄만한 것可欲之謂善(『맹자』「진심장구하」 25)으로 간주한다. 따라서 반복적으로 의義를 행하여 호연지기를 기르거나 사단에 집중하는 것이 인간이 자신을 돌아보며 기울이는 노력이라고 할 수 있다. 이러한 것을 무시한 채 어떤 이념을 강제로 받아들이게 하는 것은 도리어 해로움이 될 수도 있다. 따라서 장애 없이 충분히 성장하게 된다면 이는 원래 가지고 있던 성장의 과정이 제대로 발현된 것이며 그 외의 다른 요소는 이를 보조하는 역할에 지나지 않는다.

이상에서 보자면 맹자가 말하는 사단의 마음은 씨앗과 유사하고 그 씨앗이 정상적인 과정을 거치고 나면 완전히 자라나게 되어 씨앗이 큰 나무로 자라듯 그 잠재된 것을 완전히 실현하게 된다.

맹자는 사단의 마음이 생기고 확장되는 과정을 당위적으로 그렇게 되어야 하는 것이 아니라 자연스러운 과정으로 이해했던 것으로 보인다. 감각적 욕망이나 격정으로 인해 인간은 여러 가지 문제를 일으킬 수 있지만, 앞에서 보았듯이 마음이 정상적으로 작동하는 한 이런 문제는 발생하지 않으며 오히려 사단의 마음은 자라나 더 넓은 영역에까지 미치게 된다고 본 것이다. 이 때문에 맹자는 인간이 자연스러운 삶을 살아간다면 선하게 될 수 있다고 주장하고, 이것이 자신이 말하는 성性이 선하다는 의미라고 말한다(『맹자』「고자장구상」 6).

## 마음 이론·본성론·정치

맹자가 성이 선하다는 주장을 통해 말하고자 했던 바는 마음과 감각 기관의 관계 설정에서 말했던 바와 거의 동일하다. 맹자는 「진심장구상」 14.24에서 성性과 명命을 대비하면서 감각적 욕망이나 도덕성 모두 인간에게 원래 있는 것이지만, 그 실현과 충족 여부가 인간의 책임 영역 안에 있는 것만을 성性이라고 여긴다고 주장하고 성을 도덕성으로 이해한다. 이는 마음과 감각 기관의 관계에서 악의 기원과 도덕적 책임의 소재를 밝혔던 논리를 이어받은 것이다. 그러나 성과 관련해서는 책임의 문제가 확장될 수 있다. 물론 맹자가 생각하는 이상적인 인격은 곤궁한 처지에도 선을 행하고 자신의 도덕성을 근거로 다른 사람을 올바르게 해줄 수 있는 존재(『맹자』「진심장구상」9·19)지만, 정치적 위계 안에 있는 사람 대부분은 그렇게 하기 어렵다. 오히려 대부분의 사람이 처해 있는 정치적 위계의 관계는 마음과 감각 기관의 유비가 가능하다. 말하자면 앞에서 이야기한 '마음'이 이번에는 '군주'로, '감각 기관'이 이번에는 '신하' 또는 '백성'으로 이해되는 것이다. 군주와 지배층은 결정하고 명령내리는 측이지 명령받는 측이 아니다. 그러니 정치적 지위가 낮은 사람일수록 스스로 결정할 수 있는 일은 줄어들고, 생산에 종사하는 일반 백성은 더욱 그러하다. 이들은 그들의 상급자 혹은 지배층의 개별 행동이나 정치 방식에 많은 영향을 받을 수밖에 없기 때문이다. 예컨대 모범을 보이지 못하는 군주 밑의 신하들은 올바르게 임무를 수행하기를 기대하기 어렵고, 흉년이나 가혹한 수탈에 시달릴 때 일반 백성은 각박해지기 쉽다. 만일 신하들이 전통적으로 수행해온 의례 절차를 수행하지 않으려 하거나 일반 백성이 각박해졌을 때, 이를 두고 전적으로 그들의 잘못이라고 말하거나 인간은 원래 이기적이고 탐욕스럽다고 주장하며 이들을 비난한다고 생각해보자. 이는 마치 격정으로 일을 그르치거나 감각적 욕망에 빠져들었을 때 감각 기관을 탓하는 것처럼 책임을 회피하는 일이 된다. 식물 생장의 비유에서 보았듯이, 이들에게 정상적인 조건이 주어졌다면, 즉 군주가 모범을 보이거나 지배층이 솔선수범하며 관대한 정치를 베풀며 자신의 책임을 다했다면 이들은 그렇게 되지 않았을 것이기 때문이다.

실제로 맹자가 자신의 논적이 아닌 사람에게 성선설을 개진하면서 강조했던 것은 바로 이런 부분이었다. 예컨대 맹자는 등나라의 세자와 만나 성이 선함性善을 말하면서 말끝마다 요 임금과 순 임금을 들먹이며 등나라의 세자 역시 요 임금과 순 임금과 같은 선정을 베풀 수 있다고 그를 독려한다(『맹자』「등문공장구상」 1). 그 뒤 세자는 아버지인 등나라 정공定公의 상례를 예에 맞추어 치르려고 하다가 신하들의 반대에 부딪히자 맹자에게 조언을 구한다. 이에 맹자는 군자의 덕은 바람이고 소인의 덕은 풀이라고 말하며 세자가 솔선수범해야 한다고 말한다. 풀 위에 바람이 불면 풀은 눕게 마련이라는 것이다. 맹자의 조언을 전해 들은 등나라 문공은 다음과 같이 말한다. "이것은 진실로 나에게 달린 일이다."(『맹자』「등문공장구상」 2) 군자의 덕과 소인의 덕을 거론한 부분에서 알 수 있듯이, 맹자는 요 임금과 순 임금이 베풀었던 선정이 등나라 세자의 전범이 될 수 있지만 그 전범을 따르고 그와 같아질 수 있는 근거는 세자 자신에게 이미 있는 것이라고 지적하여, 이를 실현하는 것은 세자가 자신의 책임을 다하는 데 달려 있다고 말하고자 했던 것으로 보인다.

이상에서 보자면 맹자의 마음 이론은 성선설을 매개로 크게 두 방향으로 작용함을 알 수 있다. 먼저 마음 이론은 각 개인의 수양의 출발점이 된다. 한 개인이 자신이 가진 선한 본성이 드러나는 마음에 주의를 기울이는 일이 스스로 도덕적 책임을 다하는 존재로 변화해가는 과정의 출발점이기 때문이다. 둘째로 마음 이론은 왕도 정치의 출발점이 된다. 한 개인이 수양을 통해 도덕적 존재로 성장해나갈 때 다른 사람의 도덕적 성장에 도움을 줄 수 있다는 의미에서 왕 혹은 지배층의 도덕적 자각을 요청하기 때문이다.

## 더 읽을거리

우재호 역주, 『맹자』, 을유문화사, 2007

『맹자』를 현대 중국어로 번역한 저본 중 가장 권위 있는 양바이쥔楊伯峻의 『맹자역주孟子譯註』를 완역하고 많은 역주를 추가한 책이다.

성백효 역주, 『현토완역 맹자집주』, 전통문화연구회, 1991

맹자 사상 이해에 가장 많은 영향을 끼친 주희 주를 완역한 책으로 맹자에 접근할 때 양바이쥔의 『맹자역주』와 함께 가장 먼저 읽어야 하는 책이다.

필립 J. 아이반호, 『유학, 우리 삶의 철학』, 신정근 옮김, 동아시아, 2008

중국 수양론의 여러 형태를 사상가별로 정리한 책으로 관련 주제 전반에 입문하는 데 많은 도움이 된다.

앵거스 C. 그레이엄, 『도의 논쟁자들』, 나성 옮김, 새물결, 2001

중국 고대철학사를 서술한 책으로, 맹자의 마음 이론과 본성론의 관계를 검토할 때 참고할 부분이 많다.

데이비드 S. 니비슨, 『유학의 갈림길』, 김민철 옮김, 철학과현실사, 2006

유학의 수양론과 마음 이론 전반을 다루는 책으로, 맹자의 마음 이론을 철학사적 문맥에서 접근하면서 여러 가지 실험적인 사색을 전개한 책이다. 맹자에 대한 현대 연구서 중 맹자의 마음 이론에 대해 가장 깊이 있는 통찰을 보여준다.

D. C. Lau, *Mencius*, Penguin Books, 1970

이 책에 수록된 논문 "On Mencius' Use of the method of Analogy in Argument"는 『맹자』 전편에 나오는 수많은 유비의 함의를 체계적으로 해명해보려고 시도한 논문으로 앵거스 C. 그레이엄, 데이비드 니비슨 등의 연구성과의 토대가 되었다.

Kwong-Loi Shun, *Mencius and Early Chinese Thought*, Stanford University Press, 1997

『맹자』 해석과 관련된 주요 문제에 대한 역대 주석가들의 견해와 현대 연구자들의 견해를 정리한 책이다.

# 순자

# 마음은 임금

# 성태용

서울대학교 철학과를 졸업하고 같은 대학원에서 박사과정을 수료하였다. 건국대학교 철학과 교수를 역임하였다. 한국고등교육재단의 '한학자 양성 장학생'으로 선발되어 고 임창순 선생에게 5년간 한학 연수를 받았다. 석사 논문은 「다산에 있어서 인간 도덕성의 문제」였다. 한학 연수 과정에서 사서삼경을 암송하면서 자연스럽게 선진先秦유학으로 관심이 넓혀졌다. 2000년 한국교육방송EBS에서 4개월 동안 '주역과 21세기'라는 제목의 강의를 진행하여 대중에게는 역학易學의 연구자로 알려져 있다. 2011년 한국철학회(사단법인) 회장을 역임하였다. 저서는 『주역과 21세기』, 『오늘에 풀어보는 동양사상』(공저) 등이 있다. 다산 정약용을 비롯한 한국 실학과 한국 유학, 그리고 공자, 맹자, 순자 등 선진유학에 관한 논문이 다수 있다.

## 이기적인 욕망, 예로 다스리다

순자荀子(300~230 BC, 맹자는 372~289 BC) 하면 우리는 성악설을 연상하게 된다. 그만큼 순자의 중심 사상이 성악설이라고 알고 있는 셈이다. 그러나 이 글의 진행 과정에서도 드러나겠지만 성악설은 순자를 특징짓는 사상이 아니다. 순자의 사상은 공자의 사상 가운데서 특히 예禮를 중시하는 측면을 강하게 이어받아 이를 그 사상 체계의 뿌리로 삼고 있는 것으로 보인다. 이는 맹자가 공자의 사상 가운데 덕德에 관한 이론과 덕을 성취할 수 있는 가능성에 초점을 맞춰 자신의 사상을 세우고 있는 것과 매우 대조적이다. 그런만큼 순자의 사상 틀 속에서는 인간의 본성에 관한 이야기가 중심이 되는 것은 아니다. 이에 비해 맹자는 인간이 덕을 이룰 수 있는 가능성을 논하기 위해 인간의 본성이 선하다는 것을 논하는 데 큰 비중을 두고 있다. 또한 알려진 것과는 달리 순자의 말 가운데는 성악설과 반대되는 논의들도 있다.

그러나 한편으로, 순자의 사상이 그 정합성을 유지하기 위해서는 성악설이 기본적으로 요청되는 측면이 있다. 순자의 사상이 복잡하기 때문에 어떤 곳에서는 순자의 사상체계가 정합성을 잃는 듯한 면도 있으나, 순자가 시종일관 공자의 사상을 계승하는 것을 자신의 사명으로 내세우고 있는 것만은 분명하다. 그러면서도 순자는 상앙의 변법을 통해 강국을 이룩한 진秦나라와 같은 통치 효과를 내는 사상체계를 유학으로써 이루어내려고 한다. 순자의 그

**상앙의 변법**
전국시대 진秦나라에서 추진한 개혁 정책이다. 주요내용은 모든 사람들에게 농사나 군역과 같은 생산적인 직업을 갖도록 강요하고, 상업을 억제하고, 백성들 사이에 상호 감시 체제를 세우는 것이다.

런 목적에서는 맹자와 같이 인간 안에 동물적 본능과 도덕적 지향성이라는 두 가지의 성향을 인정하는 체계를 설정할 수 없었음이 분명하다. 도덕적 지향성과 이기적 지향성 가운데 어느 하나를 선택해야 하는 맹자의 성선설은 욕망을 누르고 도덕적 지향성을 선택하라고 요청한다. 그렇게 되면 욕망의 추구를 통한 생산활동을 장려하는 일도 어려워지며, 그 결과 부국강병을 추구하는 것도 또한 어려워진다. 순자는 이러한 맹자의 틀을 벗고 오직 '이기적 욕망'이라는 하나의 원동력만을 인정하며, 그를 바탕으로 하여 생산활동을 촉진시키면서도 예禮를 통하여 이를 적절히 통제함으로써 도덕적 사회를 이루고자 하는 것이다. 이런 점들은 이 글의 진행 과정에서 자연스럽게 드러날 것이다.

이런 순자 사상의 특성 때문에 순자의 인성론만을 다룬다는 것은 인성론 자체를 제대로 드러내지 못할 우려가 있다. 자연 이 글은 인성론을 중심으로 하되 넓은 의미에서의 심성론과 수양론, 그리고 예론禮論과의 연관 아래서 문제를 조명해나가게 될 것이다.

## 마음은 어떻게 움직여 나가는가?

공자, 맹자도 인간의 본성을 논하기는 했으나, 성性·정情 등의 개념을 분명하게 정의하지는 않은 듯하다. 이러한 작업은 순자에 와서 비로소 이루어진다. 우선 순자의 정의를 살펴보기로 하자. 순자는 사람을 움직이는 힘을 가진 마음의 요소를 성性·정情·욕欲이라고 생각한다. 그리고 이들은 순서대로 미세한 것에서 뚜렷이 드러나는 것까지에 이르는 하나의 계열을 이룬다. 우선 '성'에 관한 순자의 정의를 보자.

> 생리적으로 그러한 것을 '성'이라 한다. (…) 일삼지 않아도 저절로 그러한 것을 성이라 한다.(『정명正名』)

**양지·양능**
『맹자』, 「진심(상) 15」, '아버지를 사랑하고 형에게 공손하게 행동하는 것은 배우지 않아도 할 줄 알고 생각하지 않아도 알 수 있는 능력이 있다'에 연원하는 개념이다.

이러한 순자의 성에 대한 정의는 맹자와 큰 차이가 날 성싶지는 않다. 맹자도 성이란 '태어나면서 갖추고 있는 것'이라고 말하고 있으며, 공자도 마찬가지다. 공자는 성에 대하여 분명하게 언급하지는 않았지만 "본성은 서로 비슷하지만 익힘에 따라 서로 멀어진다性相近也, 習相遠也"고 말한 것을 보면 '본성'은 후천적인 익힘과 대비되는 선천적인 것일 수밖에 없다. 맹자는 고자告子가 "태어난 그대로를 본성이라 한다生之謂性"고 한 말을 반박하고 있으나, 그 반박의 초점은 고자가 사람의 본성과 동물의 본성을 구별하지 않고 식욕과 색욕을 인간의 본성으로 보려 한 것을 지적한 것일 뿐, 성이 선천적이라는 것을 부정한 것은 아니기 때문이다. 그리고 배우지 않아도 알고 배우지 않아도 할 수 있는 양지良知·양능良能을 인정하는 것은 인간이 선천적으로 도덕적 경향성을 지니고 있음을 말하는 것이다. 문제는 순자가 성을 위와 같이 정의할 때 사유 능력 같은 것까지도 성에 포함되지 않느냐 하는 것이다. 그러나 이는 다음과 같은 순자의 말을 보면 그렇지 않다는 것을 알 수 있다.

> 본성이 좋아하고 싫어하고 기뻐하고 성내고 슬퍼하고 즐겨하는 것을 정情이라 한다.(『정명』)

즉 성은 바로 희로애락喜怒哀樂과 같은 정과 연결되는, 그러한 정서들이 발해지는 근원적 경향성을 말하는 것이다. 그리고 또 순자는 "본성이란 자연의 경향이다. '정'이란 본성이 구체화된 것이다. '욕'이란 정이 감응되어 나온 것이다"고 말한다. 이러한 계열을 이루는 성·정·욕 가운데서 가장 거시적인 것은 욕이며, 이 욕을 살핌에 의하여 성을 알 수 있다. 그리고 순자의 주장에 따르면 이 정과 욕에 드러나는 인간의 자연성은 모두 이익을 추구하고, 식욕과 색욕을 추구하는 본능적인 측면이라는 것이다.

이러한 순자의 성정론에서 단적으로 드러나는 것은 공자와 맹자에서 보이는 두 종류의 성정에 대한 부정이다. 그리고 인간을 움직이는 근원적인 힘은 하나의 성·정·욕의 계열이라는 것이다. 인간의 사유 능력이라든지 지능은 그 자체로 인간을 움직이는 힘이 아니다. 그것은 근원적인 힘이라 할 수 있는 성정을 위하여 봉사하는 것일 뿐이다. 다음의 말은 그러한 관계를 잘 드러내준다.

> 정情이 드러난 것에 대하여 마음이 취사선택을 하는 것을 사려慮라고 한다. 마음이 사려한 뒤 행위로 나타나는 것을 인위僞라고 한다. 사려를 거듭하고 훌륭하게 습관을 기른 다음에 비로소 이루어진 것 이것을 인위라 한다.(『정명』)

여기서 우리가 앞질러 생각할 수 있는 것은 순자가 어떤 이론체계를 제시하고, 또 어떤 이상사회를 제시하더라도 결국은 이 하나뿐인 성·정·욕의 힘을 원동력으로 삼을 수밖에 없다는 사실이다. 아무리 교묘한 장치를 고안한다 하더라도 결국은 성·정·욕에 호소하여 사람을 움직이게 할 수밖에 없다. 사회를 움직이는 것도 결국은 각 개인을 움직이는 데로 귀결하기에 이상사회를 이루어나가는 원동력도 개인의 차원에서는 이 성·정·욕인 셈이다. 그런데 이 성·정·욕의 계열을 순자는 악이라고 말하고 있다. 순자는 자신이 악이라고 규정했던 성·정·욕의 힘을 빌려 이상적인 인간을 이루어 나가야 할 것이요, 이상적인 사회를 이루어나가야 한다. 간략히 말하면 악한 힘을 통하여 선을 이루어나가야 한다는 말이다. 이는 말이 되지 않는다. 악에서 선이 나올 수 없기 때문이다. 그것은 '없음'에서 '있음'이 나올 수 없다는 논리와 같은 것이다.

여기서 우리는 순자가 인간의 본성을 악이라고 말하는 이유를 다시 한번 검토해볼 필요가 있다.

> 지금 사람의 본성은 나면서부터 이익을 좋아한다. 이를 따르는 까닭에 쟁탈이 발생하고 사양이 없어진다. 나면서부터 미워하고 싫어함이 있다. 이를 따르는 까닭에 남을 해치는 일이 생기고 충신이 없어진다. 나면서부터 눈 귀의 욕망이 있어 좋은 소리와 아름다운 빛깔을 좋아한다. 이를 따르는 까닭에 음란함이 생기고 문화의 질서가 없어진다. 그런즉 사람의 본성을 따르고, 사람의 정을 따르면 반드시 쟁탈로 나아가고, 분수를 범하고 상리를 어지럽혀, 포악하고 혼란한 데 귀결된다. 그런 까닭에 반드시 사법의 교화와 예의의 도가 있은 다음에 사양으로 나아가고, 문화의 질서에 합치하여 다스려지고 평화로움에 귀결하게 된다. 이렇게 본다면 사람의 본성이 악하다는 것은 분명하며, 선한 것은 인위僞이다.(『성악性惡』)

다시 정리하면 자연적인 성정을 그대로 따른다면 사회적 혼란이 오며, 기존의 관념상 악이라고 부르는 결과를 초래한다는 것이다. 이것이 성악의 의미다. 따라서 순자가 인간의 본성이 악하다고 한 것은 오직 사회적 맥락에서만 의미를 지닌다. 그리고 도덕이라는 것이 사회를 전제로 할 때에만 성립한다는 점에서는 성악이라고 하는 것이 타당할 수 있다. 그러나 순자는 인간에게 지능이 있다는 것을 인정하고 있으며, 따라서 그것이 행위에 작용을 하지 않는다는 것은 단순히 가정에서만 가능하다. 인간의 성정이 인간을 어떤 방향을 추구하는 데로 내몰면 순자의 말대로 자연히 지능이 거기에 봉사하여 성정의 욕구를 충족시킬 구체적인 방법을 모색하게 마련이다. 즉 "바라는 것을 얻을 수 있다고 여겨서 추구하는 것은 정이 어찌할 수 없는 자연스런 일이다. 그것을 얻을 수 있다고 여겨서 거기에 도달하려고 하면 앎과 사려가 반드시 나오게 되어 있다."(『정명』) 이 자연스런 과정에서, 지능이 작용하지 않는다면 혼란 상태가 온다고 말한 것에 불과하다. 이런 맥락만 떼어내면 성정은 여전히 인간을 움직이는 근원적인 힘이다. 그리고 마땅히 궁극적으로 충족되어야 할 것이다. 그런 맥락에서 순자는 성인은 "자연의 감정天情을 기른다"고 말하는 것이다. 여기에서 우리는 인간이 사회생활을 한다는 것을 근본적인 특징으로 본 순자의 시각을 검토해야겠지만, 일단 그 이야기는 뒤로 돌리기로 하자.

## 본성과 감정 그리고 예

이상에서 살펴본 인간의 성정과 예는 두 가지의 관계를 지니고 있다.

우선 첫번째로 예는 성정을 교정하는 기준이다. 본래적인 성정을 순자는 악하다고 한다. 그러한 성정을 교정하여 사회적 관계를 원만하게 유지하도록 교정하는 기준으로 예가 작용하는 것이다. 이런 때에 있어서 인간은 항상성을 지니고 예에 적응하여 "길이 [후천적인 예의와 문화의 질서에] 옮겨가서 본래적인 성정으로 돌아오지 않아야長遷而不反其初" 한다. 여기에서 이상적 인간의 완성을 보는 것이 순자 수양론의 기본 골격이라고 할 수 있다. 그리고 끊임없이 예를 벗어나지 않기 위한 마음의 자세를 순자는 '성誠'으로 보고 있다. 여기에서 '성誠'은 주로 '항상됨常'의 의미로 해석된다. 이는 중용 또는 맹자에서 말하는 '성誠'의 개념과는 상당히 다르다.

본능적이고 조악한 성정의 욕구를 벗어나 예에 자신을 맞추려는 지속적인 노력에 의하여 근본적인 교정이 가능하다. 그리고 이러한 교정이 완전하게 이루어지면 다시는 본래적인 성정으로 돌아가지 않는다. 지속적인 노력에 의한 습관의 형성으로 '변화'를 가져온다는 것이 순자의 주장이다. 다음의 예문을 보자.

> 군자는 (…) 눈으로는 옳은 것이 아니면 보려 하지 않도록 하며, 귀로는 옳은 것이 아니면 들으려 하지 않도록 하며 (…). 나아가 그 좋아함을 극진히 함에 이르러서는 눈은 5색을 보는 것보다 더 좋아하며, 귀는 5성을 듣는 것보다 더 좋아하며, (…) 마음은 천하를 소유하는 것보다 더 이롭게 여긴다.[좋아함의 대상은 도, 또는 옳음] 이런 까닭에 권력이 그를 기울게 할 수 없고, 뭇 사람의 [칭찬이나 비난]이 그를 옮기게 할 수 없으며, 천하가 그를 빠지게 할 수 없다. 이로 말미암아 살고 이로 말미암아 죽으니 이를 일컬어 덕을 굳게 잡아 지킴德操이라고 한다.(『권학勸學』)

이러한 순자의 주장에서 중요한 문제점으로 지적될 수 있는 것은 이러한 '길이 옮겨서 처음으로 돌아가지 않음長遷而不反其初'의 수양이 완성되면, 그러한 인격을 갖춘 군자는 본래적인 성정의 욕구와는 상관없는 '예'와 '의'를 독실하게 좋아할 수 있게 된다고 주장하는 대목이다. 이렇게 인정한다면 순자는 공자가 말한 "마음 내키는 대로 행동하여도 법도를 넘어서지 않았다"고 하는 자발성의 경지를 인정하고 있는 셈이다. 이러한 요구는 어쩌면 당연하다 할 수 있을 것이다. 이러한 경지를 인정하지 않으면 본래적으로는 조악하고 악을 초래할 수밖에 없는 성정을 지닌 인간은 늘 의식적으로 자신의 자연스런 성정에 반하여 사회적이고 도덕적인 행위를 하려는 노력을 기울이지 않으면 안 된다는 결론이 나오기 때문이다. 결국 모든 인간의 도덕적인 행위는 위선적이라는 것이 될 수도 있다. 원만한 인격의 완성을 말하며 또 그러한 완성의 경지에 이른 인물인 성인을 인정하는 순자에게 이러한 결론은 받아들이기 힘든 것이리라.

이러한 경지를 얘기하기 위해서는 순자가 생략한 부분, 즉 '정을 변화시킴化情'이 어떻게 가능한가를 우리의 사유에 의해 메꾸어 주어야 한다. 순자는 본래적인 정을 어떻게 변화시킬 수 있는지에 대하여는 분명하게 밝히고 있지 않은 듯하기 때문이다. 우선 생각할 수 있는 것은 예가 외적인 형식규범이며, 또한 성정을 교정하는 기준으로 작용하는 것이지만, 결국은 성정을 조화롭게 길러주는 것이라는 점에서 그 가능성을 찾는 것이다. 부정적인 측면에서는 예가 본디 악한 정을 '교정하는' 수단이지만 긍정적인 관점에서 보면 예는 정과 욕구를 '길러주는' 것이다. 순자의 말을 들어보자.

> 예는 어찌하여 생겼는가? 말한다; 사람은 태어나면서 욕망이 있다. 바라되 얻지 못하면 구하지 않을 수 없고, 구함에 한도라든가 분계가 없

으면 다툼이 없을 수 없으며, 다투면 어지러워진다. 선왕은 그 어지러움을 싫어하여, 예의를 제정하여 분계를 정함으로써, 사람의 욕망을 길러주고, 사람의 구함을 대주어서, 욕망이 그 대상이 되는 것들을 무분별하게 추구하지 않고, 또 욕망의 대상이 고갈되는 일이 없도록 하였으니 이것이 예가 생긴 까닭이다.(『예론禮論』)

이는 순자의 성악설의 숨은 의미를 밝혀주기도 하는 대목이다. 즉 악으로 규정되었던 인간의 성정을 조화롭게 길러주기 위한 것이 예라는 말이 되는 것이다. 순자의 성악이란 의미를 단순히 문자 그대로 해석하면 예는 '악한 본성과 정을 길러주는' 기능을 가진 것이 되고 만다. 여기서 성악이라는 의미가 사회적인 맥락과 자연 그대로의 방치라는 것을 전제하지 않으면 안 된다는 것이 드러난다.

여기에서 순자가 말한 '정을 변화시킴'의 의미와 방법이 드러난다. 예에 따르는 것이 결과적으로는 자신의 성정을 기르는 데 유리하다는 것을 알고, 그러한 앎에 의지하여 본래적인 성정을 달래는 것이 '정을 변화시키는' 방법인 셈이다. 예에 따르게 하고, 거기에서 산출되는 좋은 결과를 누리게 함으로써, 예를 따를 때의 좋은 결과에 대한 기대 때문에 눈앞의 이익을 포기하고 좀더 크고 지속적인 쾌락을 주는 예에 따르는 성향을 일으키는 것이다.

욕심낼 만한 것을 보거든 반드시 앞뒤로 그 싫어할 만한 점을 생각하고, 이로움직한 것을 보거든 반드시 앞뒤로 그 해로움직한 것을 생각하여, 아울러 저울질해 보고 깊이 떠본 뒤에 그 바라고 싫어함을 취하고 버린다.(『불구不苟』)

여기에서는 처음에는 분명 '사려'에 의해 성정을 달래는 일련의 과정이 개입되지만, 계속 이런 일이 반복되면, 늘 좋은 결과를 가져다주는 예에 대하여서도 조건반사적으로 좋아하는 성정이 나올 수 있다는 것이겠다. 즉 예 그 자체를 좋은 것으로 여기게 된다는 것이다. 이것이 이른바 군자는 예를 독실하게 좋아한다는 것이다. 또한 이렇게 되면 '길이 옮겨져서 [처음의 상태로] 돌아오지 않음'이 이루어질 수 있게 되는 것이다.

그러나 이러한 이론에는 심각한 난점이 숨어 있다. 예를 좋아하게 할 수 있는 근원적인 성정은 순자가 악이라고 규정하였던 자연적인 성정이다. 그리고 이러한 성정은 성인이라고 해도 없을 수는 없다. 또한 '욕망을 절제함節慾'은 가능하지만, 그 욕을 없앤다거나, 작게 만들 수는 없는 것이다. 결국 악이라고 규정했던 성정은 끝까지 없어지지 않는다. 이에 반해 예를 좋아하는 성정은 파생적인 성정이며, 앞에서 말한 본래적인 성정을 바탕으로 하여 존재하는 것이다. 그렇다면 파생적인 성정이 본래적인 성정을 완전하게 제압할 수 있는 것인가? 일반적으로 보아서 쉽지 않은 일이다. 그런데 순자는 독실하게 예를 좋아하는 군자는 '자기 몸을 죽여서 어짐을 이룰殺身成仁' 수 있다는 것이다. 생존 본능은 인간이 지닌 본능 중에서 가장 근원적이고 강력한 것인데, 파생적이고 이차적인 성정이라고 할 수 있는 도덕에 대한 지향성이 그것을 누를 수 있는 가능성이 있다는 것인가?

순자가 인간을 움직일 수 있는 힘으로 유일하게 그가 악이라고 규정한 성정만을 인정하는 한, 그것에 대한 좋아함을 버릴 수는 없다. 그것에 대한 좋아함은, 그것에 지능과 사려가 봉사하여 산출한 문화적 산물인 예를 좋아함이 있다 하더라도 끊임없이 존재해야만

한다. 그것을 제치고 예를 좋아함만 남게 되는 상태는 불가능하다. 순자는 여기에서 두 가지 통일되지 않은 체계를 제시하고 있다. 하나는 성인도 욕이 없을 수 없다는 측면이다. 다른 하나는 '길이 옮겨져서 처음의 상태로 돌아가지 않음'이라는, 소박한 바탕을 완전히 떠나서 문화적인 산물인 예를 좋아함에 편안히 자리잡을 수 있음을 가르친다. 이 두 가지는 그의 사상체계 속에서 다 유지되기 힘든 측면이 있다. 성인이 범부와 같은 욕구를 그대로 지니고 있다 하면, 성인도 늘 자신의 사유 능력에 '좋아함'을 조회하여, 예를 따름이 결국은 욕구를 만족시킴이라는 확인을 거쳐서야 예에 맞는 행위를 하는 것인가? 이러한 틀 속에서는 성인이라는 완성의 경지가 보이지 않는다.

여기에서 순자에게 가능한 길은, 근원적인 성정의 욕구가 더 세련된 문화적 산물인 예를 좋아함에 복속되어 조화로운 인격을 이룬다고 보는 것이다. 그렇다고 하더라도 우리가 지금까지 보아온 순자의 틀 안에서 가능한 길은, 반복적으로 익힌 누적된 습성의 힘에 의존하는 길뿐이다. 그러나 거기에도 똑같은 난점이 있다. 그것은 끊임없이 문화적 산물인 예를 항상 좋아하는 데에 접근할 수는 있어도, 온전하게 본래적인 욕망을 버리고 처음의 상태로 돌아가기는 힘들다는 것이다. 순자가 제시할 수 있는 길은 욕망을 지니되 그것이 항상 예에 의해 통제되는 상태를 형성하는 것뿐이다.

문제는 두 가지로 요약된다. 하나는 인간을 움직이는 힘은 어떤 다른 힘으로 대치되지 않는 한 그 작용을 중지시킬 수 없다는 점이다. 지금까지 보아온 틀에서는 악이라고 규정한 성정이 유일한 힘이었고, 통제에도 그 힘을 빌리는 길밖에는 없을 듯하다. 다른 하나는 인간에게 완전한, 객관적인 완성의 경지는 없는 것이고, 끊임없이 가까워져야 할 이상만이 존재하는 것이라고 보는 것이다. 그렇다면 성인의 경지는 이상에 불과할 것이고, 순자가 성인 또는 성왕에 의해서 이룩되었다고 하는 예도, 단지 상대적인 것이 되어 버릴 것이다. 그러나 순자의 사상체계가 과연 이러한 틀로 짜여져 있는가? 완성된 인격인 성인의 경지가 누구에게나 가능하다는 것을 힘주어 강조하는 순자가 이런 결론에 머무를 것 같지는 않다.

겉모습만으로 보면 순자는 악으로 규정했던 힘을 빌려 악을 통제하여 선을 낳는다는 식의 앞뒤가 안 맞는 주장을 한 것이 된다. 그러나 자세히 살피면 그 속에는 생략된 하나의 단계가 있다. 본성이 그대로 악하다고 주장한 것이 아니라, 그 본성을 방치하면 (사회의 혼란 등의) 악한 결과가 온다는 것이다. 즉 '방치하면'이라는 말을 생략하고 본성에서 악이 나오니, 그 본성은 악하다고 주장한 것이다. 그렇기에 반대의 주장, 즉 본성을 잘 통제하면 선을 낳을 수도 있다는 주장이 순자의 사상과 정면으로 배치되는 것은 아닌 셈이다. 이러한 점에 대해 자세히 살피고자 하면 너무 많은 지면이 필요할 것이기에 여기서는 일단 순자의 주장이 앞뒤가 전혀 맞지 않는 주장은 아니라는 점만 밝히고 넘어가기로 하자.

그렇다 하더라도 순자가 취할 수 있는 길은 반복적인 학습의 힘을 빌려 본성이 선을 낳을 수 있도록 유도하는 것이겠는데, 여기에는 여전히 궁극적 완성의 경지를 말하기 힘들다는 난점이 남는다. 본래적인 선을 이야기하지 않고 후천적인 학습을 통해 선을 이룩한다는 학설 모두 이런 난점을 안고 있다고도 할 수 있다.

여기서, 이 문제를 검토하기 전에 우선 순자가 참으로 이익과 식욕, 색욕을 추구하는 것만이 인간의 유일한 본성이라고 보았는가, 다른 도덕의 근원이 될 만한 성정을 인정하지 않았는가 하는 것을 살펴보기로 하자. 대체적으로 보아서 순자의 사상체계는 인간의 본성에 도덕의 뿌리가 되는 근원을 인정하지 않으려 한 것이 분명하다. 그러나 그의 사상에 반하는 예가 없는 것은 아니다. 순자는 한편으로는 상례喪禮를 말하면서, 친족에 대한 사랑은 모든 인간, 아니 금수에까지 있는 본성적인 것임을 인정한다. 그에 따르면 삼년상 등의 상례는 이러한 사람의 '정情'에 맞추어 형식을 정한 것이다.

이런 시각에서 본다면 예는 곧 정을 꾸미는 것이다. 그리고 여기에서 말하는 정은 파생적인, 제2차적인 정이 아니라 근본적인 정임도 분명하다. 순자에 따르면 이러한 정들은 "사람이 태어나면서 본디 그 단서를 지닌 것들이요", 예에 의하여 생성되는 것은 아니다. 이것을 가감 손익하여 근본과 말단, 시작과 끝이 조리가 있게 하여 만세의 모범이 되게 한 것이 예이다. 이런 맥락에서는 '성'은 재료인 셈이요, '인위僞'인 예는 거기에 대한 수식, 꾸밈이 된다. 그리고 "성이 없다면 인위를 가할 곳이 없게 되고, 인위가 없으면 성 스스로 아름다울 수는 없다"고 말해진다. 그렇다면 이러한 성을 악이라고 말하는 것은 모순이다. 또 여기에서의 성과 예의 관계는, 예가 인간의 성정을 조화롭게 길러주는 것이라는 방식의 관계맺음과도 전혀 다르다. 공자에 있어서의 도덕의 뿌리가 되는 성정을 그대로 인정한 것이며, 이는 순자가 예는 이에 대하여 지나치거나 모자라지 않게 적절한 표현형식을 부여한 것이 된다. 또한 이것은 맹자의 입장과도 전혀 상충되지 않는다. 예와 성의 관계에 대하여 앞에서 성을 교정하는 기준으로서의 예와, 성을 길러주는 것으로서의 예를 말했다면, 여기서 말하는 성을 꾸며주는 것으로서의 예는 성에 대한 예의 제3의 의미다.

순자가 이러한 입장에 충실하다면, 이러한 성정을 바탕으로 인간의 도덕을 설명할 수 있었을 것이며, 굳이 성악의 논리를 이끌어 내지 않았어도 좋을 법하다. 그러나 이러한 견해는 순자의 사상 틀에서 핵심을 이루지 못한다. 앞에서 말한 '악'으로 규정된 본성과 그에 대한 교정, 나아가 조화로운 충족의 논리가 그의 사상의 지배적인 관점이다.

그렇다면 이 부분을 순자의 전 사상체계에서 어떻게 처리하면 좋을 것인가? 순자가 유가적 전통에서 무반성적으로 물려받은, 순자의 사상체계와는 이질적인 유산으로 가볍게 취급해버릴 것인가? 아니면 이 편의 저자를 순자의 문도로 돌려, 순자의 발언이 아니라고 치부해버릴 것인가? 두 가지 다 받아들이기 힘든 점이 있다. 좀더 깊은 탐구가 있어야겠지만, 공자·맹자와 연결되는 이러한 부분이 순자의 중심적인 사상이 되지 못하는 것은, 순자가 출발한 기본적인 관점이 조직사회였기 때문으로 볼 수 있다. 순자가 말하는 예의 포괄범위는 매우 넓으며, 사실 이러한 짧은 글에서는 그 전 범위를 다 다루는 논의를 하는 것이 불가능할 것이다.

그러나 그러한 넓은 범위 속에서도, 순자가 가장 중요시한 부분이 있으며, 그것은 '신분질서' 또는 수직적인 분업의 질서를 유지하기 위한 규범으로서의 예이다. 이욕利慾의 추구와 형벌의 엄혹함으로 백성을 이끌어가는 진나라의 통치 등을 보았을 때 순자는 과연 무슨 생각을 하였을까? 한편으로는 강대한 국가를 이룬 원동력으로서 이욕의 추구를 인정하면서도, 다른 한편으로는 그것의 무분별한 추구가 가져오는 도덕성의 마멸을 지양한 규범으로서의 예를 제시하지 않았을까? 이러한 관점이 온당할 것으로 보인다. 다른 한편으로는 공자가 말한 바의 "정령으로 이끌고 형벌로 가지런히 하면 백성이 형벌을 면하기는 하지만 부끄러움을 모르게 된다"라는 틀을 법가에 대한 비판의 관점으로 하여, 문화적 통제인 예가 백성의 화합을 꾀하는 데 유리하다는 주장을 전개한 것일 것이다. 자연계급적 신분질서와는 직접 연결되지 않는 상례를 말할 때 근거로 삼았던 성정들은 그의 중심적인 관점에서 밀려났을 것을 충분히 예상할 수 있다.

이와는 다른 관점에서 순자가 도덕의 뿌리가 되는 자연스런 성정을 인정할 수 없었던 또 하나의 중요한 이유가 있다. 이욕을 추구하는 본성 이외에 도덕을 지향하는 본성을 인정한다면 결국 맹자처럼 욕망을 줄이는 것이 좋다는 생각으로 나갈 수밖에 없다. 짧게 말한다면 두 가지의 본성을 인정한다면 각각의 본성에서 나오는 욕구가 충돌할 수밖에 없으며, 한층 더 고귀한 것인 도덕적 지향성을 보호하기 위해 이욕의 추구를 억눌러야 하기 때문이다. “마음을 기르는 데 욕심이 적은 것보다 좋은 것이 없다”는 맹자의 주장은 이런 맥락에서 성립하는 것이다. 그러나 순자는 법가와 비슷하게 이욕을 추구하는 백성의 성향을 자극하여 상벌을 시행함으로써 부국강병을 이루려는 노선을 택하고 있다. 그것은 법가적인 통치에 의해 훌륭한 성과를 내고 있는 진나라에 가 본 순자가 취할 수밖에 없었던 입장이 아닐까 싶다. 유가적인 틀 속에서 법가적인 통치의 효과를 내는 이론을 정립하려면 맹자의 관점과는 다른 노선을 걸을 수밖에 없다. 순자가 인간을 움직이는 경향성이 두 가지가 있다고 하는 순간 자신의 학문적 동기를 부정하게 되는 것이다.

## 맑고 밝은 마음에 의한 통제

공자·맹자에서 도덕의 뿌리로 여겨졌던 성정들이 순자에서는 덕의 형성과 인격완성을 위한 근거로 되지 못한 이상, 역시 남은 길은 그가 악이라고 규정하였던 성정의 힘을 통한 인격완성의 길이 남아 있는 듯하다. 그리고 앞에서 어렴풋이 시사되었듯이 그것은 지적인 능력의 인도에 의해 성정을 길들이고, 반복적인 습관에 의해 본래적인 성정을 이길 수 있는 도덕적 지향성을 이루어내는 것이다. 결국 중요한 것은 두 가지가 된다. 첫째는 높은 지적 능력과 그것에 따르는 의지를 배양하는 것이요, 둘째는 반복적 습관에 의해 도덕을 좋아하는 정서를 형성하는 것이다. 앞에서는 주로 후자를 중심으로 살펴보았으므로 이제는 전자에 대한 순자의 견해를 살펴보도록 하겠다. 그는 사람의 판단이 잘못됨으로써 삶을 추구하려던 것이 죽음을 가져오기도 하고, 복을 추구하려던 것이 화를 가져다주는 일들이 있음을 말한다. 그리고 진리인 '도道'를 알아야만 화와 복이 깃드는 곳을 알 수 있다고 한다. 이렇다면 욕망을 잘 이끌고 절제하는 일은 모두 지적인 능력에 의존해야 하는 셈이 된다. 우리의 앎이 완전하다면 우리가 추구하는 욕망이 어떠한 길을 걸어야만 그 목적을 성취할 수 있는가를 우리는 분명히 알 수 있을 것이며, 그러한 앎에 의하여 맹목인 욕망을 달래고 인도할 수 있을 것이다. 그러한 달램과 인도가 반복되면積 일정한 습성이 형성된다. 이것이 예와 같은 '인위'이다. 그러나 이렇게 지적인 능력에 의해 본성을 교정하고 인도한다는 이론은 큰 결함을 지니고 있다. 적어도 순자의 체계에서는 그렇다. 왜냐하면 인간의 욕망은 단일한 것이 아니기 때문이다.

그런데 순자에 따르면 지적인 능력은 욕망이 발생하였을 때 그것을 성취하기 위해 작용하는 것이다. 그렇다면 지적인 능력 자체가 욕망에 봉사하는 것이고, 여러 욕망이 동시에 발생했다면, 그것들 각각에 대하여 봉사할 수밖에 없다. 여기서 다시 그들 욕망을 조정하고, 우선순위를 정하며, 비교 평가하는 작용을 하는 주체가 필요하다. 각각의 욕망이 충돌할 때에 그것들을 조정하고 인도하는 것은 단순히 지적인 능력의 작용만으로는 이루어질 수 없다. 지적인 능력 자체는 '힘'을 지니고 있지 않다고 할 수 있으며, 단지 욕망의 '눈' 역할을 할 수 있을 뿐이다. 따라서 여러 욕망을 지닌 인간은 늘 그 욕망의 다툼 속에서 갈등할 수밖에 없다. 물론 그것이 인간의 현실 아니냐고 반문할 수 있겠지만, 성인이라는 완전한 인격을 상정하는 순자에 있어서, 이러한 틀 속에서 완전한 인격의 완성을 말한다는 것은 받아들이기 어려운 일이다.

그리고 더욱 중요한 점은 지려志慮는 작용의 범주에 들며, 상태의 범주가 아니라는 것이다. 또한 지려는 욕구에 의하여 활성화되기에 늘 욕구에 의하여 가리울蔽 위험성이 있다. 실제로 순자는 가리움의 가장 첫번째로 '욕망'을 들고 있다. 욕망에 봉사하는 지적인 능력이 욕망의 가림에서 벗어나야 한다면, 그것을 가능케 하는 다른 요소를 인정하지 않을 수 없다. 또한 그것이 늘 욕구의 가림을 벗어나려고 투쟁하는 상태, 즉 부단한 노력의 상태에만 머물 수 있다고 한다면, 성인이란 완성된 인격을 말하기 어렵다. 여기서 성인의 '마음'을 특징짓는 어떤 상태 개념이 필요하게 된다. 그 상태는 지적인 능력이 어떤 가리움도 없이 완전하게 활동할 수 있도록 보장해주는 것이어야 한다. 또한 그런 상태를 갖는 것은 논리상으로 그 지려 자체가 아닌 다른 '실체'이어야만 하는 것이다. 여기서 바로 순자의 '천군天君' 개념이 등장한다. 이는 번역하기 매우 어려운 용어라 일단 그대로 쓰기로 한다. 모든 감각 기관 등을 통제한다는 점에서 임금과 같은 역할을 맡은 마음을 가리키는 말인데, 자연적으로 주어진 것이라는 것을 '천天'이라는 말로 표현한 것으로 보아야 될 것이다.

마음은 그 감각 기관들을 신하로 부리는 지위를 갖는다는 점에서 '임금君'으로 불린다. 임금인 마음心은 "명령을 내리되, 명령을 받는 일이 없다. 스스로 금지하고 스스로 시키며, 스스로 취하고 스스로 멈춘다." 이렇듯 마음은 여러 감각 기관과 마음의 여러 기능, 그리고 여러 욕구를 신하처럼 통제하고 지휘하는 임금과 같은 존재이다. 지적 능력은 그 임금인 마음이 가진 고유한 것이며, 하나의 작용임이 분명하다. 순자는 한편으로는 본성을 이야기하면서 사회적 질서를 어지럽힐 수 있다는 점에서 그것이 악하다고 하였으나, 다른 한편으로는 '마음'의 독립성을 강조하여 그것들을 통제할 수 있는 기능을 부여하고 있는 것이다. 그것은 다른 한편으로는 성정의 추구에 의하여 가려질 수 있는 지려들의 작용을 통제하고 조절하는 것을 의미하기도 한다. 앞에서 말한 대로 지적인 능력은 그 자체에서 그 완전성을 얻는 것이 아니라 '마음'의 통제 아래서 그 가리움을 벗고, 충실한 활동을 보장받는 것이다. 결국 완성의 경지는 임금인 마음이 어떻게 제 소임을 다 하느냐에 달려 있다. 그 소임은 무엇인가? 좋아하고 싫어하고 취하고 버리는 모든 일의 표준이 될 수 있는 '도道'를 아는 것이다. 그리고 그렇게 도를 알 수 있는 어떤 상태를 끊임없이 유지해야 한다.

우선 '도'는 여러 욕망 가운데 어떤 것을 선택하는 데 있어 객관적 표준이다. 그것은 "바라고 싫어하며, 취하고 버림에 있어서의 저울"(『불구』) 가운데서도 "고금을 관통하는 올바른 저울이다." 이러한 객관적 표준을 무시하고, 주관에 의존하여 선택한다면 화와 복이 어떻게 이루어지는지를 알 수가 없다. 이 도는 객관적 진리라고 볼 수 있으며, 또한 순자에 있어서는 봉건적 도덕 규범과 사물세계에 대한 지식 전부를 포괄하는 개념으로 볼 수 있다. 그리고 그 도를 알 필요성은 역시 '화·복'을 알고자 하는 데 있다는 점에서 인간의 욕망과 관련이 있다. 그러면서도 어떤 특정한 감각 기관에 귀속된 것이 아니라 '마음'의 고유한 기능에 의해 알 수 있으며, 모든 상대적인 '욕망'들을 넘어서는 객관적 대상이라는 점에서 그들 '욕망'을 추구하기 위한 방법적 지식과 차원을 달리한다.

이 도를 아는 것은 마음에 달려 있다. 그리고 마음은 '텅 비고 전일하며 고요한虛一而靜' 상태를 유지하여야 도를 인식할 수 있다. 이 '텅 비고 전일하며 고요함'이란 개념은 순자가 말하는 '마음'의 성격을 더 분명히 드러내준다. 여기서 우리가 주목할 점은, 순자가 말한 대로의 '텅 비고 전일하며 고요한' 상태가 성립하려면, 어떤 작용이나 기능을 넘어서는 '실체'가 요구된다는 점이다. 즉 이미 어떤 '욕망' 또는 집착과 관계되어 있는 사려작용, 또는 의식의 지향을 통제하는 것은 그것들 자체일 수는 없으며, 그보다 높은 차원의 존재를 요구하는 것이다. 이것이 바로 '몸뚱이의 임금이며 정신의 주인形之君, 神明之主'인 '마음心'이다. 순자가 말한 '텅 비고 전일하며 고요함'이라는 개념은 『관자管子』 등 직하 황노학의 개념을 채용했다고 할 수 있는데, 그럼에도 매우 다른 점이 있다. 직하 황노학에 있어서의 '허虛'는 '마음에 간직함이 없음無藏'의 의미였으며, '일一'은 마음을 '뜻과 마음을 전일하게 하고', '둘로 나누어 쓰지 않음勿兩知'의 의미를 갖는 등 소극적인 의미

**『관자』**
춘추시대 제나라의 관중(?~645 BC)이 지은 것으로 되어 있으나, 전국시대부터 한대漢代에 이르기까지 성립된 것이다. 내용은 법가적 색채가 농후하고, 때로는 도가적인 요소가 섞여 있다. 때문에 『한서漢書』에서는 도가道家로, 『수서隋書』에서는 법가法家로 분류하고 있다.

**황노학**
중국의 전설에 나오는 황제黃帝와 도가 사상의 시조로 전해지는 노자를 숭앙한 데서 비롯되었다. 전국시대에는 중국의 시조이자 최초의 제왕으로 여겨지는 황제를 숭앙하는 황학黃學이 성행하였다. 황학은 노자의 학설을 기반으로 하고 있었는데, 한漢 초기에는 황학과 노자의 학설을 하나로 합해서 황노학黃老學이라고 불렀다.

를 지닌 것이었다. 순자는 이러한 황노학파의 수양론을 유가적 이념과 결부시키면서, 인격완성을 위한 중요한 장치로 도입하고 있다. 즉 직하 황노학파의 개념이 앎과 분별을 '줄여나가는損之' 방법에 의존하는 것이라면, 순자에서는 유가 전래의 반복적이고 계속적인 쌓음積, 益의 방법과 모순되지 않는 것으로 변화된다. 그리고 그러한 것이 가능하려면 심체의 강력한 통제력을 인정함으로써, 마음의 작용인 사려들, 또는 욕망이 제각각 발언하지 못하도록 통제하는 길이 있을 뿐이다. 이렇듯 심의 강력한 통제력을 인정하는 사유틀은 다시 순자의 정치이론과도 상응한다. 직하 황노학파의 '텅 비고 전일하며 고요함'의 개념이 '함이 없이 다스리는無爲而治' 도가적 군주의 이상을 인간 심성에 적용한 것이라면, 강력한 왕권의 필요성을 주장하는 순자의 정치론은 강력한 통제력을 가지는 마음 개념과 상응한다.

이러한 강력한 통제력은 마음이 본래적으로 지니고 있다. 이상적인 상태인 '텅 비고 전일하며 고요함'에 도달하지 않더라도 그것은 이미 마음이 지닌 힘이다. 텅 비고 전일하며 고요한 상태에 도달한 마음이 지니는 진정한 특성은, 그 통제력 자체는 아닌 셈이다. 단지 그 상태에 있음으로써, 욕망의 지배, 또는 편견의 가리움을 뿌리칠 수 있는 힘이 온전해진다고 말할 수 있다. 이 상태에 있으면 욕망과 지적인 작용은 공정하게 다루어지고, 제자리를 찾을 수 있게 된다. 따라서 텅 비고 전일하며 고요함에 도달한 마음의 진정한 특성은 그것에 의해 보장되는 '앎', 완전한 앎과 완전한 통제력이다. 이러한 경지는 순자가 '위대한 맑고 밝음大淸明'을 묘사한 대목에서 구체적으로 밝혀진다.

이 '위대한 맑고 밝음' 또한 황노학파에서 쓰이는 말이며, 순자의 사상에 도가와 황노학의 영향이 상당히 깔려 있음을 드러내준다. 장자는 「천도天道」편에서 "물이 고요하면 눈썹까지 비출 수 있고, 수평을 이루어 목수가 수평의 본보기로 삼는다. 물도 고요할수록 밝은데 하물며 성인의 마음이 고요한 것에 있어서랴! 천지와 만물의 거울이다"고 말하고 있는데 순자 또한 이와 비슷한 비유로 위대한 맑고 밝음을 묘사한다. 마음이 고여 있는 물처럼 고요하면, 세밀한 것을 밝히고, 사물의 이치를 살필 수 있다는 것이다.

이러한 순자의 인식이론이 순자 본연의 적극적이고 주동적인 특징을 벗어나 소극적인 반영론에 머물렀다고 비판하지만, 이는 마음의 통제력을 생각지 않은 데 기인하지 않는가 싶다. '위대한 맑고 밝음'의 상태는 그 자체가 바로 마음의 통제력이 제대로 발휘되기 위한 전제라는 점에서, 순자의 전 사상체계와 크게 모순되지 않는다. 아무튼 인간의 본성 속에 도덕의 근원이 될 만한 요소를 인정하지 않았던 순자는 지적 능력에서 그 가능성을 찾을 수밖에 없다. 그리고 이 위대한 맑고 밝음에 이르러서 그 지적 능력이 완전히 발휘될 수 있는 근거가 제시된다. 그러나 우리가 주의를 기울여야 할 것은, 순자가 단순히 지려의 극대화에서 인격완성의 가능성을 발견한 것은 아니라는 점이다. 그것은 어떤 마음의 실체를 인정하고, 그것의 통제력을 전제로 하는 것이며, 또한 이러한 앎을 바탕으로 통제가 제대로 시행될 수 있다는 상호 보완적인 관계를 이루고 있다. 또한 이러한 마음의 통제력과 지적 능력의 측면에서만 인격완성의 길이 이야기되는 것이 아님도 분명하다. '텅 비고 전일하며 고요함'이라는 것이 주로 인식의 문제와 연결된 측면에서의 논의라면, 이와 다른 방향, 즉 반복적인 도덕의 실천에 의한 길이 또한 실천의 측면에서 논의되고 있다.

흙을 쌓아 산을 이루면 바람과 비가 일어난다. 물을 모아 연못을 이루면 이무기와 용이 생겨난다. 선을 쌓아 덕을 이루면 신비로운 지혜神明를 얻으며, 성스러움 마음聖心을 갖추게 된다.(『권학』)

이러한 길은 앞에서 우리가 살펴본, 반복적인 실천에 의한 익힘의 힘에 의한 것이다. 이러한 실천에는 '성誠', 즉 '항상됨'이 필요하다. 즉 의지와 연결되는 것이다. 그리고 순자는 그 효과로써 '신비로운 지혜'와 '성스러운 마음'을 들고 있는 것이다. 앞의 논의에서 우리가 난점이 있는 것으로 보았던 반복적인 '익힘習'을 통한 인격완성의 길에, 순자는 어떤 질적인 변화의 단계, 또는 비약의 단계를 인정하는 듯하다. 그것은 산에 바람이 일고 못에 용이 깃들듯이, 자연스럽게 어떤 비약을 통해 얻어지는 것으로 묘사된다. 이러한 길은 '텅 비고 전일하며 고요함'을 이루는 길과 짝을 이루면서 순자 수양론의 큰 줄기를 이룬다고 하겠다.

## 객관적인 도를 알고 실천하다

이제 지금까지의 논의에서 드러난 중요한 점들을 요약해봄으로써 이 글을 맺기로 하겠다. 우선 순자의 사상을 보는 데 있어서 지금까지 주목되지 않았던 점이 드러난 것으로는, 순자가 인성을 악으로 본 것은 주로 그의 관심이 조직사회와 그를 이루는 규범으로서의 예에 집중되었기 때문이라는 점이다. 그리고 그 예는 분명 맹자에 의하여 제대로 계승되지 않았던 공자의 예 개념을 발전적으로 전개시킨 것이며, 시대 상황에 대한 인식에서 많은 가감손익이 있었다 하더라도, 그 기본정신만은 변하지 않은 것으로 보인다. 순자도 인간의 성정 속에 친족에 대한 사랑 등, 공자와 맹자가 바탕으로 삼았던 생각들을 인정하고 있다. 그것들이 그의 인성론에서 중심적인 자리를 차지하지 못한 것은 조직사회, 그것도 진나라의 법치를 본 순자가 유가 사상체계를 그에 필적하는 것으로 재구성하려 했던 의도가 앞섰기 때문일 것이다.

위의 논의에서 드러난 순자의 수양이론은 맹자의 그것과 대조적이면서도, 유사한 부분이 많다. 맹자가 인간 심성에서 감정과 정서를 중심으로 하여 인격완성의 틀을 제시했다면, 순자는 지적 능력의 측면을 바탕으로 그러한 작업을 했다는 점에서는 분명 대조적이다. 그러나 양자 모두 마음이라는 실체의 독립성을 바탕으로 하고 있다.

맹자는 마음 그 자체에 고유한 경향성인 '성性'을 인정했으나, 순자는 그러한 경향성을 인정하지 않았다는 점에서 확연히 입장을 달리한다. 그러면서도, 순자는 마음에 어떠한 종류의 힘을 인정한다. 그것은 맹자에서와 같이 도의를 지향하는 '성'에 의해 강화될 수 있는 그러한 힘은 아니다. 그러하기에 그 힘을 길들이는 데는 자신이 악이라고 규정하였던 '성'과, 그 '성'의 욕구에 봉사하는 지적 능력의 합동작용이 필요하다. 그리하여 한편으로는 이차적인 감정이라고 할 수 있는, 도덕을 좋아할 수 있는 감정이 형성되고, 이것이 본디의 소박한 바탕을 누르고 확고한 경향으로 자리잡기 위해서는 다시 본디는 경향성을 지니지 않았던 마음의 힘이 작용한다. 객관적인 도를 앎으로써 마음은 여러 다른 욕구를 통제하는 확고한 기준을 지니게 되고, 반복적인 실천은 마음의 힘을 다시 강화한다. 여기에서 두 갈래의 길은 하나로 합치한다. 이것이 순자의 인성론과 수양론에 대한 개괄이라고 할 수 있을 것이다.

## 더 읽을거리

『순자』, 김학주 옮김, 을유문화사, 2008

순자에 대한 번역이 거의 없는 현실에서 번역서로 추천할 만한 책이다. 역자의 역량이 반영되어 각주도 매우 충실하고, 번역도 매끄럽게 되어 있다. 순자에 관심이 있는 독자라면 이 책을 통해 순자의 원음에 접할 수 있을 것이다.

앤거스 그레이엄, 『도의 논쟁자들』, 나성 옮김, 새물결, 2001

순자에 대한 우리말로 된 저서가 거의 없는 현실에서, 순자의 사상을 재미있는 시각에서 조명하여 순자에 대한 이해의 폭을 넓힐 수 있는 책이다. 선진 유학의 계열에서 순자를 공자와 맹자와는 다른 계열의 철학으로 다루면서 노자, 한비자와 묶어 다루고 있다. 순자의 천天에 대한 사상이 그의 도덕론에 어떤 영향을 주고 있는가를 볼 수 있게 한다.

풍우란, 『중국철학사』, 박성규 옮김, 까치, 2009

중국철학사의 고전이라 할 수 있는 책이다. 순자의 사상이 중국철학사에서 어떻게 자리매김하고 있는지를 살펴보는 데 도움이 될 것이다. 중국철학사에 대한 이해가 충실해야 순자 사상의 특징을 잘 알 수 있다.

성태용, 「심성론, 예론과의 관련아래서 본 순자의 수양론」, 『태동고전연구』 5집, 1989

이 책에 실린 글의 원본이 되는 논문이다. 이 책의 글을 좀더 심층적으로 이해하고 싶은 독자들은 이 논문을 참조하면 될 것이다.

## 양웅

# 선악이 뒤섞인 마음 바탕

## 오이환

서울대학교, 타이완대학, 교토대학에서 철학과 중국 철학사를 전공하였고, 교토대학에서 문학석사와 문학박사 학위를 받았다. 현재 경상국립대학교 명예교수이다. 사단법인 남명학연구원 제1회 학술대상을 수상하였고, 한국동양철학회장을 역임하였다. 저서로는『남명학파 연구』(2책),『동아시아의 사상』,『남명학의 새 연구』(2책), 편저로는『한국의 사상가 10인: 남명 조식』,『남명집 4종』, 역서로는『남명집』, 가노 나오키의『중국 철학사』, 교감으로『역주 고대일록』(3책)이 있다.

## 생애와 저술

**홍려온아**
「한서」「양웅전」에서 사마상여의 부賦를 평가하는 말로 부드럽고 기품이 있는 문장을 뜻한다.

**왕망**
BC 45~서기 23. 중국 전한前漢 말의 정치가이며, '신新' 왕조(8~24)의 건국자이다. 갖가지 권모술수를 써서 최초로 선양혁명禪讓革命에 의하여 전한의 황제권력을 찬탈하였다. 하지만 이상적인 나라를 세우기 위해 개혁정책을 펼친 인물로 평가되기도 한다.

양웅揚雄(BC 52~서기 18)의 자는 자운子雲, 촉군蜀郡의 성도成都 사람으로, 전한 선제宣帝의 감로甘露 2년에 태어나 왕망의 천봉天鳳 5년에 71세의 나이로 죽었다. 전한 대의 빼어난 문인 가운데 한 사람으로, 「감천甘泉」, 「우렵羽獵」, 「장양長楊」 등의 작품賦은 같은 촉 출신의 선대 문인인 사마상여의 홍려온아弘麗溫雅한 문체를 모범으로 삼은 것이었다. 그러나 그는 후에 부를 통해 시정을 풍자하고 바로잡으려는 의도가 쓸모없음을 깨닫고, 학문으로 마음을 돌려 마침내 유가의 일대 종사가 되었다. 당의 한유는 그를 칭송해 순자에다 비하여, "순과 양은 순수한 점이 많고 허물은 적다"고 말하고 있다.

양웅은 성제成帝 때 40여 세의 나이로 상경한 이후 한때 왕망王莽·유흠劉歆·동현董賢과 나란한 직위에 있기도 했지만, 왕망과 동현이 삼공三公으로서 정권을 장악하고 있던 전한 말기 성成·애哀·평제平帝의 세 명의 군주가 바뀌는 동안 그의 벼슬은 바뀌지 않았고, 그 자신도 세력과 이익에 집착하지 않고 오직 문장으로써 후세에 이름을 이루고자 저술 활동에 주력하였다. 그러나 그는 왕망이 왕위를 찬탈한 후에도 그 조정에 머물러 기로구차耆老久次라는 명목으로 대부로 승진된데다, 무엇보다도 왕망의 덕을 찬미하는 글인 「극진미신劇秦美新」을 남긴 사실도 있고, 또 왕망의 숙모인 원제元帝의 황후 왕씨王氏를 조

1 이 글은 『동양철학』 제3집(한국동양철학회, 1992)에 발표된 「양웅의 성선악혼설: 한대 성론의 동향과 관련하여」를 수정한 것이다.

상弔喪하는 「신실문모태후뢰新室文母太后誄」를 짓기도 했다. 이에 북송의 정자와 소식이 『법언』의 내용과 문체를 비판하고, 주희가 『자치통감강목』을 지어 "망의 대부 양웅이 죽다"라고 쓴 이후부터 그의 인품과 저작 양면에 걸쳐 심한 비판이 가해졌다.

양웅의 저술로 알려진 것은 『방언方言』, 『법언法言』, 『태현太玄』이 있다. 『방언』은 당시 각지에서 행해지던 언어를 모은 것이고, 『법언』은 『논어』를 모방한 것이며, 『태현』은 『역』을 본떠서 지은 것이다. 이 밖에, 『한서』 본전에서는 『창힐倉頡』을 모방한 『훈찬訓纂』이 있었음을 말하고 있으나 전하지 않으며, 후대에 이르러 그의 단편을 모은 것으로는 명대에 편찬된 『한위육조백삼명가집漢魏六朝百三名家集』에 들어 있는 「양시랑집揚侍郎集」을 들 수 있다.

**유흠**
?~서기 23.
중국 전한前漢 말의 학자이다. 서지학書誌學의 창시자이다. 왕망의 고문으로서 태사공太師公이 되었다. 부친인 유향劉向과 함께 궁중의 비장서秘藏書를 교열했다. 부친이 사망하자 천하의 서적을 모아서 중국 최초 도서분류목록인 『칠략七略』을 완성하였다.

**동현**
22~1 BC.
서한西漢의 어사 동공董恭의 아들로 미남이었다. 한나라 애제哀帝가 동현의 용모에 반하여 그를 황문랑黃門郎에 제수했다가 후에 대사마大司馬로 임명하였다. 애제가 죽고 왕망이 권력을 잡은 후, 동현은 권세를 잃고 자살한다.

## 양웅의 성설

양웅의 성설은 이른바 선악혼설로서 맹자·순자의 그것과 더불어 성론의 한 유형을 대표하는 것으로서 널리 알려져 있는데, 실제로는 『법언』「수신」편에 "사람의 성에는 선악이 섞여 있다. 그 선한 쪽을 닦으면 선한 사람이 되고, 그 악한 쪽을 닦으면 악한 사람이 된다. 기란 것은 선악으로 나아가는 말인가?人之性也善惡混, 修其善則爲善人, 修其惡則爲惡人, 氣也者所以適善惡之馬也與"라는 구절이 단 한 군데 보일 뿐 이렇다 할 논증이 없으므로, 오늘날의 관점에서 볼 때 이것을 하나의 학설로 간주할 수 있을지는 의문이다.

『법언』에 대해서는 한대 이래로 여러 주석이 있었지만, 현존하는 것들 중 가장 오래된 것이자 널리 통용되고 있는 진대晉代 이궤李軌의 주에서는 이렇게 설명하고 있다.

> 순자는 인성을 악이라 하고, 맹자는 인성을 선이라 하였으나, 양자는 인성을 섞였다고 하니, 세 선생이 취하여 깨우쳐줌은 비록 다르나 유가의 가르침인 점에서는 대체로 같으며, 입언의 골자를 따져보면 그 뜻이 아울러 통하는 것이다. 오직 성인만이 망령된 생각을 전혀 하지 않고, 오직 광인만이 생각을 극복하여 성인이 되는 것이니, 양자의 말은 양가의 상반되는 가르침을 지극히 갖추었으므로, 이에 다같이 유명한 것이다.

**성삼품설**
한대의 여러 학자들에 의해 제창되었으나, 당나라 한유韓愈의 「원성原性」에 의해 널리 알려졌다. 그 내용은 인간의 본성을 세 가지, 즉 선, 선악혼재, 악으로 나누는 것이다.

이궤는 순·맹·양을 나란히 삼자三子로 칭하여 거의 대등하게 취급하고, 맹자의 성선설과 순자의 성악설, 그리고 양웅의 선악혼설이 다같이 공자의 학통을 잇는 유가의 가르침으로서, 입언의 근본 취지에 있어 서로 다른 것이 아님을 말한 것인데, 이 발언은 이 세 사람의 주장을 서로 대립적인 것으로 보는 오늘날의 일반적 견해와는 달라 우리를 혼란스럽게 한다. 그런데 음미해보면, 이궤의 해석은 맹자의 설을 성인聖人과 같은 인격적 완성의 경지에 다다른 사람에게, 순자의 설을 광인狂人과 같은 자질이 지극히 저열한 사람에게, 그리고 양자의 설은 그 중간 단계에 있는 대다수의 범인에게 해당하는 것으로 보는 점에서 이른바 성삼품설性三品說과 꽤 유사한 것임을 알 수 있다. 그러나 광인도 자신의 생각을 극복함으로써 마침내 성인이 될 수 있다고 보므로, 이 세 단계의 성이 제각기 고정불변의 것이 아니라 후천적 노력에 의해 변화될 수 있는 것으로 보는 점이 주목된다.

한대에 있어서 성에 상·중·하의 삼품이 있다는 설의 일반적 근거는 『논어』「양화」편에 보이는 "오직 가장 지혜로운 자와 가장 어리석은 자는 옮기지 않는다惟上智與下愚不移" 및 「옹야」편의 "중인 이상에게는 상을 말할 수 있지만, 중인 이하에게는 상을 말할 수 없다中人以上可以語上也, 中人以下不可以語上也"고 하는 공자의 발언이다. 「양화」편의 이 구절 바로 위에 저 유명한 "성은 서로 가까우나 익힘으로 하여 서로 멀어진다"는 구절이 보이는 바와 같이, 공자는 인간 품성의 차이가 대체로 후천적 습관에 기인하는 것임을 지적하면서도, 이는 어디까지나 보통사람에게 해당되는 것일 뿐, 교화에 의해 변화될 수 없는 가장 지혜로운 자와 가장 어리석은 자의 존재가 부정될 수 없음을 또한 언급하고 있다.

기氣의 문제와 관련하여, 이궤의 주는 "기를 몰아 사람이 됨은 말을 몰아 길을 지나는 것과 같으니, 네거리를 통과하게 되면 빠르게 잘 가지만, 나쁜 길을 가게 되면 절뚝거리며 잘 가지 못하는 것과 같다御氣爲人, 若御馬涉道, 由通衢則迅利, 適惡道則駑蹇"고 해설하였다. 여기서 유의할 만한 것은 말을 탄다乘는 표현을 쓰지 않고 몬다御고 적고 있는 점이다. 개인이 타고난 기를 말에다 비유하여, 인간을 자신이 탄 말의 운동에 의해 일방적으로 규정되기보다는, 능동적으로 그 말의 동작을 제어할 수 있는 존재로 간주하고 있는 것으로 보인다. 결국 선인이 되느냐 악인이 되느냐는 타고난 기의 좋고 나쁨에 의해 좌우된다고 보는 윤리학적 결정론이라기보다는, 그 기를 상징하는 말이 네거리를 만나느냐 나쁜 길을 만나느냐 하는 후천적 환경의 영향을 중시한 것으로 이해할 수 있다.

무릇 만물이 천지의 기를 받아 태어난다고 하는 것은 중국의 전통적인 사상이다. 그러나 양웅이 기를 선악으로 나아가는 말에 비유한 것은 단편적인 이 한 구절만으로는 그 정확한 의미를 파악하기가 어렵다. 왜냐하면, 후한의 왕충에서 보는 바와 같이, 타고난 기의 후박의 차이가 곧 성의 선악으로 되어 나타난다고 보는 견해 또한 같은 한나라 시대의 사상으로서 엄연히 존재하기 때문이다. 그러나 적어도 양웅이 성을 변화될 수 있는 것으로 보고 있다는 것은, 『법언』 가운데서 인성과 관련된 다음의 두 조를 추가하여 고려할 때 상당히 분명해진다고 할 수 있다.

> 배움이란 성을 닦는 것이니, 시視·청聽·언言·모貌·사思는 성이 갖춘 바이다. 배우면 올바르게 되고, 그렇지 않으면 그릇되어진다.(「학행」)

> 누가 묻기를, "새 중에는 봉이 있고, 짐승 중에는 기린이 있는데, 새나 짐승이 모두 봉이나 기린이 될 수 있습니까?" 대답하기를, "뭇 새들은 봉에 대하여, 뭇 짐승들은 기린에 대하여, 형태나 성품에 있어 제약됨이 있다. 어찌 뭇 사람들의 성인에 대한 관계가 그러하겠는가?"(「문명」)

위에 인용한 「학행」편에서는 성을 학문을 통해 닦을 수 있는 대상으로 보아, 배우고 배우지 않음에 따라 타고난 성에서 유래하는 행위의 정사正邪가 결정된다는 것이며, 「문명」편에서는 보통사람과 성인과의 사이에는 외면적 형태나 내면적 성품에 있어 본질적 차이가 없다는 것으로서, 모두 후천적 교화의 중요성을 강조하여, 인성이란 고정불변의 것이 아니라 수양 여하에 따라 변화될 수 있다고 보는 생각이니, 이는 위에서 본 선악혼설과도 공존할 수 있는 것이다.

궁극적으로 이러한 생각들은 『중용』의 "어떤 이는 태어나면서부터 알고, 어떤 이는 배워서 알며, 어떤 이는 힘들게 알지만, 그 아는 데 이르러서는 한 가지다. 어떤 이는 편안히 행하고, 어떤 이는 이익을 바라고 행하며, 어떤 이는 힘써 노력하여 행하지만, 그 공을 이룸에 이르러서는 한 가지다"라는 구절에서 보는 바와 같이, 각 사람들이 타고난 자질에 차이가 있음은 경험적으로 인정되지만, 후천적 노력에 의해 누구든지 자질이 가장 빼어난 사람과 동등한 지知와 행行의 경지에 다다를 수가 있다고 보는 사상과 일치하는 것이다. 『중용』의 이 구절은 사람의 타고난 자질을 상·중·하의 세 등급으로 구분하면서도, 이 등급들 간에 서로 넘나들 수 없는 근본적인 차이를 인정하지 않는다는 점에서 양웅의 그것에 더 근접해 있는 것으로 보인다.

시·청·언·모·사가 성 속에 갖추어져 있다는 것은, 보고 듣고 말하고 모습을 짓고 생각하는 등의 행위가 인간의 타고난 본성에서 유래함을 의미하는 것으로서, 양웅이 말하는 성이란 인간이 자연적 존재로서 태어나면서부터 가지고 있는 본능을 포함한 성품 일반을 지칭하는 것임을 확인케 해주는 대목이라고 하겠다.

**동중서**
179~104 BC.
서한西漢의 대표적인 학자이자 정치가이다. 『춘추春秋』 연구를 중심으로 한 '금문경학今文經學'의 대가이다. 『공양춘추公羊春秋』를 토대로 음양오행 및 법가, 도가 등의 사상을 융합하여 유가의 윤리를 '삼강오륜'으로 개괄했으며, 특히 무제武帝는 그의 건의를 받아들여 유학을 국교로 승격시켰다. 대표적인 저작은 『춘추번로春秋繁露』이다.

## 동중서의 성론

양웅의 이 짤막한 발언들은 한대 본성론의 대체적 경향과 공통되는 부분이 있다고 하겠는데, 그에 앞서 동중서董仲舒는 성을 "타고난 바탕生之質"으로, 전한의 경학자인 유향은 "태어나면서부터 그러한 것生而然者"으로 이해한 바 있으며, 동한의 왕충 등은 성을 상·중·하로 나누고 있는바, 이들에 공통된 것은 선진의 고자·순자에게서 볼 수 있는 것과 기본적으로 상통하는 자연으로서의 성에 대한 관념이라고 할 수 있다.

특히 동중서는 그의 『춘추번로』「심찰명호深察名號」편 및 「실성實性」편에서 성에 대해 비교적 상세히 언급하고 있는데, 그 내용은 양웅의 이른바 선악혼설과 매우 유사한 것이어서 흥미롭다.

동중서는 우선 「심찰명호」편에서 성의 개념을 분명히 하고자 하여, 다음과 같은 말로 논의를 시작하고 있다.

> 지금 세상은 성에 대해 어두워, 그것을 말하는 자가 같지 않다. 어찌하여 시험 삼아 성이란 이름을 돌이켜 생각해보려고 하지 않는가? '성'이란 이름은 '생'이 아닌가? 태어나면서부터 저절로 그러한 자질 같은 것을 일러 성이라 하는 것이니, 성은 바탕이다.

말하자면, '성'은 어원적으로 보면 '생'이라는 말에서 유래하는 것으로서, 그 의미는 태어날 때부터 가지고 있는 자연적 상태, 즉 어떠한 후천적 인위도 가해지기 전의 본래적 자질을 뜻한다는 것이다. 이것을 그는 「실성」편에서는 "질박質樸"(타고난 대로의 바탕)으로, 『한서』 본전에 수록된 대책에서는 "질박을 일러 성이라 한다"로 표현하고 있는데, 역시 인위가 가해지지 않은 자연 그대로의 상태를 가리키는 말이다. 이는 『순자』「예론」편의 "성이란 맨 처음 그대로의 소재이다性者本始材朴者也"라고 하는 생각과 일맥상통한다고 볼 수 있다.

넓은 의미에서는, 동중서가 말하는 타고난 바탕으로서의 성이라고 하는 개념에는 정까지도 포함되어 있다는 점에서, 이른바 '심통성정'이라 하여 성을 아직 발하지 않은未發, 그리고 정을 이미 발한已發 상태에 배당시켜 이 양자를 엄격히 구별되는 개념으로서 사용하고 있는 송대의 심성론과는 뚜렷한 대조를 보이고 있다. 즉, 「심찰명호」편에 "천지가 낳은 바를 성정이라 한다. 성정은 서로 더불어 한 사람을 이루는 것이니, 정 또한 성이다"고 하여, 정 또한 성과 마찬가지로 인간이 태어날 때부터 가지고 있는 것이며, 그런 의미에서 그것도 성으로 간주될 수 있다고 한 것이 그것이다.

그러나 동중서는 곧 이어서 좁은 의미에서의 성은 정과 구별되는 것임을 말하여, "성을 이미 선한 것이라고 한다면 그 정을 어찌하겠는가? 그러므로 성인은 성이 선하다고 말하지 않았던 것이니, 그 이름에 누를 끼치기 때문이다. 몸에 성정이 있는 것은 하늘에 음양이 있는 것과 같으니, 사람의 바탕에 그 정이 없다고 하는 것은 마치 하늘의 양을 말하면서 그 음이 없다고 하는 것과 같다"고 하여, 사람이 타고난 바탕으로서의 성에는 엄격하게 말하자면 성과 정이라는 상반되는 요소가 내재한 것이 마치 하늘에 음양의 두 요소가 있는 것과 같으며, 성은 이 정의 요소로 말미암아 타고난 상태 그대로는 선하다고 말할 수 없다는 것이다. 그러므로 동중서가 말하는 정과 대비되는 좁은 의미에서의 성은 하늘의 양에 해당하는 것이며, 따라서 '선해질 수 있는 가능성'의 측면을 가리키는 것임을 알 수 있다.

이를 좀 더 구체적으로 설명하면 다음과 같다.

> 뭇 악을 안으로 여미고서 밖으로 발하지 못하게 하는 것이 심이다. 그러므로 '심'이란 이름은 '임栣'에서 나왔다. 사람이 받은 기에 진실로 악한 것이 없다면 심이 어찌 임에서 나왔겠는가? 나는 '심'이란 이름으로 사람의 '성誠'[섞인 것이 없는 순수한 바탕]을 파악할 수가 있다. 사람의 성誠에는 탐貪이 있고 인仁이 있으니, 인·탐의 기가 둘 다 몸身에 있다. '신身'이란 이름은 '천天'에서 취했으니, 하늘에 음·양 두 가지의 베풂이 있듯이 몸에도 탐·인 두 가지의 성이 있다.(「심찰명호」)

즉, 마음을 의미하는 심이라는 글자는 '옷섶'이라는 뜻을 가진 임衽이라는 글자에서 유래했는데, 사람이 태어날 때부터 가진 본래적 바탕에는 인과 탐의 두 요소가 공존하고 있어서 후자로 말미암은 많은 악의 가능성이 내포되어 있으므로, 마음이 이를 단속하여 함부로 발하지 못하게 한다는 뜻이라는 말이다. 사람이 받은 기, 즉 '인'과 '탐'이라는 두 가지 상반되는 요소는, 이를 내포한 소우주로서의 몸이 대우주인 하늘의 축소판이듯이 인·탐의 두 기 또한 우주적인 기인 음·양에 대응한다는 것이다. 여기서 말하는 인은 위에서 언급한 좁은 의미에서의 성에, 그리고 탐은 정에 해당하는 것이라고 볼 수 있다.

동중서에 있어서 성론의 핵심은 사람의 성에는 이타와 이기의 두 경향이 모두 있음을 지적하여 맹자의 성선설을 논파하는 데 있는 것으로서, 그 논지가 양웅의 이른바 선악혼설과 매우 유사함을 엿볼 수 있다. 동중서가 특히 강조해서 말하고 있는 것은, 성이란 추호도 인위가 가해지지 않은 상태의 자연적 자질로서, 선에의 가능성을 내포하고 있는 것일 뿐 그 자체로서는 아직 선이 아니라는 점이다. 동중서는 맹자가 선에 도달할 가능성을 실제적 덕성으로서의 선과 혼동하고 있다고 비판하면서, 진정한 선은 후천적 인위를 기다린 연후에야 비로소 도달될 수 있는 것이라고 주장하고 있다.

> 성은 벼에 견주어지고, 선은 쌀에 견주어진다. 쌀은 벼 속에서 나오지만 벼는 아직 전체가 쌀일 수 없다. 선은 성 속에서 나오지만 성은 아직 전체가 선일 수 없다. 선과 쌀은 사람이 하늘을 이어 밖으로 이루는 바이지 하늘이 만든 바의 안에 있지 않다. 하늘이 만든 바는 다다라서 그치는 곳이 있으니, 그침의 안을 천성이라 하고 그침의 바깥을 인사라 한다.

사事는 성의 바깥에 있으니, 성은 덕을 이루지 않을 수 없다.(「심찰명호」)

즉, 성은 그 안에 선의 가능성을 내포하고 있지만 자연적 상태에서는 정에 가려져 있기 때문에, 그것이 온전히 발휘되기 위해서는 후천적인 인위를 통해 정의 속박을 제거해야 한다. 선이란 인사를 통해 밖으로 실현되어 덕이라는 형태로 드러났을 때 비로소 붙일 수 있는 이름이다. 그 인사란 구체적으로 말하자면 왕에 의한 교화인 것이다.

하늘이 백성의 성을 낳으니, 선한 바탕은 있으되 아직 선하지 못한지라, 이에 그를 위해 왕을 세워 그를 선하게 하니 이것이 하늘의 뜻이다. 백성은 하늘로부터 아직 선하지 못한 성을 받아, 물러가 왕으로부터 성을 이루는 가르침을 받으니, 왕은 하늘의 뜻을 이어 백성의 성을 이루는 것을 소임으로 삼는 자이다. (…) 만민의 성은 바깥의 가르침을 기다린 연후에야 선해질 수 있는 것이니, 선은 마땅히 가르침에 부여되어야 할 것이지 성에 부여되는 것은 옳지 않다.(「심찰명호」)

우리는 여기에 이르러, 동중서의 성론이 순자가 「예론」편에서 "성이 없으면 위僞를 가할 곳이 없고, 위가 없으면 성은 스스로 아름다울 수 없으니, 성과 위가 합해진 연후에야 성인의 이름을 이룬다"고 한 그것과 일치하는 것임을 알 수 있다. 순자는 여기서 '위', 즉 인위적인 것(노력)에 관해 "위는 문리의 융성함이다"라고 설명하고 있는데, 이는 같은 편의 양경揚倞 주에 "문리는 위의를 말한다"라고 보이는 바와 같이 문리는 예의 외적 형식이며, 그 형식을 제정하는 사람이 바로 왕인 것이다. 즉, 성은 타고난 자질로서의 질이요,

위는 외적 형식으로서의 문이니, 질은 문을 통한 교정의 과정을 거치고 난 후에야 예의 내용과 형식이 온전히 갖추어져 완성된 인격을 이룰 수가 있다는 생각인 것이다.

주지하는 바와 같이 순자는 성악설로 널리 알려져 있지만, 엄밀히 말하면 성 자체에 근원적인 악이 존재함을 인정한 것이 아니라, 다만 성은 자연 상태에서 악으로 나아갈 수 있는 소질을 내포하고 있음을 지적하여 왕교王敎인 예의 습득을 통한 후천적 사회화의 중요성을 강조한 것에 지나지 않는다. 왕충은 『논형』 「본성」편에서 "동중서는 손·맹의 책을 읽고서 정·성의 설을 지어 말하기를, '하늘의 큰 법은 하나는 음이요 하나는 양이다. 사람의 큰 법은 하나는 정이요 하나는 성이다. 성은 양에서 생기고 정은 음에서 생기니, 음기는 비루하고 양기는 어질다. 성이 선하다고 하는 자는 그 양을 봄이요, 악하다고 하는 자는 그 음을 본 자이다'고 하였다. 중서의 말대로라면, 맹자는 그 양을 보고 손경孫卿은 그 음을 본 셈이다"고 하여 동중서의 성설이 맹자와 순자의 그것을 절충한 것임을 지적하고 있다. 인성 속에 선악의 가능성이 공존함을 천의 원리인 음양과 결부시켜 처음으로 명백히 설명한 점에서는 분명히 왕충의 지적이 타당하지만, 사실 순자의 설에 있어서도 이미 그러한 의미가 내포되어 있었다고 보아야 옳을 것이다.

『순자』 「정명」편에 보이는 다음의 발언은 동중서의 성론이 순자의 그것에 얼마나 근접해 있는지를 보여주는 좋은 예라고 하겠다.

> 태어나면서부터 그러한 바를 일러 성이라고 한다. 성은 [기氣가] 화합하여 생긴 바로서, 정精이 합해 감응하여 시키지 않아도 저절로 그러한 것을 일러 성이라고 한다. 성의 좋아하고 싫어하며 기뻐하고 성내고 슬퍼하

고 즐거워함을 일러 정이라고 한다. 정이 그러하되 마음이 이로 말미암아 선택하는 것을 일러 사려라 한다. 마음이 사려하여 능히 이로 말미암아 움직이는 것을 일러 위僞라고 한다. 사려가 쌓이고 능히 익혀진 다음에 이루어지는 것을 일러서 위僞라고 한다.

즉, 정은 성의 활동적 측면으로서, 그것은 언제나 악으로 흘러갈 가능성을 내포하고 있는 것이므로, 심이 사려 작용을 통해 분별하여 선택적으로 이에 교정을 가하는 인위가 요구되는 것이며, 이 교정은 사려와 학습을 거듭한 연후에야 이루어질 수 있다는 것이다. 마음이 사려 작용을 통해 정을 선택적으로 교정한다는 것은 동중서가 마음의 어원을 '단속한다'는 뜻을 함축한 '옷섶'에서 찾은 것과 상통하는 것으로서, 성 속에 선과 악의 요소가 혼재함을 시사하는 대목이라고 볼 수 있다.

동중서에서도 음이나 정이 무분별적으로 억제되어야 할 대상이 아님은 『한서』「동중서전」에 보이는 대책에 "하늘은 양으로 하여금 나와 위에서 펴 베풀어 한 해의 공을 주재하게 하고, 음으로 하여금 아래로 들어가 엎드려 있다가 때때로 나와서 양을 돕게 하니, 양은 음의 공이 없이는 또한 홀로 이룰 수 없다"고 한 것이라든가, 『춘추번로』「보위권保位權」편에 "그러므로 성인이 백성을 규제함은, 그들로 하여금 욕구를 가지되 절도를 넘지 않게 하며, 그들로 하여금 도탑고 순박하게 하되 욕구를 없애도록 하지 않는 것이니, 무욕·유욕이 각각 [적절함을] 얻어 족하면 군도가 얻어지는 것이라"고 한 발언 등에서 명백히 볼 수 있는 바라 하겠다.

**오상설**
한대漢代의 동중서가 오행설五行說에 기초하여 맹자의 인仁·의義·예禮·지智에 신信의 덕목을 보탠 것이다.

양웅은 윤리 방면에서 동중서의 오상설五常說을 받아들이고 있을 뿐 아니라, 「학행」편에서 "모든 시내는 바다를 배워 바다에 이르는 데 구릉은 산을 배우되 산에 이르지 못하니, 이런 까닭에 스스로 한정지우는 것을 미워하는 것이라" 하여, 자포자기함이 없는 부단한 수양을 통해 마침내 도덕적 완성의 경지에 도달할 수가 있다고 하는 후천적 노력의 중요성을 강조하고 있다. 그는 동중서의 재능과 덕성을 크게 존경하여, 「수신」편에서 "공의자公儀子·동중서의 재능과 덕성은 선을 봄이 밝지 않고 마음을 씀이 굳세지 않다면 누가 능히 그러할 수 있겠는가?"고 칭송하고 있거니와, 성설에 있어서도 두 사람 사이에 일정한 영향 관계의 존재를 배제하기는 어려울 것이다.

## 한대 성론의 동향

그런데 이상과 같은 동중서의 성론은 이른바 성삼품설에 입각하고 있으며, 그중 중품에 해당하는 사람에 한하여 적용되는 것임을 유의할 필요가 있다.

> 성이라 이름함은 상으로써가 아니요, 하로써도 아니며, 그 중으로써 이름하는 것이다.(「심찰명호」)

> 성인의 성은 성이라 이름할 수 없다. 두소斗筲(그릇이 매우 작은 사람)의 성 또한 성이라 이름할 수 없다. 성이라 이름함은 중민中民의 성이다.(「실성」)

상품·하품에 각각 해당하는 성인과 두소의 경우에는 태어나면서부터 그 성이 선악의 어느 한쪽으로 고정되어 있어서 후천적으로 변화될 수 있는 가능성이 없으며, 따라서 그것은 일반적인 의미에서의 성의 개념에는 해당되지 않는 예외적인 경우이고, 오직 타고난 자질에다 후천적 교화의 가미를 기다려서 이루어지는 일반적인 사람들의 성에 대해서만 성이라는 이름을 적용할 수가 있다는 것이다. 이 점은 성인과 범인의 성 사이에 근본적인 차이를 설정하지 아니하고, 보통사람들도 후천적 노력 여하에 따라 성인의 경지에 다다를 수 있음을 강조한 양웅의 성설과는 구별되는 것으로 간주할 수 있다.

이 성삼품설이 『논어』에 근거하고 있음은 말할 것도 없지만, 한대에서는 인성에 관한 이러한 인식이 전한 문제文帝 때의 인물인 가의賈誼의 『신서』 「연어連語」편에서 처음으로 나타나고 있다. 여기서는 군주의 등급을 상주·중주·하주로 나누어, "상주는 끌어올릴 수는 있으되 끌어내릴 수 없으며, 하주는 끌어내릴 수는 있으되 끌어올릴 수가 없고, 중주는 끌어올릴 수도 있고 끌어내릴 수도 있다"고 규정하여, 상주는 요·순이 그러했듯이 신하가 그와 "더불어 선을 행할 수는 있으되 더불어 악을 행할 수 없고", 하주는 걸·주가 그러했듯이 "더불어 악을 행할 수는 있으되 더불어 선을 행하지는 않으며", 중주는 제의 환공의 경우에서 보듯이 그가 얻은 보좌의 여하에 따라 군주 자신의 본질이 좌우된다고 하는 것이다. 이 경우는 군주라고 하는 특수한 신분에 있는 사람의 '재성材性'을 논한 것이지만, 인성에 관한 기본적 인식에 있어서는 "오직 상지와 하우는 옮기지 않는다"고 보는 『논어』의 그것과 다를 바가 없다고 하겠다.

또한 『회남자』 「수무훈脩務訓」에도 이와 유사한 내용이 보이는데, 도가적 무위의 의미를 새롭게 해석하여 학문과 교화의 필요성을 강조하면서, 요·순·문왕과 같이 타고난 자질이 탁월하여 "학문을 기다리지 않고서도 도에 합하는 이"가 있는가 하면, 요·순의 아들인 단주丹朱·상균商均과 같이 엄부嚴父·현사賢師의 교화로써도 도무지 어찌해 볼 도리가 없는 열악한 품성의 소유자가 있음은 엄연한 사실이지만, "위로 요·순에 미치지 못하고 아래로 상균에 미치지 못하는" 사람들의 경우는 모름지기 "교훈의 인도하는 바"가 됨을 설하고 있다.

이것들은 동중서의 『춘추번로』에 선행하는 문헌들에 보이는 성삼품설의 예지만, 동중서의 그것까지 포함하여 아직 모두 단편적으로 언급된 것에 불과하며, 이러한 견해가 이론적 체계를 갖추어 본격적인 성론으로서 제시되는 것은 후한의 왕충을 기다려서이다. 그러므로 왕충은 『논형』「본성」편에서 인성에 관한 제가의 설을 소개하고 성삼품설에 입각한 자신의 견해를 피력한 후, "내가 생각하기로는, 맹가가 인성을 선하다고 한 것은 중인 이상인 자이고, 손경(순자)이 인성을 악하다고 한 것은 중인 이하인 자이며, 양웅이 인성에 선악이 섞였다고 한 것은 중인이다. 만약 경經에 돌이켜보아 도에 합한다면 가르침으로 삼을 수는 있으나, 성의 이치를 궁구하지는 못했다"는 말로써 자신의 논의를 끝맺고 있다. 즉 맹자가 설한 성선설은 중품 이상인 사람에게 해당하며, 순자가 설한 성악설은 중품 이하인 사람에게 해당되는 반면에, 양웅의 선악혼설은 중품인 사람에 한해 적용될 수 있는 것이므로, 이것들은 성삼품설의 관점에서 볼 때 모두 부분적인 타당성밖에는 인정될 수가 없다는 것이다.

또한 후한 말의 순열荀悅도 『신감』「잡언」편 하에서, "양웅은 사람이 태어나서는 선악이 섞여 있다고 말했다揚雄日, 人之生, 善惡渾"고 양웅의 성설을 소개한 후, "성에 선악이 모두 섞여 있다는 것은, 상지가 악을 품고 하우가 선을 지녔다는 말이라"고 하여, 이 설이 『논어』의 가르침과 배치된다는 점을 전제로 들어 비판하고 있다.[2]

그런데 양웅이 인성에 선악이 혼재한다고 한 발언이 설사 성삼품설의 관점에서 보아 중품인 사람에 한하여 적용될 수 있는 것이라 할지라도, 중품의 경우는 원래 학문을 통한 후천적 노력 여하에 따라 상품의 경지로 올라갈 수도, 또한 하품의 경지로 내려갈 수도 있는 가변성을 지닌 존재다. 그러므로 양웅이 아무리 학문의 중요성을 말했다 하더라도 그것 자체가 성삼품설과 본질적으로 모순되는 견해라고 볼 수는 없을 것이다. 상품과 하품의 존재에 관해서 그가 적극적으로 언급한 바는 없으나, 그의 인성에 관한 발언 자체가 극히 단편적인 것이기 때문에 그것이 내포하는 의미를 충분히 규명하기에는 한계가 있다고 볼 수 있다. 문체에 이르기까지 『논어』를 모방한 『법언』에서, 그가 인성과 같은 근본적으로 중요한 주제에 관해 공자의 관점을 부정하는 발언을 할 수 있을 것으로 생각하기는 어려운 것이다.

왕충은 『논형』「솔성」편에서 "타고난 기에 후박이 있으므로 성에 선악이 있다", 혹은 "사람의 선악은 모두 하나의 원기이며, 기의 적고 많음이 있으므로 성에 현명하고 어리석음이 있다"고 하여, 인성의 선악은 각자가 품수한 기 자체의 본질적 차이에서 유래한다기보다 기의 많고 적음에 기인한다는 견해를 피력하고 있다. 사람의

2 『신감申鑒』「잡언雜言」편에서는 성삼품설性三品說과 아울러 구품설九品說도 언급하고 있는데, 구품설의 내용은 『한서』 고금인표古今人表에서 볼 수 있는 바와 같이 삼품을 다시 세분하여 상상·상중·상하·중상·중중·중하·하상·하중·하하로 나눈 것으로서, 밀의宓羲 이후의 인물들을 각각 이 중 어느 하나에 분속시키고 있다. 이로써 후한대에 있어서는 이러한 삼품설 혹은 그 연장으로서의 구품설이 상식으로 통용되고 있었음을 확인할 수 있다.

성이 품수된 기에 의해 이루어진다는 것은 모든 성론에서 공통되는 사상이거니와, 양웅의 경우 기가 선악으로 나아가는 말이라는 말도 그 정확한 함의를 밝히기에는 너무 단편적이라고 하겠다.

한편, 양웅보다는 선배인 유향의 『설원說苑』「수문脩文」편에서는, "사람의 선악은 성이 아니다人之善惡非性也. 사물과 접촉한 후에 발동하는 것이니, 이런 까닭에 선왕은 그 접촉하는 바를 신중히 한 것이다. 그러므로 예로써 그 뜻을 정하고, 악樂으로써 그 성을 화하게 하였다"고 하여, 사람의 성은 그 자체로서는 선악이 정해져 있지 않고, 외계의 사물로부터 감각적인 자극을 받아 동한 연후에 비로소 그것이 정해진다고 하는 견해가 제시되어 있는데, "사람의 선악은 성이 아니다" 구절 이외의 내용은『예기』「악기」편에도 보이지만, 어쨌든 한대 심성론의 동향을 엿볼 수 있게 해주는 또 하나의 예로 간주된다.

이와 관련하여, 『논형』「본성」편에서는 유향의 성설에 관해, "유자정劉子政은 이르기를, 성은 태어나면서부터 그러한 것으로서, 몸에 있어서 발하지 아니한 것이다. 정은 사물에 접하여 그러한 것으로서, 밖으로 모양이 드러난 것이다. 밖으로 모양이 드러나면 양이라 이르고, 발하지 아니한 것은 음이라 이른다"고 하여, 한층 더 구체적으로 위에서 말한 바 사물에 감응하여 밖으로 드러난 것을 정이라 칭하고, 성은 태어난 그대로의 상태로서 발하지 아니한 채 몸속에 존재하는 것을 가리키는 것이라고 성과 정의 개념을 구분하였다.

그러나 왕충은 동중서가 성과 정을 선악의 대립이라는 차원에서 파악하여, 성을 양, 정을 음으로 간주한 것과는 반대로, 이를 오로지 동정의 차원에서 파악하여, 오히려 정을 양, 성을 음에 배당시키고 있다. 이것은 『신감』「잡언」편에 "유향은 말하기를, 성정은 서로 응하는 것이어서, 성만 홀로 선하지 아니하고 정만 홀로 악하지 아니하다"고 소개되어 있듯이, 그는 동중서가 성을 선에다 배당하고 정을 악에다 배당한 관점 자체를 거부하고, 성이 선한 자는 정도 따라서 선하고 성이 악한 자는 정도 따라서 악한 것으로 보고 있기 때문으로 생각된다.

그렇다면 이러한 견해는 성 자체에는 선악이 정해져 있지 않고 발하여 정이 된 이후에 비로소 그것이 정해진다고 본 『설원』에서의 주장과의 사이에 어떻게 일관성이 유지될 수가 있겠는가? 이 문제는 역시 사람은 각자가 타고난 기의 차이에 의해 선악의 가능성이 선천적으로 어느 정도 결정되어 있다는 점을 전제로 하지 않고서는 풀리기 어려운 것이라고 하겠다.

## 『법언』의 영향

이상에서 본 바와 같이 양웅이 인성에 관해 언급한 내용은 극히 소략하며, 게다가 선악혼설은 양웅의 독창적인 생각이라기보다는 그에 선행하는 동중서의 성설 및 가의의 『신서』나 『회남자』에 보이는 성삼품설 속에 이미 그 구체적 내용이 함축되어 있었다. 그럼에도 불구하고 위에서 언급한 『논형』 「본성」편이나 『신감』 「잡언」편에서 본 바와 같이 한대에 이미 이 설이 양웅의 이름으로 널리 알려져 있었고, 『법언집주』를 쓴 송의 사마광 같은 이도 "맹자가 선을 길러야 한다고 말한 것과 순자가 악을 제거해야 한다고 말한 것 같은 것을 양자는 아울렀다"고 하여, 양웅이 맹자와 순자의 설을 조화시키려한 것을 말하고 있다. 그 이유는 어디에 있는 것일까? 그것은 아마도 양웅에 의해 비로소 '선악혼'이라는 명확한 표현이 사용되었다는 점을 그 첫째 이유로 들 수 있을 것이며, 둘째로는 이 설이 수록된 『법언』이 그 문체에 이르기까지 공자의 『논어』를 본뜬 것으로서 후한대에 널리 애독되었던 사실을 지적할 수 있을 것이다.

『한서』 열전에서는 양웅의 본전이 상하 두 권에 걸쳐 서술되어 있다. 이러한 예는 『왕망전』이 세 권, 『사마상여전』이 두 권으로 되어 있는 외에는 달리 찾아볼 수 없는 것으로서, 후한대에 그가 어느 정도의 비중으로 고려되고 있었는지를 시사하는 것이라 하겠다. 양웅은 생전에는 그다지 사람들의 주목을 받지 못했지만, 당시에 이미 유흠劉歆 등은 그를 존경했고, 특히 환담은 그를 '절륜'한 존재로 평가하여 그의 저술이 후세에 반드시 전해질 것임을 보증했다. 실제로 반고는 「양웅전」의 말미에서, "웅이 죽고서 지금에 이르기까지 40여 년인데, 그 『법언』은 크게 행하고 있으나 『(태)현』은 끝내 드러나지 못했다"고 기술하고 있는 것으로 미루어, 양웅을 이토록 비중 있게 다룬 까닭은 주로 『법언』의 영향력이 매우 커서 "제유諸儒들이 더러 웅이 성인이 아님에도 경을 짓는다고 비꼴" 정도였던 데 있을 것이다.

『사고전서총목』 권91의 「법언집주」 제요에서는 『한서』 본전에서 『법언』 13편의 목록을 열거하고 있는 점 등을 가리켜, "무릇 한대 사람의 저술을 열거한 바가 이처럼 상세한 것이 없으니, 대개 당시에 웅의 책을 매우 중히 여겼던 것이라 (…) 북송 전에는 대체로 맹·순에 버금가는 것으로 간주했다"고 한 것으로 미루어, 북송 시대 전까지 『법언』이 어느 정도 중시되고 있었는지를 짐작할 수 있을 것이다.

**환담**
BC 40~서기 31. 고문파古文派로서, 유흠·왕망과 교제가 있었다. 악관의 집안에 태어나 성제 때 악부령이 되지만 애제의 악부 폐지와 더불어 좌천되었다. 후한 광무제 때 의랑급사중이 되었지만, 도참을 반대하는 상소에 의해 황제의 노여움을 사 참살될 뻔했다. 후에 육안군승으로 좌천되어 부임하던 도중에 병으로 죽었다. 저서는 『신론新論』 29편이 있었지만, 당·송대에 대부분 망실되었고, 청대의 집일본에 그 단편적인 면모가 전할 따름이다.

**『사고전서총목』**
청대 기윤 등 여러 학자들이 편찬했다. 건륭 38년(1773) 편수가 시작되었고 건륭 46년(1781) 초고가 완성되었다. 여러 해 수정 보완 작업을 거쳐서 건륭 54년(1789) 정본이 완성되었다.

## 더 읽을거리

양웅, 『법언』, 최형주 역, 자유문고, 1996

양웅, 『법언』, 이연승 역, 지만지, 2010

책의 이름은 질문자에게 대답하여 법을 말한다는 의미로서, 사상가들이 성인聖人을 비방하고 경서經書를 위배하여 사설邪說을 말하고 세간을 미혹시키는 상황을 타파해 성인의 도를 선전하려는 것이었다. 『논어』를 모방한 것이라 한다.

양웅, 『태현경』, 김태식 역, 자유문고, 2006

양웅의 또 하나의 주저인 『태현』에 대한 역서다.

이연주·이연승 역, 『방인소증』, 소명출판, 2012

양웅의 대표적 저술 중 하나인 『방언』(원명은 輶軒使者絕代語釋別國方言)을 진대晉代의 곽박郭璞이 주석하고 청대淸代의 대진戴震이 소를 쓴 것이다. 중국 최초의 방언 사전이다.

이연승, 『양웅: 어느 한대 지식인의 고민』, 태학사, 2007

양웅의 생애와 사상 전반에 대한 연구서다.

# 장재

## 하나하나의 의식과 하나된 의식

# 이현선

서울대학교 종교학과를 졸업하고 같은 대학교 철학과에서 석사 및 박사 학위(동양철학 전공)를 취득하였다. 박사학위 논문은 신유학 형성에 결정적 영향을 준 장재와 이정 형제의 철학이 상호 대립적이라는 점에 주목하여 그 사상적 내용을 조망하였다. 현재 서울대학교 철학과 부교수로 재직 중이다. 장재와 이정 형제의 철학이 중국과 한국 유학에 끼친 영향을 연구하고 있다. 지은 책으로 『장재와 이정 형제의 철학』, 옮긴 책으로 『정명도와 정이천의 철학』이 있으며, 논문은 「장재 수양론에 대한 이정의 비판」, 「정이의 '중'과 '미발'개념 연구」 등이 있다.

## 세계와 인간을 모두 기로 설명하다

장재張載(1020~1077)는 중국 북송대 신유학의 형성에 결정적 역할을 한 인물이다. 신유학 운동은 당시 사상적 주도권을 장악한 도교와 불교 이론에 대항하여 선진 유학의 사회 윤리 체계를 복구하려는 동기에서 출발하였다. 이를 위해 신유학 사상가들은 도·불교에 비해 취약한 형이상학 및 인식론 체계를 새로이 정립하는 한편, 이를 유학의 도덕 실천론과 결부시키고자 한다. 주희는 북송대 신유학 운동에 공헌한 사상가로, 이른바 북송오자北宋五子로 일컬어지는 주돈이, 정호, 정이, 소옹, 장재를 들고 있다. 그러나 주돈이와 소옹의 사상은 도교적 경향성이 강하다는 점, 그리고 도·불교에 직접적 비판을 가하지 않는다는 점, 이후 신유학 전개에서 영향력 있는 학파를 형성하거나 이론적 공헌이 미미하다는 점에서 이정 형제(정호, 정이)나 장재만큼 신유학 운동에 크게 공헌했다고 보기는 힘들다.

이정 형제와 장재의 철학은 각각 리理와 기氣 개념을 전면에 내세우는 사유체계이다. 신유학은 전 영역에 걸쳐 이 두 개념을 둘러싼 논의로 점철되어 있다고 해도 과언이 아니다. 신유학의 집대성자로 일컬어지는 주희의 철학은 리와 기의 상호 관계를 강조하면서도 상대적으로 리를 우선시함으로써 이정 형제의 사유에 한층 더 근접한 것으로 평가된다. 그래서 주자학이 정통 유학으로 자리잡은 이후에는 이정 형제의 사유가 장재에 비해 훨씬 중요시되었다. 그러나 장재가 비록 신유학 전개에서 주류의 지위를 차지하지는 못했을지라도, 그 철학의 독자적 위상과 영향은 결코 폄하할 수 없다.

이는 주희 철학이 큰 틀에서 이정 형제를 계승하였다고 하더라도, 장재의 사유 역시 상당부분 수용하고 있기 때문이다. 이 글의 주제인 '마음'과 관련된 논의만 살펴보더라도, 주희는 장재의 '심통성정心統性情'을 중시하고 있으며, 그의 '기질지성氣質之性' 개념을 차용하고 있다. 더욱 중요한 점은 장재 철학이 이정-주희 신유학, 이른바 정주학에 반발하는 호상학 및 양명학 이론에 영향을 주었다는 점이다. 몇 가지 특징적인 연관성을 지적하자면, 호상학은 장재의 '본성을 완성한다成性'는 관념을 인용하고 있고, 양명학은 그 핵심 개념인 '양지良知'를 장재의 '태허太虛'와 동일시하면서 설명한다.

장재의 철학은 세계의 모든 존재뿐만 아니라 인간의 의식적 활동도 모두 기에 의거하고 있다는 기氣일원론이다. 그에게서 기는 세계를 구성하는 유일한 본질이면서 동시에 수많은 사물의 현상적 양상을 산출하는 것이기도 하다. 그것은 상태의 차이에 따라 '태허太虛'와 '객형客形'의 두 차원으로 나타나며, 이는 다시 본체와 현상으로 논의된다. 인간의 의식 영역을 나타내는 '마음心' 역시 '기' 개념을 통해 설명된다. 일반적으로 '마음'은 객관 대상을 감각하고 인식함으로써 감정과 행위를 일으키는 인간의 주관적 의식 영역을 가리킨다.

하지만 장재에게 이 영역은 단지 현상적 마음, 즉 객관 대상과 인식 주관인 나를 구분하는 개별 존재의 의식을 가리킨다. 그가 제시하는 마음의 다른 차원은 통일적 기본체의 움직임에 부합하는 인간의 본래적 의식 영역으로, 이 차원에서 마음은 주관과 객관의 구분 없이 세계의 본래적 움직임과 동일한 작용을 수행한다. 여기에는 '나'라는 개체와 '기'로 구성된 세계 전체가 본래 동질적이라는 관점이 전제되어 있다. 장재의 마음에 대한 주된 논의는 이와 같은 전체와 개체의 동질성을 확인하는 가운데 주관과 객관이 합일된 의식에

**정주학**
이정 형제와 주희가 세운 신유학 이론 체계를 줄여서 정주학이라고 부른다. 인간의 본성은 리이고性卽理, 리인 선한 본성이 선한 감정으로 드러나도록 마음이 본성과 감정을 주재한다心統性情는 학설을 근간으로 하고 있다.

**호상학**
호남성의 형산을 기반으로 호안국, 그의 아들 호인·호굉이 이룩한 학파이다. 이들은 선찰식 후존양, 즉 이발의 마음 중에 선한 것을 가려서 키우는 공부를 중요하게 여긴다. 주희의 중화구설이 바로 호상학의 영향 아래 형성된 것이다.

**양명학**
왕수인이 세운 학파. 주희가 주장한 성즉리性卽理·거경궁리居敬窮理 등의 학설에 반대하고, 육구연의 견지를 계승하여 심즉리心卽理·치양지致良知·지행합일知行合一 등을 주창하였다.

도달하는 방법론에 초점이 맞춰져 있다. 이러한 장재의 마음에 대한 논의를 이해하기 위해, 이 글에서는 그의 기철학을 구성하는 주요 개념을 고찰하면서, 인간의 의식 활동 전반에 대한 관점을 검토하고, 세계 전체와 합일된 마음, 곧 주객의 구분을 넘어서는 성인聖人의 마음과 이에 도달하는 수양 방법론적 논의를 살펴보도록 하겠다.

## 기氣의 두 양태 — 태허와 객형

장재의 기는 세계의 모든 존재를 구성하는 유일한 실재를 의미한다. 모든 존재는 기라는 동일한 질적 요소로 구성되어 있다는 것이다. 그에 따르면 우리의 감각이 미치지 않는 무형의 허공虛空이나 감각을 통해 파악되는 유형의 개별 존재들 모두 동일한 기一氣이다. 장재는 이것을 '태허太虛'와 '객형客形'이라는 용어로 설명한다.

> 태허[크게 비어 있는 상태]에 기가 없을 수 없고, 기는 모여서 만물이 되지 않을 수 없으며, 만물은 다시 흩어져 태허가 되지 않을 수 없다. 이 나가고 들어오는 과정을 따르는 것은 '부득이하게' 그러한 것이다.(『정몽正蒙』「태화太和」3)

> 태허는 무형이고, 기의 본체이다. 그것이 모이고 흩어짐은 변화의 객형일 뿐이다.(『정몽』「태화」2)

장재의 기철학은 태허-기-객형(만물)이라는 존재론적 구도 속에서 성립한다. 태허는 기가 흩어진 상태散이고, 객형(만물)은 기가 모인 상태聚이다. 그것은 마치 "물에서 얼음이 얼고 녹는 것과 같다."(『정몽』「태화」 8) 이 물의 비유는 기철학을 이해하는 첫걸음이다. 그것은 곧바로 태허와 객형의 비유로 읽을 수 있기 때문이다. 물은 발산과 응결 과정을 통해 수증기와 얼음으로 상태 변화를 한다. 이때 수증기는 감각되지 않는 '무형'의 물이고, 얼음은 감각할 수 있는, 고정된 형태와 특정한 성질을 지닌 '유형'의 물이다. 여기서 두 가지 점에 유의해야 한다. 첫째, '무형'은 '존재하지 않음無'을 의미하는 것이 아니라, 감각되지 않는 존재 상태를 의미한다. 둘째, '유형'은 감각할 수 있는 현상적 존재 상태를 나타낼 뿐, 불변하는 실체를 의미하지 않는다. 다시 말해 '유형'은 일시적으로 우리의 감각에 포착된 존재 상태에 불과하다.

> 기가 모이면 볼 수 있는 형체가 있고, 모이지 않으면 볼 수가 없어 형체가 없다. 그것이 모였을 때 일시적인 것客이라 하지 않을 수 있는가? 그것이 흩어졌을 때 곧바로 없는 것無이라고 할 수 있는가?(『정몽』「태화」 7)

이처럼 '기'라는 유일한 실재有를 통해 세계의 존재와 변화를 설명하는 장재의 논의는 불교와 도교 이론에 대항하는 새로운 세계관을 제시하는 것이다. 왜냐하면 불교는 산이나 강, 대지와 같은 객관 세계를 인식이 만들어낸 환영과 같다고 말하고, 도교는 그것을 절대적 없음無에서 비롯된 것有生於無(『노자』 40)이라고 보기 때문이다(『정몽』「태화」 5).

기로 구성된 세계는 우리가 감각할 수 없는 무형의 세계와 감각

할 수 있는 유형의 세계로 구분된다. 여기에서 유형의 세계는 기의 일시적 모임으로 나타난 것이므로, 본래적 의의를 가지지 못한다. 다시 말해 일시적 현상이 아닌 항구적 본체, 즉 잡다한 사물의 양상을 낳는 본래적 근원은 무형의 세계에 담지되어 있다. 이 때문에 장재는 태허, 즉 가장 비어 있는 기의 상태가 본체이며, 이로부터 세계가 나타났다고 주장한다.

> 태허는 기의 본체이다.(『정몽』「건칭乾稱」15)
>
> 태허로부터 천지의 이름이 있다.(『정몽』「태화」11)

천인天人 관계를 유비적으로 파악하는 중국적 관념에서, 세계에 대한 설명은 곧 인간에 대한 이해와 직결된다. 따라서 무형의 태허와 유형의 객형을 이분화하여 세계를 설명하는 장재의 구도는 인간의 마음을 이해하는 데도 적용된다. 그의 관점에서 볼 때, 인간 역시 기로 구성되어 있으며, 태허에서 유래한 존재이다. 인간은 자체로 '객형'이다. 여기에서 앞서 언급한 물의 비유를 떠올려보자. 물이 응결되어 형체를 갖춘 것이 얼음이다. 얼음은 물로 구성되어 있다고 말할 수 있다. 그런데 얼음은 특정한 형태를 지니고 있을 뿐만 아니라 차가운 성질도 있다. 얼음은 물과 동질적인 것임에도, 그와 구별되는 형태와 성질을 가지는 것이다. 얼음의 차원에서, 이제 그것은 두 가지 성격을 가진다고 말할 수 있다. 하나는 물에서 비롯된, 물과 공유하는 성격이고, 다른 하나는 물과는 별개로 얼음이기 때문에 가지는 성격이다.

> 하늘의 본성天性이 사람에 있는 것은 마치 물의 본성이 얼음에 있는 것

과 같다. 얼거나 녹는 상태의 차이가 있지만 [본성은] 동일한 것이다.(『정몽』「성명誠明」13)

태허는 하늘의 실재이다. 만물은 태허에서 취해진 것이다. 사람 역시 태허에서 나온 것이므로, 태허는 마음心의 실재이다.(「장자어록張子語錄」중 55)

장재 철학에서 태허와 객형은 '기'라는 단일한 실재의 상태 차이에서 비롯된 개념이다. 따라서 이 양자는 질적으로 '기'의 속성 이외에 차이를 가질 수 없다. 그러나 앞의 물의 예시에서 본 바와 같이, 물은 얼음과 상태의 차이뿐 아니라 속성의 차이를 가진다. 그래서 기의 응결과 발산聚散, 맑음과 탁함淸濁, 비워짐과 채워짐虛實과 같은 기의 변화 과정은 속성의 차이를 낳는다고 할 수 있다. 이 대목이 장재 철학의 어려운 지점이다. 현상의 개별 존재는 한편으로 모든 존재가 공유하는 보편적 본성으로서 태허의 속성을 가진다. 동시에 양적인 차이 혹은 정도의 차이 때문에 개별 존재에 한정되는 개체적 특성을 갖는다. '천지지성天地之性'과 '기질지성氣質之性'은 이러한 현상 존재로서 인간이 가진 두 속성을 나타내는데, 전자는 기의 본래적 속성을, 후자는 유형화된 기에 나타나는 일시적·우연적 속성을 가리킨다.

천지지성과 기질지성에 대한 구체적 논의에 앞서, 이러한 장재 기철학의 구도가 가지는 함의를 생각해보자. 장재는 '기' 개념을 통해 세계의 모든 존재가 실제적인 존재有로 구성되어 있음을 주장한다. 그것은 현상 세계를 벗어난 초월적인 실재, 즉 공空이나 무無가 본체라고 주장하는 불교와 도교 이론에 대한 비판적 의미를 가진다. 즉 현상 세계를 구성하는 구체적 존재인 기가 바로 본체이며,

본체는 현상과 질적인 차이를 가지지 않는 연속적인 것이다. 이 점에서 장재는 본체인 "태허란 곧 기太虛卽氣"라고 강조한다. 그러나 위에서 살펴본 바와 같이, 기는 그 상태에 따라 무형의 태허와 유형의 객형으로 이분화된다. 둘은 질적으로 동일한 것으로 간주됨에도, 객형은 본체인 태허의 속성만이 아니라 자체의 개별적 속성을 가진다. 그리고 현상적으로 나타난 객형의 속성은 태허와 대립하는 데까지 이른다.

객형의 속성은 우연적이고 일시적인 것이기 때문에 진정한 '본성'일 수 없다. 현상적인 개별 존재의 본성은 결국 태허 본체의 속성으로 귀결될 수밖에 없는 것이다. 이것이 인간이 기질지성을 자신의 본성으로 삼을 수 없는 이유이다. 이러한 장재의 논의는 결국 현상 부정의 논리로 귀착된다. 그리고 이 점에서 그는 애초에 비판하고자 했던 불·도교의 논리를 답습하는 결과를 초래한다.

## 천지지성과 기질지성

천지지성天地之性은 인간이 선천적으로 타고난 태허의 속성이다. 이는 인간의 본래적 속성이자 여타 다른 존재들과 공유하고 있는 기의 본성이다. 그것은 "비어 있으면서 신神의 작용을 하는 것氣之性本虛而神"(『정몽』「건칭」 2)으로 설명된다. 반면 기질지성氣質之性은 개체로서 인간이 우연적이고 일시적으로 가지게 되는 기질적 속성이다. 장재는 "기질이란 사람들이 성격이라 말하는 것으로, 강함과 부드러움, 느림과 빠름, 맑음과 탁함의 기가 있다"(『경학이굴經學理窟』「학대원學大原」 상

22)고 설명한다. 천지지성이 '허虛'와 '신神'의 속성과 능력을 가진다면, 기질지성은 강유剛柔, 청탁淸濁, 완급緩急 등과 같은 기의 현상적 대립 양상을 나타낸다. 장재는 이 가운데 인간의 '본성'은 기질지성이 아니라 천지지성임을 밝힌다.

> 형체가 갖추어진 후에 기질지성이 있다. 이것을 잘 돌이키면反之 천지지성이 보존된다. 그러므로 기질지성은 군자가 본성이라고 여기지 않는다.(『정몽』「성명」 22)

상충되는 듯이 보이는 인간의 두 속성에 대해, 장재는 기질지성을 '잘 돌이키면' 천지지성을 보존할 수 있다고 한다. 천지지성의 회복은 현상의 기질지성에 그 가능성이 내포되어 있다는 것이다. 장재 철학의 특징은 이처럼 일견 모순되는 듯한 대립적 개념 짝을 기라는 단일한 실재에 의거하여 통합적으로 설명하는 데 있다. 앞서 인용한 바와 같이, 장재는 태허가 무형의 기 본체라고 하면서, "만물은 태허로부터 취해진 것이며 사람 역시 태허에서 나온 것"이라고 한다. 태허는 본체이자 발생론적 근원이다. 따라서 인간을 비롯한 모든 존재가 태허에서 유래한다면, 그 개별적 특성 역시 기 본체의 속성에 근원한 것일 수밖에 없다. 이것은 천지지성이 기질지성의 근원이라는 시각에 대한 하나의 원론적 해명이다. 하지만 더 근본적인 물음은, 그렇다면 천지지성과 기질지성의 차이와 대립은 어떻게 설명할 것인가에 있다. 하나의 동질적인 본체이자 근원에서 어떻게 그와 상반되는 현상이 도출될 수 있느냐 하는 것이다. 장재의 설명은 기의 결합으로 나타난 유형의 현상 존재는 비록 개체적 특성을 일시적으로 소유할 수 있지만, 그것은 본체 기의 운행 과정에서 나타나는 일시적 변용에 불과하다는 것이다. 즉 현상의 개체적 관점에서 이 둘은 대립과 모순을 나타내지만, 기 본체의 전체적 운행의 관점에서 보면 그것은 일시적 현상일 뿐 궁극적으로는 조화를 이루는 것이다. 장재는 기 본체가 만물을 생성하는 과정을 묘사하면서, "[기가] 모여 형상이 있게 된다. 형상이 있으면 대립이 있으며, 대립은 반드시 반작용을 일으킨다. 반작용이 있으므로 모순이 있게 되고, 모순은 조화를 이뤄 해소된다"(『정몽』「태화」19)고 말한다. 그는 기 본체의 운동 속에 형상할 수 있는 기의 모임이 대립, 반작용, 모순의 과정 속에서 일시적으로 유형의 현상 존재로 나타날 뿐이라고 본다. 다시 말해, 태허라는 '하나의 기一氣'는 자체로 차별적인 만물로 분화되었다가 다시 하나로 통합되는 순환적인 운동을 하는데, 개별 존재는 다만 그 속에서 기의 대립과 모순 작용으로 인해 일시적으로 나타나 개체적 특성을 가진다는 것이다.

> 기는 끝없이 펼쳐져 크게 비어 있다太虛. 그것은 오르내리며 날아다님을 한순간도 멈춘 적이 없다. (…) 이것이 비워짐과 채워짐虛實, 움직임과 고요함動靜의 기틀이며, 음과 양陰陽, 강함과 부드러움剛柔의 시원이다. 위로 떠올라가는 것은 양의 맑음淸이며, 아래로 내려가는 것은 음의 탁함濁이다. 그것이 상호 감응하여 우발적으로 모이고 흩어져聚散, 바람과 비가 되기도 하고, 눈과 서리가 되기도 한다. 그러므로 수많은 종류의 사물로 유행하면서 형체를 이루는 것, 산이나 강으로 융합하여 결성되는 것, 찌꺼기·먼지·재와 같은 각종 부산물도 [천지의] 가르침이 아님이 없다.(『정몽』「태화」6)

'비어 있음虛'으로 표현되는 기의 본래성은 그 존재론적 측면을 가리키며, 천지지성의 내용이 된다. 그런데 위 인용문에서 보듯이, 현상 존재의 차별성은 기의 운동 측면에서 나타나는 것이다. 다시 말해 기질지성은 기의 자체 운동에 의존하여 형성된다. 만물을 생성하는 기 본체의 운동 속에는 위로 올라가는 양과 아래로 내려가는 음의 대립이 있다. 이러한 기의 양상은 비워짐과 채워짐, 움직임과 고요함, 맑음과 탁함, 모임과 흩어짐의 상호작용을 통해 만물을 형성한다. 인간을 비롯한 현상 존재의 형성은 모두 이러한 기의 대립적 작용에 따른 결과다. 이렇게 형성된 현상 존재들은 기의 상대적 정도 차이로 계열화된다. 예컨대 불은 물에 비해, 물은 흙에 비해, 흙은 금속에 비해 비어 있고 맑으며 흩어진 기다. 이 맥락에서 인간은 여타 생명체보다 비어 있으며 맑다고 할 수 있고, 사람들 간에도 기의 허실과 청탁의 차이로 강함과 유약함, 게으름과 민첩함의 상대적 차이가 있게 된다. 이러한 현상 존재들의 차이가 곧 기질지성의 차이다. 그것은 기의 상대적 차이로 규정되며, 이는 대립적 기의 상호작용에 기인한다. 장재는 이러한 기 발생론의 구도에서, 동질적인 기의 연속성을 유지한 채 기질지성이 천지지성에서 유래한다는 관점을 제시한다.

천지지성과 기질지성의 차이와 대립에 대해, 장재에 비판적인 이정-주희의 학문 계통은 이원론의 관점을 취함으로써 비교적 간단하게 이 문제를 해결한다. 그것은 천지지성(본연지성)과 기질지성이 각각 리와 기의 별도의 근원을 가진다고 보는 것이다. 본연지성은 리 그 자체다性卽理. 기질지성은 인간의 현실적 기질에 본연지성이 탑재된 것으로 설명된다는 점에서 리와 기의 결합이라고 할 수 있지만, 여전히 리보다는 기의 영향에 좌우되는 인간의 성향을 가리킨다. 일원론적 기에 의거하여 본성을 설명하는 장재와 리와 기의 이원론에 입각해 설명하는 이정과 주희의 입장 차이는 퇴계 이황과 고봉 기대승에 의해 촉발된 조선 유학의 사단칠정논쟁의 배경이 된다.

**사단칠정논쟁**
이황과 기대승이 1559년부터 8년간 서신을 통해서 벌인 토론이다. 주요 쟁점은 사단과 칠정의 발원처를 리와 기로 나누어볼 것이냐 아니면 기로 볼 것이냐고, 이와 더불어 리가 발하는 것이 성립 가능한가이다.

## 마음, 그리고 감응

중국 전통에서 '심心'은 단순히 인간의 의식만이 아니라, '심장'이라는 구체적인 신체기관을 가리킨다. 장재의 기철학에서 심은, 앞서 설명한 기 본체와 성격이 매우 유사하다는 점에서 특별하다. 그것은 기로 구성된 인간의 몸 가운데 '가장 비어 있는 곳'이면서 동시에 스스로 수축과 팽창의 대립 운동을 한다. 나아가 그것은 태허가 만물의 생성과 소멸에 관여하듯 신체의 모든 기관을 관장한다. 심은 크게 비어 있으면서(태허) 음양의 대립작용을 통해 만물을 형성하는 기 본래의 모습과 유사한 인간 내면을 상징한다. 이 때문에 심에는 태허의 본성, 즉 천지지성이 담지되어 있다고 여겨진다. 그러나 다른 한편, 심은 태허 기가 '일자一者'로서 외부를 가지지 않는 것과 달리 객관 대상과 접촉을 피할 수 없다. 이 점에서 심은 현상의 개체적 차원에 속하며, 개별 존재의 기질지성이 발현되는 근거이기도 하다. 이로부터 심은 두 측면을 가진다고 말할 수 있다. 하나는 태허와 본질적으로 동일한 속성을 지닌 것이고, 다른 하나는 개체로서 외부 대상과 관계하는 것이다.

장재가 심을 '성性과 지각知覺의 결합'(『정몽』「태화」11)으로 제시하는 까닭이 이것이다. '성性'은 '신神'의 감응 능력을 가지고 있는 태허 본체의 속성을 가리키며, 이와 구별되는 '지각知覺'은 감각 기능聞見을 통해 외부 대상과 접촉함으로써 형성된 현실적 의식의 영역을 가리킨다. 이 두 개념은 내용상의 차이가 있지만, 모두 감응 능력을 나타낸다는 점에서 공통적이다. '신'은 원래 태허의 감응 능력을 가리키는 개념이고, '지각' 역시 외부 대상의 자극을 감각하고 그에 반응하는 감응을 통해 형성된 의식의 영역이다.

장재의 마음에 대한 본격적 논의를 위해, 그의 감응과 신에 대한 관점을 잠시 살펴보도록 하자. 장재는 기의 본성을 "비어 있으면서 신의 작용을 하는 것"이라고 한다. 여기서 '비어 있음虛'은 기 본체의 상태, 즉 가장 비어 있는 태허만을 가리키지 않는다. 태허의 본래적 상태는 자체로 "지극히 고요하여 어떠한 감응도 없는 것으로 본성의 연원"(『정몽』「태화」 2)이다. 하지만 기 본체의 생성 운동 측면에서 '비어 있음'은 기의 대립적 상호작용, 즉 '감응感應'을 가능케 하는 본체의 잠재적 능력을 가리킨다. 그것은 어떠한 것과도 감응하여 합치할 수 있는 능력이며, '신'의 감응 작용에 근거가 되는 것이다.

> 감응하지 않음이 없는 것이 '비어 있음虛'이다. 감응하면 곧 합치한다. (『정몽』「건칭」 6)

> 감응하는 것은 본성의 신神이다. 본성은 감응의 본체이다.(『정몽』「건칭」 7)

만물의 형성은, 장재는 이를 '화化'라고도 표현하는데, '비어 있는' 본래적 기의 감응 능력인 '신'에 의해 이루어진다. 감응은 자극과 반응의 과정으로 세분할 수 있다.[1] 이를 위 인용문의 '허'와 '신' 개념과 연관시켜보면, '허'는 자극받는感 본체의 측면을, '신'은 자극에 대한 본체의 반응應 측면을 가리킨다. "신이란 태허의 오묘

1 일반적으로 '감感'은 자극을, '응應'은 반응을 가리킨다. 하지만 '감'이 감응 과정을 통틀어 가리키는 경우도 빈번하다. 또 우리말의 '느끼다'로 번역할 때처럼, 외부 사물에 '자극받은' 주체의 상태를 가리키기도 한다.

한 반응을 가리킨다."(『정몽』「태화」 12) 그리고 이때 자극의 발생은 기 자체에 내포된 음과 양의 대립적 운동 양상에서 비롯된다.

> 기에는 음과 양이 있어 굽혀짐과 펴짐屈伸의 무한한 상호 자극相感이 있다. 그래서 신神의 반응應도 무한하다.(『정몽』「건칭」 15)

기의 대립적 양상, 음과 양은 기 본체의 운동 능력에 근거하는 것으로, '신'의 반응을 산출한다. 이러한 신의 반응은 자극에 대해 곧바로 통通하는 능력이며, 이 신의 능력은 기 본연의 '비어 있음' 또는 '맑음'에서 유래하는 것이다. 장재는 "태허는 맑고, 맑으면 막힘이 없다. 막힘이 없기 때문에 신이다"(『정몽』「태화」 9)라 하고, 또 "기는 맑으면 통하고, 어두우면 막힌다. 맑음이 지극하면 신이다"(『정몽』「태화」 10)고 한다.

## 지각
## —
## 현상적 의식의 감응

이제 장재가 마음을 구성하는 한 축으로 제시한 지각에 관한 논의를 살펴보자. 지각은 외부 사물에 대한 감응, 즉 사물에 대한 감각과 그로 인해 형성된 인식과 앎知을 가리킨다. 장재는 이를 '객감客感', 즉 "사물과의 교섭으로 형성된 일시적 감응"(『정몽』「태화」 2)이라고 한다. 그것은 외부 사물의 자극, 좀 더 정확하게는 외부 대상이 제공하는 감각적 정보를 받아들임으로써 형성된 주관 의식을 가리킨다. 사물의 자극은 '보고 듣는' 감각 작용을 일으킬 뿐만 아니라, 이에 대한 인식識과 사유思를 통해 주관 내면에 앎知을 형성한다. 인식 주관은 이 앎에 근거하여 다시 외부 대상에 일정한 감각적 반응과 인식을 산출한다.

지각을 통한 의식의 형성에서 결정적인 것은 외부 객관 대상의 자극이다. 장재에게서 인간의 마음心은 본래 '비어 있는 것'이므로 외적 자극이 없다면, 마음은 어떤 감각 작용이나 인식 작용을 일으키지 않을 것이다. 인간이 인식과 앎을 통해 자의식을 가지는 것은 대상의 자극이 있기 때문이다. 그래서 장재는 "인간은 본래 마음이 없지만, 사물로 인해 마음이 있게 된다人本無心, 因物爲心"(『장자어록』 하 28)고 말한다. 대상의 자극에 대해 반응하는 과정이 반복되면 자의식我이 형성된다. 이로부터 인식 주관內과 객관 대상外의 분리가 나타난다. 자의식이 일단 형성되면, 주관을 자극하는 객관 대상의 범위는 넓어진다. 이제 그것은 눈과 귀로 보고 듣는 실제 대상만이 아니라, 과거의 기억을 포함해서 의식 속에 현현하는 모든 것을 가리킨다.

> 만약 보고 듣는 감각 작용聞見을 마음心이라 여긴다면 그것은 단지 보고 듣는 대상에 자극받은 것일 뿐이다. 또한 보고 듣지 않아 저절로 고요하지만 자극이 일어나는 경우가 있는데, 이 또한 과거에 보고 들은 것 때문이다.(『장자어록』 상 61)

이렇게 자극과 반응의 과정을 통해 형성되는 '지각'은, 표면적으로 인간의 주관적인 감각과 자의식에 의존한다는 점에서 불교의 인식론과 유사하다. 하지만 객관 세계의 존재들이 구체적 형질을 지닌 기에 의해 형성된 것으로 보는 장재는, 그러한 감각과 인식을 가능케 하는 자극의 원천이 실제적 사물임을 주장함으로써 불교와 차별된다. 그는 "불교가 자극 자체를 환망한 것으로 본다釋氏以感爲幻妄"(『횡거역설橫渠易說』 하 「함괘咸卦」)고 비판하며, "자극은 반드시 사물이 있음에 의지한다. 사물이 있으면 자극이 있다. 사물이 없다면 어디에서 자극받을 것인가!"(『장자어록』 상 60)라고 한다.

장재는 이렇게 외부 대상을 원천으로 삼아 형성되는 '지각'의 의식이 '마음'의 본래적 의식일 수 없다고 본다. 이는 무엇보다 외부 대상이 기의 일시적·우연적 결합인 객형이므로, 그로 인해 형성된 의식 역시 일시적·우연적 의식客感일 수밖에 없기 때문이다. 이러한 의식은 모이고 흩어짐을 반복하는 대상(객형)의 변화에 따라 변화하는 것이기 때문에 한결같은 의식이라고 할 수 없다. 또 외부 대상에 의해 형성된 의식이라는 점은 주관과 객관이 분리된 마음, 즉 '외부가 있는 마음有外之心'이다. 그것은 '나我'와 외물을 구별하는 개체의식 혹은 자의식에 머무는 것이며, 기 본체 즉 세계 전체와 합일되지 못한 유한한 의식일 뿐이다.

## 신神

## 본성에 근거한 감응

장재가 생각하는 인간의 본래적 마음은, 앞서 설명한 '지각' 작용으로 형성된 마음과 상반된다. 그것은 객형이 아닌 태허를 원천으로 삼는 마음이자 주관과 객관의 구분 없이 세계 전체를 아우르는 통일적 의식이다. 장재가 '심'을 구성하는 또 다른 측면으로 제시한 '성性'은 기 본연의 감응 측면을 가리키며, 기의 본래성에 근거한 감응 능력인 '신神'을 의미한다. 이것은 곧 개별 존재로서 인간에 내재한 천지지성에 해당한다. 장재는 마음이 본래 '신'의 능력을 가지고 있다고 본다. 마음은 그 자체로 기 본체와 동질적이기도 하고, 작용에 있어서도 그 구조가 유사하기 때문이다. 다만 그것은 인간의 개체적 속성으로 주어진 것이 아니라는 점에서 지각을 통해 사물을 인식하고 사려하는 방식과는 구별되는 '하늘의 능력天德'이다.

> 배우는 자가 완전히 인식識할 수 없어 [사물과] 서로 위배되고 어그러지는 경우가 많다고 말하는데, 이는 하늘의 능력天德이 없기 때문이다. 지금 미간을 찌푸리며 생각하는思 것은 이미 그 마음을 잃은 것이다. 왜냐하면 마음이란 본래 지극히 '신神'한 것이기 때문에, 이처럼 인식하고 생각한다면 이미 '신'하지 않은 것으로 그 지극히 '신'한 것을 해치게 된다.(『정몽』「의리」 35)

> 하늘의 능력은 비어 있으면서도 올바로 반응하는 것이다. 이러한 반응은 생각하거나 잘 보고 들음聰明으로써 구할 수 있는 것이 아니다. 그래서 '신'이라고 말한다.(『정몽』「건칭」 14)

인간의 인식과 사유는 보고 듣는 감각과 마찬가지로 외부 대상에 의존하는 의식 활동이다. 그것은 주관과 객관의 분리를 전제로 한 대상 지향적 작용이라고 할 수 있다. 위 인용문에서 장재는 '신'을 이러한 의식 활동으로는 도달할 수 없는 것으로 설명한다. 따라서 '신'을 자신의 마음으로 삼는 의식은 대상 지향적 인식이 일어나지 않는 주관과 객관이 합일된 경지에서라야 도달할 수 있다. 이것이 곧 "비어 있으면서도 올바로 반응하는 하늘의 능력"을 구하는 것이다. 그래서 장재는 '신을 궁구하는 일窮神'이 인간의 인식과 사유에 관련된 것이 아니라 하늘에서 부여받은 능력이 왕성해져德盛 저절로 "하늘과 하나가 되는與天爲一" 경지에 이르는 것이라고 설명한다(『정몽』「신화」11, 16, 17). '신'에 도달한 의식은 주관과 객관의 구분 없이 모든 존재를 하나로 삼는다. 이러한 의식은 개별자로서 '나'에 한정된 의식이 아니라 세계 전체를 '나'로 여기는 의식이다.

> 내 몸을 구성하는 것은 하늘의 '신神'이다. 성性이 몸을 구성한다는 것을 알지 못한 채, 몸 때문에 앎이 발현된다고 스스로 말하는 것은 하늘의 공天功을 탐하여 자신의 힘이라고 여기는 것이니, 나는 그러한 앎을 알지 못한다. 사람들은 어떻게 아는가? 사물의 같고 다름이 서로를 나타내고, 만 가지 변화가 서로를 감응하는 데 따라 [자신의] 눈과 귀로 내외를 합하는 것이다. 하늘의 공을 탐하여 스스로 자신의 앎이라고 여길 뿐이다.(『정몽』「대심」6)

장재는 앎知을 '문견지聞見知'와 '덕성지德性知'라는 두 차원으로 구분한다. 전자는 앞서 논의한 '지각'에 해당하는 앎으로서 대상과의 교섭으로 발생하는 인식 주관의 인식과 사유의 차원이고, 후자는 여기에서 논의하고 있는 '신'에 해당하는 앎으로서 주객의 구분 없이 세계 전체의 감응 능력에 기초하여 성립된 인식의 차원이다. 그런데 위 인용문에서 장재는 문견지 차원의 앎을 부정하면서 덕성지에 의거한 인식만을 인정하고 있다. 인식이란 본래 신의 감응 작용으로 나타난 '하늘의 공'일 뿐이라는 것이다. 그에 따르면, 인간은 세계에 대한 인식이 자신의 지각을 통해 이루어진다고 여기는데, 이는 세계 전체의 감응에 근거한 '신'의 작용을 무시하고 주관적 작용에만 의존하는 데서 오는 착각이다. 특히 불교는 이러한 주관적 인식에 함몰되어 결국 산과 강, 대지를 환영이라고 몰고간다.

'신'에 의거한 인식은 일시적으로 형성된 유한한 개별자의 인식(객감)을 넘어서 세계 전체의 감응과 화합하는 것이다. 그것은 전체의 관점에서, 인식 주관으로서 인간과 객관 사물을 분리하지 않는 의식을 성취하는 것이다. "사람은 다만 사물 가운데 하나일 뿐人但物中之一物耳"(『장자어록』 상 64)이기 때문이다. 이와 같은 장재의 '하늘과 하나되는' 의식, 곧 세계 전체를 '나'로 여기는 의식은 주관의 소멸을 통해 철저히 객관의 관점에서 세계를 인식하는 것이다.

> 사람은 마땅히 사물과 나를 공평하게 여겨 주관과 객관을 합치시켜야 한다. 자신을 기준으로 삼아 사물을 보면 편견이 된다. 하늘의 이치 가운데에서 보면 타인과 나를 모두 볼 수 있다. (…) 하늘의 이치가 항상 있기 때문에 자신과 사물을 균등하게 보면 스스로 개별화되지 않는다. 자기 자신 역시 하나의 사물이므로, 사람은 항상 자기의 몸을 벗어나면 저절로 밝아진다.(『경학이굴』「학대원」 하 19)

인간이 자기 자신을 객관 사물과 동등하게 보는 것은 의식의 주체로서의 지위를 버림으로써 대상에 대한 편견을 제거하는 일이다. 장재에 따르면, 그것은 자신의 마음을 비우는 일이며, 그리하여 세계 전체의 감응과 합치함으로써 인간은 '신'을 통해 더욱 분명한 인식明에 도달하게 된다(『정몽』「신화」 3).

이와 같이 인식 주관이 배제됨으로써 성립하는 객관적이고 전체적인 의식은 어떠한 대상 지향도 가지지 않는다는 점에서 고요하고 안정된 것일 수 있다. 그러나 다른 한편, 이러한 의식은 자체로 무규정적인 것이어서 어떤 도덕 원리나 가치 판단의 기준에 입각한 것이 아니다. 물론 이 객관적인 전체의식에 개별의식의 산물인 이기심과 같은 비도덕적 성향은 나타나지 않는다. 그러나 주체가 탈각된 이러한 의식에는 선의지와 같은 도덕적 지향 역시 포함되지 않는다. 이러한 관점은 무규정적인 본성론을 펼친 고자의 입장과 유사하며, 맹자의 성선론과 배치되는 면이 있다.

## 무심의 경지 — 의도를 없애라

의식은 일반적으로 대상과의 관계에서 그것에 대한 주체의 욕망, 인식, 사유, 의도 등으로 정립된다. 그래서 세계 전체를 자신의 마음으로 삼는 '의식', 곧 개체적 한계를 넘어서서 대상 세계 전반을 '나'로 인식하는 것은 사실 '의식'이라고 부르기도 곤란하다. 장재가 보기에, 이는 지각을 자기의식으로 삼는 개별자에만 귀속되는 것일 뿐이다. 그래서 "세계 전체는 마음을 가지지 않으며, 마음이란 모두 사람에게 있는 것天無心, 心都在人之心"(『정몽』「시서」10)이라고 한다. 따라서 기 본연의 '신'을 마음으로 삼는 것은 결국 '마음이 없는 마음'을 추구하는 것이다.

이러한 '무심'의 마음은 어떻게 도달할 수 있을까? 세계 전체를 자기의식으로 삼는 마음은 외부의 대상을 가지지 않는다. 따라서 거기에는 어떠한 대상 지향적 인식도 성립되지 않는다. 이러한 무심의 의식 상태는 우리의 일상적 의식으로는 도달할 수 없는 경지이기 때문에 수양이 필요하다. 이를 위해 장재는 의식의 주관적 작용을 최대한 배제함으로써 의식이 외부 대상에 이끌려 얽매이지 않도록 하는 수양을 요구한다. 그것은 '마음 비움' 곧 '허심虛心'의 수양이다. 장재는 "마음을 비우면虛心 외부 대상이 얽매임累이 되지 않는다"(『장자어록』 중 62)고 말한다. 이러한 '허심'은 인간이 주관적 대상 인식에 함몰되어 객관 세계를 제멋대로 해석하고 판단하는 오류妄에서 벗어나는 수양 과정이다.

허심의 수양에 대해, 장재는 '기질을 변화시킬 것變化氣質', '예禮를 학습할 것', '마음을 다할 것盡心' 등의 폭넓은 방법론을 제시한다. 그러나 무심에 도달하는 수양, 즉 주객의 구분에 기초한 일상적 의식의 지양이라는 맥락에서 허심은, 공자의 이른바 '네 가지를 끊음絕四'에 대한 그의 관점에서 구체화된다. 『논어』의 관련 구절은 다음과 같다.

> 공자는 네 가지를 끊도록 하였다. 의도意를 없애라. 기필함必을 없애라. 집착함固을 없애라. '나'라는 의식我을 없애라.子絕四: 毋意, 毋必, 毋固, 毋我[2]

장재가 이 구절에 주목한 까닭은 바로 대상과의 관계에서 개별 의식의 형성 과정을 나타내고 있기 때문이다. 즉 의도意는 대상에 대한 일정한 생각을 가지고 있음을 나타내며, 대상이 반드시 어떠하리라는 기대必로 이어진다. 그리고 이로부터 대상의 변화를 용납

2 장재는 이정 형제 및 주희와 '毋'에 대한 해석을 달리한다. 그는 공자가 제자들에게 이 네 가지를 끊도록 가르쳤다는 의미로 '毋'를 금지사("~해서는 안 된다.")로 해석한다(『장자어록』 중 7 참조). 그러나 이정과 주희는 성인인 공자에게는 원래 이 네 가지가 없으므로, 일부러 금지할 이유가 없다고 한다. 그래서 '毋'를 금지사가 아닌 '無'(없음)로 해석하고 있다.(『논어집주』 주희 주 참조)

하지 않는 집착固과 '나'라는 자의식의 아집我이 생겨난다(『정몽』「중정」 18). 이 일련의 과정에서 핵심은 '의도意'에 있다. 그것이 인식에 있어 대상 지향적 작용, 주관과 객관의 구분을 통해 '나'를 타자와 구별하는 의식의 출발점이 되기 때문이다.

> "의도를 없애라毋意"는 말은 일정한 마음常心을 없애라는 것이다. 일정한 마음이 없다는 것은 의탁하는 바가 없다는 것이다. 의탁한다는 것은 치우친 바가 있어 얽매여 집착하는 것이다. (…) 의도가 없음無意이 곧 세계의 본래 마음良心이다. 성인은 다만 '의도 없음'으로 이 본래 마음을 구한 것이다. 안자顔子의 마음은 다만 성인이 되기를 구하고자 한 것이다. 배우는 자 또한 반드시 마음이 없어야無心 하기 때문에 공자가 사람들로 하여금 네 가지를 끊도록 가르친 것이다. 처음 배움부터 성인을 이루기까지 모두 이것이 없어야만 한다.(『장자어록』 중 7)

일단 의도를 가지게 되면 '나'라는 자의식에 이르는 것은 거의 필연적 과정이다. 그것은 대상을 지향하는 주관의 작용이 일어났음을 의미하고, 이는 이미 주관과 대상의 분리가 진행되었음을 나타낸다. 따라서 의도가 있다는 것은 곧 개별적 마음을 가진다는 것이다. 장재는 이를 『장자』「제물론」에 등장하는 '성심成心'이라는 용어를 빌려, "성심이란 곧 의도意를 말하는 것이다!成心者, 意之謂與"(『정몽』「대심」 10)고 지적한다. 그러나 과연 인간이 이와 같이 대상에 대한 어떠한 의도를 가지지 않을 수 있을까? 장재 역시 이에 대해서는 회의적이었던 것 같다. 그는 비록 위 인용문에서처럼 '마음이 없는 상태無心'를 추구하지만, 그것은 사실 하늘로 표상되는 기 본체에 대한 묘사일 뿐, 성인이라 할지라도 인간이 도달할 수 있는 상태는 아니다.

> 하늘은 본래 무심無心하다. 하지만 그것이 만물을 생성하는 데 이르면 반드시 하늘에 공功을 돌려야 한다. 이것이 천지의 인仁이라고 말하는 것이다. 사람이 인하는 것은 반드시 찾아서 해나가야 하는데, 처음에는 모름지기 힘써 노력해야 하고 마지막에는 자연스러움을 회복해야 한다. 사람은 마땅히 이 [인의 자연스러운] 마음을 가지고 있어야 한다. 하지만 익숙하게 운용할 수 있게 되면 도리어 잊어버리게忘 될 것이다.(『경학이굴』「기질」4)

만물의 생성은 하늘이 어떤 마음을 가지고 있기 때문이 아니다. 하지만 그것은 하늘의 공이며, 하늘이 인하다는 증거이다. 하늘의 인은 이렇게 그 무심無心의 결과이다. 그러나 인간에게 인은 처음에는 지난한 노력의 과정을 거쳐야만 하며 그것에 마음을 쏟아야 한다. 그리하여 결국 이러한 과정이 익숙해져 그것을 잊어버리는忘 데까지 이르러야 한다. 즉 "성심을 잊은 연후에라야 도道에 나아갈 수 있는 것"(『정몽』「대심」9)이다.

## 성인의 마음
## —
## 인의 실현, 만물과 하나된 의식

그렇다면 무심한 하늘과 같은 성인의 경지는 어떠한가? 성인이라 할지라도 의도가 없을 수는 없다. 장재가 보기에 공자가 '네 가지를 끊고자 한 것絕四'은 '의도 없음'을 추구한 것이지 실제로 의도가 없기 때문이 아니다. 이에 대해 그는 『노자老子』의 "성인은 인하지 않아 백성을 풀강아지로 여긴다聖人不仁, 以百姓爲芻狗"를 비판하며 다음과 같이 말한다.

> 성인이 어찌 인仁하지 않음이 있겠는가? 그가 근심한 것이 바로 인하지 않음이었다. 천지라면 어찌 인에 의도를 두겠는가? [천지는] "만물을 고무시키지만 성인과 함께 근심하지는 않는다." 성인이라면 인하다. 이것이 그가 도를 넓힐 수 있는 까닭이다.(『장자어록』 상 77)

성인은 인을 행하는 데 자신의 의도를 두며, 그것이 실행되지 않음을 근심한다. 하지만 그는 주객을 구분하는 인식, 즉 대상 세계와 분리된 주관 의식을 가진 존재는 아니다. 왜냐하면 '인'은 타자를 나와 동일하게 여기는 의식物吾與也을 가리키기 때문이다. 다시 말해, 성인이 인에 의도를 두는 것은 보통 사람들이 외부 대상에 의도를 두어 결국 개별 의식을 가지는 데로 이어지는 것과는 다르다. 인을 의도하는 마음은 개별 의식을 탈피하여 세계 전체와 동일해지고자 하는 마음이다. 그래서 성인은 보통 사람과 같지만 '나'라는 의식을 가지지 않는 존재無我로 설명된다(『정몽』 「지당」 16). 그는 "하늘을 즐거워하기 때문에 주관과 객관을 합일하여 인을 이룬 사람이다."(『정몽』 「삼십」 27) 장재에게서 인은, 이제 성인에 도달한 사람의 의식이라고 말할 수 있다. 그것은 주관과 객관의 간극이 없이 모든 존재를 동일하게 취급하는 마음이며, 개체의 유한한 의식이 아닌 전체를 포괄하는 무한히 큰 마음大心이다. 그것은 '나'라는 주관 의식이 없어진 이후에 가능하다.

> 마음을 크게 하면大其心 세계의 사물을 몸體으로 삼을 수 있다. 몸으로

삼지 못한 사물이 있으면 마음은 외부가 있게 된다. 세상 사람들의 마음은 협소한 '보고 들음聞見'에 한정되어 있다. 성인은 성을 다하여盡性 보고 들음으로써 마음을 가두지 않는다. 그는 세계를 보면서 하나의 사물도 자신으로 여기지 않음이 없다. 맹자가 '마음을 다하면盡心 성性을 알고 하늘을 안다'고 말한 것은 이 때문이다. 하늘의 큼은 외부가 없다. 그러므로 외부가 있는 마음有外之心은 하늘의 마음天心과 합할 수 없다. 보고 들음의 앎은 사물과 관계하여 아는 것이며, 덕성德性으로 아는 것이 아니다. 덕성으로 아는 것은 보고 들음에서 싹트지 않는다.(『정몽』「대심」1)

성인의 '큰 마음'은 모든 사물을 자기 자신으로 여기는 의식이다. 이러한 의식은 주관(나)과 구별되는 외부 대상이 없으므로 '하늘의 마음'과 같다. 성인이 이와 같을 수 있는 까닭은 '인'의 덕德을 체득했기 때문이다. 그리고 인을 체득할 수 있는 까닭은 그의 마음이 기의 본성과 마찬가지로 비어 있기虛 때문이다. 장재는 "비어 있음이 인의 근원虛者, 仁之原"(『장자어록』 중 57)이며, "비어 있으면 인이 생겨난다虛則生仁"(『장자어록』 중 61)고 말한다.

이로부터 장재가 제시하는 '성인되기'의 수양 방법을 추론할 수 있다. 마음을 크게 하는 것은 곧 마음을 비우는 것이다. 이는 주관의 개별 의식을 비워나가는 과정이다. 주관 의식이 제거되면 나와 대상, 내부와 외부를 구별하는 의식이 사라진다. 이는 감각을 통해 인식과 사유를 진행하는 일상적인 '지각'을 탈피하는 일이다. 그리고 이렇게 주객의 구분이 사라진 의식은 모든 대상 존재를 곧 '나'로 인식하는 '만물일체萬物一體'의 의식에 도달하게 된다. 이것이 인을 실현하는 것이다. 이러한 성인의 경지는 본연의 기 본성을 완성한 것成性으로 신神의 능력을 낸다.

'나'라는 의식이 없어진無我 이후에 [마음이] 커진다. 커져서 본성을 완성한成性 이후에 성인이 된다. 하늘의 능력과 동일한 성인의 위상은 지각으로 도달할 수 없으므로 '신神'이라고 한다.(『정몽』「신화」 15)

성인의 '신'은, 지각을 통해 외부에 반응하는 감응 방식과는 구별된다. 세계 전체와 한몸을 이룬 성인의 행위는 어떠한 지향 작용, 즉 대상에 대한 의도나 인식과 사유에 의존하지 않고 자기 내부의 덕성에 근거한 앎德性知에 따른다. 이것은 마치 기 본체가 '신'을 통해 내부의 음양 간의 상호 감응에 따라 만물을 생성하는 것과 유사한 양상을 띤다.

그칠 수 없어 행하고, 행할 수 없는 데 이르러 그친다. 이러해야 앎智일 것이다!(『정몽』「중정」 17)

'그칠 수 없어 행하는 것'은 외부 대상 때문이 아니라 다만 자신의 본성이자 세계 전체의 본성 때문에 마땅히 해야 할 일일 뿐이다. 이처럼 어떠한 대상 지향 작용도 없는 성인의 행위 방식을 장재는 '부득이不得已'라고 표현한다. 그것은 세계의 운행, 만물 생성 과정과 마찬가지로 '자연스러운' 감응 과정을 나타낸다. 예컨대 계절의 변화는 세계가 어떤 의도를 가지고 있기 때문에 나타나는 것이 아니라 '부득이'한 자연스러운 과정일 뿐이다. 따라서 성인의 '부득이'한 행위는, 도덕적 선악으로 판단할 수 있는 성격의 것이 아니다. 즉 아무리 선한 일일지라도 의도를 가진 것이라면 본성에 근거한 성인의 행위일 수 없다.

부득이 해야 할 것이어서 하는 것은 비록 살인일지라도 모두 의로운 것義이다. 마음을 두고서 하는 것이라면 비록 선한 일이라도 모두 의도意이다. 자기를 바르게 하여 남[사물]이 [저절로] 바르게 된다면 대인大人이다. 자기를 바르게 하고 다시 남[사물]을 바르게 한다면 여전히 의도를 가지는 얽매임을 면할 수 없다. 의도를 가지고 선을 하는 것은 [일부러] 이롭게 하는 것이고 꾸미는 것이다. 의도 없이 선을 하는 것은 본성대로 하는 것이고 따르는 것이다.(『정몽』「중정」16)

## 의의와 비판

일반적으로 장재 철학은 기일원론으로 알려져 있다. 이는 '기'가 모든 존재를 구성하는 유일한 실재라는 질료적 의미에 한정되지 않는다. 마음에 대한 그의 논의는, 기가 인간의 정신적 영역에 있어서도 유일한 작용 근거로 제시되고 있음을 확인할 수 있다. 우리의 정신, 마음, 영혼 역시 기에서 비롯한다는 것이다. 그러나 이러한 장재의 관념은 중국 사유 전통에서 전혀 새로운 것은 아니다. '기'를 유일한 실재로 보는 것은 도가적 사유에서 일반적이고, 이는 깊은 연원을 가진 고유의 중국적 관념이기 때문이다. 그래서 장재의 철학은 비록 도가를 강력히 비판하고 있지만, 확실히 도가와 친화성을 가지며 전통 중국 사유에 유가적 도덕관념(인과 예)의 옷을 입힌 것으로 볼 수도 있다.

반면 불교에 대한 그의 비판 의식은 매우 치열하고 적극적이다. 앞서 잠시 언급한 바 있지만, 장재의 철학은 불교의 주관 중심주의에 대항한 객관주의적 성격을 갖는다. 그 요점은 세계의 현상 존재를 주관이 빚어낸 환영이 아니라 구체적이고 객관적 실재라고 주장하는 데 있다. 장재는 이를 통해 진리(본체)의 추구 방향을 주관 내면에서 객관 세계로 전환시킨다. 그의 철학에 우주와 자연의 운행, 음양의 조화로 인한 만물의 생성과 같은 자연학적 논의가 많은 부분을 차지하는 것은 이 때문이다. '마음'에 대한 논의, 나아가 수양에 대한 관점 역시 궁극적으로는 마음과 객관적 세계 본체와의 합일, 인간 윤리와 자연 질서의 통일을 추구한다는 점에서 같은 맥락이다. 그러나 위에서 살펴본 바와 같이, 이러한 합일을 위한 조건으로 인간의 현실적 의식 활동은 부정된다. 말하자면 대상에 대한 주관적 인식과 사유는 세계의 객관적이고 본래적 본질에 도달하는 데 장애가 된다는 것이다. 그의 철학은 현상 세계에 대한 긍정에서 출발하였음에도 현상적 인간 의식을 부정하는 결과를 낳는다. 그것은 인간 주체의 능력을 부정적으로 봄으로써 세계에 대한 인간의 능동적 작용을 위축시킨다.

장재 철학에 대한 후대의 비판은 바로 여기에 초점이 맞춰진다. 이정 형제 이후 신유학의 주제는 우주와 자연에서 인간으로 옮겨진다. 그들은 인간이 도덕적 능력을 자신의 본성으로 타고난다는 맹자의 성선론에 입각하여 마음의 문제를 다룬다. 그들에 따르면, 마음은 주체의 도덕성을 담지한 곳이며, 이를 발현하는 것이 곧 도덕의 실현이다. 따라서 주체의 의식은 부정되거나 지양되어야 하는 것이 아니라, 계발되고 함양되어야 하는 것이다. 장재 철학이 인간의 현실 의식을 부정적 측면(선입견, 편견, 이기심)에서 파악했다면, 이후의 신유학은 인간 의식의 긍정적 측면(도덕성, 이타심, 공감)을 부각하는 데 중점을 둔다.

## 더 읽을거리

장재의 사상에 접근할 수 있는 원전으로는 『정몽正蒙』, 『횡거역설橫渠易說』, 『경학이굴經學理窟』, 『장자어록張子語錄』이 있다. 이 책들은 그의 직접적 저술이 아니라, 모두 제자들이 산재된 장재의 문장과 어록들을 수합하여 편집한 것으로, 장재 저작 가운데 『정몽』과 『경학이굴』은 주제별로 편을 구분하고 있지만, 하나의 주제가 다른 편에서도 나오는 경우도 빈번하다. 『횡거역설』은 『주역』에 대한 장재의 주해서이고, 『장자어록』은 말 그대로 그의 어록을 편집한 것이다. 전체적으로 그의 저작은 단편적인 문장과 대화체 어록으로 이루어져 있다. 이 때문에 특정 주제에 대한 장재의 논의를 살펴보기 위해서는, 원전 전체에서 관련된 문장을 살피고 이를 맥락에 따라 다시 정리해야 하는 어려움이 있다. 다만 주희가 편찬한 『근사록近思錄』은 북송대 신유학사들의 문장을 주제별로 상당히 체계화하여 정리하고 있으므로, 장재의 철학 사상에 접근하는 데에도 큰 도움이 된다.

주희, 『근사록집해』(2권), 이광호 옮김, 아카넷, 2010

『근사록』은 주희와 여조겸이 북송 신유학자들의 저서 중 주요 문장을 발췌하여 편집한 책이다. 여기에는 주돈이, 정호, 정이, 장재의 문장과 어록이 수록되어 있다. 장재의 원문은 그 자체로도 어려울 뿐만 아니라, 맥락이 불분명하여 매우 난해하기로 정평이 나 있다. 이 책은 그나마 주희의 간략한 주석이 첨가되어 있어 원전의 내용을 이해하는 데 도움을 준다.

진래, 『송명성리학』, 안재호 옮김, 예문서원, 1997

북경대 철학과 교수인 진래陳來는 주희 철학 연구자이면서도 장재를 비롯한 기철학에도 조예가 깊은 석학이다. 이 책은 송대 신유학 태동의 배경이 되는 당대 유학부터 청대 유종주까지 광범위하게 신유학의 흐름을 소개하고 있다. 이 가운데 장재 철학을 다룬 부분은 기존의 기철학에 대한 선입견을 깨고 새로운 이해를 드러내는 대목이 많다.

프랑수아 줄리앙, 『운행과 창조』, 유병태 옮김, 케이시 아카데미, 2003

프랑수아 줄리앙은 장재 철학을 왕부지의 해석과 함께 다루고 있다. 기철학의 개념을 '운행'의 관점에서 역동적으로 읽어낸 지점들은 특기할 만하다. 저자의 현란한 개념 사용 탓에 초심자가 읽기에 다소 힘든 부분도 있다. 하지만 기철학을 서양 사유체계와 비교하여 각각 '운행'과 '창조' 개념으로 대별한 맥락을 쫓아가면 대강의 전모를 파악하는 데 어렵지 않을 것이다.

함현찬, 『장재』, 성균관대학교출판부, 2002

장재에 대한 역사적·철학적 '정보'를 제공해준다는 점에서 참고할 만하다. 특히 부록으로 실린 『정몽』 번역은 저자의 깊은 장재 이해에서 나온 것으로 충실한 편이라고 할 수 있다.

손영식, 『이성과 현실』, 울산대학교출판부, 1999

송대 신유학의 형성과 전개를 주요 논쟁 지점을 중심으로 밝힌, 신유학 연구의 필독서로 추천할 만한 저작이다. 장재 철학과 관련된 부분은 형이상학 측면을 중심으로 이정 형제의 리 중심 철학과 대비를 통해 그의 기철학의 특징적인 면모를 잘 드러내고 있다.

이현선, 『장재와 이정 형제의 철학』, 문사철, 2013

장재와 이정 형제의 철학을 그 대립적 성격에 주목하여 고찰한 책이다. 기철학과 리철학이 가지는 철학적 차이를 원전의 맥락을 중심으로 본체론, 심성론, 수양론에 걸쳐 조망하고 있다.

# 주희

## 본성과 감성의 주재자

## 손영식

서울대학교 철학과에서 학사·석사·박사를 했다. 각각 공자, 정이, 주희에 관한 논문을 썼다. 현재 울산대학교 명예교수이다. 주된 연구 분야는 중국과 한국의 신유학, 중국의 제자백가 사상, 그리고 노자와 장자의 철학이다. 이 가운데 송나라 때의 성리학이 중심적인 연구 분야다. 이를 기반으로 해서 고대로 거슬러올라가 제자백가의 사상까지 갔다. 동시에 지역적으로 조선시대의 신유학 사상을 연구했다. 새로운 가설을 제시하는 것을 좋아해서, 2001~2006년에 걸쳐 벌어졌던 이이와 이황 철학의 성격을 두고 벌인 논쟁에 주된 논객으로 참여했다. 이를 기반으로 해서 성리학의 형이상학을 새롭게 정리한 『성리학의 형이상학 시론』과 『성리학의 형이상학 도론』이라는 책을 썼다.

# 송나라
# —
# 대통일 국가와 사대부의 마음 이론

주희朱熹(1130~1200)는 성리학을 집대성한 송나라의 유학자이다. 주희의 마음 이론은 곧 성리학의 마음 이론이라 할 수 있다. 성리학은 송나라 때부터 청나라 때까지 중국의 국가 철학이었다. 중국은 한-당 시대에 분열되었던 반면, 송-청 시대에는 대통일 국가를 이루었다. 성리학은 대통일을 구성했던 핵심 요소 가운데 하나였다.

중국 역사를 들여다보면, 한-당 시대와, 그 뒤를 이은 송-청 시대는 완전히 대조적이다. 한-당 시대는 분열하고 싸운 반면 송-청 시대는 중앙집권을 이룬 평화시대다. 전자는 칼로 싸웠다면, 후자는 말로 싸웠다. 전자는 무력이 모든 것을 결정했던 고대 노예제 사회의 정복 전쟁의 유산이다. 반면 후자는 힘-폭력이 아니라, 말-이성에 의해서 국가를 건설하고 합리적으로 운영하려 했다. 전자는 무사 군인들이 주도했다면, 후자는 지식인 관리들이 국가 운영의 담당자들이었다.

송나라를 주도했던 사대부(지식인-관리-지주)들은 합리적인 국가, 이성적인 나라를 만들려 했다. 무엇이 합리적인가, 이에 대해서 두 가지 의견이 나타난다. 하나는 국가의 제도를 합리화하자는 것이고 다른 하나는 국가를 운용하는 관리 정치인들을 인격자로 만들자는 것이다. 사대부 계층은 이렇게 두 당파로 나뉘어 경쟁했다.

이렇게 대립된 두 견해로 나뉜 것은 이성의 안티노미antinomy(이율

배반) 때문이다. 칸트가 『순수이성비판』에서 말했듯이, 인간의 이성은 하나의 문제에 대해서 모순되는 두 견해를 만들어낸다. 송대 사대부의 대립되는 두 견해를 정리하면 다음과 같다.

(1) 왕안석의 신법당: 합리적인 국가 제도 수립. 제도 개혁론
(2) 사마광의 구법당: 관리-정치인의 이성 확립. 인격 수양론

합리적인 국가의 실체에 대해서 밖으로 국가 제도를 합리화할 것인가, 아니면 안으로 개인의 마음을 인격화할 것인가로 대립한 것이다. 안으로 마음에 선한 싹이 있다고 믿으면, 인격 수양론으로 나갈 것이다. 이는 성선설이다. 반면 마음은 단지 감정·욕망뿐이라 볼 수도 있다. 합리적인 제도와 도덕률을 객관적으로 세워서, 감정·욕망을 제어해야 한다. 이는 성악설이다. 성선설과 성악설은 유심주의(관념론) 대 물질주의의 대립이라 할 수 있다.

한-당 시대의 근 천년의 분열과 전쟁을 끝내고, 대통일 국가를 이루었던 북송 시대, 지식인 사대부들은 이상국가를 만들고 운영한다는 유토피아 의식을 가지고 있었다. 배워서 완전한 인간인 성인聖人이 될 수 있다는 주돈이, 사대부는 '천하의 근심에 앞서서 근심하고, 천하의 즐거움을 뒤로 하여 즐거워한다'는 범중엄, '하늘과 땅에 근거하여 참된 마음을 확립하여서 (…) 영원한 미래를 위하여 태평을 여노라!'고 했던 장재가 대표적이다.

신법당의 제도 개혁론을 왕안석이라는 천재 혼자 이루었다면, 구법당의 인격 수양론은 장재, 정호, 정이를 거쳐서 주희에 이르러서 '성리학'으로 확립된다. '성리性理'라는 말은 뒤집으면 '이성理性'이다. '리인 본성理性'이 도덕적 이성-인격의 근거이며 핵심이다. 성리

**인지심리학**
지식을 획득하는 방법, 획득한 지식을 구조화하여 축적하는 메커니즘을 주된 연구 대상으로 한다. 지식 획득 과정은 정신 활동이라는 특성상 눈으로 직접 확인할 수 없다. 때문에 수많은 가설과 실험을 통해 얻은 결과를 종합함으로써 그 내부 구조를 정확하게 그려내는 것이 인지심리학의 목표이다.

학을 집대성한 주희의 마음 이론은 바로 이 지점에 있다. 그는 결코 인간의 사고 구조나 인식 방식을 분석하는 뇌과학이나 인지심리학과 같은 입장에 서지 않았다. 혹은 마음이 얼마나 진실을 인식할 수 있는가를 따지는 인식론적 관점도 적었다. 그의 관심은 국가를 운용하던 지식인 관리–정치가들의 인격 형성이었다. 그의 마음 이론은 도덕 형이상학 위에 세워졌다.

## 장재의 기 — 생리적인 자아와 이성

성리학이 태동하던 북송 중후기에 신법당과 구법당은 치열하게 싸웠다. 왕안석은 효율적인 경제정책(신법新法)과 철학이론(신학新學)을 만들어 정권을 잡은 뒤 신법당을 형성했다. 왕안석의 평균주의적 정책을 반대했던 구법당은 관료의 인격 수양으로 방향을 잡는다. 정책과 제도 대신에 인격과 이성으로 나간 것이다.

(1) 이성 확립의 기나긴 길의 시작은 장재張載가 열었다. 그는 당대 최고의 자연학자였다. 자연의 변화를 물질적인 재료氣의 측면에서 설명했다. 모든 사물을 만드는 재료는 기이다. 기는 태허太虛와 객형客形의 두 가지 상태가 있다. 태허는 '크게 텅 빔'을 뜻한다. 기가 가장 희박하게 퍼져 있는 균질한 상태이다. 객형은 '손님 형체'이다. 손님처럼 왔다가 가는 것이다. 현상 사물의 특징을 그렇게 묘사한 것이다. 자연의 변화는 태허가 모여 뭉쳐서 객형(현상 사물)이 되고,

다시 객형은 죽어서 흩어져 태허로 돌아간다. 이 순환 과정에서 인간도 생겨났다가 죽어 없어진다.

인도에서 윤회설이 통념이듯이, 중국에서는 '천인합일天人合一' 이론이 상식이었다. 장재는 자연天과 인간人은 같은 구조를 가진다고 믿었다. 사람에게도 '태허-객형'의 구조가 있다. '마음과 몸'의 관계가 그것이며, 또 마음 안에서도 '이성과 감정·욕망'의 관계가 그렇다고 보았다. (이 동일시는 형이상학적 상상력의 산물이며, 또한 문학적인 상상력에 가깝다.)

감정·욕망은 객형처럼 생겨났다 없어지며, 마음에서 명확한 형체를 갖는 것이다. 반면 이성은 태허처럼 '마음이 텅 빈 것'이다. 마음에 아무런 감정·욕망도 생겨나지 않은, 텅 비고 조용하고 멈추어 있는 상태, 그것이 이성이며 인격이다. 이런 이성 개념은 『중용』의 '희로애락의 미발'을 중中(알맞음)이라 했던 것에 근거하며, 또한 노자의 허심虛心(마음을 비움)에도 어느 정도 기대고 있다.

장재와 그 제자들은 마음을 '텅 빈 것太虛', 혹은 희로애락이 비워진 균질한 평형 상태中로 만들려 한다. 이성과 인격은 그처럼 감정·욕망이 비워진 냉철하고 균형잡힌 마음이라는 것이다. 그런 마음일 때 도덕률을 실천할 수 있다.

(2) 그들이 이렇게 실제 인격 수양을 하려 했을 때 치명적인 문제에 부닥친다. 마음은 지향성이 있어 늘 무언가를 지각하고, 그 결과 생긴 감정·욕망으로 가득 찬다. 그것을 의도적으로 비워서 없앨 수 있는가? 감정·욕망은 자연적으로 생기는 것이고, 비우고 없애려고 하는 생각은 후천적으로 내 마음에 심어진 것이다. 어떻게 후천적으로 심어진 것이 자연적으로 만들어지는 것을 이길 수 있는가?

**서명**
송나라의 유학자 장재가 지은 서재의 서쪽 창에 걸어놓은 명銘으로 원래 이름은 정완訂頑이었다. 폄우貶愚라는 원명을 가진 동명東銘과 함께 그의 문집에 수록되었다.

따라서 그들은 자아의 분열과 갈등을 겪는다. 마음을 비워서 태허와 평형을 이루려 하면 할수록 분열은 더 심해진다. 결국 이성이 확립되기보다는 오히려 자아가 분열 갈등해서 마음의 병을 얻게 된다. 장재의 이성 확립 이론은 실패한다. 이래서 그는 「서명西銘」을 써서 하늘과 땅에 대한 신앙으로 나간다. 도덕률은 하늘의 명령이기 때문에 실천한다는 것이다. 이는 천지天志를 주장한 묵가의 길이다.

## 정호의 리
## —
## 선험적 자아와 인격

왕안석의 신법에 대해서 장재는 최신의 자연학에 근거한 이론으로 최강의 대응을 한 셈이다. 그러나 '마음'을 곧 '기'로 보면서, 감정·욕망이라는 생리 현상과의 대결에서 좌절한다. 정호程顥(1032~1085)는 장재가 실패한 지점에서 출발한다.

(1) 텅 빈太虛, 평형 상태中인 마음은 감정·욕망이 없는 상태이다. 이 마음이 과연 이성–인격이고 도덕률의 근거가 될 수 있는가? 아무리 비우고 냉철하며 평형을 이루어도 그것은 한 개인의 마음이다. 이는 노자나 법가의 처세술적인 이성, 도구적 이성이 될 수는 있다. 그러나 그것은 개인적인 것이다. 도덕적 이성이 될 수 없다. 이성은 보편타당한 도덕률의 근거여야 한다.

장재는 '비운 마음'이 '이성'과 동일하다고 본다. 이는 외적인 도덕률을 받아들이는 이성이다. 이 맥락에서 장재는 모든 개인은 어버이 하늘의 명령을 따르라는 「서명」을 쓴다. 그것은 텅 빈 마음이기 때문에, 그 스스로 도덕률을 산출하는 이성은 아니다. 따라서 장재적 이성은 외적 도덕 규범에 따르는 타율적 주체를 이룬다. 반면 정호는 이에 반발하여, 스스로 도덕률의 원천이 되는 이성을 추구한다. 이는 자율적 주체이다.

(2) 장재는 개별 사물의 존재를 본다. 그것은 기로 이루어져 있다. 사람도 그렇다. 사물의 가장 희박한 상태인 태허가 사람 안에 있으며, 그것이 사람의 이성을 이룬다. '태허인 이성'은 존재의 차원이다. 여기에서는 당위가 나올 수 없다. 존재와 당위, 사실과 가치는 서로 다르다.

반면 정호는 마음 속에 도덕 규범의 근원을 상정한다. 이는 의식의 흐름과 다른, 그 배후에 있는 것이다. 마음뿐만 아니라 현상 세계의 뒤에도 질서의 근원이 있다. 이렇게 해서 그는 현상 뒤에 본체를 가정한다. (도道와 기器, 형이상과 형이하가 그것이다.) 기氣의 움직임으로 드러나는 현상의 바탕에, 그 현상에 질서를 부여하는 본체가 있다는 것이다. 본체가 있다는 것을 우리는 어떻게 아는가? 그것은 장재처럼 지각을 통해서 존재가 확인되는 것이 아니다. 본체는 도덕률의 근원으로 요청한 것이다. 그것은 경험되는 것이 아니라, 경험 이전에 있는 것, 즉 선험적인 것形而上이다.

(3) 정호는 '현상이 곧 본체'라는 강렬한 일원론을 가진다. 이는 세계뿐만 아니라 우리의 마음도 마찬가지다. 장재가 기의 두 양상인 태허–객형으로 설명했던 것을 정호는 본체가 현상으로 드러남이라 본다. 우리가 보는 이 세계는 현상들의 집합이고, 그것들은 본체가 그대로 드러난 것이다. 내 마음의 감정·욕망 같은 의식의 흐름도 내 마음의 본체가 그대로 드러난 것이다.

사람의 마음에서는 "본성이 곧 기이고, 기가 곧 본성이다"(『하남정씨유서河南程氏遺書』 1-56), 마음이 "움직여도 또한 평형이고, 고요해도 또한 평형이다."(정호, 『명도문집明道文集』 권2) 여기에서 '본성' 혹은 '평형定, equilibrium'이라 한 것은 마음의 본체를 뜻한다. 장재가 '태허太虛'라고 했던 것을 정호는 '평형定'이라 한다. '기' 혹은 마음의 '움직임-고요함'은 현상이다. 내 마음의 움직임은 의식의 흐름이며, 생리 작용이다. 기는 몸을 이룬다. 기에 의해서 몸의 생리 작용이 일어난다. 리인 본성과 기인 마음은 같다(性=氣)는 것이다.

정호는 본성이 그대로 기(의식의 흐름)이고, 의식의 흐름이 그대로 본성이라 한다. 본체가 현상으로 드러난 것이 아니라, '본체=현상'이라는 강한 입장이다. 나아가 세계에서는 "도가 또한 현상이고, 현상이 또한 도다道亦器 器亦道."(『하남정씨유서』 1-15) '도'는 '길'이다. 이 세상의 모든 사물과 현상이 나아갈 길이다. 본체이다. 그것이 그대로 현상器으로 드러난다. 아니 좀 더 강하게 그는 '형이상(본체)=형이하(현상)'이며, 양자는 구분되지 않는다고 단언한다.

(4) '본체=현상'인 일원체를 정호는 다양하게 묘사한다. 세계는 하나의 전체이며, 하나의 생명체이다. (이는 '세계 전체를 한몸으로 하는 짐승'이라 할 수 있다.) 이 세계의 변화는 우주적 생명체의 약동이다. 기는 본래 '숨-생명'이라는 의미가 있다.(氣=生) 장재가 말한 기의 세계는 그대로 하나의 생명체로 볼 수 있다. 여기에서 정호는 상상을 더 키운다. 생명체는 자기 몸을 끔찍이 아낀다. 사랑한다. 따라서 생명의 약동으로서 이 세계는 '사랑仁'으로 가득차 있다. 이는 또한 천리天理로 움직이는 세계이다. 현상의 배후에 있는 도가 바로 천리다. 현상의 변화는 천리에 따른다.

장재가 존재하는 것을 따지는 자연학적 입장에 선다면, 정호는 질서와 조화, 도덕률의 근거 확보에 필요한 모든 형이상학적 실재를 가정하고 요청하는 분방한 상상력을 펼친다. '현상=본체'인 세계는 '기氣=생명生=사랑仁=리理'로 묘사할 수 있다. 하나의 세계를 기로 볼 수도 있고, 생명체로 볼 수도 있고, 사랑이나 천리로 볼 수도 있다. 이는 관점주의이다. 하나의 세계를 보기에 따라 그렇게 달리 보인다는 것이다. 본체만이 참된 존재이며, 현상은 본체의 드러남이다. 앞에서 내가 '요청'이라 했던 것을 정호는 관점주의로 말한다. 이 세상을 과연 그렇게 볼 수 있는가? 이는 사실의 관찰이 아니라, 일종의 신비 체험이다. 그것은 자연학과는 상관없으며, 종교적 체험에 가깝다.

(5) 이는 화엄의 법계관法界觀, 즉 세상 보기와 유사하다. 화엄은 '존재=진선미'라 한다. 어떤 것이 존재하기 위해서는 인연이 모여야 한다. 화엄에 따르면, 어떤 사물도 그것이 생겨나기 위해서는 우주 전체가 인연으로 참여해야 한다. 우주가 참여하는 연기의 결과로 개별 사물이 생겨난다. 따라서 어떤 존재도 진선미하지 않은 것이 없다.

존재의 세계는 여러 가지 법계로 드러난다. 보는 자의 수준에 따라 하나의 세계가 "사事, 리理, 혹은 리사무애理事無碍, 사사무애事事無碍"의 법계(세계)로 다양하게 드러난다. 이는 관점에 따라 다른 것일 뿐이다. 정호의 관점주의는 법계관과 유사하다. 하지만 정호는 유학자이기 때문에, 보는 방법이 아닌 '실천 방법'으로 나간다. 그의 목적은 본체의 세계가 그대로 드러나게 만드는 것이다.

정호에 따르면, 본체는 있는 그대로 드러나지 않는다. 드러남에 과불급이 있다. 따라서 세상의 선-악, 미-추 등의 고르지 못함은 본체가 현상화하면서 과불급이 있기 때문이다. 선도 악도 현상이다. 고로 선뿐만 아니라 악도 본체의 드러남이다. 이는 사실상 악의 실체를 부정하는 것이다. 악이란 선과 대립되는 것이 아니라, 과

**화엄의 법계관**
현상 세계의 개개의 사물이 겉으로는 서로 아무런 연관도 없는 개체처럼 보이지만 실제로는 홀로 있거나 홀로 일어나는 일이 없이 서로 원인이 되는 무한한 연관관계를 갖는다고 주장한다.

**리사무애**
본체理와 현상事이 서로 걸림 없는 관계 속에서 의존하고 있으므로 모든 존재는 평등 속에서 차별을 보이고, 차별 속에서 평등을 나타내는 것이다.

**사사무애**
모든 현상이 걸림 없이 서로를 받아들이고, 서로를 비추면서 융합하고 있는 것이다.

부족에 따른 선의 결핍이다.

(6) 자연과 인간의 동일 구조론天人合一의 관점은 정호도 갖는다. 따라서 그는 마음도 본체의 현상화로 본다. 장재가 비우고 없애려 했던 감정·욕망도 실제로는 내 마음의 본체의 현상화이다. 바로 이 사실을 깨닫고 내 마음의 본체를 과불급 없이 있는 그대로 드러나게 만들어야 한다. 내 마음이 움직일 때도 고요할 때도 다 '평형定'이 있어야 한다. 이 평형이 바로 마음의 본체이며, 리理이다.

정호는 '현상은 그대로 본체의 드러남'이라는 강렬한 유토피아 의식을 가진다. 따라서 그는 단지 현상이 본체이며, 본체가 현상이라는 것을 깨달으면 된다고 한다. 그 이외의 별다른 수양이 필요한 것은 아니다. 선불교의 돈오설을 방불케 하는 그의 수양론은 뛰어난 자들에게나 해당될 것이다.

장재가 비우려고 애썼던 마음에서, 정호는 이제 본체의 현상화를 깨달으면 된다고 한다. 감정·욕망을 점검하여 막거나防檢, 도덕률을 애써 찾아 탐구할窮索 필요는 없다. 본체를 그대로 드러내면, 도덕적 이성이 확립된다는 것이다.

**선불교**
모든 중생이 본래부터 불성을 가지고 있다는 사실을 강조한다. 선불교의 수행자가 참선과 같은 방법을 통해서 일체의 사고 작용을 끊고 화두에 몰두하는 것은 모두 불성을 보기 위한 것이다.

**돈오설**
자신의 마음이 곧 부처임을 일정한 수행의 단계를 거치지 않고 단번에 깨치는 것을 말한다. 조계 혜능慧能(638~713)을 개조로 하는 남종선이 돈오의 수행법을 주장한다.

## 정이 — 일원체의 분리와 도덕적 이성

(1) 정호의 동생인 정이程頤(1033~1107)는 형의 이론이 너무 고답적이라 생각했다. 내 마음의 현상이 그대로 본체인 사람이 몇이나

될 것인가? 정호가 말하는 것은 사실상 일반인이 범접하기 어려운 높은 경지였다. 장재는 자아 분열로 실패했다면, 정호는 높은 수준 때문에 문제가 되었다.

장재와 정호는 모두 일원론자이다. 장재는 기일원론이고, 정호는 '리-기'의 일원체를 주장한다. 정이는 정호의 일원체를 리와 기로 분리시킨다. 기는 장재적 요소이고, 리는 정호의 창안이다. 분리를 한 뒤에 다시 이를 통합해서 하나의 체계를 이룬다. 이렇게 해서 정이는 장재와 정호의 문제를 해결한다.

(2) 정호는 리 개념을 도입한다. 태허인 마음이 리라고 본다. 태허는 단지 텅 빈 것이 아니라, 리로 가득 차 있다. 이를 성즉기性卽氣라 한다. 리인 본성性은 기=태허인 마음과 같다. 나아가 그는 세상 모든 것은 이처럼 기이면서 동시에 리라고 한다. 리와 기의 일원체는 깨달은 자가 본 세계의 모습이다.

장재가 이 세계에서 사물과 그 재료氣를 보았다면, 정호는 이 세상에서 리를 보았다. '리理'의 본래 의미는 구슬이나 돌멩이 속에 들어 있는 '결'이다. 세계 전체를 하나의 구슬로 보자. 그러면 세계 안에도 '결'에 해당되는 것이 있다. 그것은 바로 사물과 사물, 사람과 사람의 '사이, 틈'이다. 개체들 사이는 비어 있지만, 개체들 간의 관계가 맺어지는 곳이다. '사이-틈-결'이 있기 때문에 개체들은 서로 관계를 맺는다.

개체事를 볼 것인가, 아니면 그 사이-결을 볼 것인가? 장재가 사물氣을 보았다면, 정호는 사물과 사물 사이理를 본다. 사물은 기라는 재료로 되어 있다. 눈에 보인다. 반면 사물과 사물의 사이-관계는 법칙적이다. 그것은 눈에 보이지 않는다. 그래서 곧잘 '무無-허虛'에 비유되지만, 그렇다고 비존재는 아니다.

'사물과 사이'라는 생각은 화엄 불교적인 착상이다. 화엄에서 리–사라고 한 것을 성리학에서는 리–기라고 한다. 정호는 법계관과 비슷한 관점을 가진다. 사사무애는 사물과 사물이 막힘 없이 얽혀 있음이다. 사물은 또렷하고 그 사이는 원활하기 때문에, 모든 것이 막힘 없이 얽혀 있다. 정호가 말하는 리와 기의 일원체가 바로 그런 것이다. 세상은 리와 기가 완전히 뒤섞여 하나이다. 기에 의해 만들어지는 현상은 바로 그대로 리인 본체이다. 우리는 그것을 깨달으면 된다.

(3) 현상이 그대로 본체인 일원체를 깨달으라는 정호의 주장은 너무 높아서 접근하기 어려웠다. 이 문제를 해결하기 위해서 정이는 일원체를 분리한다.

둘로 자르면서 당연히 엄밀한 개념 정의와 이론화가 시작된다. 자름이란 정의定義를 전제한다. 양자를 구별해야 가를 수 있다. 분리하면, 둘 사이의 관계를 설명하고 논증해야 한다. 이렇게 해서 형이상학적 이론이 생겨났다.

정호는 일원체를 깨달은 감동을 시적詩的으로 설명한다. 그는 일원체가 어떤 것인지, 리와 기의 측면에서 이론적으로 설명하지 않는다. 그는 깨달음과 실천에 중점을 둔다. 반면 정이는 일원체를 분리하고 종합하면서, 논리적으로 설명하려 한다. 이렇게 해서 정호의 깨달음을 정이는 이론화하기 시작한다. 이론화의 정점은 주희이다.

이를 위해서 정이는 자연에서는 '형이상과 형이하'를 자르고, 마음에서는 '미발未發과 이발已發'을 가른다. 이발은 마음이 이미 드러난 것, 미발은 아직 드러나지 않은 것이다. 전자는 경험성이라면, 후자는 선험성이다.

'드러난 마음'은 구체적인 개인의 마음이다. 이는 감정·욕망으로 가득 차 있다. 이 마음은 그 개인의 이해 관계에 치우친 것私이므로, 진리나 당위의 근거가 될 수 없다. 반면 미발은 그런 개체성私이 드러나지 않은 마음이다. 치우치거나 붙음도 없고不偏不倚, 지나침도 모자람過不及도 없다. 따라서 보편타당한 것公이다.

'미발-이발' 개념은 정이가 일원체를 분리시키던 핵심 개념이며, 성리학의 기본 골격이 된다. 정이의 공헌이 바로 그것이다.

(4) 정이는 마음을 미발-이발로 나눌 뿐만 아니라, 성性과 정情으로 나눈다. '정'은 감정·욕망이며, 의식의 흐름이다. 늘 생겨났다 없어지는 것이다. '성性'은 보통 '본성'이라 번역한다. 마음에 있는 일정한 구조이다. 늘 있는 구조이기 때문에, 항상 마음에 영향을 미치며, 마음의 기본 틀을 이룬다. 대략 미발은 본성性, 이발은 감성情과 일치한다.

정이는 이처럼 마음을 둘로 나누고, 도덕률의 근원을 미발의 본성에 둔다. "본성은 리이다性卽理", 이 명제에서 '성리학性理學'이라는 말이 나왔다. '본성=리性=理'는 주관과 객관을 일치시킨 것이다. 리는 사물과 사물 사이의 결-관계를 뜻한다. 본성은 내 마음의 일정한 구조이다. '미발'이라는 점에서 양자는 같다. 개인성이 드러나지 않은 보편성-일반성이 미발이다. 사물들 사이의 관계(리)도, 내 마음의 본성도 바로 보편타당한 것이어야 한다. 보편타당함은 또한 도덕률의 특징이기도 하다.

사람의 본성에는 사물들 사이에 올바른 관계를 맺을 수 있는 원리와 이치가 갖추어져 있다. 그것을 일러 정이는 "본성은 리이다"라고 했다.

# 주희 – 성리학의 마음 이론의 완성자

주희는 앞의 세 사람의 이론을 종합해서 성리학을 만든다. 구법당의 염원이던 관리–정치가의 이성–인격 형성 방법이 완성된 것이다.

(1) 주희는 자신의 마음 이론의 핵심을 다음의 두 명제로 말한다. "마음은 본성과 감성을 통괄한다心統性情." "본성은 리이다性卽理." 그는 이 둘을, 팽개치고 두들겨도 깨지지 않을 명제라고 한다(『주자어류』 5-70). '심통성정心統性情'이 장재의 것이라고 주희는 말하지만, 현존하는 장재의 글 어디에도 이 명제가 보이지 않는다. 이 명제는 기일원론이라는 장재의 이론과도 어울리지 않는다.

주희는 정이가 이루어놓은 업적에서 출발한다. 이 세계를 '형이상–형이하'로, 마음을 '미발–이발'로 구분하고, '형이상–미발'을 리로 보는 것이다. 주희는 형이하–이발은 장재의 기철학에 대응한다고 본다. 반면 리는 정호가 제시한 것이다. 이 양자를 분리하고 다시 종합해서 형이상학적 이론체계를 세우기 시작한 사람이 정이이다. 주희는 그 작업을 완성한다.

(2) 주희는 기본적으로 마음이 '모순' 혹은 대립에서 성립한다고 본다. '형이상–형이하, 미발–이발'은 모순이다. 형체를 초월한 것과 형체 안에 있는 것, 혹은 '아직 드러나지 않은 것'과 '이미 드러난 것'은 대립적인 것이다. 모순이기에 그것들은 동시에 존재할 수 없

다. 그러나 마음은 현상 사물과 다르다. 오히려 그런 모순이 있기에 마음이 존재할 수 있다.

현실적으로 우리 마음은 의식의 흐름이다. 지각 감정·욕망이다. 그것은 경험적인 것이며, 개인적인 이해 관계 위에 있다. 이 측면은 어느 누구나 인정한다. 주희는 그 외에 마음에 선험성-보편성-타당성이 있다고 한다. 그것은 의식의 흐름 밑바탕에 있다. 다시 말해서 개인성과 보편성, 경험성과 선험성, 사적 이해 관계와 도덕적 당위-타당성은 동시에 존재한다. 즉 미발과 이발이 늘 함께 있는 것이 마음이다.

(3) 모순 대립의 공존: 이것은 표현의 방법에서는 대구법으로, 철학적으로는 이원론으로, 논리적으로는 대칭성으로 나타난다. 후대의 많은 학자를 매혹시켰던 주희 문체의 핵심은 대구법이다. 언제 어디에서나 그는 기하학적 대칭성을 구현한 대구를 자유자재로 사용했다. 주희가 대구를 쓸 수밖에 없었던 것은 바로 모순 대립자로 이루어진 이원론의 성격 때문이다.

따라서 주희는 마음을 도식적으로 설명해낼 수 있다.

- 리 계열

  성性 본연지성 4단 도심道心 거경居敬 존양存養 미발 정靜 중中 형이상

- 기 계열

  정情 기질지성 7정 인심人心 궁리窮理 성찰省察 이발 동動 화和 형이하

이 외에도 수많은 용어와 구절을 그는 대구법적으로 대칭시킨다.

주희는 정호-정이의 예를 따라서, 자신의 체계에 사서 등 고전의 모든 사상을 집어넣는다. 이는 언뜻 보기에 아름다울 정도로 대

**형식논리학**
올바른 논증의 형식적 구조를 연구하는 학문으로, 경험이나 사실의 내용을 무시하고 오로지 그 사유의 형식만 고려한다.

칭성을 가진 이원적 구조이기 때문에, 거의 모든 사상이 다 담길 수 있다. 형식논리학에 따르면 전제에 모순이 있으면, 결론으로 어떤 것이든 도출할 수 있다. "A + A가 아닌 것 = 모든 것"이기 때문이다. 대칭성은 그런 점에서 주희를 유가 사상의 최대의 종합자—집대성자로 만들었다.

## 세 가지의 마음 이론

장재, 정호, 정이를 거치면서, 마음을 어떻게 볼 것인가, 그 가능한 견해의 수는 결정되었다. 장재와 정호는 정반대의 입장에 선다.

장재: 존재하는 것에 근거. 재료적 관점. 기의 측면
정호: 요청하는 것에 근거. 법칙적 관점. 리의 측면

장재는 명확하게 '기'를 말한다. 정호는 '천리天理'라는 말은 자신의 체험에서 나온 말이라 한다. 이들은 패러다임의 창시자들이다. 이후 중국과 한국의 철학은 마음을 리 혹은 기, 어느 쪽으로 볼 것인가로 분류할 수 있다. 마음을 리와 기로 규정하는 경우의 수는 다음의 네 가지다.

마음 = 리, 마음 = 기, 마음 = 리 + 기, 마음 = 0

'마음 = 0'이란 마음을 리나 기로 규정하지 않겠다는 것이다. 마음이나 리기 같은 주관적 요소보다는 제도나 법과 같은 객관적 필연성을 중시한다. 이는 신법당 왕안석의 제도 개혁론이나, 진량陳亮의 결과事功 중시 이론이 그것이다. 이들은 인격에 모든 것을 거는 도학자들을 비웃으며, 천하를 물질적으로 구제하는 것을 임무로 삼는다.

나머지 셋이 구법당의 인격 수양론 계열이다. '마음 = 기'는 장재에서 출발해서 호남학의 지각설, 그리고 명나라 때의 나흠순이나 왕정상, 조선의 이이와 서인-노론 계열의 핵심 주장을 이룬다. 이이는 명확하게 "마음은 기이다心是氣"라고 주장한다. 마음은 기이기 때문에, 마음에는 사람의 행위를 제어하는 도덕률이 없다. 도덕 규범은 리의 요소이다. 따라서 이들은 마음 바깥에서 도덕 규범을 찾는다. 마음은 규범을 잘 따르도록 훈련되어야 한다. 기질 변화론이 그것이다. (나는 이 계열을 '심기학'이라 한다.)

'마음 = 리'는 정호에서 시작해서, 육구연과 왕수인의 양명학으로 대성한다. 이들은 마음 그 자체가 도덕률이기 때문에, 이를 현실에 실천하는 지행합일을 주장한다. 개인의 마음이 현실을 변화시킬 수 있다는 실천 우위의 주장은 "중국을 내 한몸으로 보는" 영웅주의로 나간다. 『대학』에서 말하는 '큰 사람大人'은 자신의 양지良知를 천하에 실현시킨다. 천하와 크기가 같은 대장부론이다. 천하는 내 마음을 내 뜻을 실현시키는 재료이다. 이는 성선설의 극단이며, 맹자식 영웅주의의 부활이다. 성선설은 이처럼 '거대 자아' 이론으로 나가게 되어 있다.

'마음 = 리 + 기'는 정이와 주희의 주장이며, 원-청 시대의 국가철학이던 성리학이다. 조선에서는 이황이 이 계열이다. 마음을 성 + 정으로 나누고, '성 = 리, 정 = 기'로 본다. 이 가운데 '성 = 리'가 중요하기 때문에 성리학이라 한다. 정이와 주희가 만들었으므로 '정

**진량**
1143~1194. 무주영강婺州永康 사람으로 주희와 왕패의리논쟁을 한 것으로 유명하다. 『용천문집龍川文集』, 『용천사龍川詞』를 남겼다.

주학'이고, 리가 중심이므로 '리학'이다. 진리를 강조했다고 해서 '도학道學'이라고도 한다.

## 본성은 리이다

본체가 그대로 현상으로 드러난다는 정호의 깨달음을, 정이는 '성즉리性卽理'라는 명제로 압축한다. 이로써 '성리性理'학이 성립한다.

세상의 모든 사물은 본성性이 있고, 사물은 그 본성이 드러난 것이다. 이는 화엄의 "모든 현상 사물은 본성이 일어난 것性起"이라는 사상을 방불케 한다. 그러나 정이와 주희는 이를 『중용』 첫머리의 "하늘이 명령한 것을 본성이라 한다天命之謂性"로 설명한다. 모든 사물에는 '하늘의 명령天命'이 부여되어 있다. 이 명령이 그 사물의 본성이 된다. 따라서 하늘의 명령은 '본성의 명령性命'이 된다. 그 사물이 어떻게 행위할 것인가 고민할 때, 바로 그 '하늘의 명령', '본성의 명령'에 따라 하면 된다. 모든 사물이 자신에게 부여된 하늘의 명령에 따라 늘 행위한다면, 이 세상은 평화와 조화를 이룰 것이다.

결국 사물의 움직임은 부여받은 '천명=본성'의 발현이 된다. 이는 일종의 범신론이다. 사물 개체 안에 신이 부여되어 있다. 본성으로 부여된 천명이 바로 개체 속의 신이라 할 수 있다. 이 신은 단지 '명령'으로만 존재한다. 행위를 지시하는 명령, 이것을 정호는 '리理'라 한다. 따라서 '천명=본성=천리'이다. 성즉리性卽理의 의미가 그것이다.

문제는 있다. 과연 모든 사물이 다 부여된 '천명인 본성'을 실현하는가? 돌멩이와 같은 자연 사물에서 본성이란 무엇인가? 주희는 사물이 가진 특성을 '본성'인 것처럼 말하지만, 이런 설명은 사실상 아무런 효력도 의미도 없다. 그래서 기의 '맑고 흐림, 혹은 열림–닫힘'이라는 품질을 핑계로 삼아, 인간 이외의 사물들은 천명인 본성을 실현할 수 없다고 한다. 기의 열악한 품질이 천명을 가린다는 것이다. 특히 맹자가 말한 선한 본성인 인의예지仁義禮智가 천명인 본성이라 할 때는 더욱 그렇다. 도대체 사물에 인의예지의 본성이 부여된 것 같지 않기 때문이다.

자연 속의 개별 사물에서 천명인 본성의 실현을 막는 대신, 자연 전체에는 천지지심天地之心이 있다고 한다. 자연 전체가 조화롭게 움직이는 이유는 바로 천지의 마음이 있기 때문이다. ('천지=자연'이다.) 이렇게 자연 사물을 제외하면, 결국 천명인 본성, 리인 본성을 실현할 수 있는 존재는 인간으로 한정된다. 그 실현 장소는 사람의 마음이다.

## 성즉리와 본연지성,<br>가능태와 수양론의 성립

출발점에서는 성즉리가 모든 사물에 다 적용된다고 했지만, 이론적인 제약 때문에 성즉리는 사람의 마음에만 적용된다. 마음은 본성과 감성의 두 요소를 가진다.

마음은 하늘의 명령을 실천하는 주체이다. 동시에 마음은 몸의 생리 작용이기도 하다. 이 상반되는 두 요소를 주희는 본성과 감성

이라 한다.[1]

내 마음에 부여된 '하늘의 명령天命', '하늘의 이치天理'는 나의 본성을 이룬다. 하늘이 부여한 것이기 때문에 이 본성은 '천지지성天地之性'이라 하고, 모든 사람에게 본래적인 것이기 때문에 '본연지성本然之性'이라 한다.

하지만 이런 성즉리에도 문제는 있다. 하늘의 명령과 이치가 부여되어 있건만 사람들은 나쁜 짓을 하고, 잘못을 범한다. 마음에 무슨 문제가 있는 것인가? 바로 이 지점에서 주희는 가능태-현실태의 양상 논리로 나간다. 성즉리는 가능태로 주어졌다. 그것은 가능성, 혹은 싹으로 주어진다. 가능성을 키워서 현실화하는 것은 개인의 몫이다. 성즉리는 가능태이기 때문에, 모든 사람이 곧 성인 군자는 아니다. 가능태이기 때문에 그것을 현실화하는 마음 수양이 필요하다. 따라서 가능태는 수양론의 성립에 필수 조건이다.

**가능태**
일반적으로 능력 또는 기능이라고 번역되지만, 아리스토텔레스는 현실태로 될 가능성이 있는 가능적 존재로 정의한다. 가령 나무의 종자는 나무의 가능태이다.

**현실태**
아리스토텔레스가 사물의 가능성을 나타내는 '질료'가 사물의 본질에 해당하는 '형상'과 결합하여 현실적으로 존재하게 된 상태를 가리킬 때 사용한 용어이다. 가령 대리석은 질료로서 조각상의 소재이면서 동시에 가능성의 상태인데 이것이 인체의 모습을 띠면 조각상으로서의 형상이 실현되는 것과 같다.

## 일원론과 이원론 — 리와 기의 붙음과 떨어짐

마음은 리와 기, 하늘의 명령과 생리 작용, 보편성과 개인성, 가능태可能態와 현실태現實態, 이성과 감성 등의 모순으로 이루어진 존재

1 '정情'은 감정·욕망·사려 등을 가리킨다. 이를 '감성'이라 번역한 이유는, 성性을 '이성'이라 번역했기 때문이다. 그러나 '감성'은 '감정 + 욕망 + 사려' 등의 의미를 다 포함하지 않는 것 같다.

다. 정호는 둘이 합일된 일원체를 깨닫는 신비 체험을 한다. 정이는 그 둘을 분리했다. 주희는 분리에 근거해서 철저한 이론화-형이상학화의 길로 간다.

가능태와 현실태라는 대립되는 두 요소로 구성되어 있기 때문에, 마음의 모든 요소는 하위 단위까지 이분법적으로 나뉜다. 이성-감성, 리-기의 대립은 가장 큰 규모에서 대칭성이다. 대칭성은 그대로 하위 부분으로 전이된다. 본성은 본연-기질로, 감성은 사단-칠정으로, 마음은 도심-인심, 혹은 미발-이발로, 수양론은 거경-궁리로 대칭된다. 모순 대칭은 마음의 모든 요소에 다 깃든다.

성리학 안에는 늘 정호의 일원론-깨달음과 정이의 이원론-수양론의 씨름이 팽팽했다. 이는 통칭 리와 기의 '붙음不相離'과 '떨어짐不相雜'이라는 말로 나타났다. 정호의 일원론으로 가는 이들은 리와 기를 붙이려 했고, 정이의 이원적 대칭성으로 가는 이들은 떨어뜨리려 했다. 주희는 양자 사이에서 요동한다. 대표적인 것이 본연지성과 기질지성의 '붙임-떨어짐'이다.

낱말의 의미상 '성性'은 마음에서 오래 지속되는 구조이고, '정情'은 마음에서 생겨났다 없어지는 흐름이다. 정이는 마음의 지속되는 구조를 본연지성과 기질지성으로 구분한다. 본연지성은 천명天命이 개인의 마음에 부여된 것이다. 하늘의 명령은 천리이며, 보편성이다. 사회 전체의 요소이다. 이는 송나라라는 대통일 국가를 유지하기 위한 규칙과 규범이다.

기질지성은 각 개인의 몸을 이루는 기氣의 특성이다. 예컨대 '성급하다, 게으르다, 잔인하다' 등 개인마다 가지는 성격이나 성질이다. 개별적인 것이다. 분리주의자인 정이는 본연지성=리, 기질지성=기, 이렇게 엄격하게 떨어뜨린다.

반면 주희는 많은 경우, 본연지성은 기질지성 속에 들어 있는 리라고 한다. 본연지성은 기질지성에 포함된다. 이는 정호의 일원론 때문이다. 본체가 그대로 현상으로 드러난다. 본체는 리인 본성이고, 현상은 기이다. 기 속에 리인 본성이 그대로 드러난다. 그래서 본연지성은 기질 속의 리라는 것이다. 이는 리와 기를 붙여서 일원적으로 만든다.

기대승과 이이는 주희가 가지 않은 일원화의 끝까지 간다. 본연지성이 기질지성에 포함되듯이, 사단은 칠정에 포함된다. 도심과 인심은 동시에 대칭적으로 존재하지 않고, 번갈아 일어난다. 이런 식의 일원화는 주희의 성리학의 핵심 골격인 마음 이론을 무너뜨린다.

## 마음은 본성과 감성을 통괄한다

주희는 "마음은 본성과 감성을 통괄한다心統性情" 혹은 "본성과 감성을 주재한다心主性情"고 한다. 마음은 '통괄統하고 주재主宰'하는 것이다. 반대로 말하자면, 만약 본성과 감성, 리와 기, 미발과 이발이라는 대립자가 존재하지 않는다면 '통괄-주재'는 성립하지 않는다. 양자의 대립 속에서 선택 결단하는 것이 '통괄-주재'이기 때문이다. 만약 마음이 일원체라면 통괄 주재할 필요없이, 본능에 따르듯이, 일원체대로 하면 된다. 주희가 집념처럼 이원론-대칭성을 추구하는 이유가 거기에 있다.

리는 사회 전체의 요소이다. 기는 그 개인의 요소이다. 송나라라는 대통일 국가가 유지되기 위해서는 전자가 필요하다. 반면 개인이 태어나면 몸을 가지기 때문에, 개인적 요소는 필연적이다. 이 양자의 대립 속에서 마음의 현상인 감정·욕망이나 사유와 행위가 성립한다. 만약 본연지성을 기질지성의 일부로 포함시켜서 일원화를 해버리면, 심통성정의 명제는 성립하지 못한다. 대신 다른 이론으로 나가게 된다.

양자 대립은 마음을 도심과 인심의 대칭으로 만든다. 리를 따르는 도심과 기에 근거한 인심이 길항 작용을 할 때, 도심이 인심을 지배하게 만들라. 이것이 성리학의 권고이다.

## 마음의 미발과 이발 – 선험성과 경험성

(1) 주희는 마음을 "기의 정상精爽, 허령 불매虛靈不昧, 허령 지각虛靈知覺"이라 한다. 마음은 기로 이루어진 몸의 생리 작용이다. 그 작용 가운데 정밀한 것이므로 '기의 정상'이라 한다. 마음의 기본적인 기능은 지각-인식하는 것이다. 지각 작용은 '자극-반응感應'이다. 대상 사물이 마음-주관을 '자극'하면, 마음에 그 '반응'으로 지각 내용, 감정·욕망, 생각이 생겨난다. 이는 시간 속에서 생기고 없어지면서 의식의 흐름을 이룬다. 마음의 지각 작용은 누구나 인정하는 부분이다.

주희에 따르면, 지각 작용이 외부의 대상 사물뿐만 아니라, 마음 내부의 성즉리-본연지성을 향한다. 마음의 대칭성 때문에, 허령불매한 지각은 안과 밖, 양쪽을 다 향한다.

(2) 주희는 마음을 '이미 드러남已發'과 '아직 드러나지 않음未發'으로 구분한다. '드러남'은 감성情이고, '드러나지 않음'은 본성性이다. (둘은 동시에 존재한다.) 외부 사물의 지각 작용으로 생긴 감정·욕망·사려 등이 '마음의 드러남'이다.

주희는 마음의 '드러나지 않음'을 "지각이 어둡지 않음知覺不昧"과 "사려가 일어나지 않음思慮未萌"으로 정의한다. '사려'는 지각의 결과 생긴 '감정·욕망·생각'을 두루 가리킨다. 이는 그 개인만의 것으로 사적인 이기심과 편견이 서려 있다.

그 자신만의 감정·욕망·생각 등이 '일어나기 이전未發'의 마음-자아는 무엇인가? 그것은 '현재의 나'이다. 현재는 하나의 순간이며 점이다. 지각-인식하는 주관은 언제나 '현재'의 순간에 있는 나이다. 순간은 크기가 없다. 현재의 나는 지각 작용 그 자체이다. 따라서 지각 결과로 나오는 감정·욕망·사유 등이 없는 것이다.

(3) '현재의 나'에는 무엇이 있는가? 두 가지 의견이 가능하다.

첫째, '현재'는 순간이며, 0이다. 현재의 나에게는 아무것도 없다. 이렇게 보면 마음은 단지 지각-감정·욕망-사유하는 경험적인 것이 된다.

둘째, 그러나 주희는 현재의 '나'에 세상 모든 리의 전체가 담겨 있다고 본다. 개인적 경험인 감정·욕망을 다 깎아내면, '현재의 나'만 남는다. 그것은 0이 아니라, 이 세상 전부의 '이치'가 들어 있다. 그것을 '본성'이라 한다性卽理. 이는 증명되는 사실인가? 물론 아니다. 그러하다고 가정한 것, 혹은 요청한 것이다. 이 가정과 요청을 인정할 수 없다면? 물론 0의 입장인 경험론으로 가게 된다. 이는 마음을 기로 보는 입장이다.

(4) '나'는 반드시 현재의 순간에 있으며, 지각 작용 그 자체虛靈不昧, 知覺不昧이다. 지각은 늘 바깥의 대상 사물로 향한다. 그래서 감정·욕망과 사려가 생긴다. 이것이 '이발已發'이다. 반대로 지각 작용이 안으로 향할 수는 없는가? 마음이 '일어나지 않음' = 본성의 리, 이것을 지각할 수 있는가? 없다. 왜 그러한가?

지각 대상은 특정한 시간-공간 속에 있는 사물이다. 형이하이다. 반면 본성의 리는 모든 시간-공간에 적용되는 것이다. 형이상이다. 따라서 논리적으로 리는 지각의 대상이 될 수 없다. 미발은 지각 작용이 일어나지 않는다는 뜻이다. 지각은 개인적인 인식 작용이다. 여기에서 개인적인 감정·욕망·사려가 생겨난다. 미발은 바로 이런 개인성私이 없음이다. 『중용』에서 '희로애락의 미발'을 '알맞음中'이라 한다. 주희는 이를 '과불급이 없음', '치우침과 붙음이 없음不偏不倚'이라 한다. 정이는 '공정함公'이라 한다. 이처럼 미발은 보편타당성을 의미한다.

(5) 주희는 이발=지각, 미발=미지각, 이렇게 나눈다. 이발의 마음은 지각 대상이다. 나의 감정·욕망·사유는 다 지각된다. 성찰과 찰식察識의 감시 대상이다.

반면 미발은 지각할 수 없다. 그러면? 함양해야 한다. 물 주어 기르는 것이다. 함양을, 주희는 맹자를 빌려서 '존심 양성'이라 하고, 정이를 따라서 '거경居敬'이라 한다. 존심 양성은 마음을 보존하고, 본성을 기름이다. 시도 때도 없이 드나드는 마음을 몸 속에 넣는다. 그리고 나의 본성을 기른다. 마음을 다해서 생각하는 것盡心이 그것이다. '경건함에 거함'이란 삶의 태도이다. 진지하게 진실하게, 나의 불완전함에 애태우고 근심 걱정하는 것이다. 자포자기의 반대이다.

도식화하면 이발-지각-경험/미발-사유-선험, 이렇게 된다. 미발은 사유의 대상이다. 아니 사유 자체가 미발의 발휘이다. 자아는 경험과 선험, 지각과 사유, 이 두 측면으로 이루어져 있다. 사유만이 보편타당성, 즉 무과불급-불편불의한 공정함을 알고 실천할 수 있다.

## 리일분수理一分殊와 생명체론

(1) 주희의 성리학은 '리'를 근거로 세워졌다. '리理'를 규정하는 두 가지 중요한 용어가 '미발'과 '태극'이다. '미발'은 '선험성-보편타당성'을 의미한다. '태극太極'은 '큰 끝'이다. 이 세상 모든 사물에는 궁극적인 끝이 있다. 예컨대 '아버지'라면, 아버지 역할의 '가장 큰 끝', 즉 가장 이상적이고 완벽한 상태가 있다. 태극은 질적인 끝을 뜻한다(플라톤의 이데아 개념과 비슷하다).

세상 모든 사물의 질적인 최고 상태가 태극이며, 리이다. 나아가 태극은 모든 사물의 리의 전체이다. 이는 나의 미발의 본성에 주어져 있다. 본성에 태극(리의 총체)이 주어진다는 것은 실제 그러한가? 이 역시 '가설이고, 요청된 것'이다. 왜 그는 태극을 요청하는 것인가?

주희는 태극이 각 개인에게 부여된 것을 '달이 모든 강에 도장 찍힘月印千江'에 비유한다. 개체에 세상 모든 사물의 리가 부여되는 것, 이는 개체 속에 전체가 있는 것이며, 부분 속에 전체가 있는 것이다. 상식적으로 보자면, 전체 속에 부분이 있지, 부분 속에 전체가 있는 것은 아니다. 그런데 왜 반대로 말하는 것인가?

부분 속에 전체가 있다는 것은 '생명체론'이다. 생명체는 하나의 닫힌 체계이다. 그 생명체의 각 부분은 전체를 위해서 일사불란하게 작동한다. 사람이나 짐승의 몸이 그렇다. 이렇게 부분이 전체를 위해서 움직이게 하기 위해 필요한 것이 바로 '부분 속에 전체를 부여하는 것'이다. 생물의 경우, 모든 세포에는 그것의 전체 정보를 담은 유전자가 있다. 각 세포는 전체의 정보를 가지고 있으므로, 전체 안에서 자신의 위치와 역할을 정확하게 수행할 수 있다.

본성에 리의 전체(태극)가 부여되었다는 것도 생명체론이다. 인간은 국가 전체의 한 부분을 이룬다. 국가 전체를 하나의 생명체라 볼 때, 국가가 조화와 질서를 유지하기 위해서는, 국가 전체의 정보가 각 개체에 주어져야 한다. 개체는 자신에게 주어진 전체의 정보에 따라서 자신의 임무를 정확하게 수행하게 된다.

(2) 본성에 부여된 전체 정보(태극)에 따라 개인들이 행위한다. 리일분수 이론이 그것이다. '리일분수理一分殊'는 "리는 하나지만, 그 나뉨은 다르다"는 뜻이다. '하나인 리'는 '리의 전체를 뭉뚱그린 하나'(태극)를 뜻한다. 전체 정보이다. 나의 본성에 주어진 리이다. '리의 전체' 가운데 내가 처한 상황에 맞는 리를 골라서 적용시키면 된다. 이것이 리의 나뉨이다.

이는 공자의 정명론正名論의 변용이다. "임금은 임금답고, 신하는 신하다워야 한다. 아버지는 아버지다워야 하고, 자식은 자식다워야 한다." 내가 아버지일 때는 아버지의 역할을 다하고, 자식일 때는 자식의 역할을 다하면 된다. 한 인간은 동시에 아버지이면서 자식일 수 있다. 이론적으로는 한 개인에게는 그 사회의 모든 역할이

**공자의 정명론**
『논어』「안연」 11에 근거하는 것으로 인간의 도덕본성이 인륜관계 속에서 다양한 덕목으로 실현되는 것을 뜻한다.

다 주어질 수 있다. 상황에 따른 역할을 내가 다할 수 있는 이유는 '리일분수'이기 때문이다.

이는 또한 공자의 인仁(인격, 사랑)의 이론이기도 하다. 내 마음에는 인간에 대한 근원적인 사랑이 주어져 있다. 이 사랑을 대상에 따라 베풀면 된다. 아버지에게는 효로, 임금에게는 충으로, 자식에게는 자애로, 친구에게는 미더움信으로 베풀라. 이렇게 근원적인 사랑을 베풀면 효·충·자애·미더움 등 모든 덕목을 다 갖출 수 있다. 모든 덕목을 갖춘 자를 인격자라 한다. 따라서 인격의 근원은 사랑이다. 이는 리일분수와 같다. 하나인 사랑이 다양한 덕목으로 나타난 것이다.

마음가짐으로는 '사랑仁'이고, 행위로는 '정명正名'이다. 이는 서로 짝을 이루는 것이며, 리일분수라 할 수 있다.

(3) 주희는 미발의 본성을 자아('나')의 뿌리로 본다. 그것은 길러야 한다. 기르는 방법은 여럿이다. 예컨대 미발의 마음, 선험성, 보편타당한 공평한 마음을 가지는 것이다. 근원적 사랑을 덕목으로 실현하는 것, 혹은 자신의 모든 역할을 다하는 것이다. 나의 불완전함에 대해서 근심 걱정하면서 애태우는 것이다. 이를 계신공구戒愼恐懼라 하고, 혹은 경건함에 거함居敬이라 한다. 경건함은 죄의식이다. 늘 내 마음을 채찍질하고 담금질해서 완성시키는 힘이다.

주희는 사물에 나가서 '이치를 탐구함窮理'을 강조한다. 미발의 본성에 주어진 리는 지각되지 않기 때문에, 사물에서 이치를 탐구해야 한다. 이치 탐구는 한 개인이 하기에는 벅찬 일이다. 따라서 성현이 이미 탐구해둔 결과인 사서오경 등의 경전 공부를 해야 한다.

주희의 마음 수양론은 '미발-거경, 이발-궁리'로 요약된다. 경건함으로 도덕적 주체성을 완성하고, 이치를 탐구함으로 도덕적 세계관을 세운다. 이렇게 해서 구법당의 인격 수양론은 완성된다. 송나라라는 대통일 국가를 운용하는 지식인 관리–정치가의 이성은 도덕적 주체성과 세계관 위에 건립된다.

## 더 읽을거리

『주자어류』 1–4, 이승준·이요성·허탁 옮김, 청계(휴먼필드), 1998, 2001

주희의 강의를 제자들이 적은 것을, 남송 때 여정덕이 편집한 것이다. 전체 140권. 이 가운데 "도·리·태극·음양·오행·인仁" 등을 다룬 부분을 번역했다. 아직 완역본은 없다. 주희의 문집과 더불어서 성리학을 이해하는 데 가장 기초적인 자료이다. 문집은 주희가 직접 쓴 글이지만 철학과 거리가 먼 글이 많다. 반면 『주자어류』는 제자들이 쓴 것이지만, 철학적 주제를 직접적으로 다룬 것이다.

손영식, 『이성과 현실』, 울산대학교출판부, 1999

북송 시대에 성리학이 발생해서, 남송 시대에 완성되는 과정을 설명한다. 신법당의 제도 개혁론과 구법당의 인격 형성 이론의 대립, 인격 형성에 있어서 장재–호남학, 정호–육구연, 정이–주희 계열의 대립 논쟁과 발전을 다룬다. 성리학은 형이상학 체계이기 때문에 어렵다. 이 책은 역사적인 사실과 학파들의 논쟁을 중심으로 성리학을 설명하기 때문에, 성리학을 좀 더 쉽게 그리고 촘촘하게 이해할 수 있다.

우노 데츠도宇野哲人, 『송대 성리학사』 1·2, 손영식 옮김, 울산대학교출판부, 2005

원저는, 청대 학자 황종희가 저술한 것을 아들 황백가가 편집하고, 전조망이 완성한 『송원학안宋元學案』의 충실한 요약이다. 북송 시대부터 주희와 그 제자 동료들의 사상을, 원전 중심으로 평이하게 번역하고 설명한다. 원저의 후반부인 육구연과 양명학 부분은 번역하지 않았다. 『송원학안』은 도통론道統論에 근거해서 학자들을 배열하고, 그들의 저술에서 중요한 구절을 발췌해서 수록한 앤솔로지다. 따라서 수많은 신유학자의 원전을 접할 수 있다.

손영식, 『성리학의 형이상학 시론』, 울산대학교출판부, 2007
손영식, 『성리학의 형이상학 도론』, 울산대학교출판부, 2008

정원재 선생의 박사학위 논문의 중심 가설인, '이이의 철학은 지각설이다'라는 것을 두고 2001년부터 2006년까지 논쟁이 벌어졌다. 새로운 학설에 대한 기존 학계의 비판이다. 이 두 책은 성리학의 개념, 그리고 신유학의 학파 분류에 대한 논쟁을 기록한 것이다. 전문적이기는 하지만, 현재 우리나라 성리학의 연구 수준을 가늠할 수 있다. 다시 말해서 이 책들은 신유학 연구의 최전선인 셈이다.

왕수인

# 주체성의 철학

## 김수중

서울대학교 철학과를 졸업하고 같은 대학원에서 양명학에 관한 논문으로 철학박사 학위를 받았다. 현재 경희대학교 명예교수이다. 북경대학 철학과 교환교수, 한국양명학회 회장을 역임했다. 한의학의 철학적 배경에도 관심이 많으며, 현재 경희대학교 대학원에서 한의학·철학 협동과정을 지도하고 있다. 주요 논문으로 「주역, 중용, 사이버네틱스」, 「대동사회와 유토피아」, 「동양철학과 매체」, 「원시유가의 덕목들과 도덕원리」 등이 있다. 역서로 『중국 문화의 시스템론적 해석』, 『강설 황제내경』(공역)이 있고, 공저로 『인간이란 무엇인가』, 『공동체란 무엇인가』 등이 있다.

## 양명학의 역사적 배경

양명학은 명대 왕수인王守仁(호 양명陽明, 1472~1528)에 의해 제창된 이래 중국 사회에 가장 큰 영향력을 행사한 사상이었다. 처음 발생할 때는 주자학에 대한 반동으로, 이른바 '도학 혁신 운동'으로 나왔다.

1313년(원나라 인종) 이후로 주희의 경전 주석이 과거시험의 표준이 되면서 주자학은 관학화되기 시작했으며 명대에 와서는 관학으로서 확고히 자리를 잡게 되었다. 왕수인은 처음엔 지식인과 관료들의 안이하고 무기력한 태도가 불만이었고, 당시의 주자학은 이미 '성인지학聖人之學'으로서의 기능을 상실했음을 개탄하였다. 이에 대한 반동으로 왕수인이 주장한 것이 '지행합일知行合一' 사상이다. 당시 사회의 엘리트였던 주자학자들은 사대부로서 독서를 통한 이치의 궁구를 우선하였다. 이에 반대하여 왕수인은 주체성을 강조하였다. 모든 이치, 특히 도덕 실천의 문제는 주체성을 떠나서는 성립할 수 없다. 즉 "내 마음이 이치를 좌우한다心卽理"는 것이다.

**이지**
양명학파 가운데 태주학파泰州學派에 속하며, 금욕주의·신분차별을 강요하는 예교禮敎를 부정했다.

한편 명대에는 경제 발전과 더불어 서민 세력이 성장하였다. 왕수인은 모든 사람이 사대부와 같이 학문을 할 수는 없지만, 사농공상士農工商이 각자의 위치에서 양심에 따라 실천하면 된다致良知고 가르쳤다. 양명학의 이런 주장에 많은 사람이 공감하고 몰린 것은 명대 사회가 이미 주희의 시대와 달라졌음을 반증하는 것이다. 양명학은 왕수인 사후 더욱 과격한 방향으로 발전하였다. 명말에 양명학을 이어받은 이지李贄(호 탁오卓吾, 1527~1602)는 '동심설童心說'을 주장하여 철학사상뿐만 아니라 문학 분야에 커다란 반향을 일으켰다.

종래 학계에서는 양명학이 주자학의 한 변형에 불과한 것이 아닌가 하는 논란이 제기되어왔다. 어떤 사람은 양명학을 '주자학의 내면화'라 하고, 또 '주자학의 대중화'라고도 말한다. 그러나 이런 평가들은 불완전하다. 다른 철학 사상들과 마찬가지로 양명학의 등장은 기존 사조인 주자학에 대한 반동에서 시작되었지만, 이후 양명학 운동은 시대적 요구를 흡수하면서 전혀 새로운 면모로 발전해갔다.

이제 송대의 주자학과 대비하여 명대의 양명학의 특성을 좀 더 이해하기 위하여 송대와 명대를 대비하여 설명해보기로 한다. 명대에는 국가사회의 내부적 갈등, 곧 내우內憂가 사회의 주된 모순이었다. 거기에 또 소수민족의 반란과 번왕藩王의 반란은 그러한 갈등을 더욱 부채질했다. 주원장朱元璋은 건국 초부터 외환外患에 대한 하나의 방책으로 자기의 아들들을 왕으로 봉하여 변방으로 보내어 외침에 대비하는 정책을 썼는데 그들이 번왕 혹은 세왕塞王이다. 번왕들은 군사적으로 강대해지면 중앙 왕실과 갈등을 일으키다가 난을 일으키는 일이 많았는데, 명의 세 번째 황제인 영락제永樂帝는 바로 번왕으로서 발호하여 성공한 경우이다. 왕수인도 후반에 영왕寧王(주신호朱宸濠)이 일으킨 반란을 진압하고 그를 사로잡은 바가 있다. 또한 명나라의 판도 안에는 소수민족이 많았는데 그들이 반란을 일으키는 경우도 종종 있었다. 명대 사회의 이러한 과도기적 현상—사회적 계급 간의 갈등, 왕족 내부의 갈등, 국가 안에서의 민족 갈등—은 양명학의 성격과 밀접한 관련이 있다고 생각된다. 즉 양명학파가 '대동大同'을 추구하고 효제孝悌 등 가족 윤리를 강조한 것은 바로 이와 같은 사회적 갈등이 주요한 배경의 하나가 되는 것으로 생

**주원장**
1328~1398.
명나라의 초대 황제(재위 1368~1398)이다. 홍건적에서 두각을 나타내어 각지 군웅들을 굴복시키고, 동시에 북벌군을 일으켜 원나라를 몽골로 몰아낸다. 한족漢族 왕조를 회복시킴으로써 중앙집권식 독재체제의 확립을 꾀하였다.

**양명학파**
보통 지역적 분포와 학문적 성향에 따라 분류된다. 황종희는 『명유학안』에서 양명학을 지역에 따라 7개 학파로 구분한다. 1.남중왕문南中王門학파, 2.초중왕문楚中王門학파, 3.북방왕문北方王門학파, 4.월민왕문粵閩王門학파, 5.절중浙中학파, 6.강우江右학파, 7.태주泰州학파. 일본 학자 오카다 다케히코岡田武彦는 학문적 경향에 따라 1.양지현성良知現成설을 주장하는 현성파, 2.양지귀적良知歸寂설을 주장하는 귀적파, 3.양지수증良知修證설을 주장하는 수증파 등 3개 학파로 나눈다.

각된다. 이것은 외환이 더욱 주요한 모순이었던 송대에 의리義理를 내세우고 충忠을 강조했던 주자학과 대비되는 것이다.

명대에는 서민 민중의 세력이 크게 성장하게 되었으며, 상대적으로 사대부의 사회적 위치는 송대에 비하면 훨씬 낮아졌다. 따라서 명대 문화가 풍부한 서민성을 갖는 것은 전혀 놀라운 일이 아니다. 일본의 학자 오카다 다케히코岡田武彦는 도자기를 예로 들어 송대와 명대의 문화적 차이를 다음과 같이 비교하고 있다.

> 명대에 이르면 송대의 내면적內面的, 이지적知思的 경향이 희박해지고 점차 서정적, 정서적인 것으로 이행한다. 도자기를 예로 들어보자. 명나라 자기에는 송나라 자기에 보이는 것과 같은 지적인 엄숙한 조형의 추구가 없고, 모습도 자연적으로 작위하는 흔적을 보여준다. 그 때문에 농염濃穆, 풍윤豊潤한 염색이나 붉은 그림과 같은 정적이고 장식성이 풍부한 쪽으로 마음이 기울며, 더욱이 그 필치는 창달하고 표현은 자유로워 표일분방하다.[1]

오카다는 그 원인을 '송대의 정신문화는 관료지식계급의 취향에 적응하는 것이었고, 명대의 정신문화는 서민계급의 취향에 적응하는 것이었기 때문'이라고 분석한다. 사실 도자기뿐만 아니라 문인화, 시 그리고 소설에서 우리는 명대 문화의 서민성을 여실히 발견할 수 있다. 명 중기에 나온 『서유기西遊記』와 같은 괴기소설, 그리고 후기에 나온 『금병매金瓶梅』와 같은 외설적인 소설이 구어체白話로 쓰인 것은 당시의 지적·사회적 분위기를 잘 말해주고 있다.

1 岡田武彦, 『王守仁と明末の儒學』, 明德出版社, 1970, 10쪽.

# 주체성의 구조 1
—
# 심즉리心卽理

양명학에서는 각 개인의 마음, 곧 주체성을 무엇보다 강조한다. 그래서 신유학의 핵심 개념인 이치理까지도 주체성을 벗어나지 않는다고 말한다. 이를 왕수인은 '심즉리心卽理(마음이 이치다)'라는 명제로 표현한다. 양명학의 제일명제인 이 말은 오늘날의 관점에서 세 가지 주요한 의미를 함축하고 있는 것으로 볼 수 있다.

## 윤리도덕은 주체성에 근거를 둔다

우리가 마땅히 따라야 할 윤리, 혹은 도덕 법칙의 근원은 어디에 있는 것인가? 이치를 중시하는 주자학에서는 객관적인 도덕의 이치가 선험적으로 주어져 있다고 본다. 이를 설명하기 위한 근거를 주희는 『대학』의 8조목에서 끌어왔다. 즉 수신제가와 치국평천하修齊治平를 이루기 위해서는 자신의 뜻을 진실되게 하여 마음을 바로 정하는 성의정심誠意正心이 먼저 성립되어야 한다. 그리고 다시, 성의정심이 성립하려면 먼저 사물의 이치를 탐구하는 격물치지格物致知가 전제되어야 한다는 것이다. 가령 효도의 이치를 제대로 알면, 효도하고자 하는 마음이 절실해지며 이에 우리 마음 자세가 바로 된다는 것이다. 결국 주자학적 태도에서는 지식을 중시하는 주지주의적 입장을 택하게 된다.

왕수인은 바로 이런 점을 반대하였다. 사대부들이 책을 보고 지식을 쌓지만 이것이 과거시험 준비를 잘 하게 되는 것인지는 몰라도 그 지식을 제대로 실천하는 것은 아니다. 도덕의 문제는 사물에 대한 탐구와 지식에 바탕을 두는 게 아니라, 오히려 나의 주체성에 뿌리가 있다. 그래서 귀양살이하던 용장龍場에서 왕수인이 크게 깨친 내용은 바로 이런 것이었다. "성인聖人의 도는 내 심성에 갖추어져 있으니, 지금까지 사물에서 이치를 구한 것은 잘못이다聖人之道, 吾性自足; 向之 求理於事物者, 誤也."(「연보」) 왕수인에 따르면, 주자학은 결국 이원성에서 완전히 벗어날 수 없다. 또한 덕성이나 도덕의 문제는 근본적으로 주관적 심성에 뿌리가 있다고 보아야 한다.

**온청정성**
겨울은 따뜻하게, 여름은 시원하게, 밤에는 잠자리를 바로잡아 드리고 아침에는 안부를 살핀다는 뜻.

가령 효도를 예로 든다면, 온청정성溫清定省 등 여러 절목을 알아야 그것을 제대로 실천할 수 있지 않을까 하고 당연히 의문이 생긴다. 예를 들어 겨울에 부모를 따뜻하게 해드린다고 할 때 '효친孝親의 마음을 다하는 것'이 더욱 근본적인 것이며 그 구체적인 수단들은 부차적인 것이다. 즉 아무리 외적으로 그 수단들이 잘 수행되었다 해도 사사로운 '인욕人欲'이 개입되어 있다면, 그것은 잘못이다. 오히려 그러한 '인욕'이 조금도 없다면, 저절로 부모를 따뜻하게 해드릴 것을 생각할 것이다. 결국 양명의 주된 관심사는 근본과 지엽을 구분하는 데 있다.

이와 같은 기본적 입장에서 왕수인은 『대학大學』의 구조를 주희와는 전혀 달리 해석하였다. 그는 '격물格物'의 격格을 '바로잡다正'로, 물物을 '내 마음이 지향한 것意之所在'으로 해석한다. 그래서 '격물'은 주희가 말한 '이치를 궁구함'을 뜻하는 것이 아니라 내 마음의 바르지 못함을 바로잡는 것이라고 본다. 또 '치지致知'에서의 '지知'는 주희가 말하는 '지식'이 아니라 선천적인 양지良知를 가리키는 것이라 본다. 그래서 '치지'는 '나에게 선천적으로 주어진 양지를 실현한다'는 뜻으로 된다. 그래서 왕수인은 '격물格物' '치지致知' '성의誠意'를 내용상 하나로 본다. 주희는 『대학』의 구조를 8조목으로 보았지만, 왕수인은 내용상 6조목으로 설명한다. 바꾸어 말해 '격물치지'는 '성의'를 부연설명한 것이나 다름없다. 그리고 더 넓게는 심心·의意·지知·물物은 불가분의 관계에 있다고 설명한다.

## 주체는 본질에 앞선다

"마음에 이치가 있다心卽理. 천하에 어찌 마음 밖에 일이 있고 마음 밖에 이치가 있겠는가?" 왕수인의 이 명제는 주희의 '성즉리性卽理'와 비교하면 사유 방식에 있어서 일대 전환을 의미한다. 주희의 인간관을 살펴보면, 그는 현상적인 개별 인간에서 인간본질性을 찾는 것이 아니라 형이상학적 배경 속에서 인간을 규정한다. 즉 주희가 '성즉리'라고 말할 때의 '성性'은 『중용』에서 말하는 "하늘이 명한 것을 사물의 본성이라 하고, 본성에 따르는 것을 도리라 한다天命之謂性, 率性之謂道"의 '본성性'이다. 주희는 개개의 인간을 넘어서 선험적인 보편적 인간성을 인간의 본질로 규정하는 것이다. 이에 비해 왕수인은 바로 여기의 나, 혹은 개별적인 인간의 마음을 인정하여 바로 그 현상적으로 존재하는 인간에게서 인간의 본질을 구한다. 즉 왕수인은 인간의 '본성性'과 '이치理'를 모두 '주체성心'에 근거 지운다. 주자학에서 자연의 이치天理에서 인간의 본질을 연역해오는 형이상학적 태도와는 전혀 달리, 양명학에서는 개별적인 인간의 마음이야말로 무엇보다도 논리적으로 선차성先次性을 갖게 된다.

철학사적으로 보면 왕수인에 와서 비로소 현학적玄學的 요소를 완전히 벗어나 주체적으로 인간과 사회를 이해하는 시각이 성립했다는 데 큰 의의가 있다고 하겠다. 왕수인의 사상사적 위치는 서양사상사의 데카르트R. Descartes와 유사한 면이 있다. 데카르트는 모든 것을 회의하다가 회의하고 있는 주체는 더는 회의할 수 없다는 결론에 도달하였다. 결국 데카르트는 주체가 가진 생각하는 힘, 곧 이성에 의해서 세계관과 철학을 재정립하게 되며, '나는 생각한다, 고로 존재한다'는 명제를 도출하였다. 왕수인도 마찬가지였다. 경전이나 선배 학자의 말이라고 무조건 따르는 것을 거부하고 그는 스스로 깊은 회의와 생각에 빠졌다. 결국 그는 주체가 가진 보편적 실천이성, 곧 양지에 의해서 전통 철학을 재해석하게 되는 것이다. 왕수인에 따르면 "육경六經이란 다른 것이 아니라 내 마음의 상도常道일 뿐이다. (…) 육경이란 내 마음의 기록이며, 육경의 내용은 내 마음에 있는 것이다."(『양명전서』「계산서원존경각기稽山書院尊經閣記」 권7) 왕수인이 강조한 '내 마음을 떠나서 이치는 없다心外無理' '내 마음에 이치가 있다心卽理'라는 명제는 이런 맥락에서 엄청난 사상사적 의미가 있다. 왜냐면 이러한 태도는 몇백 년 동안 지속된 중세적 세계관을 깨는 데 결정적 역할을 하기 때문이다.

이와 같이 주체성을 강조한 현대의 사상이 실존주의이다. 실존주의자들은 '실존은 본질에 앞선다'고 주장한다. 어느 개인의 삶은 어떻게 살도록 미리 본질이 고정되어 있는 것은 아니며, 그 스스로 자기 삶을 구성해갈 권리가 있다는 것이다. 따라서 실존이라는 주체보다 논리적으로 앞서는 것은 없다. 양명학자들에게도 이와 유사한 성격이 있었다. 그들은 주체心에 내재된 양심良知을 실천이성의 최고 기준으로 보고, 경전이나 선현들이 주장한 윤리나 이치는 오히려 부차적인 것으로 보았던 것이다.

## 주체는 존재의 근원이다

앞서 본 바와 같이 왕수인은 모든 도덕성과 이치의 근원은 내 마음이라는 주체성으로 보았다. 결국 내 마음에서 모든 것이 나온다는 것이다. 그렇다면 모든 것의 존재 의미가 내 마음에서 창출되는 것인가? 왕수인의 입장은 결국 이러한 철학적 물음에 대면하게 되었다. 그가 심산유곡에 핀 꽃을 두고 나눈 대화는 유명하다.

> 양명이 남진南鎭에 노닐 때 한 제자가 바위 틈에 있는 꽃나무를 가리키며 말했다. "마음 밖의 사물은 세상에 없다고 하셨는데, 이 꽃나무는 깊은 산 속에서 혼자 피고 지는데 내 마음과 무슨 상관이 있겠습니까?" 양명 선생은 대답했다. "자네가 이 꽃을 보기 전에는 꽃과 자네 마음은 고요했었지. 자네가 이 꽃을 보았을 때 이 꽃의 모습이 일시에 뚜렷해졌다네. 여기서 이 꽃이 자네 마음 밖에 있지 않음을 알 수 있네."(『전습록』 하 275조)

여기서 보면, 내 마음이라는 주체가 이 꽃을 봄으로써 꽃은 꽃으로서 의미를 갖게 된다. 그러나 내가 이 꽃을 보는 순간에 없었던 이 꽃이 생겨난 것은 아니다. 이와 같은 입장은 왕수인이 『대학』의 '격물치지'를 해석하면서 나왔다. 그는 주체와 세계의 관계를 다음과 같이 정의한다.

> 내 몸을 주재하는 것이 마음이다. 마음이 작용하는 것이 의지意이며, 의지의 본체는 지知이고, 의지가 가 있는 곳이 사물物이다. 내 의지가 양친에 가 있으면 양친 섬기는 것이 일물一物이 되며, 의지가 임금에 가 있으면

임금 섬기는 것이 일물이 된다. (…) 『중용』에서 '정성이 없으면 사물이 없다'고 하였으니, 『대학』의 '명명덕明明德'의 일은 곧 '의지를 정성되게 함誠意'이며, '성의'의 일이 곧 '격물'이다.(『전습록』 상 6조)

위와 같은 왕수인의 사상은 현대 현상학에서 말하는 '지향성intentionality' 개념을 떠오르게 한다. 현상학에 의하면 우리 의식의 근본적인 특징은 항상 무언가 지향하고 있다는 점이다. 마찬가지로 왕수인에 따르면 우리 마음은 항상 무언가 관심을 가지고 지향하고 있는데, 그 지향된 대상이 사물이라고 한다. 이렇게 보자면 내 마음을 떠난 사물은 없다.

**현상학**
본질과 대응하는 현상에 관한 학문이다. 현상이라는 'phenomenon'은 '보이다'는 뜻인 그리스어 'Phainein'에서 유래한다. 이를 미루어보면, 현상학은 실제로 나타난 사상事象을 연구대상으로 하는 학문임을 짐작할 수 있다. 다만 '사상事象'은 외견적 현상만이 아니라 내면적 세계(의식·사상·감정)까지 포함하는 개념이다.

**지향성**
의식의 본질적 특성을, 곧 의식은 항상 무엇에 관한 의식이라는 점을 지적하는 말이다. 특히 후설은 철학의 탐구 주제를 "무엇에 관한 의식", 즉 지향성의 구조와 작용을 탐구함을 목표로 한다.

## 주체성의 구조 2
## —
## 지행합일

양명학에서 말하는 지행합일知行合一의 명제는 크게 세 가지 의미로 분석할 수 있다. 그것은 우선 실천을 결여한 당시 지식인에 대하여 실천궁행을 강조한 의미가 있으며, 다음으로 이론과 실천의 변증법을 지적한 것이기도 하다. 그리고 마지막으로 불교나 도교에 대한 비판적 의미로 사회적 실천을 강조하는 의미도 포함하고 있다고 할 수 있다.

## 지행합일의 종지宗旨

왕수인이 지행합일을 주장한 첫번째 계기는 당시 사대부 관료들의 세속화된 사풍士風에 대한 경고의 의미가 있었다고 할 것이다. 송대 이후 사대부 관료는 기하급수적으로 증가하였다. 또 명대에는 당시 발전하던 상업경제와 서민 계층의 대두와 더불어 사대부들이 세속적인 삶에 안일하게 타협하는 것이 일반적이었다. 송나라 초기의 사대부들이 지녔던 학술과 덕행을 고루 갖춘 이상적 인간형인 내성외왕內聖外王의 이상은 이미 퇴색되어 있었다.

그런데 왕수인은 이러한 현상의 근본 원인이 주자학에 포함된 주지주의적 태도에 기인한다고 보았다. 주자학자들은 독서나 경험을 통한 활연관통豁然貫通, 즉 이치의 깨달음을 중시하며 따라서 선지후행先知後行의 입장을 택한다. 이러한 태도는 지와 행을 둘로 나누어 결국 실천의 결여를 가져오고 만다. 이에 대하여 왕수인은 이렇게 주장한다.

> 사람들이 지知와 행行을 둘로 나누어 먼저 반드시 알고 난 다음에 행行할 수 있다고 하는데, 만약 우리가 강습토론하여 지知에 대한 공부를 하고 그것이 완전히 참다워진 다음에 행行의 공부를 하겠다고 한다면, 마침내 종신토록 행하지 못할 것이며 또한 종신토록 알지도 못하고 말 것이다. 이것은 작은 병통이 아니며 그 유래도 하루 이틀이 아니다. 내가 말하는 '지행합일'은 바로 그러한 병에 대한 약이다.(『전습록』 상 5조)

왕수인이 지행합일을 주장한 근본 취지는 실천성을 결여한 지식인들에 대한 일종의 처방이었던 것이다.

## 이론과 실천의 변증법

동시대의 한 학자는 왕수인의 '지행합일'설을 비판하여 다음과 같은 비유를 든다.

> 밥인 줄 알아야 먹고, 국인 줄 알아야 마신다. 옷을 알아야 입고, 길을 알아야 갈 수 있다. 따라서 무슨 물건인 줄도 모르면서 먼저 어떤 일을 한다는 것은 있을 수 없다. 물론 이것은 홀연의 순간인 선후이지, 오늘 알아서 내일 행한다는 식으로 분명히 구분되는 것은 아니다.(『전습록』 중 132조)

이에 대해 왕수인은 다음과 같이 다시 반박하였다.

> 사람은 반드시 먹고자 하는 마음이 있은 다음에야 음식을 알 수 있을 것이다. 먹고자 하는 마음은 의지意요 곧 행함行의 시작이다. 또한 음식맛의 좋고 나쁨은 먹어보아야 알지 어찌 먹어보지도 않고 음식맛의 좋고 나쁨을 알 수 있는 자가 있겠는가? 반드시 가고 싶은 마음이 있어야 길을 알게 된다. 가고자 하는 마음은 곧 의지이며 행함行의 시작이다. 길의 험난함과 평탄함은 반드시 몸소 가보아야 알 수 있지 어찌 몸소 가보지도 않고 길의 험난함과 평탄함을 알 수 있는 자가 있단 말인가? 다른 비유도 이와 같아서 의심할 바가 없다.

여기서 왕수인은 인식과 실천의 불가분의 변증법적 관계를 밝히고 있다. 왕수인에 따르면 "지知는 행行의 의도이고 행行은 지知의 공부이다. 지는 행의 시작이고 행은 지의 완성이다."(『전습록』 상 5조)

즉 그 둘은 불가분의 관계에 있다.

## 지행합일의 사회적 의미

왕수인은 젊은 시절에 도교와 불교에 깊이 들어갔던 경험이 있다. 그러나 31세경에 인간은 결국 사회를 떠날 수 없으며, 가정 윤리나 사회 윤리는 세속적인 것에 그치는 게 아니라 오히려 천리天理로서 인간이 그것을 벗어나서는 안 된다는 것을 깨달았다. 가령 가족에 대한 사랑을 세속에 대한 집착으로 보아서는 안 된다. 그것은 사람이라면 마땅히 지켜야 할 천륜이며 천리인 것이다. 도교와 불교는 심오한 면이 있지만 사회성을 결여한 문제가 있다고 양명은 생각했다.

지행합일이라는 명제를 통하여 왕수인이 강조한 것은 실천인데, 이때의 주안점은 특히 사회적 실천에 있다고 생각한다. 수행과 실천을 무시하는 견해는 유불도 어디에도 없다. 다만, 상대적으로 비교해 본다면 출가出家를 말하는 불교나 양생養生을 강조하는 도교는 자칫 사회적 실천을 결여하기 쉽다. 그런데 주자학자들이 추구하는 '격물치지'나 '활연관통'도 자칫 지적인 면에 치우치거나 개인 수행에 그칠 우려가 있는 것이다. 이에 대하여 왕수인은 수기修己와 치인治人, 내성內聖과 외왕外王, 명명덕明明德과 친민親民이 원래 분리할 수 없는 하나라고 주장한다. 만일 이 두 가지를 분리한다면 곧 불교나 도교와 같은 오류를 범하게 된다고 본 것이다. 이를 그는 '입체달용立體達用'이라고 표현하였다. 이것은 주희의 '전체대용全體大用' 사상을 다시 수정한 것이다.

주희는 '전체대용'을 말하였다. 즉 안으로 나의 본래적인 마음體을 온전히 하고 밖으로 그것을 현실에 충분히 발휘되게用 한다

**대학의 삼강령**
명명덕, 신민,
지어지선止於至善이다.

는 것이 주자 철학의 근간이었다. 그것은 『대학』의 삼강령 가운데 '명명덕明明德'(本, 內)과 '신민新民'(末, 外)에 대응하는 구조를 가지고 있다. 그런데 이러한 주희의 '전체대용'은 왕수인에 오면 '입체달용'으로 표현된다. 주희가 전체대용이라는 기준으로 '공허한 도가와 불가'를 비판하고, 다른 한편으로 '공리功利의 무리事功派'의 주장을 비판했던 구조는 왕수인에 있어서도 마찬가지로 적용된다.[2]

그러나 왕수인이 주희와 다른 점은, 우선 주희의 '전체대용'에 비하여 '입체달용'이란 표현이 좀더 주체적이고 적극적이라는 데 있다. 먼저 주자학에는 대체로 다음과 같은 체계가 성립한다.

「전체全體」: 명명덕明明德 ─┐
　　　　　　　　　　　　　├─ 지지선止至善
「대동大用」: 신민新民 ───┘

즉 주자 철학은 내외상대의 구조를 가지고 있으며, 이원적 일원론의 체계를 가지고 있다.[3] 이에 비해서 왕수인의 철학은 위와 같은 구조가 성립하지 않는다. 즉 왕수인이 "명명덕은 반드시 친민親民에 있고 친민은 반드시 그 명덕明德을 밝히는 방법이 된다"고 말한 것,

2 "본래 명덕明德을 천하에 밝히고자 하는 사람들이 있다. 그러나 단지 지선至善에 머무르는 것을 몰라 그 사사로운 마음이 지나치게 높은 데過高로 달리니 허망공적虛妄空寂에 빠지어 가국천하家國天下에 아무런 베풂음이 없었으니, 불교와 노자의 무리들이 이것이다. 또 본래 친민親民하고자 하는 자가 있다. 그러나 단지 지선에 머무름을 몰라 사사로운 마음이 하찮은 것卑瑣에 빠지어 그래서 권모술수에 떨어져 인애측달仁愛惻怛의 진실이 아무것도 없었으니, 춘추오패春秋五霸와 공리功利를 추구했던 자들이 그들이다. 이들은 모두 지선에 머무르는 것을 모르는 과오를 범했다."(「大學問」, 『양명전서』, 속편1, 권26)

3 "先儒以明明德爲本, 新民爲末, 兩物而內外相對也."(「대학문」) 여기서 선유先儒는 물론 주희를 가리킨다.

그리고 명명덕과 친민의 실질 내용을 모두 '지지선'으로 풀이한 것을 보면 오히려 왕수인의 경우엔 다음과 같이 될 것이다.

「입체달용立體達用」= 명명덕 = 친민 = 지지선 = 치양지致良知

이것은 중대한 시각의 차이를 내포한다. 즉 만일 '수신修身' 쪽을 지나치게 강조한다면 이것은 양주楊朱나 도불道佛의 위아주의爲我主義에 빠질 것이다. "명명덕만 말하고 친민을 말하지 않는다면 노자나 불교와 같아질 것이다."(『전습록』 상 90조) 왕수인의 입장에서 본다면 내외본말은 교육적 방편일 뿐 현실적으로 둘로 나누는 것이 가능하지 않다. 가령 치인治人(친민)을 떠나서 수신修身(명덕)이 있을 수 없다. "나의 측면에서 말하면 명덕이라 하고 남의 측면에서 말하면 친민이라 한다."[4]

**위아주의**
사회의 제도와 문화를 인위적인 허식이라고 치부하고 자신의 생명을 지키며 사는 것을 인생에서 가장 중요한 것으로 여긴다. 때문에 철저한 개인주의와 상호불간섭주의를 천명하게 된다.

이와 같은 양명학의 주장이 우리에게 주는 메시지는 무엇인가? 세속을 초월한 깨달음은 없다는 것이다. 불교 용어로 말하자면 마음의 안과 밖은 나눌 수 없는 것이다. 수행과 삶은 분리되지 않으며, 깨달음(이론)과 실천은 분리되지 않는다. 그리고 성聖과 속俗은 나뉠 수 없다는 것이다.

4 "以言乎己謂之明德, 以言乎人謂之親民."(『양명전서』 권7, 「大學古本序」) 왕수인은 '친민'과 '명덕'이 하나라고 보며 바로 이 점에서 왕수인은 주희의 삼강령 해석 중 '신민'설을 받아들일 수 없게 되는 것이다. 「親民堂記」『양명전서』 권7 및 「대학문」 참조.

## 주체성의 구조 3 — 치양지

왕수인의 입장은 근본적으로 자아, 곧 개인의 지각과 양심을 학문의 출발점으로 삼는 것이다. 주체心는 세계와 사회의 기초이며 그것들이 성립할 수 있는 근거이다. 이러한 시각에서 당시 관학으로서 경화된 주자학에 학문적인 비판을 가하면서 더욱 자신감을 가지고 후기에 그가 강조한 명제가 '치양지致良知'였다. 이 말은 『대학大學』의 '치지致知'에서 나온 것이며, '치양지'란 왕수인의 표현대로 "내 마음의 양지를 모든 사사물물事事物物에서 실현한다"는 뜻이다. 이러한 왕수인의 주장은 기본적으로는 맹자 사상의 실천적인 측면을 발전시킨 것이다. 맹자에 따르면 대장부의 기상浩然之氣은 도덕적 실천의 축적集義에서 나온다. 왕수인에 따르면 일종의 직관적 도덕감이라 할 양지良知는 우리 마음에 항상 갖추어져 있다. 따라서 구체적인 일들에서 그것을 실천하는 것事上磨鍊이 중요할 뿐이다.

'궁리窮理'를 강조하는 주자학은 기본적으로 '예악형정禮樂刑政'의 외적인 구속에서 벗어날 수가 없었다. 이에 비해 왕수인의 '치양지'는 내적인 측면 혹은 주체성을 강조하는 것으로 '정신적으로 해방감이 있다.' 우선 모든 사사불불에서 양지를 발휘하여야 하므로 이전에 품고 있었던 '정좌靜坐'에 의한 방법이 지양되고, 그 대신 언제 어디서든 각 상황에서 도덕을 실현한다는 '사상마련事上磨鍊'이 강조된다. 즉 도의 실현은 정좌라든가 독서에 있다기보다는 모든 사람이 각자의 위치에서, 가령 농경이나 정치나 군사나 모든 분야의 모든 행동에서 드러나지 않으면 안 된다. 따라서 그러한 사상은, 후에 실제로 실현된 것처럼, 학문을 사대부의 전용물에서 모든 일반인에게 넓힐 수 있는 근거가 될 가능성을 마련하고 있었다.

그런데 이러한 입장에 서면 또 역사의 해석이나 경전에 대한 태도도 다르게 되지 않을 수 없다. 그 전에도 왕수인은 "춘추春秋도 경전이고 오경五經도 역사이다"(『전습록』 상 13조)고 하여 경전과 역사를 동일시하였다. 그것은 "역사현상과 도리의 세계는 하나"이기 때문이다. 역사의 사실을 떠난 도道는 없으며 리理도 없다. 이러한 주장은 치양지설을 주장한 이후에는 '육경六經은 내 마음의 기록'이란 명제로 발전하게 된다. 왕수인은 54세에 쓴 글에서 말한다.

> 육경六經이란 다른 것이 아니라 내 마음의 상도일 뿐이다. 그러므로 역易이란 것은 내 마음의 음양의 변화를 기록한 것이며, 서書라는 것은 내 마음의 기강紀綱 정사政事를 기록한 것이며, 시詩라는 것은 내 마음의 노래와 정서를 기록한 것이며, 예禮라는 것은 내 마음의 조리條理와 절문節文을 기록한 것이며, 악樂이란 것은 내 마음의 기쁨과 화평을 기록한 것이며, 춘추春秋라는 것은 내 마음의 진실과 거짓, 옳고 그름을 기록한 것이다. (…) 육경이란 내 마음의 기록이며, 육경의 내용은 내 마음에 있는 것이다. 이것은 비유하자면 마치 생산하여 저장한 여러 물건이 집안의 창고에 있는 것과 마찬가지니, 그 기록[장부]는 단지 목록과 수량을 적은 것일 뿐이다. 그런데도 세상의 학자들은 육경의 내용이 내 마음에 갖추어져 있음을 모르고, 단지 그림자와 메아리만 찾고 문의文義의 말단만 다스리면서 이것을 육경이라 생각한다.(「계산서원존경각기」)

여기서 보면 육경은 마치 창고의 물건들을 기록한 목록처럼 수단에 불과하다. 기록이 저장물이 아닌 것처럼 육경은 진리가 아니며, 기록이 저장물을 찾아가는 수단인 것처럼 경전은 진리를 찾아가기 위한 수단일 뿐이다. 물론 남송의 유학자 육구연陸九淵도 "학문에서 그 근본을 안다면 육경은 모두 나의 주각注脚이다"[5]고 하였지만, 이것은 육구연의 전체 철학에서 볼 때 '육경六經은 실천에 있어서 최고의 지침이 된다'는 의미로 해석된다.[6] 즉 육구연에 있어서는 우주를 가득 채우고 있는 것은 일리一理일 뿐이며, 그러한 도道나 리理는 현상이나 역사를 초월하는 절대적인 것으로 생각되고 있다. 그러나 왕수인의 경우에는 도는 역사 가운데 있으며, 마음의 활동이나 양지의 발휘에 의해서 도가 나타난다.[7] 즉 육구연에 있어서 육경은 절대적인 표준이지만, 왕수인에 있어서는 오히려 논리적으로 내 마음이 우선하게 된다. 실제로 왕수인의 후학들이 경전을 경시하는 경향을 갖게 되며, 그 가능성이 이미 양명사상에 내포되어 있었다고 하지 않으면 안 될 것이다.

## 주객합일 – 만물일체

왕수인에 따르면 세계는 내 마음, 혹은 주체와 관련해서만 의미

5 "學苟知本, 六經皆我註脚."(『象山全集』 권34)
6 山下龍二, 『陽明學の研究』 下, 現代情報社, 1971, 196쪽.
7 위의 책, 196~197쪽.

를 갖는다. 또한 모든 지식이나 진리는 나의 삶 혹은 실천과 불가분의 관련성 속에 있다. 따라서 사람들은 각자 자기의 위치에서 자기 양지에 따라 실천하고 살아가면 된다. 주체성을 근간으로 하는 왕수인의 철학을 우리는 위의 세 가지 명제로 나누어 설명하였다. 그러나 사실 위의 세 가지는 내용에서 볼 때 같은 주장을 달리 표현하고 있다고 하겠다. 즉 그 바탕에는 '양지良知'에 대한 깊은 믿음이 깔려 있는 것이다. 그리고 이러한 사상은 그의 우주관에 있어서 "모든 사물은 한몸으로 연결되어 있다萬物一體"는 명제와 연결된다.

왕수인은 만년에 「대학문大學問」이라는 중요한 글을 남겼다. 이 글에서 그는 '대학大學'의 개념을 '대인지학大人之學'으로 풀이한다.

> 대인은 천지만물을 한몸으로 여기는 자이다. 그는 천하를 한 집안으로 보며 나라 전체를 한 사람으로 본다. 그 사이에 형체로 너 나를 나누는 자는 소인이다. 대인이 능히 천지만물로써 한몸으로 삼는 것은 의도적으로 그런 것은 아니며, 그 마음의 인仁이 본래 이와 같이 천지만물과 하나가 되는 것이다. 어찌 대인만 그렇겠는가? 비록 소인의 마음이라도 그렇지 않은 것이 없으나, 그가 오히려 스스로 왜소하게 할 뿐이다. 그러므로 어린아이가 우물에 빠지는 것을 보면, 반드시 깜짝 놀라 불쌍히 여기는 마음이 생기는 것이니, 이것은 그 인仁이 어린아이와 일체가 된 것이다. 어린아이는 아직 동류자同類者이니, 새나 짐승이 슬피 울거나 도살장에 끌려가는 모습을 보면 반드시 측은히 여기는 불인지심이 있게 되는데, 이것은 그 인이 새나 짐승과 일체가 된 것이다. 새나 짐승은 아직 지각이 있는 것이니, 그가 초목이 부러진 것을 보면 반드시 민망하고 긍휼히 여기는 마음이 있게 되는데, 이것은 그의 인이 초목과 일체가 된 것이다. 초목은 아직 생기가 있는 것이니, 그가 기왓장이 부서진 것을 보아도 반드시 애석

히 여기는 마음이 있게 되는데, 이것은 그의 인이 기왓장과 일체가 된 것이다. 이렇게 그가 한몸으로 느끼는 인은 비록 소인이라도 반드시 가지고 있다. 이것은 천명지성에 뿌리를 두고 있는 것이며, 저절로 신령하게 밝아 어둡지 않은 것이니 그래서 '명덕明德'이라 한다.

**야마시타 류우**
1924~2011. 나고야대학 중국철학 명예교수로 활동했으며, 중국철학사·『사서』·양명학에 관한 많은 연구와 저술을 남겼다.

왕수인이 말한 '만물일체'는 두 가지 측면이 있다고 야마시타 류우山下龍二는 설명한다.

> 왕수인의 일체론에는 두 측면이 있다. 하나는 인간·금수·초목·와석을 포함하는 천지의 모든 사물이 일체임을 직각하는 일종의 철학적·심리적 일체론, 또 하나는 인간세계의 정치적·사회적 일체론이다. 전자는 개인이 수양목표로서의 일체론으로 우주적 자각에 있기 때문에 불교적 사유와도 연관되며, 후자는 정치적 치국평천하를 목적으로 하기 때문에 경세치용의 학과도 연관된다.[8]

이 명제는 본래 송대 정호程顥의 "어진 사람은 천지만물을 한몸으로 여긴다仁者 以天地萬物爲一體"는 주장에 뿌리를 두고 있다. 정호에 따르면 내 몸의 각 부분을 내가 느끼고 소통하는 것처럼 천지만물은 원래 한몸으로 연결되어 있다.

왕수인은 인간과 금수, 초목, 기타 모든 사물은 같은 일기一氣에서 나왔으며 어느 정도 층차는 있지만 모두 감응感應하며 소통한다고 보았다. 마치 우리 몸의 수많은 부분이 하나로 통일된 유기체인 것과 같이, 세상의 모든 사물은 유기적으로 연결되어 있다. 우주의 이

8 위의 책, 138쪽.

러한 모든 부분이 감응하고 소통할 수 있는 것은 우주를 관통하는 영명靈明이 있기 때문이다. 그런데 이러한 영명의 주재자는 인간이다. 그래서 "인간은 우주의 마음이며, 천지만물은 본래 나와 한몸이다夫人者, 天地之心, 天地萬物本吾一體者也."(『전습록』 중 179조) 개인에게 양지가 있는 것처럼 유적 존재로서 인간에게는 영명이 있다고 왕수인은 믿었던 것이다.

## 양명학의 정신과 의의

왕수인은 당시 학자들을 비판하여 "기억하고 암송하는 것이 넓어질수록 더욱 오만해지고 지식이 많아질수록 행동은 더욱 악해지며 견문이 넓어질수록 언변만 화려하니, 사장辭章의 풍부함은 그 거짓을 더욱 수식할 뿐"(『전습록』 중 143조)이라고 말한다. 왕수인은 처음에는 '관료가 되기 위한 수단으로 전락한 주자학'을 비판하였지만, 자기 입장을 확립하면서부터 그러한 맹점이 주자학 자체에 이미 온존함을 발견하고 이를 척결하고자 했다. 주자학의 광대한 형이상학의 체계와 이론 중시의 경향은 '사대부 사회'를 잘 반영하고 있다. 그러나 명대에 있어서 서민의 성장과 서민문화의 발달에 따라 좀 더 현실적인 새로운 세계관이 요구되고 있었다. 양명학의 등장은 바로 이러한 요구에 어느 정도 부응한 것이었다고 할 수 있다. 왕수인의 '치양지설'에 따르면 도의 표준은 내 마음에 있으며, 도덕의 준거도 내 마음에 있다. 여기서 내 마음의 '양지'가 가장 포괄적이고 중요한 개념으로 된다.

주자학은 매우 조직적이며 튼튼하게 이론적으로 짜여져 있고, 모든 사람에게 보편적으로 적용할 수 있는 이론이었지만, 다른 한 편 지나치게 엄숙주의와 경건주의에 빠지는 측면이 있었다. 이에 비하여 양명학은 각 개인의 주체心를 존중하고 우선함으로 인간의 자주성을 회복하고 주자학에 아직 남아 있던 중세적 엄숙주의를 극복할 수 있었다. 이제 양명학은 개성 해방과 개인의 창의성을 회복할 수 있었다. 따라서 양명학이 유행한 이후 명말에 문예와 역사 분야가 크게 창달한 것은 당연하다고 하겠다.

어떤 사람들은 헤겔에 이르러 이제 철학이 완성되었다고 하였다. 헤겔 철학이 서양 정신사의 종합이라고 말한다면, 양명학은 중국 정신사의 종합이라고 할 수 있겠다. 흔히 주자학에서 이미 유불도의 종합이 어느 정도 이루어졌다고 지적하지만, 그것이 원숙하게 한 단계 높은 철학으로 짜여진 것이 양명학이라고 하겠다.

**풍우란**
1895~1990.
20세기 중국의 대표적인 철학자이자 철학사가이다.

풍우란馮友蘭에 따르면 중국 철학의 근본 정신은 "지혜에 있어서 지극한 데로 가면서도 실천에 있어서 일상성을 택한다極高明而道中庸"는 명제로 표현된다. 원시 유가는 아직 극고명極高明했다고 할 수 없다. 이후 신도가玄學와 당대 불교에 이르러 극고명은 달성되었지만 이들은 아직 도중용道中庸하지는 못했다. 이 두 가지 측면, 곧 고명과 중용을 종합하여 완성한 것이 신유가의 철학이라 하겠는데 그런 점에서 양명학은 이런 중국 정신사의 발전에서 정점을 이룬다. 이 과정에서 근세적인 '주체'로서 마음心이 철학의 근본 주제가 되었다. 그래서 흔히 주자학을 이학理學이라 하고 양명학을 심학心學이라 하는 것이다. 심학으로서 양명학은 현대적 관점에서 보자면 '주체성의 철학'이라 해석할 수 있는 것이다.

## 더 읽을거리

왕수인, 『전습록』 1·2, 정인재·한정길 옮김, 청계, 2004

왕수인의 어록과 주요 서찰 등을 모은 문집이다. 상권은 40세 전후의 어록, 하권은 50세 때의 어록을 제자가 모은 것이다. 중권은 제자와 벗에게 보낸 편지다.

진래陳來, 『송명성리학』, 안재호 옮김, 예문서원, 1997

진래는 주희 철학과 왕수인 철학에 대한 전공자이며, 이 책은 송명 신유학의 전체적인 흐름을 잘 소개하고 있다.

진래, 『양명철학』, 전병욱 옮김, 예문서원, 2003

양명학에 관하여 우리말로 소개된 책 중에서 가장 전문성이 있으며, 또한 일반인도 읽을 수 있는 평이한 문체로 되어 있다.

최재목, 『내 마음이 등불이다』, 이학사, 2003

일본 츠쿠바대학에서 양명학 연구로 박사학위를 받은 저자가 왕수인의 삶과 사상을 연대기적으로 정리한 왕수인의 입문서이다.

김수중, 「양명학의 '대동'사회의식에 관한 연구」, 서울대학교 대학원, 1991

왕수인과 그 후학들의 흐름을 전반적으로 연구한 박사학위 논문이다.

나흠순

# 지각, 사유, 욕망

## 조남호

서울대학교 철학과에서 박사학위를 받았고, 현재 국제뇌교육종합대학원대학교 교수로 재직 중이다. 박사학위 논문은 「나흠순과 조선학자들의 논변」이다. 나흠순이 주자학과 양명학에 관계하는 까닭에 둘 다를 공부하고 있다. 주자학과 양명학은 같으면서도 다른 학문이다. 주자학은 주로 『주자어류』를 중심으로 공부하고 있고, 양명학은 최근에 관심을 갖고 양명후학을 연구하고 있다. 아울러 동학 대종교를 비롯한 조선후기 민족 종교에 대해서도 공부하고 있다. 조선철학사에서 어떻게 맥락이 연결되는가에 흥미를 가지고 있다. 또한 동양철학이 현실에 적용되는 한의학에도 관심을 가지고 있다. 저서로 『주희 중국 철학의 중심』이 있다. 역서로 『강설 황제내경』 1·2가 있다.

# 들어가는 글

명나라 학자 나흠순羅欽順(1465~1547)은 마음에 대해 체계적으로 설명한 저술을 남기지는 않았다. 그의 저작인 『곤지기困知記』는 당시의 학술에 대한 논평 형식의 글이기 때문이다. 이 책에 나오는 주자학과 양명학 비판을 통해 나흠순의 마음에 대한 견해를 파악할 수 있다. 이는 체계적인 저술이 아니라서 간혹 모순되는 발언도 보인다.

나흠순은 명대 중기에 활동한 학자이다. 그는 일찍이 과거에 합격하여 관료생활을 하였다. 그러던 중에 어떤 노승에게 어떻게 하면 부처가 될 수 있는가를 물었고 대답으로 '부처는 뜰 앞의 잣나무에 있다'란 화두를 받고서 곰곰이 생각하다가 깨달았다고 한다. 그의 신비적 깨달음이 무엇인지는 알려져 있지 않다. 그러다가 유가 경전을 읽고 나서 본성과 마음의 차이를 알게 되었다고 한다. 본성을 중시하는 것이 주자학이고, 마음을 중시하는 것이 불교와 같은 부류의 학문이라고 나흠순은 규정한다.

나흠순은 중국 철학사에서 별로 유명하지 않다. 독창적인 철학을 전개하지 않았기 때문이다. 그럼에도 그가 중국 철학사에서 논의되는 것은 양명학과 관계가 있기 때문이다. 그러나 중국과 달리 조선 학계에서는 그의 학술을 크게 환영하였다. 나흠순은 양명학과 밀접한 관련을 맺는다. 왕수인과 개인적인 친분관계가 있어서 두 번이나 편지를 왕래하였고, 왕수인의 제자인 구양덕歐陽德과도 양명학에 대해서 토론을 하였다. 그는 양명학이 불교에 근거하고 있음을 간파하여, 불교에 빠지지 말 것을 지적하였다. 그리고 불교를 추

**구양덕**
1496~1554. 양명학의 분파 중 강우학파江右學派에 속한다. 구양덕은 추수익과 함께 왕수인의 사상을 학술적인 측면보다 신앙적인 측면에서 존숭했다.

종하는 학자들의 계보를 밝히기도 하였다. 그가 밝힌 심학자心學者는 육구연陸九淵, 양간楊簡, 오징吳澄, 진헌장陳獻章, 왕수인王守仁, 담약수湛若水 등이다. 이러한 이유로 조선 학계에서는 양명학을 비판하고 배척할 때에는 나흠순의 심학에 대한 비판 내용을 적극적으로 활용하였다.

나흠순이 열거한 심학자들은 모두 마음에 근거하여 철학적 주장을 세웠다. 마음은 주관 능동성을 가지고 있지만 본성처럼 객관적인 기준을 가지지 못한다고 하는 것이 나흠순의 비판 요지다. 그러나 나흠순을 비롯한 중국 학자들에게서 마음이 가지는 인지 과정에 대한 자세한 논의는 찾아볼 수 없다. 마음과 본성에 대한 그들의 논의는 윤리적 기준을 어떻게 세워야 하는가라는 주제와 관련이 있다. 이들은 유학자로서 현실사회에서 윤리를 어떻게 실현해야 할 것인가에 관심이 많았다.

이 글은 나흠순의 마음 이론 가운데 지각, 사유, 욕망이란 세 주제를 살펴보고자 한다. 이 밖에 감정, 의지 등의 주제도 다룰 수 있겠지만 일단은 이 세 개념에 집중해서 살펴볼 것이다. 나흠순은 마음보다는 본성에 초점을 맞추고 있지만, 이 책에서는 마음이 주제이기 때문에 본성에 대한 논의는 구체적으로 설명하기보다는 현실적 계기만을 간략하게 제시하려 한다. 아울러 나흠순의 철학 사상이 태동하게 된 역사적·정치적 배경도 함께 살펴보고자 한다.

## 역사적·정치적 배경

주자학은 나흠순이 살던 명대사회에 그대로 적용될 수 없었다.

**이갑제**
명나라의 향촌 조직체계로 1381년 만들어졌다. 농민 110호戶로 1리里를 편성하고 이를 10갑甲으로 나누어 부역을 부과했다.

**묵수주자학**
송대부터 명대까지 이어지는 주자학과 상산학의 대립 가운데 학자들이 취하는 주자학 일변도의 입장을 나타내는 말이다.

이것은 명 태조부터 시작된 강력한 군주 전제정치와 관련이 있다. 명 초기부터 계속된 지식인 탄압은 지식인의 입지를 축소시키면서 황제와 그 측근 세력의 영향력을 확장시켰다. 특히 강력한 황제권에 의지한 환관의 전횡은 정치적 부패를 야기하였다. 나흠순이 살았던 정덕正德 연간(1505~1521)에는 유근을 위시한 8명의 환관八虎이 더욱 세력을 떨쳤다. 이들은 국가 권력을 완전히 장악하고, 이를 자신들의 사리사욕에 이용하였다. 환관에 의한 정권의 농단은 관료의 인사권까지 마음대로 좌우하기에 이르렀다. 뇌물을 통한 관료의 등용과 동향인의 고위직 채용은 관리들의 기강과 질서를 무너뜨렸다. 또한 이들의 대토지 겸병은 많은 농민이 토지를 빼앗기고 소작농과 유민으로 전락하는 계기가 되었다. 이는 당시 사회변동의 중요한 요인이었던 이갑제里甲制의 붕괴와 맞물려 대규모의 농민 반란을 불러왔다.

명대 신사紳士층의 지배이념이던 주자학은 이제 그 실천의 지반을 상실한 셈이다. 이렇게 되자 오히려 이성과 양심의 담지자이어야 할 신사층조차도 갖가지 방법을 써서 특권층화해가는 일까지 나타나게 된다. 이같은 사정을 반영하는 것이 명대 전반에 나타나는 묵수주자학墨守朱子學적 경향이다.

묵수주자학자들은 당시의 현실 문제는 등한시한 채 주자학의 교조적 실천만이 중요하다고 주장한다. 이들은 대체로 명 성조 때 편찬된 『사서대전』, 『오경대전』, 『성리대전』 등의 학문적 체계를 따랐던 학자들로, 기존의 권력과 학문 체계를 인정할 뿐 새로운 개혁적 시각을 보여주지 못했다. 이들은 주자학은 이미 주희 때 이론적으로 완성되었기 때문에, 자신들이 할 일은 별로 없고 단지 독서를 통하여 그 이론을 암송하기만 하면 된다고 생각했다. 과거시험의 문제가 당시의 관학인 주자학의 이론에서 출제되었으므로, 암송하는 것만으로도 출세가 보장되었기 때문이다. 명대의 주자학자들은 주자학의 "리가 기보다 앞서 존재한다理先氣後"는 이론에 근거하여, 기가 없어도 리는 항상 존재하며 리만이 유일한 절대적 실재라고 주장하기에 이른다. 이것은 도덕규범의 중요성만 강조하면서 규범이 실현되어야 할 현실적 상황은 무시한 것이다.

양명학자들은 이러한 묵수주자학적 태도를 비판하고 나섰다. 그들은 관직에 있는 경우도 있었지만 주로 재야학자 집단이었다. 그들은 현실의 도덕적인 붕괴야말로 가장 중요한 문제이며, '지금 여기' 서 있는 자신이 바로 도덕적인 주체이므로 그 주체성을 확립하는 것이 당시의 문제를 해결하는 방법이라고 주장하였다. 그들은 "인간의 본성에 도덕법칙이 들어 있다性卽理"는 주자학의 철학적 명제가 "리가 기보다 앞서 존재한다"는 주장과 마찬가지로, 현실 속에서 실현되어야 할 도덕규범을 단지 선험적인 영역으로 돌려버리고 회피하는 것이라고 비판한다. 그래서 그들은 "도덕법칙이 비록 인간 마음의 심층 속에 들어 있지만 이를 현실세계에서 발현시킬 수 있다心卽理"고 주장한다. 그리고 한 걸음 더 나아가 그들은 도덕법칙이 단순히 인간의 '마음에 들어 있는' 것이라기보다는 오히려 인간의 '마음에 의해 구성되는' 것이라고 말한다. 도덕법칙 자체보다는 그것을 구현하고 만들어나가는 인간의 주체적 능동성이 더 우선이라는 것이다. 그리하여 양명학자들은, 모든 인간은 선험적인 도덕적 원리와 이를 판단하는 능력을 타고났으며, 이 양지良知를 현실 속에서 자신의 역할에 맞게 실천하려면 양지를 깨닫는 공부致良知가 필요하다고 말한다. 이는 개인마다 부조리한 현실사회에 맞서 이를 타개해나갈 수 있는 강력한 도덕적 주체가 되라고 주장한 것이다.

묵수주자학이 리와 기의 문제에 몰두하였다면, 양명학은 마음과 본성의 문제에 치중하였다. 양명학자들은 무엇보다도 현실을 움직일 수 있는 강력한 개인에 초점을 두고 있다. 그러나 자칫하면 이런 식의 강력한 개인에 대한 옹호는 오히려 개인의 방종과 함께 사회질서의 혼란을 야기하고 조장할 우려가 있다는 것이 나흠순의 견해다. '치양지致良知'의 이론을 극단까지 확장하면 인간마다 그 나름으로 윤리적 판단의 척도가 된다. 그렇게 되면 윤리적 기준의 보편성을 확보할 수 없게 된다. 나흠순이 양명학을 공격하는 이유는 바로 이 점에 있다. 그는 여전히 강력한 개인보다는 기존의 문제점을 보완한 사회적 틀과 그 사회를 움직이는 지식인을 통해 문제를 해결하려 한다. 이 점에서 그는 기본적으로 주자학과 같은 태도를 견지하고 있다고 볼 수 있다.

## 지각

### 양지는 주관적이고 감각적인 지각이다

지각知覺은 서양 철학에서는 감각 기관을 통해 대상을 인식하는 과정을 의미한다. 직접적인 경험이 감각이라면 이차적인 의식을 포함하는 경험을 지각이라고 한다. 그러나 중국 철학에서 지각은 경험론적인 사유에 한정되기보다는 아프거나 통증을 느끼는 감각적인 의식부터 깨달음과 관련되어 일어나는 지혜까지를 포괄한다. 지각은 통째로 하나의 개념으로 쓰이기도 하지만, 따로 떨어져 각覺은 일반적인 감각적인 의식으로, 지知는 시비와 선악을 판단하는 의식의 뜻으로 쓰이기도 하며, 뭉뚱그려서 각료능지覺了能知라고 마음을 가리키는 말로 쓰이기도 한다.

왕수인은 주자학의 격물공부가 외물에 대한 탐구에만 치우쳐 있기 때문에, 인간이 가지고 있는 마음의 자발성을 저해한다고 본다. 따라서 그는 진정한 도덕적인 주체가 되기 위해서는 마음의 자발성을 드러내기만 하면 충분하다고 한다. 원래 마음은 도덕적인 원리와 가치인 천리와 이를 판단하는 능력을 가지고 있기 때문에 그것을 실현시키기만 하면 되기 때문이다.

왕수인은 마음이 가지는 선천적인 도덕적 천리와 가치판단 능력을 '양지良知'에서 찾고, 각자 양지를 통해 자기가 현실사회에서 맡은 바 역할을 심리적 장애 없이 원만하게 실천할 것을 주장한다. 그것이 곧 '치양지'다. 원래 '양지'는 『맹자』에서 처음 나온다. "사람이 배우지 않고 능한 것이 양능이요, 깊이 헤아리지 않고도 알 수 있는 능력이 양지다. 어린아이가 어버이를 사랑할 줄 알지 못함이 없고, 커서는 형을 공경할 줄 알지 못함이 없다." 맹자는 인간이 가지는 직관적인 도덕심을 양지라고 본다. 왕수인은 여기에 선악과 시비를 가리는 선천적인 능력까지도 포함시켜, 지정의知情意를 포함하는 개념으로 양지를 쓰고 있다. 이것은 주자학적 이념에 회의하면서 그것의 주지주의적인 성격에 대항하기 위하여 제시한 개념이다.

왕수인이 말하는 천리天理는 주자학에서와 같이 마음에 앞서 존재하며 마음을 주재하는 것이 아니라 구체적인 행위 속에서 실현해나가는 것에 중점을 둔 것이다. 그는 느끼고 경험하기 이전의 상태未發에 대한 체득을 주장하면서도, 미발과 이발의 통합을 주장한다. 따라서 양지는 미발의 본체와 이발의 작용으로 명확히 나누어지지 않는다. 양지는 이 둘을 포함하는 총체적인 것이기 때문이다.

이에 대하여 나흠순은, 양지란 마음의 지각(의식)작용에 지나지 않으므로, 그것을 천리 즉 본성으로 인정할 수 없다고 비판한다. 양지는 지각에 불과하며, 지각은 마음의 작용이지 본성은 아니라는 것이다. 그것은 불교의 논리를 답습한 것이다. 불교 특히 선종에서는 "본성을 아는 것이 부처이다見性成佛", "마음을 분명히 알면 본성을 깨닫는다明心見性"고 하여 마음과 본성實性을 일단 구분한다. 마음이 현상화되는 근거가 되는 어떤 것이 있고, 그것을 본성이라고 한다. 하지만 이렇게 하면 본성을 실체화하는 것이 되기 때문에 다시 마음과 본성은 둘이 아니라고 한다. 이것을 정식화한 것이 '[마음의] 작용이 본성이다作用是性'라는 것이다. 나흠순은 바로 마음과 본성에 관한 불교의 애매한 논리를 보고, 불교에서는 마음의 작용을 본성으로 간주한다고 확정한다. 불교에서 '마음의 작용이 본성이다'고 하는 것은 눈으로 보거나, 귀로 듣거나, 코로 냄새를 맡거나, 입으로 이야기하고, 손과 발을 움직이는 것 모두 본성이 드러난 것이라고 보는 것이다. 본성이라는 본체의 세계가 현상으로 드러날 때 둘이 아님不二을 주장하는 것이다. 그것은 곧 마음의 활동의 근거가 본성이고, 더 나아가서는 본성은 마음의 지각 작용에 다름없다는 것이다.

나흠순이 볼 때, 왕수인이 말하는 '양지즉천리良知卽天理'에 따른 행위는 마음이 의식하는 대로 행동하는 것이기 때문에 보편적인 성격을 지니지 못한다. 이는 미발을 인정하지 않음으로써 나타나는 문제다. 따라서 왕수인의 이론은 선종의 선사들이 행하는 태도와 비슷하다고 비판한다. 물론 선사들은 천리를 인정하지 않지만 양명학에서는 천리를 인정한다. 그러나 그 천리를 어떤 수준에서 인정하느냐에 따라 이들의 차이점은 무시될 수밖에 없다. 나흠순의 양지설 비판은 천리가 보편성과 객관성을 확보해야 한다는 점을 전제로 하는 것이다.

나흠순의 양지설 비판은 왕수인의 제자인 구양덕과 토론하는 과정에서 집중적으로 이루어진다. 구양덕은 양지가 천리임을 주장하여, "참된 자연스런 본성天性之眞은 저절로 환히 깨달으니明覺自然 감응에 따라 통하고 스스로 조리條理가 있기 때문에 그것을 양지라 하고, 또한 천리라고 한다"고 말한다(『구양남야문집歐陽南野文集』 권1 「답나흠순선생기곤지기答羅整庵先生寄困知記」). 이에 대하여 나흠순은 "'참된 자연스런 본성'은 그 본래本來의 모습이고, '저절로 환히 깨닫는 것'은 그 신묘한 작용이다. 그런데 자연스런 본성은 생명을 처음 가졌을 때 순수하고, 환히 깨닫는 것(지각)은 이미 태어난 뒤에 드러난다. 본체가 있으면 작용이 있지만, (논리적으로 보면 본체가 먼저 있어야만 나중에 작용이 있는 것이다.) 그렇다고 해서 작용을 본체라고 여길 수 없다"(『곤지기』 부록 「답구양소사성숭일答歐陽少司成崇一」(갑오추甲午秋))고 한다.

구양덕은 자연스런 본성을 환히 깨달아 명각(양지)이 저절로 발현되니, 대상에 따라 반응하는 감각 기관의 의식에도 천리의 조리를 담고 있다고 한다. 양지는 천리에 대해 환히 깨닫는 것으로부터 출발한다. 깨닫는 것은 내 마음 속의 대상일 뿐이다. 이는 나흠순이 도덕의 본체가 이미 인간이 태어나자마자 존재한다고 보는 것과 대비된다. 나흠순에 따르면 도덕의 본체는 주관적인 의식 속에서 깨닫는 것이 아니라, 의식의 외부에 이미 객관적이고 보편적으로 존재하는 것이다.

구양덕은 양지가 지각에 불과하다는 나흠순의 주장에 대해, 양지와 지각은 구별되어야 한다고 반박한다.

저는 지각과 양지가 명칭이 비슷하지만 실질적인 내용이 다르다고 배웠습니다. 보고 듣고 말하고 행동하는 오관의 감각능력을 알고 주재하는 것知視,知聽,知言,知動은 [곧 정식情識의] 지각이며 이는 반드시 모두 선善할 수는 없습니다. 그러나 양지良知는 측은惻隱·수오羞惡·사양辭讓·시비是非하는 사단四端의 능력을 알고 주재하는 것이며 이는 이른바 본연本然의 선善입니다. 그런데 이 본연의 선은 이 양지를 본체로 삼고 있기 때문에 이 양지와 떨어져서 따로 본체가 있는 것이 아닙니다.(「답나흠순선생기곤지기」)

감각 기관과 신체가 느끼는 것(시視·청聽·언言·동動)에 대해서 그것을 알고 주재하는 것이 지각이다. 지각이 단순히 감각적인 것만은 아니라는 것이다. 오관의 감각하는 과정을 검증하여 주재하는 것이 지각의 지知이며 그래서 지각은 선도 있고, 불선도 있다. 곧 완전한 것은 못 된다. 반면에 양지는 선만 있다. 양지는 후천적인 지각이 아니라 선천적인 것이다. 따라서 구양덕은 양지는 천리가 자연스럽게 드러나는 것(조리)이기 때문에, 감각 기관과 신체의 일반적인 의식이나 그것을 아는 지각과 다르고, 그리하여 불교와는 구별되어야 한다고 주장한다. 구양덕은 감각능력을 검증하고 주재하는 것을 지각이라 하고 도덕적인 판단능력을 검증하고 주재하는 것을 양지라고 한다. 여기서 지각은 직접적인 감각을 바탕으로 하여 아는 이차적인 것을 뜻한다.

다른 한편으로 구양덕은 직접적으로 감각 기관이 아는 것도 지각이라고 한다. 곧 구양덕에게 지각은 감각 기관이 직접적으로 받아들이는 것과 그것에 대해서 이차적으로 아는 것 모두를 포함한다. 불교에서 지각은 눈·귀·코·혀·몸 등의 감각 기관(전5식)이 대상과 관계해서 느끼는 것覺과 제6식이 전5식을 통제하고 분별하는 작용知을 가리킨다. 구양덕이 말하는 지각도 이런 뜻이다. 여기서 분별하는 작용은 이성적인 판단을 의미한다.

구양덕은 사단을 아는 것을 양지라고 한다. 불교에서 사단 중 시비지심은 제6식에 해당한다. 참된 지혜에는 속하지 않는 것이다. 불교는 이성적인 작용의 근원에는 심층의식이 있고 그 의식의 배후에는 참된 의식이 있다고 한다. 그 참된 의식 자체도 실체가 없음을 깨달아야 참된 지혜에 도달할 수 있다轉識成智고 보는 점이 불교의 다른 점이다.

양지를 자각하고 실행하는 과정에서 양지가 일상적인 지각 활동에서 어떻게 발현하는지를 이해할 필요가 있다. 일상적인 지각 활동 가운데 드문드문 발현되는 현성양지의 한 생각一念을 자각하고 유행을 지속시키자는 것이 소위 현성양지의 주장이다. 다시 말해 이발已發의 일상생활에서도 마음의 본체心體의 지극한 선至善이 드문드문 발현되는 일념을 자각하고 이 일념이 지속적으로 유행하게 하자는 것이 현성양지파의 소위 '백성의 일상생활이 도百姓日用卽道'라는 이론이다. 그러나 이렇게 드문드문 나타나는 현성양지는 양지가 끊어지는 단점이 있다. 따라서 수행자가 양지가 끊어짐이 없이 항상 유행하도록 미발의 양지를 깨닫자는 주장이 바로 섭표聶豹와 나홍선羅洪先의 고요함으로 돌아가는歸寂 공부이다. 물론 현성양지를 주장하는 왕기王畿와 나여방羅汝芳을 비롯하여 구양덕까지도 양지의 깨달음을 부정하는 것은 아니다. 이들은 미발의 양지를 깨닫기 위하여 고요함을 주로 하는 공부에만 치중하면서 일상생활의 윤리를 외면하는 공부야말로 더욱 비난받아야 한다고 비판했다. 따라서 일상생활의 지각 활동에서 드문드문 발현되는 현성양지에 주목한다면, 양명학자들의 견지에서는 오히려 나흠순이 양지를 지각으로 오해

**섭표와 나홍선**
모두 구양덕, 추수익과 같이 강우학파江右學派에 속한다. 이들은 왕수인의 치양지설에 입각하여 주정主靜과 귀적歸寂을 중시하였다.

**왕기**
1498~1583. 양명학의 분파 중 절중학파에 속한다. 왕기는 왕수인의 양지良知설에 지나치게 치중함으로써 선천적 양지를 종교적으로 중시하기까지 한다.

**나여방**
1515~1588. 양명학의 분파 중 태주학파에 속한다. 나여방은 적자의 양심을 근본으로 하여 생각하지 않아도 천지만물과 동체가 될 수 있다고 주장한다.

했다는 반론을 제기할 수도 있다. 마음의 본체의 양지가 일반적인 지각과 다르다는 것은 서로 분명히 알고 있었기 때문이다. 곧 나흠순이 양지가 지각과 다른 것이 아니라고 비난했던 것은 이러한 현성양지가 지각이라고 비판했던 것이다.

> 사람의 앎에는 두 가지가 있는 것이 아니다. 맹자의 본뜻은 깊이 헤아리지 않고도 아는 것을 일러 '양良'이라고 한 것이지, 다른 하나의 앎이 더 있다고 말하는 것이 아니다. 지금 측은·수오·공경·시비를 아는 것을 양지라 하고, 시·청·언·동을 아는 것을 지각이라고 하는데, 어찌 두 가지 앎이 있겠는가? 대저 사람의 시·청·언·동은 깊은 생각을 하지 않고도 아는 것이 많고 인식 작용의 신묘함이 북소리보다 더 빠른데, 어찌 측은·수오·공경·시비가 드러나는 것과 다른가? 사단이 드러남은 시·청·언·동과 관련되지 않음이 없다. 시비는 반드시 입에서 나오고, 공경은 반드시 용모에서 드러난다. 악취를 싫어하여 [냄새가 나자마자] 그 코를 가리고, 어린아이가 장차 우물에 들어가려는 것을 보면 허둥지둥 달려가서 구하니, 과연 어디에서 그 다름을 보겠는가?(「답구양소사성숭일」)

나흠순의 지각은 감각적인 것을 넘어서지 않는다. 지각의 이차성을 인정하지 않는 것이다. 나흠순이 볼 때 지각에는 판단하는 작용이 없고, 감각적인 의식만 있다. 그것은 더는 7식七識이나 8식八識의 심층의식도 인정하지 않는 것이다. 근원적인 혹은 심층의식도 여전히 감각적인 의식을 벗어나지 못한다고 주장하는 것이다.

또한 나흠순은 양지도 지각을 벗어나지 못한다고 한다. 옳고 그름이 입에서 나온다고 할 때 양지는 말하는 행위와 결합하고, 공손하고 경건하게 행동함은 용모로 드러난다고 할 때 양지는 움직임과 결합한다. 따라서 말하고 움직이는 것을 아는 지각 가운데 이미 사단을 아는 양지가 움직이고 있다. 그리하여 나흠순에게서 양지는 일반적인 지각과 하나로 합치한다.

나흠순은 구양덕이 양지와 지각을 둘로 나누는 것은 불교와 비슷하고 유학에는 없는 것이라고 비판한다.

> 앎은 하나일 뿐인데 억지로 분별하는 것은 우리 성인의 책에는 일찍이 없었다. 『능가경楞伽經』에는 이른바 진식眞識, 현식現識, 분별사식分別事識 세 가지의 구별이 있다. 반드시 그대의 주장과 같다면 양지는 진식이고, 지각은 마땅히 분별사식이 되는 것이 틀림없다.(「답구양소사성숭일」)

「능가경」
여래장사상如來藏思想 형성에 중요한 위치를 차지하는 불경이다.

나흠순은 구양덕이 양지와 지각을 구분하는 것이 불교 유식학과 비슷하니, 양지는 진식, 지각은 분별사식이라고 엄격하게 비판한다. 이같이 양명학은 불교와 일치한다는 것이다. 그런데『능가경』 계통의 유식학이 주장하려는 것은 원래 진식과 분별사식이 다른 것임을 주장하려는 것이 아니고, 헛된 망상에 사로잡혀 주관과 객관을 구별하려는 인식의 그릇됨을 비판하려는 것이다. 그리고 진식도 단순한 지각 작용에 불과한 것이 아니라, 오히려 이 세상에는 실체自性가 없다는 것을 깨닫는 앎의 본체다.

나흠순이 볼 때 진식은 도덕의 본체가 아니다. 그것이야말로 헛된 망상이다. 단순한 지각 작용을 가지고 본체로 삼을 수는 없다. 그리고 단순한 지각 작용을 진식과 분별사식으로 나누는 것은 더욱 더 문제가 된다. 그런데다 유식에서 진식은 진리를 가리키고 분별사식이 망상을 나타내듯이, 양지는 선이고 지각은 선을 보장하지 못한다고 하는 구양덕의 견해는 동일한 구조를 갖는다. 따라서 나흠순은 지각을 나누려는 구양덕이 불교에 빠졌다고 비판한다.

불교의 깨달음은 진과 망의 이원적 이해에 입각하고 있다. 깨달으면 진이고, 그렇지 않으면 망이다. 반면 현실세계는 옳음과 옳지 않음이라는 세세한 가치로 규정되고 있다. 이것을 하나하나 분별해내지 않으면 안 되는 것이다. 그런데 이를 분별심이라 여기고 시비를 초월하는 세계로 들어가서는 안 된다.

이에 대해 구양덕은 양지는 감각 기관(시·청·언·동)과 떨어질 수 없다는 것을 인정하면서도, 감각 기관의 작용(시·청·언·동)이 양지의 선을 반드시 보장할 수 없다는 주장을 되풀이한다.

> 측은·수오·공경·시비의 앎은 시·청·언·동과 떨어지지 않는다. 그러나 시·청·언·동이 반드시 측은·수오의 본래 그러함을 얻는 것은 아니다. 그러므로 시·청·언·동은 포괄적으로 지각이라고 말하고, 측은·수오는 '양良'이라고 말한다.(『구양남야문집歐陽南野文集』 권1 「답나흠순선생기곤지기 우又」)

그리고 나흠순이 『능가경』의 진식과 분별사식을 들어서 양지와 지각의 관계를 설명하는 것에 대하여, 구양덕은 『능가경』에서 말하는 진식은 맹자가 말하는 '양'이 아니며 측은·수오·공경·시비 등의 도덕적인 양지와도 관련이 없다고 비판한다. 양지는 도덕성을 가지고 있는 본체이기 때문에 도덕성을 배격하는 유식의 진식과 같을 수는 없다는 것이다. 이것이 구양덕이 나흠순의 비판에 동의할 수 없는 중요한 이유다. 이에 다시 나흠순은 양지와 지각이 같다고 하는 입장을 재확인하는 편지를 보냄으로써 이들의 논쟁은 그친다.

그런데 구양덕의 양지와 일반적인 지각의 관계 문제는 이미 나흠순과의 토론(1534, 1538년) 이전에, 왕수인과의 편지(1527년)에서 정리되었다. 구양덕은 양지는 일반적인 지각에서 생기는 것은 아니지만, 일반적인 지각은 양지의 작용이 아닌 것이 없다고 한다. 양지가 가지는 선천적인 시비판단 능력은 현실적인 지각을 통하여 드러나야 하지만, 그렇다고 현실적인 지각 그 자체라고 하기 어려운 점이 있다. 구양덕의 이러한 뜻을 긍정하면서도, 구양덕이 양지와 일반적인 지각은 하나라고 주장하는 한편으로 그러한 것을 구분하는 시도에 대해서, 왕수인은 양지와 지각을 둘로 나누는 혐의가 있음을 지적한다. 왕수인에게서 중요한 것은 양지를 실천하는 행위이지, 양지와 지각의 관계가 아니다. 구양덕은 양지와 지각의 차이를 주장함으로써 오히려 양명학의 본질을 제대로 표현하지 못하고 주자학적인 경향을 보인 것이다.

구양덕과 나흠순의 입장 차이는 양지를 둘러싼 견해에서 비롯된다. 구양덕은 양지가 선천적인 도덕원리를 갖고 있을 뿐만 아니라 이를 알고 주재한다는 것을 강조하기 때문에 양지가 지각과 다르다는 주장을 하는 데 비하여, 나흠순은 양지가 다만 깊이 헤아리지 않는다는 것만을 강조하기 때문에 양지는 지각에 불과하다고 주장한다.

나흠순과 양명학자의 차이는, 양지는 도덕적인 본체이고 그것은 현실을 재단하는 기준이 될 수 있음을 주장하는 쪽과, 그것이 지각 작용에 불과하고 따라서 현실을 재단하는 기준이 될 수 없음을 주장하는 쪽의 차이이다. 나흠순에게는 보편적이고 객관적인 도덕적 기준이란 깨닫는 것이 아니라 실재하는 것이다. 따라서 보편적이고 객관적인 도덕적 기준을 깨닫는다고 하는 주장은 곧 개인적인 이해나 관심에 따라 도덕규범이 자의적으로 규정되는 것으로, 사회적인 혼란을 야기할 우려가 있는 것이다.

나흠순의 양명학과 불교에 대한 비판은 양지와 진식이 모두 본성이 아니라 작용의 마음이란 것이다. 그것은 마음과 본성을 구분하려는 것이고, 이는 마음의 주관성과 본성의 객관성을 대비하는 데서 잘 드러난다. 본성은 리性卽理고, 그 리는 사회적 질서인 예禮다. 따라서 본성의 객관성이란 다른 것이 아니라 시대를 넘어서는 도덕적인 가치기준이라고 볼 수 있지만, 그 가치기준이 현실화된 것은 곧 그 사회가 요구하는 질서이다.

## 신비적 체험

지각은 깨달음과 관련이 있다. 깨달음은 이성적으로 얻어지기보다는 내면에 대한 신비적 체험에서 오는 경우가 많다. 왕수인의 양지는 단순히 유학적인 사고에서 얻은 것이 아니라 불교나 도교의 수련방법을 차용한 것이다. 왕수인은 먼저 폐관정좌閉關靜坐하는 공부를 학생들에게 강조하였다. 내면에 대한 단순한 지적인 이해가 아니라 도교 방식의 좀 더 근원적인 공부를 주장한 것이다. 왕수인은 일찍이 고요한 가운데 자신의 몸을 안으로 비추니 수정궁과 같았다고 한다. 그는 자신의 몸과 마음을 환히 들여다보았다. 닭이 알을 품고 있듯이, 용이 여의주를 기르듯이, 여자가 아이를 배고 있듯이, 몸의 정精과 마음의 신神을 합하여 응결시켜야만 깨닫는 신비체험이 가능하다고 주장했다. 이렇게 깨달은 뒤에야 오류가 없는 인식을 할 수 있다는 것이다. 그러나 이러한 방식은 정적주의에 빠지기 쉽기 때문에 왕수인은 다시 '성찰省察과 극치克治' 공부를 제시한다. 그것은 천리를 보존하고 인욕을 제거하는 방법으로 마음이 발동한 상태에서 선악의 싹을 살펴서, 보양하고 제거하는 방식이다. 마음이 천리인가 인욕인가를 항상 관찰하는 것이 필요하다. 이는 주자학적인 사고와 다르지 않은 점이다. 이것을 강조한 것이 치양지론이다. 누구나 양지를 가지고 있고, 그것을 각자의 역할에 맡겨 도덕적으로 실현시켜야 한다고 한다. 내면적인 체험 속에서 양지가 도덕적 주체가 되어야 한다는 것이다. 그것이 곧 유가를 표방하는 이유가 된다.

나흠순은 왕수인의 사고가 도교적이라고 보지는 않는다. 다만 그것이 불교 특히 선종禪宗에서 나왔다고 한다. 명대에는 도교나 불교가 분리되지 않고, 하나로 합치되어 있는 경우가 많았다. 나흠순이 보기에 왕수인이 '네 마음이 보고 듣고 말하고 움직이는 것이고, 이것은 곧 본성이고 천리'라고 하는 것은 선종의 '작용시성'이란 화두를 그대로 옮긴 것이고, 불교의 본래면목이 양지라고 한 것은 선종의 '부모가 태어나기 이전의 본래면목은 어디에 있는가'라는 화두를 그대로 옮긴 것이다. 나흠순은 이러한 마음 중심의 철학이 불교에서 비롯되었다고 하면서, 왕수인을 비롯한 양명학자뿐 아니라 육구연, 양간, 오징, 진헌장, 담약수를 같은 경향으로 분류하였다. 심학心學이라고 분류되는 학자들이 그들이다.

**선종**
경전 공부에 의존하지 않고, 화두 참구 등을 통해서 자신이 본래 갖추고 있는 불성을 직접 깨닫고자 하는 불교의 종파이다.

선종에서는 순식간에 전체를 깨닫는 돈오頓悟를 위주로 하는데, 모든 의견을 억압하고 제거하면서 모든 외부 유입의 길을 닫고, 내면의 습기가 발현되는 생각을 끊어서 마음에 통할 수 있는 단 하나의 길도 없애야만 하루아침에 갑자기 깨달음이 온다고 한다. 그런데 그러한 깨달음을 추구하는 마음은 실체가 아니다. 그러기 위해서 사유 수단인 언어가 끊어진 길로 나가도록 화두나 공안을 제시하고 있는 것이다. 나흠순은, 깨달음이라는 것은 그러한 체험 속에서 신령스런 지각明覺을 본 것에 불과할 뿐이라고 비판한다. 깨달음은 의식 속에서 떠오르는 신비체험이라는 광경의 형태로 나타나는데 이것도 여전히 주관적인 상상에 불과할 뿐이라는 것이다.

양명학은 신비적인 체험을 통하여 궁극적인 도덕적 본체를 깨닫고자 한다. 이러한 사고는 마음의 심층 차원으로 들어가는 것을 뜻한다. 그러나 그러한 깨달음의 차원은 객관성이 없고 이미지나 상상에 불과한 측면이 있다. 다시 말해 폐관공부하는 동안에 몸의 정기精氣와 마음의 혼魂을 갖고 장난하는 정혼精魂에 불과한 것이다. 나흠순은 이러한 지점을 공격하고 있다. 양명학이 불교나 도교의 방법을 차용한 이상 종교로 흐를 가능성이 있음을 예리하게 지적한 것이다.

그러나 양명학이나 불교가 지적한 대로 나흠순의 주자학은 이성적인 판단에 머물러 그 이상으로 나아가지 않는다. 이성적인 판단이라고 하는 것도 그 시대적 가치 판단에서 자유롭지 못하다. 그것은 곧 그 시대적 한계를 넘어설 수 없는 이유가 되기도 한다. 시대적 한계를 넘어서지 못할 때, 일상적인 속된 철학에 빠지게 된다.

나흠순은 지각의 기능을 본성이나 본체를 알 수 있는 인식적인 능력에만 한정한다. 지각이 가지는 가치적인 기능을 인정하지 않는다. 왜냐하면 지각은 주관이라는 자신의 자리를 망각하고 자기가 객관적 진리임을 주장하게 된다는 것이다. 그리고 지각은 감각적인 사고를 벗어나지 못하는 것도 문제이다. 이러한 지각에 대한 불신은 뒤에 조선에서 지智와 지각知覺에 대한 논쟁을 불러일으켰다.

## 사유의 가능성

나흠순은 마음의 기능으로 지각 대신 사유思를 주장한다. 사유는 이성적인 사고다. 여기서 이성적이란 수학적이고 선험적이라는 의미가 아니라 옳고 그름을 구분하는 가치적이라는 뜻이다. 맹자는 "마음의 주재자는 사유다心之官則思"(「고자상」 15)고 한다. 사유를 통해 진리를 획득할 수 있다는 것이다. 사유를 통해 적절함中을 추구하는 것이 진리를 획득하는 방법이다. 사유하지 않고서 진리를 획득할 수 있는 것은 성인의 경지다. 성인의 경지는 일반적인 사람의 수준에서 쉽게 미칠 수 없다. 육구연이 맹자의 '먼저 그 큰 근본'을 얻었다고 주장하는 것에 대해 나흠순은, 육구연이 얻었다는 것은 마음의 신묘한 지각에 불과하다고 말한다. 맹자의 원문에서 큰 것이란 마음이 아니라 사유하는 능력이라는 것이다.

나흠순은 사유를 통해 미발未發을 인식할 수 있다고 한다. 여기서 미발이란 『중용』에 나오는 구절로, 희로애락이 아직 발동하기 이전을 뜻한다. 그런데 미발을 말 그대로 희로애락의 감정 이전으로 볼 것인가, 아니면 의식 이전으로 볼 것인가에 따라 논의가 달라진다. 정이程頤는 『하남정씨유서河南程氏遺書』에서 희로애락의 미발이 드러나기 이전의(이전에는) 적절함中을 추구할 수 없다고 주장한다. 적절함을 추구할 수 있다면 이것은 이미 생각함이고, 생각하고 있다면 이미 발현된 마음이므로 이발인 셈이다. 이러한 사고방식을 주희도 인정한다. 이는 프로이트의 무의식과 구조상 비슷한 점을 보인다. 구조적으로 인간 의식의 배후에 무의식이 있다는 것과 의식 이전에 미발이 있다는 것

**노에시스와 노에마**
후설의 현상학에서 사용되는 용어다. 현상학에서 의식은 항상 어떤 대상을 향하는 지향성을 가지고 있다. 지향성은 작용적인 측면과 대상적인 측면이 있다. 의식의 작용이 바로 노에시스이고, 의식의 대상이 바로 노에마이다.

은 비슷하다. 물론 욕망으로서의 무의식과 도덕성으로서의 미발은 다르다. 그러나 생각 이전의 마음이란 논리적인 개념이다. 논리적인 개념으로서의 미발은 쉽게 인정하기 어려운 한계를 가진다. 그래서 주희는 미발의 단계가 죽은 나무나 불타버린 재와 같은 상태가 아니라 깨어 있다고 주장한다. 미발에서도 지각의식의 가능성이 존재한다고 주장한다. 물론 지각은 기능하지만(현상학에서 말하는 노에시스noesis) 외부 대상(노에마noema)이 없다는 뜻으로 쓴다. 다시 말하면 주희는 미발을 희로애락의 감정은 일어나지 않지만, 의식이 기능하고 있다는 의미로도 쓰고 있다. 이는 의식적인 주체의 활동 가능성을 탐색하고 있는 것이다. 그러나 결국 이렇게 규정하더라도 주체를 의식적인 존재로만 남도록 하는 설정상의 문제점을 낳는다. 왜냐하면 의식하지 않는 주체도 주체이기 때문이다. 다른 한편으로는 의식적인 주체의 한계를 넘어서는 미발을 인정하는 측면도 있다. 그러나 이러한 규정은 모호해지기 쉽다. 왜냐하면 의식 이전은 일반화하기가 쉽지 않기 때문이다. 주희는 미발에서 두 가지 의미를 추구하고 있다.

주희의 미발에서 특징적인 점은 의식의 심층으로 내려가지 않는다는 점이다. 심층의식으로 내려가게 되면 이는 불교나 도교 방식의 사고가 된다. 불교와 도교를 비판하고자 했던 주희는 미발의 깊은 층위 대신에 얕은 수준에서의 사유를 주장하면서, 심층의식을 직접적으로 인식할 수 있다는 주장을 비판하였다.

반면에 양명학에서는 미발에 대한 직접적인 체인體認을 강조한다. 양명학에서 미발은 주자학적인 의미에서 심층의식이 작동하는 정도가 아니라, 심층의식의 적극적인 발현을 뜻한다. 양명학에서는 의식의 배후 단계를 불교나 도교의 방법을 써서 직접적으로 깨달을 것을 주장한다. 그것은 곧 제6식의 기능이 멈추고 7식과 8식을 넘어서 진정한 내면의 본래 자아를 만날 수 있다는 것이다.

나흠순은 미발을 '의식 이전'으로 설정하는 것이 아니라, 말 그대로 '감정이 발동하기 이전'으로 간주한다. 그리하여 그 미발을 사유를 통해 인식할 수 있다는 주장을 하게 된다. 이는 주희의 미발에 대한 두 규정에서 하나만을 취한 것이 된다. 그런데 사유는 이발이다. 이발에서 미발을 파악할 수 없기 때문에, 나흠순은 사유가 미발과 이발 사이에 있는 마음의 작용이라고 간주한다. 미발과 이발을 통괄할 수 있는 기능이 사유이며, 사유를 통해 직접적으로 미발을 인식할 수 있다는 것이다. 미발은 본성이고, 본성은 사유를 통해서 인식할 수 있다고 하는 것이 전제되어야 양명학이나 불교를 비판할 수 있다고 본 것이다.

## 욕망의 긍정

현대 철학에서 가장 많이 논의되는 주제 중 하나는 욕망이다. 욕망에 대한 논의는 포스트 모더니즘의 경향과 관련되어 있다. 이성 중심의 철학에서 감성과 욕망 중심의 철학으로 옮겨가고 있는 것이다. 특히 들뢰즈G. Deleuze는 욕망에 대해 집중적으로 논의하고 있는데, 들뢰즈의 욕망론은 스피노자에 연원을 두고 있다. 스피노자는 욕망을 인간의 본질로 보고 있다. 그는 자기보존의 힘이 인간의 정신과 신체에 모두 관계할 때 욕구라 하고, 그것을 의식할 때 욕망이라고 말한다. 스피노자의 이러한 사고는 인간의 비합리적인 욕망을 옹호하는 것이 아니라, 욕망의 합리적인 작동구조를 설명하려는 것이다. 들뢰

**질 들뢰즈**
1925~1995.
20세기 후반 프랑스의 철학자이다.
대표저작은 펠릭스 가타리Felix Guattari(1930~1992)와 함께 쓴 『자본주의와 정신분열: 안티-오이디푸스』와 『천의 고원』이다.
이 저작에서 이들은 욕망, 리좀rhizome, 유목론nomadism 등의 새로운 논의를 펼쳤다.

즈는 이러한 스피노자의 사상을 자기철학의 중심으로 삼았지만, 중국의 철학자들은 욕망을 철학의 중심으로 삼지 않았다. 주자학에서는 욕망을 부정적인 것으로 보고 있는 데 비해 양명학에서는 욕망을 긍정적으로 보고 있다. 그렇다고 양명학에서 인간의 욕망을 전부 인정하였다는 뜻은 아니다. 양명학에서 모든 욕망을 있는 그대로 인정하여 제멋대로 행동하였다는 주장은 주자학의 편견에 불과하다. 양명학에서는 욕망은 인간이 생활하는 데 기본적인 것이고, 또한 도덕을 실천할 수 있는 동력이라고 보고 있다. 욕망을 처음부터 부정해서는 안 된다는 것이다. 욕망을 다스릴 때 처음부터 눌러서 금지할 것인가, 아니면 천천히 천리를 실천하고자 하는 힘을 키워서 욕망의 힘을 뺄 것인가에 따라 주자학과 양명학의 차이가 드러난다.

이정 형제는 도심은 천리, 인심은 인욕人慾이라고 하여 천리에 대해 인욕을 부정적으로 본다. 그리하여 이정 형제는 인욕이 개인의 부당한 욕망이라고 보는 데 반해, 나흠순은 인욕은 인간의 욕망 일반이라고 본다. 이것은 곧 인욕을 인정하는 것이다. 인욕이란 사람이 가지는 욕망이란 뜻이다.

> 『예기禮記』「악기樂記」에서 말하는 욕망欲과 호오好惡를 『중용中庸』의 희로애락喜怒哀樂과 더불어 똑같이 칠정七情이라 일컫는다. 그 칠정의 리理는 모두 본성에 근거하고 있다. 칠정 가운데 욕망은 더욱 중요하다. 왜냐하면 하늘이 백성을 낳음에 욕망이 있기 때문이다. 욕망에 따르면 기뻐하고, 욕망을 거스르면 분노하고, 욕망을 얻으면 즐거워하고, 욕망을 얻지 못하면 슬퍼한다. 그래서 「악기」는 유독 '본성의 욕망'이라고 말했던 것이다. 욕망을 악이라고 할 수 없다. 욕망이 선이 되고 악이 되는 것은, 절도가 있느냐, 없느냐에 달려 있을 뿐이다.(『곤지기』 권상 17)

일반적으로 감정과 욕망을 나누어 생각하는 데 반해, 나흠순은 감정(칠정) 가운데 욕망이 있음을 환기한다. 감정에서 가장 중요한 것으로 욕망을 들고 있는 것이다. 그런데 나흠순이 강조하는 하늘의 낳고 낳는 마음生生之心을 인간이 갖고 있다는 것은, 인간이 선천적이며 도덕적인 욕망을 타고났다는 것을 말한다. 이러한 선천적이며 도덕적인 욕망이야말로 인간이 양주楊朱에 치우치지 않고 유가의 제가치국평천하라는 경세사상을 실천할 수 있는 근본적인 원동력이 된다.

나흠순은 "욕망을 제거해야 한다去人欲", "욕망을 막아야 한다遏人欲"는 주자학의 용어를 비판한다. 이러한 비판은 주자학의 금욕주의적인 성격을 겨냥한 것이다. 그러나 주자학의 이러한 구호도 욕망의 절제를 강조하는 것이란 점에서는 기본적으로 나흠순의 의도와 동일한 것이다. 다만 주자학에서는 그것을 인심人心이란 차원에서, 나흠순은 욕망이란 차원에서 설명하고 있는 것이 다를 뿐이다. 절도란 곧 사회적인 (도덕적) 기준을 뜻한다. 사회적으로 인정되느냐 되지 않느냐가 사회질서이고 규범인 것이다. 나흠순을 주자학자라고 보는 것은 이러한 이유 때문이다.

## 깨달음이 사회적 질서와 병행될 수 있는가

나흠순은 주자학의 입장에서 양명학의 학술을 이단이라고 비판하고 자기의 철학사상을 전개하였다. 그는 양명학을 선불교라고

묵수주자학
송대부터 명대까지 이어지는 주자학과 상산학의 대립 가운데 학자들이 취하는 주자학 일변도의 입장을 나타내는 말이다.

태주학파
요강좌파姚江左派라 부르기도 한다. 대표적인 인물은 왕간王艮, 하심은何心隱, 나여방羅汝芳, 이지李贄 등이 있다. 태주학파는 왕수인의 양지良知설과 함께 평민교육에 중점을 둔다. 이는 여타의 양명학파와 다른 독특한 면모이다.

비판한다. 그러나 왕수인의 양지는 당시 묵수주자학의 형식적 사유 때문에 나온 것이다. 왕수인은 모두 도덕 표준은 외부의 형식적 규범이 아니라 마땅히 마음 안에 본래 가지고 있는 천리를 자득하는 데서 오는 것이어야 한다고 강조한다. 더욱이 태주학파泰州學派의 민간강학은 확실히 백성들의 자발적인 정치의식을 각성시키는 점이 있었다. 그러나 양명학의 주장은 멋대로 감정과 욕망에 휘둘리는 임정종욕任情從慾 때문에 객관적 도덕규범을 잃어버리게 되는 결과를 면할 수 없었고, 사회질서를 파괴할 가능성이 있었다. 이 때문에 나흠순은 일찍부터 양명학의 이러한 위험성을 경계하였다. 또한 나흠순은 양명학의 학술이 불교와 도교에 접근하여 유가의 정체성을 상실할 위험이 있음을 지적하고, 반드시 양명학의 학술이 유가 내에 있어야 한다고 일깨웠다. 따라서 나흠순의 철학사상은 명나라의 체제를 유지하려는 데 어느 정도 학술적 의도가 있었다.

왕수인과 나흠순의 대립을 현재적으로 해석한다면 마음의 능동성과 본성의 도덕적 객관성으로 요약할 수 있다. 마음의 능동성은 '깨달음'이란 말로 설명될 수 있고, 본성의 도덕적 객관성은 '사회질서 유지'라는 경세사상으로 이해될 수 있다. 즉 이는 깨달음이 과연 윤리적 행동, 즉 사회적 질서와 병행될 수 있는 것인가에 대한 문제다. 병행될 수 있다면 양명학이고, 병행될 수 없기 때문에 분리해야 한다고 믿는다면 이는 주자학적 입장이라 할 수 있다.

# 더 읽을거리

羅欽順, 『困知記』, 閻韜 點校, 中華書局, 1990

『곤지기』에 대한 가장 완벽한 판본이다. 중국 중화서국의 〈이학총서〉는 신뢰할 수 있는 책들이다.

나흠순, 『곤지기』, 최중석 옮김, 국학자료원, 1998

『곤지기』는 여섯 권의 본문과 부록으로 구성되어 있다. 이 중 맨 앞의 두 권을 우리말로 번역한 책이다. 중국어 번역본으로는 염도閻韜의 『곤지기전석困知記全譯』(巴蜀書社, 2000)이 있다.

왕수인, 『전습록』 1·2, 정인재·한정길 옮김, 청계, 2004

왕수인의 문집 가운데 가장 기본적인 책인 『전습록』을 번역한 책이다. 『전습록』은 양명학의 전부가 아니라 시작이다. 『전습록』을 읽는다고 해서 양명학을 다 이해할 수는 없다. 그러나 이 책을 통해서 수많은 양명 후학들이 생겨났다.

최진덕, 『주자학을 위한 변명: 나흠순의 리일분수철학』, 청계, 2000

나흠순에 관한 박사학위 논문을 책으로 엮은 것이다. 나흠순의 사상이 지닌 주자학적 성격을 밝히고 있다. 다만 나흠순과 조선 학자들의 관계는 빠져 있다.

조남호, 『주희: 중국 철학의 중심』, 태학사, 2004

주희는 방대한 철학체계를 구축했다. 그래서 내용을 전체적으로 이해하는 것이 쉽지 않다. 이 책은 주희 문집 가운데 잡저雜著에서 8개의 핵심적인 내용을 뽑아 설명하고 있다.

조남호, 「나흠순의 철학과 조선학자들의 논변」, 서울대 철학과 박사 논문, 1999

나흠순은 조선 유학에 많은 영향을 끼쳤다. 이와 관련된 철학사의 여러 문제를 검토한 논문이다.

황종희

# 마음의 자연화와 자연의 주재화

## 이규성

1971년 서울대학교 철학과에 입학하여 동양철학으로 박사학위를 받았다. 1983년에서 1989년까지 영남대 철학과에 있었으며, 그 후 이화여자대학교 철학과 교수를 역임하였다. 저서로는 『내재의 철학: 황종희』, 『생성의 철학: 왕선산』, 『한국현대철학사론: 세계상실과 자유의 이념』이 있다. 논문으로는 「주자의 한계를 통해 본 대진의 비판적 철학」, 「이대조의 형이상학과 정치의식」, 「강유위의 세계의식과 이상사회」, 「주희와 이연평: 사유의 전환과 구조」, 「한국현대철학에서의 두 가지 변증법과 사상의 혁명」, 「무한모순의 변증법과 생성의 세계」 등이 있다.

## 생애와 사상적 특징

황종희黃宗羲(자는 태충太沖, 호는 남뢰南雷, 1610~1695)는 신종神宗 만력萬曆 38년 황존소黃尊素를 부친으로 절강 여요현餘姚縣 황죽포黃竹浦에서 태어났다. 황존소는 환관 위충현魏忠賢의 권세에 대립한 동림당東林黨의 일원으로 위충현을 탄핵하다 누명을 쓰고 옥사했다. 이 사건으로 황종희는 군주 전제정에 대하여 더욱 의심을 품게 되었고, 심성론에서 마음과 의지와의 관계를 우연적 관계가 아닌 본질적 관계로 보게 되었다. 그는 사회를 변화시키려는 실천적 의지는 마음의 내적 본성에 연원한다고 보았다. 그는 과거시험을 위한 공부보다는 역사와 고전 및 사상사에 대한 연구와 정치 사회의 변형에 관심을 기울였다. 황종희는 학회이자 정치적 비판 단체인 복사復社에 가입하여 부패관료이자 문인인 완대성阮大成을 탄핵하는 남도방란게南都防亂揭 사건에 참여했다. 이 사건은 복사의 후방역候方域과 문인 기생 이향군李香君의 사랑을 중심으로 공상임孔尙任이 희곡「도화선桃花扇」으로 형상화하기도 했다.

**남도방란게**
1638년 복사의 문인들이 남경에서 부패관료인 완대성(1587~1646)을 척결하고자 벌인 일이다. 중심인물은 황종희, 고고顧杲, 양정추楊廷樞 등이다.

1644년 이자성李自成의 난으로 명나라가 망하고 곧 이어 청나라가 들어섰다. 황종희는 청나라에 대한 군사적 저항 운동을 했으며, 1661년 피난 왕조인 남명 정권이 붕괴하자 실패를 자인하고 낙향하여 역사와 철학 연구에 몰두했다. 그는 자신의 정치적 경험을 반영하여 전제정치를 비판하는『명이대방록明夷待訪錄』(1663)을 썼다. 이 책에서 그는 학교와 정치 평론을 결합한 학교론에 따라 계몽된 지식인이 정치와 여론을 주도하는 정치론을 폈다. 그는 명대 사상사인

**이자성**
1606~1645. 농민반란 지도자로서 1644년 대순大順을 세우고 북경을 점령해 명을 멸망시켰으나 오삼계吳三桂(1612~1678)와 청의 연합군에 패하였다.

『명유학안明儒學案』을 저술하여, 왕수인을 자기 나름으로 재해석한 스승 유종주劉宗周가 마음의 주체적인 주재主宰와 그 구체적 작용인 유행流行을 의지를 중심으로 종합한 관점을 가장 타당한 심성론으로 선택했다.

황종희는 이러한 마음의 경험적 흐름과 주체적 주재의 통일을 왕수인 철학의 핵심으로 파악하고, 이 기준에 따라 명대의 사상가들을 평가했다. 『명유학안』은 그의 만년(1676, 67세)에 완성되었다. 그는 62명의 철학자를 선택하여 62권의 책으로 정리하고, 자신의 평가를 첨가했다. 이 저작은 『맹자사설孟子師說』(1668년 전후)과 함께 그의 철학적 견해를 피력한 작품이다.

황종희의 주재로서의 마음心은 사士 계급 고유의 전통 가치관의 유출 근거라는 측면에서는, 지식인 중심의 자기 정체성을 의미하기도 한다. 세상을 주관하는 마음은 북극성과 같은 세계중심이라는 것이다. 이 때문에 그는 이 중심에서 일탈하는 모든 사상을 비판하고 견제했다. 명대 양명학은 역동적인 생성의 중요성을 부각하였다. 그런데 그것이 갈라지는 과정에서, 점차 마음의 본질은 자연적 활성이기 때문에, 문화적인 선악 판단과는 무관하다는 한 조류가 발전했다. 현성파現成派라고 하는 이 조류는 이른바 불교인 조사선祖師禪의 활발한 자유정신과 결합하여 전개되었다. 그것은 이윽고 이지李贄와 같은 반봉건적 급진 철학을 탄생시켰다. 황종희가 보기에 이러한 조류는 철학적으로는 흐름의 세계에로 탈중심화되어 이탈해나간 광기이며, 정치적으로는 반체제적인 혼란을 부추기는 것이었다.

**조사선**
혜능慧能(638~713) 특히 강서江西의 마조 도일 문하의 선법을 말한다. 일상적인 마음이 진리平常心是道이며 있는 그대로의 마음이 곧 부처卽心是佛라는 생각을 핵심적인 견지로 삼는다.

그는 밖으로는 사물에 대한 경험적 내용의 '다양한 풍부함'을 수용하고, 안으로는 이 외적 다양성에 매몰되거나 휩쓸려 들어가지 않고 심성의 주도적 '주재성主宰'이라는 마음의 내적 통일성을 확립하는 것을 자신의 세계관의 근본 틀로 선택했다. 이 종합적 틀이 이른바 '일본만수一本萬殊'이다. 그리고 통일적 주재성을 갖는 마음은 우주의 생명원리인 '기氣'의 산물이면서도 기의 '생의生意'를 자신의 궁극의 본성으로서 표현하고 이해할 수 있는 자각성을 갖는다. 스스로의 '생기生氣'로써 우주를 자신의 이법理에 따라 생성시켜가는 기는 만유의 풍부함의 원천이자 이 다양한 풍요의 차원에 내재한다. 다양의 세계는 허상이 아니다. 그것은 스스로 자신의 내부적 힘에 의해 법칙에 따라 무수한 사물의 특이한 형태와 본성을 생산해내며, 자연의 실재성 이외의 어떤 초월적 원리는 없다. 기존의 형이상의 궁극적 실재의 명칭으로 사용되어왔던 태극太極은 황종희에 와서는 '만물의 총체성에 대한 개괄적 이름萬物之總名'에 불과한 것이 되었다. 이런 의미에서 그러한 체계를 '내재적 일원론'[1]으로 평가하는 것은 일리가 있다. 또한 17세기 유럽의 스피노자를 진정한 근대적 세속화의 선구자로 평가하는 것처럼, 황종희의 사상사적 위치를 초자연적 원리를 배제한다는 의미에서 '세속화의 현상'[2]으로 이해한 것도 일리가 있다.

이처럼 황종희가 전통적으로 내려온 '일본만수'의 구조를 내재적 체계로 재정립한 것은 시대적 경험에서 나온 간절한 요구였으며, 나라가 망하자 자결해버린 스승 유종주를 또 하나의 학파이자 새로운 정통으로 계승하는 것이기도 했다. 황종희의 정치사상은 그러한 자신의 내재적 철학의 관점에서 구성된 것이다. 그가 겪은 시대의 경험은 이른바 '하늘이 무너지고 땅이 갈라지는天崩地解' 것이

1 劉述先, 『黃宗羲心學的定位』, 浙江古籍出版社, 2006, 1쪽.

2 쉬딩바오徐定寶, 『황종희 평전』, 양휘웅 옮김, 돌베개, 2001, 48~62쪽.

었다. 그의 시대는 정부의 부패와 반항적 지식인에 대한 살인적 억압, 해안 도시들에서의 상공업의 성장에 따른 일부 수공업자들과 농민들의 저항과 반란, 도처의 반란군이 총집결한 이자성의 혁명군이 세운 대순大順 정권의 등장, 명의 최후 황제인 숭정제崇禎帝가 딸에게 황가의 집안에서 태어나지 말라는 말을 남기고 자결한 것, 그리고 한 달 뒤 만주족의 침략에 의한 청의 순치順治 정권의 성립 등 이른바 '질풍광도疾風狂濤'의 혼란기였다.

황종희는 '질풍광도'와 같은 역사의 흐름 속에서 안정된 주체적 구심점을 찾고자 했다. 이 때문에 그의 내재적 생성 철학은 현성파의 급진성보다는 상대적으로 활성이 감소해 보인다. 그는 마음의 실천적 의지를 강조하고 성리학적 천리가 다양한 경험을 통어해가는 주체성을 가능하게 하는 절대적 원리라고 간주했다. 의지의 능동성은 봉건적 가치체계를 상징하는 천리의 제약 하에 발휘되는 것이었다. 『명이대방록』의 정치사상이 백성의 경제적 이익을 비호하고 정치적인 과도한 억압에 반대하면서도, 백성의 정치 참여 대신에 사士 계급의 정치 참여를 주장한 것도 그의 주재론적 심성론의 연속선상에 있다고 할 수 있다. 그는 백성의 경제적 생계는 사 계급의 안정적 주체성과 결합되어야 치세를 이룰 수 있다고 생각했다. 그는 대중의 역동적 흐름의 힘을 기존의 천리로써 차별화하고 재구성하려 했다. 그러나 그가 천하의 사적 소유자인 군주를 사천하私天下라 비난하고, 공천하公天下 즉 천하는 천하의 것天下之天下이라는 천하의 자기 귀속성을 말한 것은 루소J. J. Rousseau와 함께 20세기 초 아시아 민주주의 운동에 지대한 영향을 주었다.

황종희는 청조가 공고해지자 벼슬자리를 사양하고 망국유민으로 명나라의 역사를 정리하고, 86세의 나이로 세상을 떠났다. 우주와 인간의 심성에 대한 그의 논의는 대체로 스승 유종주를 계승했으나, 그의 파란만장한 정치적 경험은 스승의 관점을 넘어 민본주의 정신을 강화함으로써 민주의 정신에 접근하는 정치사상을 창조하게 했다.

## 양명학의 수용과 심학

황종희는 기존 이학理學의 두 가지 편향성을 극복하고자 했다. 하나는 과도하게 내향성으로 흘러 정적주의에 빠진 것, 또 하나는 주체적 심성을 돌보지 않고 사회적 활동으로 나가는 지나친 외향성이다. 이 두 경향은 가치체계로서의 리理를 구체적 '현실 속의 나의 심성'과 분리된 것으로 만든다는 점에서 공통된 것이다. 내적 선험의 영역에서 진리를 구하는 입장은 진리를 형이상의 비전秘傳으로 간주하는 것이며, 지나친 경험적 외향성은 도덕성의 상실로 귀결된다.

이에 대해 황종희는 진리는 사사로이 전하지 않는 비전私爲不傳之秘이 아니라 분명하게 드러나는 영역著察之間에 있어야 한다고 한다(『맹자사설』「曺交章」). 조용히 앉아서 마음을 깨끗하게 하는 것靜坐澄心, 사람이 태어나기 이전의 (선천先天의) 영역에서 구하는 것求之人生以上, 내면에서 미미하게 솟아나오는 단서를 살펴보는 데서 구하는 것求之察見端倪은 모두 진리를 비밀스러운 특권으로 간주한 데서 온 인식방법이다(『맹자사설』「조교장」). 또한 황종희는 나의 마음과는 관계없이 객관 사물에 이르러 궁리하는 방법에서 구하는 것求之格物窮理도 심성에 진리를 체화하는 것에는 무능하다고 본다. 그것 역시 비전적인 효과를 갖는다. 이러한 견해들은 왕수인이 마음의 고요와 활동의 종합動靜合一이라는 원칙을 가지고 비판한 적이 있다.

진리를 비전으로 간주하는 것은 전통 형이상학에서는 늘 나타날 수 있는 현상이다. 그러나 만일 그렇다면, 비전이 유포될 수 없는 현실의 역사세계는 빛 없는 어둠의 세계가 될 것이다. 그것은 퇴락한 세계, 근근이 이어져가는 세계, 전망이 없는 세계일 것이다.

> [진리가 비전이라면] 천오백 년 동안, 천지 역시 허물어진 가옥을 막대기로 지탱하는 것같이 세월을 보내온 것이 될 것이며, 인심도 덩굴을 끌어다가 초가집을 보수하는 것같이 시일을 지내온 것이 될 것이다. 이 사람들 모두 요·순 임금처럼 될 수 없었을 것이다.(『맹자사설』「조교장」)

황종희의 이 말은 주희가 하·은·주 삼대 이후 '도'는 하루도 실현된 적이 없었다는 말을 한 취지를 두보의 시 「가인佳人」을 인용하여 말했던 것이다.[3] 철학이 비전에 지나지 않는다면, 역사가 쇠퇴해 간다는 주희적 관점에서 역사적 삶을 이해하게 된다는 것이다.

그러한 관점에 대해서는 이미 주희 시대에 진량陳亮(1143~1194)이 비판한 적이 있다. 그는 주희의 견해에 따르면 "하늘이 공자를 낳지 않았다면, 만고의 세월이 항상 밤과 같을 것이다"고 한다.[4] 그러나 진량에 따르면 "천지는 청명하고 빛나는 해는 장구하게 있다."[5] 황종희는 극단적으로 반대한 것은 아니지만, 주희의 관점은 장시간 대중으로 하여금 성인의 메아리에서 단절되게 한다고 본다(『맹자

3 『朱子文集』, 「答陳同甫書」.
4 陳亮, 「又乙巳春書之一」, 「又乙巳秋書」.
5 陳亮, 「又乙巳酌書」.

사설』「조교장」). 이에 비해 진량은 성현의 기상을 전제하지 않고, 그때그때 적절한 개혁을 해야 한다는 생각이지만, 황종희는 성리학적 가치관은 버리지 않았다. 그에게도 주희와 마찬가지로 하·은·주 삼대의 정치는 최고의 이상이다. "삼대의 정치로 다스리지 않는 것은 모두 기회주의적이다". 그럼에도 "그 이후의 모든 왕조는 선왕의 제도를 모두 폐기하고 사용하지 않았다"(『맹자사설』「離婁章」). 황종희의 관심은 성현의 가치관을 높고 먼 영역에 유폐시키는 것이 아니라 그것을 역사적 현실에 근접시키는 것이었다. 바로 이 지점에서 황종희는 왕수인의 노선을 수용한다. 그가 양명학이 성현의 가치관을 구체화하는 데에 적합한 사고방식이라고 생각한 이유는 무엇일까?

황종희에 따르면 "진정한 학문이란 반드시 심성을 강령으로 해야 한다."(『남뢰문안』「陳叔大四書述序」) 그러나 그가 보기에 주자학은 진리를 인간 마음에 대해 초월적으로 독립 자존하는 것으로 보았다. 주자학은 리理를 마음에서 소외시켜 나를 그것에 종속시킨다. 따라서 지금 여기서의 실천을 끌어내기가 어려워지고, 서적에서 지시하는 리의 의미를 해석하고 주석을 다는 것이 주된 공부가 된다. 진리는 나의 밖에, 즉 책에 있거나 옛 성현의 모범에 숨겨져 있는 것이 된다.

이 관점에서 왕수인은 주희가 마음과 리를 분석해서 둘로 만들었다고 비판한다(『남뢰속문안』「與顧梁汾書」). 이에 대해 황종희는 주희는 분명 이원적 사고를 했다고 주장한다. 황종희에 따르면 "인간 마음의 영묘함에는 지적 능력이 있지 않음이 없으며 천하의 사물에는 리가 있지 않음이 없다"는 주희의 발언이 그것을 증거한다. 왜냐하면 그 발언은 마음은 오직 인식 능력만이 있는 것으로 보기 때문이다. 그가 보기에 나흠순 역시 "마음이 가지고 있는 것은 오직 지각이며, 리는 천지만물에 있다"고 함으로써 주희를 따르고 있다. 주희의 학문을 따르는 사람은 모두 이런 식이기 때문에, 왕수인이 이들을 비판한 것은 잘못이 아니라는 것이다(『남뢰속문안』「여고량분서」).

이런 맥락에서 황종희는 왕수인의 철학적 공헌은 마음과 '리'의 관계를 외적 관계에서 내적이면서도 본질적인 연관으로 전환한 데 있다고 보았다. "왕수인이 양지良知는 곧 천리라고 하였는데, 천성天性과 명각明覺은 하나의 일이다. 그러므로 성인의 학문에 공이 있다고 하는 것이다."(『남뢰문안』「答萬充宗論格物書」) 이러한 견해는 가치가 마음의 내적 본질, 즉 천부적 본성임을 주장하는 것이다. 마음이 가치를 창조한다기보다는 마음의 창조적 활동 그 자체가 가치의 작용이다. 가치의 창조적 실현은 가치를 전제한다. 마음의 작용은 가치의 자발적 유출과 본질상 동일하다. 이것은 두 실체가 분리되어 있다가 만나는 사건, 즉 마음이 리에 합치한다合理는 기계적 사건이 아니다. 그것은 가치가 흘러나옴에 따라 마음도 그 속에서 융해해서 흘러나오는 유기적 '과정'이다. 이 통일적인 과정을 분석하면 우리의 정신작용은 고체화되어 그 역동성을 상실한다. 바로 이 견지에서 왕수인과 황종희는 주자학을 두고 나누어 분리시키는 병支離之病에 빠졌다고 비판한 것이다(『남뢰문안』「답만충종론격물서」). 분리하는 사고는 정신을 정태적 요소로 실체화하기 때문에, 구체적 현실에서의 역동적 실천을 이끌어가지 못한다. 이것이 황종희가 양명학을 수용하는 이유이다.

이제 마음에 있는 가치心卽理의 능동적 과정은 모든 인간에게 일어나는 사건이다. 그 과정은 인간의 삶에서 보편적이고 차별 없이 자발적 힘을 가지고 흐르고 있다. 그 과정을 왕수인과 황종희는 본체本體라고 본다. "본체는 사람마다 누구나 가지고 있어서 노력을 기다릴 것이 없다."(『맹자사설』「鈞是人也章」) 본체는 독자적 실체가 아니라 본래의 투과력을 가지고 구체적 영역 안에서 작용하고 있는 과정이다.[6] 그것은 우리 신체 속에서도 작동하고 있다. 모든 감각기능과 생리기능은 그 본체의 내재화 작용으로 일어난다. 황종희에 따르면 "왕수인의 심학으로부터, 사람마다 성맥聖脈을 인식해 가질 수 있다自陽明之心學, 人人可以認取聖脈."(『맹자사설』「균시인야장」) 심학은 누구나가 쉽게 본체의 과정을 알 수 있게 해주었다. 왕수인과 그 제자들이 "온 세상 사람들이 모두 성인이다"(『전습록』 하)라고 했을 때, 그것은 우리 본성의 생동하는 원리性之生理로서의 인仁이 가지는 내재성을 지적한 것이다. 그 원리는 우리의 몸 안에서 작용하기 때문에 현실적으로도 성인이라는 것이다. 가치를 추구하는 노력 그 자체에 목적이 작용하고 있다. 과정과 목적은 단절되어 있지 않다.

황종희는 왕수인의 이 견해를 수용한다. 명나라의 몰락과 대규모 농민반란을 체험하면서 더욱 강하게 그의 견해를 수용하였다. 이 때문에 그는 이른바 양명 우파로 분류되는 강우江右학파를 양명학의 정통으로 인정했다. 철학자는 덕을 명령하는 성현이나 현자이어야 하고, 철학은 생성을 재구성하는 영원한 종합의 원리를 추구하는 실천이 되어야 했다. 이러한 견지에서 그는 현자로서의 철학자 상과 종합의 원리를 주장하는 철학을 거부하는 이지李贄를 자신의 철학사에서 제거했다.

6 왕기王畿와 태주좌파泰州左派의 현성양지現成良知(본체로서의 양지가 지금 여기서 이미 구현되어 있다는 것)는 이 견해를 보다 급진적으로 밀고나간 것이다. 황종희는, 이러한 입장은 '심즉리'에서의 리를 경시하고, 마음의 활동성만을 과도하게 주장하는 일면적 견해라고 본다.

왕수인이 지배세력의 권력투쟁과 농민반란 및 가치체계의 해체에 반대하는 세 개의 전선을 형성하고 철학을 하였다면, 황종희는 체제가 완전히 파탄되는 것을 체험하면서, 위와 같은 전선 내부에 있었다. 그에게는 주체성의 문제를 다시 강화해서 재충전하는 것이 시급한 과제였다. 우리의 신체적인 감각 기관은 기가 유행하는 곳이다. 그 속에는 한층 더 본질적인 것으로서 성性 혹은 성체性體가 있다. 이것이 우주의 통일적 원리로서의 도道이며 주재의 명령主宰之命이다(『맹자사설』「口之於味章」). 명령하는 본질의 최후의 주재자가 마음이다. 이 심즉성心卽性의 영역이 모든 인간이 수렴해야 할 근원이다. 여기서 '성'의 윤리적 내용으로서의 삼강오륜과 인륜의 법칙이 확립된다(『맹자사설』「구지어미장」). 아울러 마음의 보편적 통제능력도 확립된다.

왕수인의 마음은 생동하는 의지, 즉 생의生意로 충만된 주체이다. 그것은 기의 흐름의 주체적 측면이다. 자연도 기의 내재적 흐름으로 생동하는 다양성의 총체다. 인간의 마음은 자신의 좁은 개체성과 형질성에 사로잡히지 않는 한, 만물의 다양성을 그 단일한 마음에 포용하면서 그것과 함께 흐른다. 정신이란 물질의 다양성에로 자신을 열면서 그것에 내재하는 유동체로서의 단일자이다.

이상에서 볼 때, 황종희는 왕수인의 철학을 사유의 근간으로 하고 있음을 알 수 있다. 그에게는 양명학이야말로 세계를 보호하고, 사회의 재생을 가능하게 하는 것이었다.

> 오늘날 학맥이 끊어지지 않고 천하를 보살피게 된 것은 모두 우리 요강姚江 학교의 공이다. 삼백 년 이래로 모든 국가의 커다란 프로그램은 필시 우리 요강학교의 사람들이 나와서 세우고 정립한 것이다. 그러므로 요강학교의 성쇠는 천하의 성쇠와 관계 맺고 있다.(『남뢰문정』「余姚懸重修儒學記」)

왕수인이 수많은 성인의 끊어진 학술을 다시 열었다는 것이다(『남뢰문안』「答董吳仲論學書」). 그러나 황종희는 심학이 그 발전 과정에서 과도하게 '마음'에만 치중함으로써 윤리의 보편성을 희석하는 데까지 나간 것에는 부정적이었다. 그 조류는 그의 눈에 자의적인 것을 필연적인 것으로 주장하는 오류로 비쳤다. 그러한 주관주의적 견해로는 사회와 자연에 대한 객관적 지식을 통한 실천적 경세를 성취하지 못한다는 것이다. 이 점에서 그는 객관주의적 탐구정신을 아울러 강조하면서 심학을 수용하는 종합적 태도를 견지한다. 그에게서는 여러 문제를 심사숙고해서 자신의 것으로 선택하는 자득이 문제다. 문호의식이 강한 그도 따로 종지를 만들면 편벽된 이론이 되어 종지가 되지 못한다고 보았다. 따라서 따로 종지를 만드는 문제로 걱정할 것은 없으며, 종지를 혼란시키는 것亂宗은 오히려 주희와 양명을 종지로 하는 사람들에게 있다는 것이다(『남뢰속문안』「復秦燈巖書」).

이것은 황종희가 철학의 역사적 흐름을 중시하고 이학과 심학의 발전 과정에서 드러난 단점을 버리고 장점을 취한다는 태도를 보여준다. 동시에 이 태도는 유가적 전통이 아닌 선가禪家의 자유를 파괴적인 것으로서 경계하고 있음을 나타낸다. 그에게 철학이란 제도 수립의 기초가 되는 근본규범을 생의에 대한 이해를 기반으로 주체적으로 확립하는 것이기 때문에, 경전에 대한 연구와 자아의 정립은 함께 중요하다. 따라서 그에 따르면 "덕성이 아니면 묻고 배우는 후천적 학습을 성취하지 못하며, 후천적 학습의 길을 가지 않으면 덕성을 성취하지 못한다."(『남뢰속문안』「복진등암서」)

이러한 견해에서 그는 책에서 명령하는 불변의 리를 계승 보존하고, 그것을 기의 생성에 기반한 형이상학에 통합함으로써, 이기를 마음으로 파악하는 종합체계를 수립하였다. 여기서 그의 기의 밖에 따로 리가 없다는 기외무리氣外無理의 근본원칙이 관철되고 있다. 영묘하고 밝은靈明 마음으로서의 기는 우주의 본질이며, 그것이 다양성으로 전개된 것이 구체적 사물세계다.

황종희가 "유종주의 학설을 편들어 비호하고, 요강의 문호를 주로 펼친"[7] 것은 역사 내적인 사회적 행위였다. 그것은 개명 사대부를 중심으로 모든 사람을 충의의 주체로 형성하려는 방향성을 가진 것이었다. 그러나 명조 몰락 이후에는 그러한 주체의 구체적 실현은 차단되었기 때문에 황종희는 자신과 같은 유민이 천지의 원기라고 확신하게 되었다(『남뢰문정』 後集 「謝時符先生墓誌銘」). 이 원기는 어떤 역경에도 견디면서 자신의 혈로를 찾을 것이다.

## 기와 마음

기는 생성의 힘으로 물질의 형태를 창조하고 안정시키는 힘으로 물체를 유지시킨다. 창조와 안정, 이 두 양태의 힘은 일종의 상승과 하락, 전진과 회귀의 의지라고 할 수 있다. 그러나 하락과 회귀의 의지는 곧 다음 단계의 역동적 생성의 전개가 이루어지기 위한 계기다. 그 힘은 물체를 본체적 기에 끌어들이는 인력이지만, 이 인력은 본체의 생산의지를 저지하지 못하며, 오히려 그것을 보조한다. 따라서 기는 본질적으로 생의이면서도 조화의 기和氣이기도 하다.

7 沈維橋, 『國朝學案小識』, 「序」.

인간이 이러한 본체의 본질적 작용의 구조를 통찰하는 것은, 물체의 표면이 보여주는 암시적 현상을 통해, 그 배후에 있는 '의미'를 본질로서 감지할 때이다. 기존의 학자들과 마찬가지로 황종희도 일종의 예술적 이미지를 사용한다. 하늘을 나는 솔개, 연못 속에서 펄떡이는 물고기라는 비유는 현상의 배후에서 약진하는 생성력을 지시해 보인다. 물리적 지시 대상과는 다른 의미에 대한 통찰은 일종의 본질직관이다. 이것은 현상에 머물면서도 현상을 넘어서는 우리의 정신적 힘에 의해 현상의 진정한 의미를 통찰하는 것이다. 현상은 그것이 물체인 한 무거운 중량을 가진다. 그러나 어떠한 경우에도 기와 그 본질로서의 힘은 투명하고 경쾌하게 그 무거움 속에 내재한다. 그것은 모든 곳을 꿰뚫고서 관류하는 가벼운 것이다. 기를 실재로서 이해한다 하더라도, 그것은 중량에 지배당하지 않는 자유로운 의지다. 산악의 치솟음, 거대한 파도, 육중한 바윗덩어리, 푸르른 풀과 소나무들, 이 모든 것은 기의 잠재적 창조의 힘에 의해 존재한다. 기는 다양의 세계 속을 투과하는 자유虛靈의 힘을 가진다. 시각적 이미지를 사용한다면 기는 자신의 창조물을 투시한다.

이와 같이 기는 자연법칙에 따라 작용하면서도 보이지 않는 투과 능력과 가벼운 생명력을 가지기 때문에 정신적 성격을 가진 것으로도 볼 수 있다. 바로 왕수인이 그렇게 보았으며, 황종희도 이 전통을 계승한다. 본체로서의 기는 이제 유심주의적spiritualistic인 것이 된다. 본체는 심체心體이다.

이와 같이 마음은 물질성의 장애와 그 인력으로도 끌어내려지지 않는 경쾌한 비상飛翔의 능력을 갖는다. 이런 의미에서 초월하는 마음의 본질은 폐쇄성을 용해하는 개방성이다.

왕수인과 황종희에게도 마음은 실재를 능동적으로 비추는 비춤照의 작용을 하는 광명明의 존재다. 그것은 항상 비추고 있는 존재恒照者이다(『전습록』 중). 그것은 일종의 지知의 힘인데, 능동적으로 운동하지 않은 적이 없는 존재, 즉 움직여진 적이 없는 존재로서 비추는 마음照心이다(『맹자사설』「균시인야장」). 물체의 본질은 생의이자 유통하는 힘인데, 마음은 이것을 직관한다. 우주의 객관적 본체로서의 기는 심체로 정립된다. 생의는 심체의 본질性體이다. 왕수인은 마음을 본체로 정립했고, 황종희는 그것을 계승했다.

## 심체와 생의生意

그러면 생의라고 하는 생성의 힘과 명각明覺의 마음은 어떤 관계에 있는가? 본체는 투명한 청명성을 갖는다. 그러나 힘이 없이는 사물을 생산하여 운동시킬 수 없다. 즉 분화의 능력을 갖지 못한다. 따라서 힘과 명각성은 하나로 융화되어 있다. 기는 질료적인 것이지만, 동시에 스스로 운동하는 힘을 가진 정신적인 것이다. 이것이 황종희가 심체의 지각과 생의를 분리시키는 주자학과 불교의 입장을 비난하고, 왕수인의 마음과 본질은 (서로 필연적으로) 접해 있다心卽性는 관점을 옹호하는 이유이다. 명각성으로서의 마음과 생의인 본질을 격리시킨다면, 심체의 내재하는 활동성을 보장하기 어렵다. 또한 이 활동성의 규칙성으로서의 이법理, 즉 생의의 법칙적 실현양식과 심체도 서로 분리되어버린다. 따라서 '심즉성心卽性'을 옹호하는 것이 바로 '심즉리心卽理'를 옹호하는 것이다.

이상과 같은 견지에서 황종희는 다음과 같이 말한다.

> 천지에 가득찬 것은 모두 마음이다. 변화를 이루 다 헤아리지 못할 정도라서[다양하고 자유로워서], 다양하지 않을 수 없다. 마음은 [따로] 본체가 없고, 노력이 도달하는 곳이 곧 그 본체이다. 그러므로 이치를 탐구하는 것은 이 마음의 수많은 다양을 탐구하는 것이지, 객관적 만물의 다양을 탐구하는 것이 아니다.(『명유학안』「黃梨洲先生原序」)

여기서 무기물에는 생명의지가 없다고 하였는데, 이것은 본질의 내재가 없다는 것이 아니라, 그 형질의 측면에서만 볼 때, 형질은 자신의 본질을 자각하지 못한다는 것이다. 우주 전체 속의 "한 덩어리의 생기一團生氣"(『맹자사설』「道性善章」)는 스스로 분화해서 다양해지고, 다양은 그 '일자'의 본질을 제한해서 실현하고 있다.

따라서 어떤 사물도 본체의 작용으로부터 '거리'가 멀거나 '무'에 근접하기 때문에 암흑의 골짜기에서 신음하고 있지 않다. 각 사물은 우주의 무한한 본질과 직접 관계하고 있다. 선善이란 어휘를 쓴다면, 선은 이 세계 그 자체에 부여된다. 여기서는 풍요를 빈곤화하는 일체의 사유나 행동은 허용되지 않는다. 본체의 다양한 개화를 일괄해서 하나의 생의 없는 마음에로만 귀착시켜서도 안 된다.

투명한 명각성과 생성의 힘은 둔중하고 딱딱한 형질에도 내재한다. 본질은 자기 폐쇄적이 아니라, 기질의 본질이다. 따라서 이것은 본질은 본체體이고 마음은 작용用이라는 이원적 구조를 갖지 않는다(『맹자사설』「도성선장」, 「性猶杞柳章」). 마음은 심체인데 명각성과 창조적 힘을 자신의 내적 본질로 갖는다. 세계는 이것의 자기구현체이다. 현상과 본체는 본질을 공유한다. 본체는 추상적 가능성의 세계에 숨어 있는 비밀스러운 것이 아니며, 현실성의 세계로부터 독립해서 존재하는 지존至尊의 것도 아니다. 본질의 공유는 본체와 현상의 평등성을 의미하며, 차별성은 다만 현상적 형질의 자각성의 정도에 따라 결정된다. 그러므로 심체인 본체는 최고의 주재라는 지위를 가지기는 하지만, 감성계의 부정을 통해서만 도달할 수 있는 초월적 순수정신은 아닌 것이다.

기를 마음으로 파악한 것은 왕수인의 견해를 이은 것이다. 그러나 그 견해를 황종희에게 직접 전수한 사람은 유종주이다. 유종주에 따르면 "생기生氣는 [물질적 실체의 제약이 없는] 텅 빈 자유의 차원에 거주한다. 그러므로 영민하며 마음은 그것의 지배자이고 영원한 생산의 주체다生氣宅于虛, 故靈, 而心其統也, 生生之主也."(『명유학안』「蕺山學案」原, 이하『명유학안』은 생략함) 황종희의 마음에 대한 견해는 이 입장의 연속이다.

그런데 그의 아들 황백가黃百家는 서양의 영혼론을 소개하고, 매우 정당하다고 단언한다.

> 서양인은 사람과 사물을 삼등분했다. 사람은 만물의 으뜸이기에 영민한 혼을 가지고 있으며, 동물은 영양을 섭취하고 번식할 수 있어서 감각적 혼을 가지고 있고, 초목은 지적능력이 없으나 살려는 혼을 가지고 있다. 매우 타당하다.(『송원학안』「晦翁學案」상)

이것은 황백가가 예수회 선교사 프란체스코 삼비아시Francesco Sambiasi, 畢方濟(1582~1649)의 『영언여작靈言蠡勺』(영혼에 대한 작은 논의, 1624)을 읽고 아리스토텔레스의 영혼론에 기반한 스콜라 철학의 심성론

에 따라 판단한 것으로 보인다.[8]

**본질**
아리스토텔레스 철학에서는 사물을 현재 있는 그대로의 것으로서 존재케 하는 원인이다.

**질료**
형상形相, eidos과 함께 생성하는 존재자의 구성요소이다. 질료는 재료이며 이것에 형상이 가해짐에 따라 현실적으로 존재하는 일정한 사물이 된다.

**역동주의**
정신 상태의 특정 현상을 에너지의 관점에서 밝힐 수 있다는 것이다.

아리스토텔레스에 따르면 생명은 자기 운동능력을 갖는다. 이 능력은 두 가지를 전제한다. 하나는 움직이게 하는 능동인으로서 본질形相, eidos과 움직여지는 질료이다. 이 본질은 생명체의 영혼이며, 질료는 신체를 구성한다. 생명체는 이 양자의 결합에 의해 유기체로서 존재하며, 영혼은 그 유기체의 현실태現實態, entelecheia이다. 이 영혼의 상승적 힘으로써 유기체는 질료의 저항을 극복한다. 생명체의 영혼은 그 생명체와 하위 생명체의 궁극목적이며, 한층 더 차원 높은 생명체가 가지는 영혼의 수단이 된다. 가장 궁극적인 목적으로서의 순수형상은 비물질적 신적 이성Nous theos이다. 인간은 사유하는 이성을 갖지만, 식물과 동물의 영혼과 결합되어 있기 때문에 신적 이성보다는 하위에 있다.

여기에서 신적 이성이 세계와 관계 맺는 방식은 생명을 가능하게 하는 내재적 방식의 역동주의Energismus이다.[9] 이 점에서는 황종희가 말하는 심체의 내재적 분화와 유사하다. 그러나 아리스토텔레스의 형상으로서의 영혼과 질료는 플라톤적 사고에서 온 것으로, 양자는 그 성질이 아주 다르다. 세계의 불완전성은 질료에서 오며, 형상은 완전성의 원천이다. 질료는 형상이 자신에게로 잡아끄는 목적적 힘이 없이는 불완전한 가능태일 뿐이다. 이에 비해 황종희에게는 형질은 그 자체가 정신적 기의 구성물이며 이 구성물 속에 본체의 본질이 관류한다. 본체가 질료의 원천이자 생명체의 본질의 원천이다. 본체는 자신을 최고의 목적으로 정립해서 나머지 모든

8 프란체스코 삼비아시, 『靈言蠡勺』, 김철범·신창석 옮김, 일조각, 2007 참조.
9 Edward Zeller, 『희랍철학사』, 이창대 역, 이론과실천, 1991, 251쪽.

것을 자신에게로 독단적으로 회귀시키지 않는다. 본체는 목적론적 의도를 갖지 않는다. 자연의 생산물에는 저급과 고급의 현격한 '거리차'에 의한 위계질서는 없다. 다만 본체에의 참여 '정도'에 따른 차이가 있을 뿐이다.

황종희의 범심주의적 형이상학은 본체와 현상의 동일한 실재성에 기반한다. 그것은 하나와 다양의 종합체계다. "끝없는 생성의 작용은 천지 사이에 넘쳐 충일하다. 이것이 그 유행의 본체이다"(「泰州學案三」 羅近溪) 분화의 차원에서의 '유행' 혹은 지류적 흐름川流도 최선의 완전한 흐름이며 통일晝一의 차원에서의 전체적 변화敦化도 최선의 완전태至이다. 유행 가운데서 통일로서의 주재를 인식해야 비로소 본질을 안 것知性이다(「태주학안3」 나근계). 유행의 세계는 비본질적인 것이 아니라 그것을 떠나면 주재는 존재하지 않는다. 그것은 주재의 본질적 존재 장소이다.

유행의 본체는 유가와 불가가 모두 깨달아 가지고 있다. 그러나 불가는 유행의 세계를 비본질적인 허상, 즉 "아지랑이와 먼지와 같은 모였다가는 흩어지는"(「태주학안3」 나근계) 것으로 본다. 불가의 견해는 심체인 본체의 본질에 현상이 참여하고 있다는 황종희의 내재주의와는 반대된다. 내재적 사고에서는 현상은 본체 자신의 몸과 같은 것이다.

황종희에 따르면 불가의 부정의 정신은 결국 허무를 본체로 삼게 되었다. 이 허무의 마음에는 어떤 생성의 표출적 작용도 없다. 불가적 마음의 거대한 자리에는 조금의 물질적 땅도 없다. 따라서 표출하는 힘은 자신을 실현할 대상이 없이 "산만하게 흩어지고 수습되지 못한다."(『맹자사설』「牛山之木章」) 그러한 마음은 "신체 내부의 흐름의 역동성을 가두고 막아서 흐르지 못하게 한다."(『맹자사설』「浩然章」)

감성계의 부정은 진리의 반을 버리는 것일 뿐만 아니라, 감성적 실천의 적극성을 버리는 것이기도 하다. 일상에서의 실천도 본체와의 필연적 연관에서 이해되지 못한다. 황종희가 보기에 불가적 마음에는 명각성明覺性 이외에는, '생의'와 그 규칙성으로서의 '이법'은 있지 않다. 그것에는 감성계와 공유하고 있는 생의로서의 본질이 빠져 있다. 이러한 비판은 현상의 배후에 '기'로서의 본체를 인정하고, 그것의 응결분산의 메커니즘으로 현상을 해명하는 형이상학의 견지에서는 당연한 것이다. 선가는 그러한 형이상학을 매개로 하지 않고, 현상과 마음이 맺는 관계방식에 초점을 둔다. 이것을 황종희는 현상주의로 이해하였다. 또한 현상주의적 마음은 감성계를 조정해나가는 적극적 원칙이 없기 때문에, 자기통일성을 상실하고 작용으로 흡수되고 만다는 것이다. 그는 선가는 감성의 왜곡에서 나오는 악의 문제를 자유의 이름으로 방치하거나 그 길로 나가는 광기와 자의성猖狂自恣으로 귀결된다고 보았다. 선가는 전반적으로 현상적 유행에 쏠리고 있다. 이것은 본체의 상실이자 규범의 상실이다.

**진헌장**
1428~1500. 명나라의 유학자로 호는 백사白沙이다. 독서에 의해 이치를 아는 방법에 실망하여, 오로지 정좌에 의해 마음을 가라앉히고 우주의 이치를 몸으로 인식해야 한다고 주장했다. 저서로 『진헌장집』이 있다.

나흠순은 진헌장陳獻章(1428~1500)이 선가에 빠져 학술의 오류가 진헌장으로부터 시작했을 것이라고 비판했다. 이에 대한 변론에서 황종희는 "진헌장 선생의 학문은 광범위함에서 통일적 원칙으로 갔고, 조야한 세계에서 정미한 원리로 들어갔다. 그가 선학과 같지 않음이 이와 같다."(「白沙學案」)고 반박했다. 황종희가 진헌장을 옹호한 것은 바로 위와 같은 선가에 대한 이해에 기초한 것이다. 선가는 사물을 통일하는 구심점이 없으나 진헌장에게는 그것이 있다는 것이다.

황종희가 보기에 마음의 주재성을 상실한 선가는 상상想像을 본체로 여기고, 권모權謀를 작용으로 여기는 사람을 창조해내게 된다(『남뢰문안』 권6「劉伯繩先生墓誌銘」). 진정한 마음은 생성계의 주체적 원천이자 도덕의 주재자가 있을 때만 선한 작용이 나올 수 있다는 것이다. 이런 의미에서 그는 자신의 원칙인 본체와 작용의 불가분리에는 지선至善의 본체가 있기에, 자연히 지선의 작용이 있는 것이라면, 선가의 원칙에는 선이 없는 본체가 있기에, 자연히 선이 없는 작용이 있게 된다고 보았다.

황종희는 마음을 우주적 본체로까지 격상시키고 그것을 사대부 계급의 특권적 주체성으로 정착시키려고 했다. 그러나 그가 마음을 주재성이 있는 것으로 본 점에는 현실감각이 없는 자아상실과 자의적 공상을 견제하는 의미가 숨어 있다.

## 마음과 의지

그러면 선가의 향상向上과 황종희의 상달上達은 연속성이 전혀 없는 것인가? 그렇지는 않다. 원래 송의 성리학에는 불가와 도가의 자유정신이 깊이 각인되고 있었으며, 양명학은 바로 그 정신을 더 급진하게 했다. 이 맥락에 있는 황종희에게도 그것이 깊이 스며들어 있다는 것은 의심할 수 없다. 다만 그 형이상학적 배경이 다르며, 우주적 관통의 경지에 이르려는 정신은 동일하다. 그래서 황종희 자신도 '상달'은 양쪽에 다 있다고 전제하고, 그 과정상의 차이와 도달 경지의 성격상의 차이를 지적한다. 그의 입장은 다양의 현상을 애초부터 긍정하면서, 그 우주적 생의인 본질을 직관한다. 이에 도달하는 과정은 한발 한발 내실적步步是實이어서, 관통의 경지는 독실하면서도 광휘롭다篤實光輝. 그러나 선가는 애초부터 마음 비우는 것으로 시작하기 때문에, 한발 한발 공허하여步步是虛, 반드시 급작스러운 깨달음을 구해야必須求悟 한다(『남뢰문안』 권6 「유백승선생묘지명」; 『남뢰속문안』 「복진등암서」). 전자는 생성하는 현상계에 참여하는 과정 속에서 본질직관이 이루어지고, 본질직관은 다시 현상계에 참여하는 힘의 분화적 유출, 즉 구체화 과정 속으로 들어온다. 그러나 후자는 현상에서 오는 제약의 극복이라는 소극적 과정 속에서 마음 내부에서 마음의 공허를 직관한다. 이 직관은 현상계에서의 자유에 토대해서, 현상계를 비출 뿐이다. 현상계는 거침없이 수용된다.

이상의 의미에서 황종희는 다음과 같이 말할 수 있었다.

> '도'는 내가 원래 가지고 있는 것으로서, 본래 현재에 나타나 있으며, 완전히 갖추고本是見在具足 있기 때문에, 수련 행위에 의탁하지 않는다. 그러나 심오하게 단계에 이르지 않고, 그 그림자만을 대략 보고서 그것을 가지고 놀이로 삼으면, 벌이 종이창문에 닿아서 끝내 나가지出 못하는 것과 같을 것이다. 그러므로 반드시 순 임금이 묻기를 좋아하고, 우 임금이 어려움을 이기며, 공자가 발분하고, 음력 섣달이 다하면 해가 바뀌어 봄이 오는 것 같아야, 비로소 원래 가지고 있는 것을 터득할 수 있다. 진실로 자득하지 못하면, 일상생활에서 도리를 인위적으로 안배하는 것에 지나지 않아서, 세정에 타협하며 혈기가 멋대로 일어나, '심체'는 귀숙할 곳이 없게 되어 사는 것이 불안하게 된다. 의거하는 것이 심원한 사람은, 의거함으로써 만사에 대응하고, 그 나오는 작용이 무궁하다其出無窮. 역시 심원하지 않은가? 좌우사방 가운데서 그 근원에 닿은 사람은 마음이 외부의 일들과 융통한다. 밖으로는 타인을 보지 않으며, 안으로는 자기를 보지

않는다. 분리 없는 혼연한 지선의 경지 가운데에서, 만물은 하나의 '태극'이다. 어디든지 광대한 [생성의] 덕이 보편적으로 전개되는 것이 아닌 곳이 없다.(『맹자사설』「君子深造章」)

인간의 신체적 활동은 이와 같이 빈틈이나 분열이 없는 총체적 감응의 세계, 즉 절대세계 속에서 이루어진다. 이 세계로 진입하는 것은 현실에서 고립되고 왜곡된 이기적 자기보존을 탈각하고, 자신의 본질적 본성을 체인함을 통해 진정으로 자기를 보존하는 길을 가는 것이다. 여기에서 자기가 보존되고 타자가 보존된다. 따라서 자기희생은 부득이한 경우의 차선책이지, 처음부터 선한 것은 아니다. 생성과 연속성의 철학이 보여주는 윤리는 희생의 도덕이기보다는 보존의 윤리다. 그것은 본성의 통찰과 그것의 현실화다. 이 현실화가 실천이다. 그러나 실천은 인위적인 목적적 의도를 갖지 않는다. 이것은 왜 그럴까?

그것은 황종희가 실천이 본성의 속성이라고 보았기 때문이다. 실천은 본성의 자연스러운 실현에 속하는 것이다. 인위적 의도가 없다는 것에는 형이상학적 이유가 있다. 나의 본성을 이해하는 것은 본성이 다름 아닌 자연의 본질이 나에게 내재한 것이기에, 세계를 그 동일한 힘의 현현으로서 이해하게 한다. 이러한 직각적 관통의 순간에 나의 마음이 무한의 지평으로 열리면서 이 지평 안에 세계가 펼쳐진다. 무한 지평의 열림은 현재의 순간에 사방으로 열리는 것이다. 이 열림 속에서 만물은 전체적으로 하나의 태극의 구현체로서 나타난다. 무한한 영원이 무한 지평이 열리는 현재現在에 나타나 있다見在.

실천行이란 이 분출의 힘에 의거해서 이루어진다. 따라서 실천이 근거하는 시간성은 현재성이며, 그것도 '무한 지평을 여는 현재성'

육구연
1139~1192. 호는 상산象山이다. 주희와 대립하여 중국 전체를 양분하는 학문적 세력을 형성하였다. 주자는 격물치지格物致知, 성즉리性卽理를, 육구연은 심즉리心卽理를 주장하였다.

이다. 이 현재성에 토대하는 행위를 황종희는 육구연陸九淵의 말을 빌려 "먼저 그 광대한 것을 확립하는 것先立乎其大者"(『맹자사설』「仲尼其稱於水章」)이라 했다. 마음은 이 포괄적 개방성에 기초해서 실천을 수행한다. 실천은 개방성 속에서 줄기차게 흘러나오는 생성의지에 근거하기 때문에, 그것은 원천의 물과 같은 것이다(『맹자사설』「중니기칭어수장」). 실천의 주체는 영원한 생명성과 같아진 마음이지, 그것과 격리된 텅 빈 인식주체는 아니다. 마음의 본질은 지각성知覺만이 아니라, 활동적 생명성이기도 하다.

또한 마음은 자신을 열어 만물을 현재성 안에서 현시해낸다. 이렇게 해서 현시된 자연의 생성은 마음에 의해 열려진 무한공간 안에서 나에게 현전現前하고 있다. 마음은 만물의 운동에 의해 조율된다. 마음은 감응의 영역이자, 현재성을 항구적으로 유지하는 통일적 주재자다. 자연의 본체로서의 '기'는 이미 마음으로 상정되었었다. 이제 우리의 자기상승의 노력에 의해 확대된 이 주재적 자아는 자연의 본체인 마음에 합치한 것이다.

그러므로 자연의 존재는 나의 우주적 마음에 종속적이다. 마음은 자연의 속성이 아니라 본체로서 격상되어 있다. 자연은 마음에 의해 의미가 부여된 세계다. 만물은 유심화되었다. "천지 사이에 가득 차 있는 것으로 이른바 만물이란 없다. 만물은 모두 나로 인하여 명명된 것이다."(『맹자사설』「萬物皆備章」) 만물이 공유하고 있는 '생의'로서의 동일한 본질은 현상 배후의 객관적 원리이면서도, 동시에 마음 내재적 원리이자 세계의 의미다. 이 의미에 대한 통찰을 간직함으로써 마음은 비로소 자신 곁에 있게 되며, 만물과 신체의 생동성은 나의 생동성으로 공감된다. 이것이 즐거움樂의 세계다.

만물은 만물이 아니며, 나는 내가 아닌 혼연일체임을 이해할 때, 이 몸은 천지 사이에서 조금의 결여도 없다. 어떤 즐거움이 그만 하겠는가?(『맹자사설』「만물개비장」)

최상의 인간은 생성을 넘어선 사람이 아니다. 그는 생성에 융해되어 생명화된 사람이다. 그는 자연화된 존재이자 자연의 주재자다. 자연화된 존재이기에 쾌활快活하며 주재자이기에 강건한 성실성誠의 소유자다(「태주학안3」 나근계, 어록; 『맹자사설』「만물개비장」). 그는 만물의 생성과 융통하는 자유의 주체다.

마음의 자연화와 자연의 주재화라는 이러한 양면적 견해가 황종희가 주자학에 대해 양가감정을 갖는 이유다. 마음에 대한 그의 관점은 자연화란 측면에서는 반주자적이고, 주재화란 측면에서는 친주자적이다.

이 때문에 황종희는 요강姚江의 학(왕수인의 학)은 강우江右만이 전승했고 왕수인 선생의 정신은 모두 강우에 있다고 했다(「江右王門學案一」). 강우학파란 바로 양명 우파로 분류되는 추수익鄒守益, 구양덕歐陽德, 나홍선羅洪先 등을 중심으로 한 본체의 도덕적 주재성을 잃지 않으려 하거나 중시하는 학파다. 예를 들어 구양덕은 '양지'와 '천리'를 본질적으로 연관이 있다고 보았다. 양자는 우연한 선택 관계에 있는 것이 아니다. "천리란 양지의 조리이며, 양지는 천리의 영민한 밝음이다"(「강우왕문학안2」 歐陽德). 황종희는 바로 이러한 입장으로 기울어져 있기 때문에 왕기王畿와 태주학파泰州學派의 입장인 '심체'의 자연화에 의한 급진 자유론을 경계했던 것이다.

이러한 문맥에서 황종희는 도덕적 의지를 마음 내재적 의지로 본다. 의지는 마음에 대해 외면적인 것이 아니라 마음에 본질적인

**추수익**
1491~1562. 왕수인의 가장 중요한 제자 중 한 사람이다. 저서로는 『문집』(12권), 『유고』(13권)이 남아 있다.

**구양덕**
1496~1554. 양명학의 분파 중 강우학파江右學派에 속한다. 구양덕은 추수익과 함께 왕수인의 사상을 학술적인 측면보다 신앙적인 측면에서 존숭했다.

**나홍선**
1504~1564. 1529년 진사進士 제1등의 우수한 성적으로 한림수찬翰林修撰을 제수받았으나, 1539년 직을 내놓고 관직에 대한 뜻을 버렸다. 그후 왕수인의 가르침에 독창을 가미하여 사욕을 버리고 일체의 인仁을 깨달아서 실천해야 한다고 주장하였다.

**왕기**
1498~1583.
호는 용계龍溪이다.
1523년 진사에 합격하였고, 왕수인에게 사사하여 전덕홍과 병칭되는 양명 문하의 준재가 되었다. 저서로는 『왕용계전집』(20권)이 있다.

**태주학파**
요강좌파姚江左派라 부르기도 한다. 대표적인 인물로 왕간王艮, 하심은何心隱, 나여방羅汝芳, 이지李贄 등이 있다. 태주학파는 왕수인의 양지良知설과 함께 평민교육에 중점을 둔다. 이는 여타의 양명학파와 다른 독특한 면모이다.

**유종주**
1578~1645.
1601년 진사가 되고, 행인行人에 올랐다. 1621년 의제주사儀制主事를 거쳐 우통정右通政으로 위충현魏忠賢을 탄핵하다가 삭적削籍되고 귀향했다. 저서로는 「주역고문초周易古文鈔」, 「역연易衍」, 「역도설易圖說」, 「성학종요聖學宗要」 등이 있다.

것이다. 그것은 그 기원을 마음 이외의 것에 가지고 있거나 마음에 우연히 결부되는 것이 아니다. 이러한 관점은 유종주에게서 온 것이다. 의지의 원천적 존재영역은 마음이다. 마음이 마음인 까닭은 바로 의지다(「즙산학안」 易簀語). 의지는 마음의 본성으로 마음 내적인 것이지, 외부 사물을 만나야만 일어나는 기회 종속적인 것이 아니다. 이런 의미에서 그것은 마음이 보존하고 있는 것心之所存이다. 그것은 마음이 발현된 것心之所發이 아니다(『남뢰문안』 권3 「답동오중논학서」). 의지는 사물을 향하는 지향성이지만 이 능력은 마음이 자신을 주체로서 지탱하게 하는 본성적 경향성이다. 그것은 마음의 능동적 자발성이자 향내적 방향성을 갖는다. 의지는 안으로 향하여 내면의 덕을 체화하여 외부로 표현한다.

주희는 물론 왕수인도 의지를 사물에 의해 규정되는 발현이라고 함으로써, 마음과 사물의 필연적 연관을 보장하지 못했다. 그러나 황종희가 보기에 왕수인이 양지는 미발의 중未發之中이라고 했을 때, 이미 의지가 미발임을 표현은 안 했어도 분명히 의미했다는 것이다(『남뢰문안』 권3 「답동오중논학서」). 그에 따르면 왕수인의 종지를 온전하게 하고자 한다면 유종주의 견해를 수용하지 않으면 안 된다는 것이다. 이것은 왜 그런가?

유종주가 이해한 왕수인의 양지로서의 마음은 자각성과 생의가 융합되어 있는 혼연한 본체다. 생의는 실현되고자 하기 때문에 현현의 단초端倪를 내보인다. 이것이 작용의 기미幾이자, 곧 '의지'다(「즙산학안」 역책어). 마음의 이러한 능동적 현출은 사물과 접촉하기 이전에도 존재하는 것이다. 이런 의미에서 의지는 마음의 본체다(「즙산학안」 역책어). 의지의 원천은 경험적 영역이 아니라 그 이전의 선험적 영역에 있다. "자각적 지각이 본래적인 것이라면, 의지도 본래적이다良知, 意亦良."(「즙산학안」 어록) 의지 이전에 자각성을 가진 선험적 영역이 정태적으로 존재하는 것이 아니다.

그런데 의지는 좋아하고 싫어하는 경향성이다. 의지는 선한 생의의 현출이기 때문에 자신은 선하며 악이 없다有善無惡(「즙산학안」 역책어). 의지는 선한 의지다. 그 때문에 의지는 자신의 선한 성격에 부합하는 선한 것은 좋아하며 그와 반대되는 것은 싫어한다. 의지는 선한 것과 악한 것에 대한 판단기준을 이미 자신 내부에 가지고 있다. 선이 선과 악을 구분하는 시금석이다. 따라서 의지는 판단 능력과 융화되어 접해 있다. "지각이 곧 의지다即知即意." "의지는 스스로 속일 수 없으며 지각은 의지 속에 숨어 있다."(「즙산학안」 어록) 의지는 선한 것이 오면, 그것을 선한 것으로 판단하고 지향하며, 악한 것이 오면 그것을 악한 것으로 판단하고 싫어한다. 자발적 의지는 본래 선하며, 단독적이고 자율적인 판단능력이다. 바로 이 판단능력이 독지獨知로서의 양지다. 어떤 사물도 이 독지의 자발성을 혼란시키지 못한다. 오히려 독지의 능동적 의지는 본성상 사물을 지향한다. 본성상 지향하기 때문에, 사물은 그에게 우연히 요구되는 것이 아니라, 본질적인 것으로서 존재한다. 의지는 사물을 체화하며 버려두지 않는體物不遺 의지다. 사물은 그저 지의 능력이 비추는 중립적 대상이 아니라非知之所照, 사물이 곧 그러한 지와 접해 있다物即是知(「즙산학안」 어록). 의지는 심체의 본질이라는 순수성을 확보하고 있다. 그렇다 해서 사물과 단절된 것이 아니라, 필연적으로 사물을 내포한다. 만일 의지에 선도 있고 악도 있는有善有惡 것으로 본다면, 그것은 순수의지가 아니다. 그것은 이미 경험에 의해 규정되어버리고, 사념私念에 의해 물든 의념意念이지, 엄밀한 의미의 의지는 아니다.

이상과 같은 유종주의 의지론은 스스로 왕수인을 연구하여 그 사상이 일관성을 갖기 위해서는 의지를 마음의 본질적 내용으로 해석해야 한다는 생각에서 나온 것이다. 그의 해석은 본체의 능동성과 자각성, 자발성과 판단능력을 더 역동적인 차원에서 해명하는 성과가 있다. 이것은 정적주의에 빠지지 않고 경험적 제약을 극복하는 실천의 힘을 가능하게 하는 효과가 있다. 의지는 본체의 주체성을 지키는 힘이면서도, 본체를 역동화해서 사물세계와 연결시키는 실천적 힘이기도 하다. 의지는 본체와 유행의 통일을 유지하면서 가능하게 하는 기본원리다. 유종주 철학의 공헌은 바로 이 점에 있다.

황종희는 이것을 이해하고, 그의 의지론을 계승한다. 마음의 본래적 운동성으로서의 의지와 지각성은 하나다. 의지는 본래 선이며, 이 선을 알고 있다. 의지는 마음이 이미 알고 있는 선을 실현하면서, 혈기血氣라고 하는 감성적 결정을 극복하는 능동성이다. 의지는 마음의 주재자다. 의지는 선을 좋아하고 악을 싫어하는 면에서는 감성적 성질을 공유하나, 마음 내적인 것이자 주재적 힘이라는 의미에서는 초감성적이다. 이런 의미에서 유종주와 황종희의 의지론은 정념에 기반한 주의론主意論, Voluntarism이라기보다는, 인간의 자각적 주체성을 확보하기 위한 맥락에서 나온 합리적 주의론에 가깝다.

이 맥락에서 황종희는 왕수인의 사구교의四句敎義를 왕수인의 주된 정신으로 확정하면 잘못이라고 주장한다. 왜냐하면 그가 보기에 왕수인의 종지인 양지설은 "마음이 곧 천리이고, 지각이 곧 행동卽心卽理, 卽知卽行"임을 의미하는 것 이외에 다른 것이 아니기 때문이다(「姚江學案」 王陽明, 어록). 마음의 본질은 천리다. 그런데 천리는 선한 것이다. 따라서 "지극히 선한 것이 마음의 본체"다(「요강학안」 왕양명, 어록). 이것이 원래 왕수인의 생각이라는 것이다. 왕수인 자신도 이미 설간薛侃과의 문답에서 심체의 무선무악이란 이기적인 선악으로

**주의론**
주지주의主知主義에 대립하여 의지가 지성知性보다 우위에 있다고 주장하는 철학적 입장이다.

**사구교의**
왕수인이 죽기 한 해 전인 1528년 제자 왕기와 전덕홍의 요청에 응해서 월성越城의 천천교天泉橋에서 네 구절의 가르침을 전한 것에서 유래한다. 이 네 구절은 "1.선도 없고 악도 없는 것이 마음의 본체이다無善無惡心之體, 2.선도 있고 악도 있는 것은 의념의 움직임이다有善有惡意之動, 3.선을 알고 악을 아는 것이 양지다知善知惡是良知, 4.선을 행하고 악을 없애는 것이 격물이다爲善去惡是格物"이다.

**설간**
1486~1546. 왕수인을 따라 중리산에서 강학했다. 그래서 사람들이 중리선생이라 불렀다. 저서로는 『연기록硏幾錄』, 『도서질의圖書質疑』 등이 있다.

서의 사념私念이 아니라는 것이지 사실상 지극히 선한 것을 의미한다고 한 적이 있다(「요강학안」 왕양명, 어록).

사구교의에서 황종희가 특별히 문제삼는 것은 선이 있고 악이 있는 것이 의지의 운동有善有惡, 是意之動이라는 주장이다. 만일 왕수인의 종지가 "지선이 마음의 본체이지만 사물에서 떠난 적이 없다"(「요강학안」 왕양명, 어록)는 것이고 같은 문맥에서 지각이 곧 행동이라면, 의지를 동動이나 이발已發로 보아서 경험의 영역에 귀속되는 것으로 만드는 경우엔 왕수인 자신의 종지인 본체와 사물, 지각과 행동의 일원적 통일성을 확보하지 못할 것이라는 것이다.

왕수인에 따르면 본체와 사물의 관계는 기회가 주어지면 일어나는 사건이 아니다. 본체의 자기 안정성定은 사물과의 실질적 관계 상태動 속에서도 유지되지만, 이때의 관계 상태란 본체의 발용發用인 것이다. 본체의 자기 충족성은 폐쇄된 영역, 즉 사물과 관계하지 않고 있는 상태靜에서만이 유지되는 것은 아니다. 마음의 본질은 나타남顯에 있다. 따라서 이것이 만족되지 않으면 마음의 자기 충족성도 이루어질 수 없다. 그러나 마음의 본질은 자신에게 돌아가는 데에도 있다. 마음은 나타나 있는 가운데서도 자신을 지향하여 자신을 은밀함隱 속에서 주체로서 유지한다. 마음은 현현과 회절의 역학 구조를 가지고서 사물에 나타나면서도 사물에 대해 중심성을 상실하지 않는다. 마음은 사물과 함께 살아 움직이는 활동성이자 안정성으로서 존재한다. 활동성은 본질적으로 대상이 있어야 한다. 활동성은 생산生과 사랑仁이다. 주체란 바로 이 활동의 주체다. 왕수인은 말한다.

> 인간은 천지만물의 마음이다. 마음은 천지만물의 주체다. 마음은 곧

'천'이므로, 마음을 말하면, 천지만물을 모두 열거하는 것이다.(「요강학안」 왕양명, 어록)

세계는 마음의 세계이고, 마음은 세계의 마음이다. 이런 입장을 그는 인륜적 실천의 영역에서도 적용하고자 했다. 그러나 왕수인은 인륜의 영역에서 "사물을 실현格物, 成物하는 것에는 동정(외물과의 관계 여부에 따른 구분)의 틈이 없으므로 사물과 관계하지 않고 있는 정의 상태도 사물格物, 無間動靜, 靜亦物也"이라고 했다. 정의 상태도 사물이란 실현해야 할 선한 천리가 마음에 있다는 것이다. 따라서 황종희에 따르면 선생의 정론定論은 동과 정의 상황에서 모두 할 일이 있다動靜皆有事. 바로 여기에서 동과 정으로 우리의 노력이 분리될 위험이 있다.

이와 같이 실천영역에서 본체와 사물의 관계를 일관성 있게 전개하지 못한 것은 왕수인이 의지를 이미 발현된 것으로 보았기 때문이다. 그럴 경우 의지와 신체는 '이발'의 영역으로 되고, 마음은 '미발'의 영역으로 양분된다. 그래서 마음의 측면에서는 정심正心을 제시하고, 경험의 측면에서는 수신修身을 제시하는 이원성을 면치 못한다는 것이다. 따라서 여기서의 왕수인은 "송대의 유가가 분열되어 지리支離하다고 항상 비난했지만, 스스로 그 길을 갔다."(「요강학안」 왕양명, 어록)

그러나 황종희가 파악한 왕수인의 주된 정신은 마음과 사물을 하나로 통일하는 것이다. 본체와 발용은 상호침투적이다. 따라서 "마음에는 결코 동·정이라고 할 만한 것이 없다. 부득이한 경우에 말해야 한다면, 동의 경우에 본체를 볼 수 있으며, 정의 경우에 발용을 볼 수 있다."(「요강학안」 왕양명, 어록) 본체와 작용은 서로 필수적이며 연속되어 있다. 이 통일성을 실천적으로 성취하게 하는 교량이 바로 의지다.

이 의지는 사물을 지향하면서도, 마음 내재적인 것이다. 의지는 이미 마음 내재적인 선을 이해하는 의지로서 활동한다. 그래서 그것은 선을 고수함으로써 마음의 주체성을 유지하고, 활동함으로써 사물과 관계한다. 의지는 마음이 자기자신과 관계하고, 타자와 관계하는 이중의 성격을 갖는다. 그러므로 왕수인도 말한 적이 있듯이, 그 의지를 성실하게 하는 노력誠意 하나가, 본체의 주체성을 유지시키면서 본체와 작용의 통일을 가능하게 하는 원리가 된다. 내면성을 지키는 정심과 외면성을 절제하는 수신은, 성의를 기본으로 하면 저절로 이루어진다. 그리고 정심의 경건한 태도를 의미하는 경敬의 다른 이름인 신독愼獨이라는 것도 성의에 기반한다. '신독'은 성의의 신독이다(『남뢰문안』 권6 「유백승선생묘지명」). 성의 없이는 내면의 주체성은 유지될 수 없기 때문이다.

그러나 의지가 마음이 보존하고 있는 것임을 알면 마음을 잡는 노력操功에 하나의 의지만 있게 되어 혼연일체를 성취할 수 있다. 이런 의미에서 황종희가 보기에 유종주의 의지론은 성리학의 혈로를 튼 것이다導濂洛血路. 의지는 심성 내부의 보편적 구조인 천리를 외부세계로 구체화하여 내외합일의 이념을 가능하게 하는 원리가 된다. 감정을 본래적으로 갖고 있는 인간은 외부 사물과 분리될 수 없다. 실천적 충동으로 발현하는 천리는 의지를 매개로 인간의 구체적 삶을 윤리적 삶으로 변형하게 하는 마음의 본성이다. 이런 의미에서 황종희의 자연주의적이고도 내재적인 심성론은 의지적 실천을 강조하는 실천적 심성론의 성격을 갖게 되었다.

## 관념론적 의지론

앞에서 보았듯 마음의 선한 본질로서의 의지는 스스로 선을 지향한다. 의지는 감성의 전락 가능성을 견제하고 자신을 관철시킨다. 그것은 마음이 외물에 의해 결정당하는 것을 극복하는 의지이며 동시에 마음의 자폐 가능성을 방지하는 의지다. 그것은 마음을 밖으로 열면서 그 내면적 통일성을 보장한다. 의지는 외적 실천의 지이자 내적 자유의지다. 실천의지이기 때문에 타자를 자신의 물物로서 체현하며, 자유의지이기 때문에 타자에 의해 규정되지 않으면서 타자와 장애가 없다. 의지는 자신을 의지하지만 그 궁극의 이상은 타자와 대립이 없는, 그래서 천지만물은 '나의 천지만물'이 되는 이상을 지향한다.

여기에 황종희의 의지론이 관념론적 성격을 갖는 이유가 있다. 의지는 본성상 관념론적이다. 의지는 사물과 감성의 제약을 뛰어넘어 그것들을 자신의 지배 아래 두려 하기 때문이다. 그것은 외부실재의 독립성과 그것의 마음에 대한 결정성을 거부하고, 자신의 실천을 통해 실현되는 자유 속에 실재를 포섭하기를 원한다. 어떤 외부 사물도 이 자유의 마음 밖에서는 존재하지 않는다. 마음의 자유는 대립이 끊어진 절대자다. 의지의 이상은 바로 이 절대자인 것이다. 그러나 의지는 나의 신체身를 제거한 상태에서 자유를 원하는 것이 아니다. 의지는 신체의 지배를 받지 않는 가운데서 신체의 안정성安에 의지하여 마음을 만물의 주인으로 세우고자 한다. 실질적으로는 신체가 있으나, 관념적으로는 신체의 제약이 없는 마음의 상태가 그러한 주인의 경지일 것이다.

이런 입장을 태주학파 왕간王艮(1483~1541)은 "천지만물을 자신(신체를 내포한 자신)에 의존시키며, 자신을 천지만물에 의존시키지 않는다以天地萬物依于身, 不以身依天地萬物"고 표현했다(『태주학안1』 王心齋). 이에 황종희는 성인이 다시 나와도 이 말은 바꾸지 못한다고 전적으로 긍정했다(『태주학안1』 왕심재). 이러한 긍정은 유종주도 마찬가지였다. 이들이 왕간을 현성양지파라 해서 비난함에도 불구하고, 그의 견해를 지지하는 한 가지 이유가 있다. 왕간의 이른바 회남격물설淮南格物說은 격물치지格物致知를 '성의'와 마찬가지로, 주체성 확립공부에 귀속시켰기 때문이다. 황종희는 의지의 관념론적 성격에 따라서 자기 자신으로 돌아가는 노력이 격물의 공부反己是格物的工夫라고 하는 왕간의 말을 긍정적으로 인용한다(『맹자사설』「愛人不親反其仁章」). 여기서 '격'의 의미는 '자신을 척도로 해서 이 척도를 바로 잡고 타인을 이해한다'는 혈구絜矩(척도)이다(『태주학안1』 왕심재). '물'은 '본'의 차원인 자신身과, '말'의 차원인 가정·국가·천하다. 그래서 격물의 중심점은 '본'으로서의 자신의 확립에 있게 된다. 자신이라는 '물'의 수립이 자신 밖의 다른 사물을 실현하는 데에 기초가 된다. 먼저 자신이 품격을 갖추어야 다른 사물도 품격이 갖추어진다는 것이다. 이런 의미에서 '격'은 격식格式의 격을 의미하기도 한다(『태주학안1』 왕심재).

**회남격물설**
왕간王艮(1483~1541)의 격물설로, 수신을 근본으로 삼는다고 한 『대학』에 근거하여 몸이 천지만물의 근본이고 천지만물은 말단이라고 주장한다.

황종희는 객관 사물에 대한 과학적 이해의 중요성을 알고 있었다. 그럼에도 그는 본체로서의 마음을 인식하는 것을 더 본질적인 것으로 보았다. 또한 그 마음은 나의 본체일 뿐만 아니라 우주의 본체라는 것이다.

그러면 그 이유는 무엇일까? 앞서 말했듯이 그가 파악한 의지의 자기 자신을 지향하는 본성에도 그 한 이유가 있을 것이다. 그러나 왜 의지의 성격을 사물을 지향하되 인간을 우주적 주체로서 성립시키는 원리로 본 것일까? 여기에는 두 가지 이유가 있다. 첫째는 그의 과학적 세계관이 형이상학적으로 해석되는 맥락에서 이해되어야 할 황종희 자신의 선입견이 개입되고 있으며, 둘째는 그의 사회의식과 연관된 이유가 있다.

황종희의 천문학에 의하면 천체天體는 운행하지만 그 중심에 있는 천추天樞(북극성)는 영원히 정지해 있다. 그의 아들 황백가黃百家는 태양이 중심으로서 정지해 있고 지구가 공전한다는 코페르니쿠스(1473~1543)의 이론을 알고 있었으나 수용하지는 않았다(『송원학안』 권17 「橫渠學案」 상). 황종희도 마찬가지였을 것이다. 정지해 있는 것은 '천추'이고, 항성조차도 미세하지만 움직인다.

그런데 심체는 우주의 본체이기도 하기 때문에 심체의 핵심은 주재자로서 불변의 구심점을 갖는다. 천체에도 중심이 있듯이 우리의 마음에도 중심이 있어야 한다는 것이다. 그의 생성의 철학은 최후의 정지점으로 회귀한다. 따라서 생성의 철학이 인정하는 사물의 공간상의 다양성과 변화에 따른 시간상의 다양성은 그 자체로는 존립할 수 없게 된다. 다양성은 통일성에로, 분산성은 중심성에로 다시 끌려와야 한다. 다양한 사물 간의 내재적 연속성만으로는 통일성이 확보될 수 없다는 것이다. 통일성은 내재하지만 생성의 유행, 즉 흐름 속으로 매몰되지 않는 주체성으로서 존재한다. 이것이 그가 장자莊子와 선가禪家가 생성계 그 자체를 긍정하는 것을 주재가 없는 유행에 떨어졌다고 비난하는 이유다. 구심성이 없는 세계관은 그에게는 혼돈과 자의성에로 인간을 방하放下하는 것으로 보였다.

그러나 장자와 선가는 대체 이 우주 어느 곳에 중심점이 있는가라고 반문할 수 있다. 왜냐하면 모든 것이 평등한 자연의 '존재'라면 이들 가운데 어느것도 '존재'보다도 우월하다고 나설 수 있는 자격이 있는 것은 하나도 없기 때문이다. 만일 인간이 나선다면 그것은 그의 협소하고 그릇된 천문학적 지식이나 형이상학적 편견에 의한 것이라고 할 것이다. 이 편견은 황종희에게서도 그렇듯이 인간의지의 자기중심성에 있다고 할 수 있다. 의지는 자신을 궁극목적으로 의지한다. 여기에서 인간은 자기 자신의 정신을 생성의 존재그 근거에서 존립하는 것으로서 정립하는 것이다. 그리하여 생성계의 하나의 산물인 인간이 자신의 의지로써 자신을 존재의 본질이라고 참칭하게 된다. 인간정신이 존재를 현시하는 지평이 되는 것을 넘어서서 존재 중의 존재로서 격상된다. 생성계는 정신적 존재가 부가됨으로써 이중 구조화되고 인간적 의미로 수식된다.

물론 황종희의 형이상학에는 생성을 적극 긍정하는 내재적 성격이 충분히 있다. 그것은 흥미로운 재해석의 여지를 함축하고 있다. 그러나 그가 인간정신을 세계의 본체로까지 삼은 점에 대해서는, 그것이 비록 마음을 무한 지평에로 열어놓음으로써 자유의 본성이 무엇인가에 대한 통찰을 주고 있다 하더라도, 위와 같은 비판이 가능할 것이다. 황종희는 도가와 선가에서 비판하는 것, 즉 중심의 위치에서 타자를 통제하는 주체성을 자신의 장점으로 가지고 있다고 여겼다. 그의 장점은 도가가 이미 오래전에 유가를 비판하면서 버린 것을 다시 주운 것이다. 그러나 그에게는 이 주운 것과 저들의 자유정신이 종합된 입체적인 면모가 있으며, 바로 여기에 절충적이 될 우려가 있지만, 사물의 복합성을 종합적으로 사유하는 정신이 있다. 이와 연관해서 그는 정호와 왕수인의 정신에 따라 생성과 연루된 범주들을 전면에 등장시켜 다루었다. 이 점은 도가와 선가가 가지지 못했던 철학적 강점이다. 도가와 선가는 자유정신의 자기체화를 중시한 나머지 사물의 복잡성과 구체적 모순점들을 잘라버리는 단순화와 명쾌화의 길로 나갔던 것이다.

황종희의 시대는 격렬한 변동이 있었다. 그는 백성이 체제를 부정하고 전국적 규모로 반란을 일으켜 명조를 전복시키는 것을 지켜보았다. 지식인 관료들도 부패 무능해서 체제 수호자로서의 기능을 제대로 수행하지 못했다. 상품생산은 증가하여 사람들의 심성을 화폐 쪽으로 몰아갔다. 황종희는 이러한 현상을 전반적인 전락으로 이해했다. 유종주는 그 시대는 제도적 개혁만으로는 일시적인 공리功利를 추구하는 것이 되기 때문에 도道가 아니고는 별 다른 방법이 없다고 여겼다(「즙산학안」). 이러한 생각은 황종희도 마찬가지였다. 최후의 신뢰처는 인간 자신이다. 그에게는 삼대 이후로 역사는 자신을 구원하는 원리를 가지고 스스로 전개해가는 과정이 아니었다. 역사는 한동안의 평화와 곧 이어오는 혼란의 반복이 있을 뿐이다. 혼란 시대의 '도'는 인간마음 속에 정착해서 재기를 도모해야 한다.

이런 생각은 양명학적 사고에 의해 더욱 강화되었다. 구원의 원리는 인간의 마음에서 우러나오며 의지는 그것을 마음 속에 체현시켜야 한다. 의지는 역사의 몰락하는 변화와 반대의 방향으로 상승해서 '도'를 지킨다. 따라서 의지는 정신을 변화로 쏠리지隨物, 化物 않는 주재자로서 성립시키며 이 주재자가 '도'를 담지하여 책임지는 주체로 된다.

사회변화에 대한 이러한 관점은 도덕의 마음을 구심점으로 삼는 것이다. 여기에서 마음이 세계의 본질이라고 주장하는 마음–신성화에 의해 도덕을 후원한다는 생각이 충분히 일어날 수 있는 것이다. 이미 이러한 생각은 주자학이 형성했는데, 주자학의 비판적

지지자인 황종희는 그 노선을 의식적으로 따랐던 것이다. 다만 그 방식이 양명학과 유종주의 견해에 입각한 것이었을 뿐이다.

황종희는 의지의 주재성을 스스로 자신을 관철시키고, 스스로 변화를 재단自做主張, 自裁生化하는 것이라고 했다(『남뢰문정』 후집 권1 「先師蕺山先生文集序」). 그러나 이러한 의지의 자발성이라는 것도 문자 그대로 받아들일 수는 없다. 그러한 자발성은 구조 내의 개인들의 위치와 책임 인수에서 오는 역사적으로 형성된 주체가 말하는 자발성이다. 그것은 무제약적 자발성이 아니라 의지의 자기 지향성이 그렇게 상상하도록 한 것이다. 의지는 경험의 제약을 극복하려는 성질이 있기 때문이다. 그러나 이 방향으로만 의지가 쏠려 있을 경우 그 의지는 무엇이 자신을 그쪽으로 가게 했는지에 대해서는 맹목이다. 의지는 자기 자신만을 의지한다. 이렇게 볼 때 의지는 분명 자발성이 있다. 그러나 의지는 자신의 선악만을 알고, 이 의지의 방향 자체에 무엇이 영향을 미치고 있는지에 대해서는 무지다.

황종희가 말하는 마음心은 모든 것의 원천이다. 그러나 그것은 이러한 무지에 제약된 의지에 끌려가고 있는 마음이다. 따라서 이 마음은 자신의 가치판단 그 자체에 대해서는 이성적 해명을 하지 않으려 했던 것이다. 진정으로 강한 지성은 자기 자신을 해명하는 능력이라면, 황종희의 지성은 자신을 알지 못하는 일면적 지성일 것이다. 그의 형이상학이 가치판단을 전제한 세계관이라고 하는 이유는 여기에 있었다. 그렇다면 이제까지의 유가 형이상학의 역사는 미혹된 지성이 자신이 만든 미로를 탈출의 혈로라고 주장해온 측면이 있다고 할 수 있다. 그 길을 가지 않는 자에게는 알게 할 수 없는不可使知之 몽매자라는 낙인을 찍는 것도 바로 그 때문이다.

그러나 황종희의 마음에 관한 이론은 자신의 내재적 사고와 연관되어 전개되는 관계로 인간의 정감과 신체와의 긍정적 연관을 모색한다. 이 긍정적 연관은 생의로서의 본질이 내재적으로 현현하는 힘을 가진다는 사실에 기초한다. 마음의 생성적이고 표출적인 본질은 감성계를 자신의 필연적인 존재 장소로서 요구한다. 따라서 마음의 형이상학은 적극적인 긍정적 인성론에로 나아가서 자신의 현실성을 확보하려 한다. 그의 심성론이 갖는 현재적 의의는 여기에 있다. 또한 그의 관념론적 의지론은 비록 그것이 송명이학의 도학적 전통에 있다 하더라도, 현실 속에서 사상을 실현한다는 변혁의 의지를 촉구하는 의의를 갖는다고 할 수 있을 것이다.

**송명이학**
성즉리性卽理를 핵심명제로 하는 정주학程朱學 계열과 심즉리心卽理를 핵심명제로 하는 육왕학陸王學 계열을 통칭하는 것이다.

# 더 읽을거리

『明儒學案』, 沈芝盈 點校, 中華書局, 2008

황종희가 자신의 스승인 유종주의 입장을 기준으로 명대의 사상사를 정리한 책이다. 여기서 그는 개인주의적 성향이 강한 태주학파를 예교禮敎를 파괴하는 것으로 비판하는 가운데 도덕적 주체성을 강조하는 학파들을 정통으로 인정한다.

『宋元學案』, 陳金生, 梁運華 點校, 中華書局, 1986

『송원학안』은 황종희가 시작했지만 완성하지 못하자 그의 아들을 포함하여 후학들이 나머지 부분을 완성한 송대 이학사 중심의 사상사이다.

『孟子師說』, 『黃宗羲全集』 1책, 浙江古籍出版社, 1985

『맹자사설』은 황종희가 스승인 유종주의 입장에서 맹자를 주해한 책으로, 황종희의 맹자관을 엿볼 수 있게 하지만 『명이대방록』에서 나타나는 보다 급진적인 비판 정신은 보이지 않는다. 번역본으로는 『맹자사설』(이혜경 주해, 한길사, 2011)이 있다.

『明夷待訪錄』, 鵬程 點校, 金楓出版社, 1987

명대의 전제군주제에 대한 황종희의 비판적 대안을 담고 있다. 이 책은 루소와도 연관하여 19세기 후반 근대 민주주의론에 일정한 영향을 미쳤다. 번역본으로는 『명이대방록』(전해종 옮김, 삼성문화문고 2, 1971)과 『명이대방록』(김덕균 옮김, 한길사, 2000)이 있다.

『南雷文案』, 四部叢刊集部, 康熙 19년(1680)

『남뢰문안』은 황종희의 짧은 에세이나 묘지문 등을 실은 책으로 황종희를 이해하는 데 보조적인 자료가 된다. 『황종희전집』 10·11책(1993)에는 『남뢰시문집』이라는 제목으로 수록되어 있다.

양수명

# 직각과 정감에서 나오는 즐거움

## 강중기

서울대학교 철학과에서 박사학위를 받고, 한림대학교 한림과학원에서 HK연구교수를 역임하였다. 박사학위 논문은 「양수명의 현대 신유학」이다. 중국 근현대철학을 중심으로 동아시아 근현대사상에 관심을 기울이고 있다. 서구 근대 개념이 동아시아에 전래되어 복수 개념 사이의 투쟁을 거쳐 하나의 개념으로 정착하고 변용되고 유통되는 과정에 대하여 개념사의 방법을 빌려 천착하는 작업을 수행하고 있다. 종교와 가족, 그리고 국가 등의 개념에 특별히 흥미를 갖고 있다. 저서로 『조선 전기 경세론과 불교비판』, 『황종희 〈명이대방록〉』, 『양수명 〈동서 문화와 철학〉』 등이 있고, 역서로 『동서 문화와 철학』, 『천연론』, 『관념사란 무엇인가』(Ⅰ·Ⅱ) 등이 있다.

## 현대 신유학의 창시자 양수명

**현대 신유학**
1919년 5·4운동 이래 서양 문화를 흡수하여 유학 사상의 현대화를 추구한 학문적 흐름을 가리킨다. 양수명, 장군매, 웅십력, 풍우란, 하린, 전목, 모종삼, 당군의, 서복관 등의 학자가 이에 속한다.

**내성외왕**
『장자』, 「천하」가 출전으로, 안으로 성인의 인격을 갖추어 밖으로 이상적인 정치를 하는 것을 말한다.

양수명梁漱溟(1893~1988)은 웅십력熊十力과 더불어 현대 신유학의 창시자 또는 제1세대로 꼽히는 인물이다. 현대 신유학은 서세동점 시기에 서양 근대 문화와 사상의 강력한 도전에 대응하여 유학의 현대적 가치를 발굴하고 정립하려 한 학술사조다. 현대 신유학의 형성 과정에서 양수명은 기본적인 문제의식과 해결방향을 제시한 것으로 평가된다. 그는 전통유학의 근본성격을 계승하면서도 서세동점으로 야기된 문제들을 해결하려는 과정에서 기존의 유학에는 없던 '현대적인 새로움'을 덧붙였다. 그 '새로움'은 주로 서양 철학을 원용한, 유학의 주요 개념과 이론들의 재해석을 통해 나타난다. 그는 수제치평修齊治平(수신·제가·치국·평천하) 또는 내성외왕內聖外王의 이론을 핵심으로 하는 범도덕주의를 계승하여, 직각直覺 개념을 원용한 인仁의 재해석을 통해 정감情感의 철학적 위상을 복원함으로써 도덕성의 내적 근거 또는 도덕적 행위의 원동력을 확보하고자 했다. 직각과 정감 개념을 중심으로 유학을 재해석하여 현대적 의미를 부여한 것이다.

양수명의 생애는 현대 신유학의 형성과 긴밀하게 연계되어 있고 또한 근현대 중국 지식인의 간난에 찬 우여곡절을 보여준다. 청말 이래 서양과학에 대한 인식의 변천에서 과학만능주의scientism가 출현하여 '과학과 현학 논쟁'(혹은 '과학과 인생관 논쟁')이 전개되고 그로부터 과학에 대한 비판적 관점과 전통에 대한 현대적 계승을 통해 현대 신유학이 형성되기 시작한다. 양수명은 당시 성행하던 동서 문화 조화론과 기존 연구를 비판하며 총체론적 문화 연구의 필요성을 제기한다. 그는 중국 문화에 대비되는 서양 문화의 특성을 기예 및 과학, 개성의 존중과 사회성의 발달로 대표되는 민주주의로 파악한다. 그리고 각 문화의 특성을 관통하여 그것들이 생겨난 공통적 근원으로서 근본정신을 제시하고 그것에 의거하여 세계 3대문화(서양·중국·인도)의 근본성격과 인류문화의 발전단계를 설명하는 이른바 '문화삼로향설文化三路向說'을 제기한다.

유학의 보편적·절대적 가치를 확보해내려는 양수명의 노력은 전통 유학, 특히 태주학파의 철학적 견해를 바탕으로 불교의 유식학唯識學과 서양 철학의 개념·이론을 원용하여 유학을 재해석하는 방식으로 나타난다. 그는 베르그손 철학과 불교 유식학을 수용하여 조화의 형이상학과 생기론적 우주론 및 직각주의 인식론을 건립하고, 그것을 바탕으로 하여 인仁을 중심으로 하는 유학 개념을 새롭게 해석하고 현대적 의의를 부여하는 '정감의 철학'을 정립하였다. 양수명의 철학은 문화론을 배경으로 하는 유학에 대한 새로운 해석과 동서문화의 조화로운 융합을 통한 새로운 사회조직의 모색 및 구체적인 실천방안이 '정감의 철학'에 의거하여 이론적으로 연계되어 있다.

이 글에서는 양수명이 직각과 정감 개념을 중심으로 마음을 어떻게 이해했는지 살펴보고자 한다. 먼저, 인식론과 윤리도덕론에서 직각이 지니는 의미를 살펴보면서, 특히 교조적 태도를 비판하고 직각을 인간 행위의 원동력으로 보는 관점을 알아본다. 다음으로, 직각을 정감과 연계시켜 전통 유학의 인仁을 재해석하는 데 활용하고, 정감의 배양에 예악을 활용하는 맥락을 살펴본다. 이어서, 이지理智를 배척하고 오로지 직각에 맡겨야 한다는 입장에서 도덕성의 원천으로 정감을 인정함으로써 기존의 천리天理를 재해석하고 욕

**문화삼로향설**
양수명이 주장한 것으로 문화의 세 가지 '방향'을 말한다. 첫째는 대상세계를 향해 앞으로 나아가 자신의 욕구 충족에 필요한 것들을 쟁취해내는 방향이다. 둘째는 자신의 생각을 바꾸어 자신의 욕구와 주어진 상황을 조화시키려는 방향이다. 셋째는 욕구 자체를 아예 취소해버림으로써 문제를 해소하는 방향이다.

**유식학**
인간의 마음이 일으키는 일체의 의식 자체를 심층적으로 분석하고, 그것의 전환轉換을 통하여 지혜와 열반의 성취를 목적으로 하는 불교 이론. 인도의 무착과 그의 동생인 세친에 의하여 완성되었다.

**베르그손**
1859~1941. 프랑스의 관념론 철학자. 유심론唯心論의 전통을 계승하면서도, 다윈·스펜서 등의 진화론의 영향을 받아 생명의 창조적 진화를 주장한다.

망을 긍정하는 관점을 고찰한다. 그리고 전통 유학에서 생生을 긍정하는 관점을 계승하여 직각에 일임하는 태도와 이를 '절대적 즐거움'에 연결시키는 논리를 알아본다. 끝으로, 시간적·공간적·지적 유한성을 뛰어넘어 인간의 정신이 한껏 고양된 대인의식大人意識을 살펴보기로 한다.

이 글은 마음에 대한 양수명의 직접적인 관점이 아니라 현대 신유가의 관점에서 전통 유학의 개념과 이론을 재해석하는 내용을 서술하고 있지만, 이로부터 마음에 대한 양수명의 관점을 확인할 수 있다는 점에서 직각과 이지, 정감과 욕망, 절대적 즐거움과 대인 의식 등을 주제로 삼아 서술하는 방식을 취하였다는 점을 밝혀둔다.[1]

## 직각과 이지

양수명은 베르그손 철학과 불교 유식학을 원용하여 변형시킨 직각 개념을 인식론과 윤리도덕론 두 방면에 적용한다. 먼저, 인식론에서 직각은 감각과 추론에서 의미를 파악해내는 기능을 수행한다. 그의 인식론에서 감각은 대상에 대한 영상image에 불과하며 그 의미는 아직 인식에 들어오지 않은 상태다. 이는 곧 유식의 현량現量으로, 의미가 지각되지 않은 단순한 감각자료이며 단지 우리에게 주어진 하나의 영상일 뿐이다. 이지는 감각, 곧 현량을 재료로 삼아 의미

1 아래에서 자주 인용하는 양수명의 주저 『동서 문화와 철학』(강중기 옮김, 솔출판사, 2005)은 『철학』으로 약칭한다.

를 지니는 개념을 구성하는 인식 작용이다. 이는 유식에서 말하는 비량比量인데, 비량은 다시 간별과 종합이라는 두 가지 작용을 통해 이루어진다. 차를 예로 들면, 차를 다른 것들과 구분하고 차의 색깔과 형태, 향기와 맛 등을 파악하여 종류를 구분해내는 것이 간별이고, 각종 차에 일관하는 궁극적인 공통점을 찾아내는 것은 종합이다.

비량이 각종 감각에서 차이점을 구별하고 공통점을 종합해야 비로소 명료한 개념을 구성하게 된다. 인식이 현량과 비량으로 구성되지만, 그것만으로는 인식이 이뤄질 수 없고 현량의 감각으로부터 비량의 추상적인 개념에 이르는 중간에 다른 작용이 있어야 한다. 왜냐하면 현량은 아직 의미가 지각되지 않은 단순한 감각자료이므로 비량이 이것을 가지고 간별과 종합을 해낼 수 없기 때문이다. 현량과 비량의 사이에서 현량의 의미를 분별해내어 비량으로 하여금 간별과 종합의 작용을 수행할 수 있도록 하는 것이 바로 직각이다.

양수명의 인식론에서 직각은 두 가지로 나눌 수 있다. 하나는 감각에 결합된 것이고, 다른 하나는 이지에 결합된 것이다. 가령 소리를 듣고 의미를 이해하는 것은 감각에 결합된 직각이며, 시문을 읽고 의미를 이해하는 것은 이지에 결합된 직각이다. 후자의 경우 의미는 검은 글자에 덧붙여진 것이 아니라, 마음의 이해를 통해 덧붙여진 것이다.

한편, 양수명의 윤리도덕론에서 직각은 이른바 '불인정不認定'의 태도와 연계되어 있다. '불인정'은 '인정認定'과 대비되는 개념이다. '인정'이란 어떤 원리를 절대적으로 옳다고 믿고 그것에 집착하거나 고수하는 교조적인 태도를 가리킨다. 따라서 '불인정'이란 교조적인 것과 반대되는 태도로서, 바로『논어』에서 공자가 말한 "반드시 해야 된다는 것도 없고 해서는 안 된다는 것도 없다無可無不可"는 행위 방식이자, 이른바 "사무四毋"(무의毋意 · 무필毋必 · 무고毋固 · 무아毋我)[2]의 태도이다. 양수명은 공자의 이러한 태도를 직각 개념을 원용하여 '불인정'이라는 새로운 용어로 설명한 것이다.

양수명에 따르면, 직각은 '인정'의 태도를 버리고 변화에 감응하여 저절로 가장 옳고 타당하고 적절한 길로 나아갈 수 있는 앎과 능력이며, 그것은 바로 맹자가 말한 양지·양능이다. 직각은 인간이 선천적으로 갖추고 있는, 시비선악에 대한 즉각적인 인식능력이라 하겠다. 그는 옳음과 선함을 추구하는 직각은 어리석은 부부도 알고 행할 수 있으며 사람마다 모두 갖고 있는 보편적인 것이라고 한다.

**크로포트킨의 상호부조**
19세기 러시아의 아나키스트 혁명가인 A. 크로포트킨이 주장한 개념. 복수의 개인 또는 집단이 공통적인 목적과 공동의 효과를 올리기 위하여 사회행동을 의식적·의도적으로 행하는 경우에 성립되는 관계를 뜻한다.

양수명은 직각을 본능과 거의 동의어로 사용한다. 양수명이 본능이라는 용어를 사용하게 된 데에는 인간 행위의 원동력 내지 원천에 대한 특정한 인식이 있고, 그 인식은 서구사상을 자의적으로 해석하는 이해방식(이른바 '신해묘오神解妙悟'의 이해방식)과 맞물려 있다. 그가 인용하는 서양사상은 인류 행위의 원천에 관한 러셀B. Russell의 견해와 사람의 잠재의식에 주목한 정신분석학 및 크로포트킨P.A. Kropotkin의 상호부조론 등이다. 그에 따르면, 러셀은 과거에는 욕망이 행위의 원천이라 보았는데, 욕망은 비교적 개명적인 것일 뿐 실은 의식의 한 부분이며, 욕망의 핵심은 여전히 충동이고 단지 표면상 다소 다듬어진 것일 따름이라고 하여, 인류 행위의 원천이 충동impulse에 있다고 보았다. 또한 프로이트S. Freud를 비롯한 정신분석학

2 "사무"에서 의意·심必·고固·아我는 주관적으로 억측하는 일, 반드시 해내겠다고 무리하게 구는 일, 완고하게 자신을 지키려는 태도, 자기 것만을 고집하는 아집을 가리킨다.

파는 잠재의식을 특별히 강조하고 감정의 측면에 주목하였으며, 크로포트킨은 『상호부조론』에서 동물이 무리지어 살면서 협동한다는 사실로부터 상호부조가 일종의 사회본능이고 인류사회의 성립도 그 사회본능에 기반한다고 보았다.

이로부터 양수명은 인간 행위의 원동력으로 의식 내지 욕망의 배후에 있는 본능충동을 중시하게 된다. 일반적으로 인간의 생물학적 혹은 동물적인 욕구를 가리키는 본능이라는 용어를 자의적으로 해석하여 인간의 본성으로 삼고 직각과 동일시한 데 대해, 나중에 양수명은 스스로 부적절한 면이 있었음을 인정하였다. 하지만, 그가 본능을 직각과 동일시하고 인仁의 해석에 원용한 것은 바로 인간행동을 추동할 수 있는 본능의 추진력, 의식보다 더 내면에 깊숙이 존재하는 근원성, 그리고 의식(또는 이지의 이해타산)을 거치지 않는 직접성에 주목하였기 때문이다. 양수명은 본능의 그러한 측면을 살려 유학에서 제시하는 윤리도덕의 내적 근거로 삼았다. 즉 본능을 본성과 동일시하고 도덕성의 근거이자 도덕 행위의 내적 원동력으로 삼은 것이다.

## 직각과 정감

양수명은 직각 개념을 원용하여 공자가 말하는 인仁을 재해석한다. 즉 직각은 사람이 본래 갖고 있는 것으로, 습관에 물들었을 때를 제외하고는 원래 매우 예민한데, 이 '예민한 직각'을 공자는 바로 인이라고 불렀다는 것이다. 그는 인이 '예민한 직각'이라는 명제의 의미를 『논어』에 보이는, 3년상을 둘러싼 공자와 재여의 대화를 원용하여 설명한다. 공자는 3년상 기간에도 고기를 먹고 음악을 들으면 마음이 편안하다고 하는 재여를 불인不仁하다고 비판한다. 양수명은 그렇다면 불안을 느끼는 것이 바로 인仁이 아니겠느냐고 한다. 불안은 인간의 정감(정서 혹은 감정)이므로, 인은 달리 말하면 '두터운 정감'이 된다. 그는 이렇게 말한다.

> 왜 똑같은 일에 대해 어떤 사람은 가엾게 여기고 어떤 사람은 가엾게 여기지 않으며 어떤 이는 부끄러워하고 어떤 이는 부끄러워하지 않는가? 한 사람은 범범하여 느끼지 못하고 한 사람은 불안을 느끼는 차이가 있을 따름이다. 편안함과 불안은 직각이 예민하고 둔함의 차이다. 이처럼 예민한 직각이 바로 인이다. 그래서 유가는 완전히 직각에 의지하고, 직각의 예민함을 중시한다. 두려워하는 바는 직각의 둔화와 마비다. 모든 악은 직각의 마비에서 비롯되며 다른 원인은 없다.(『철학』 208)

이처럼 직각은 정감과 불가분의 관계에 있다. 정감의 두터움이 직각의 예민함과 맞물려 있기 때문이다. 그래서 편안함安然不覺은 "정감이 박하고 직각이 둔한" 것이고, 불안은 "정감이 두텁고 직각이 예민한" 것이다. 직각의 둔화, 즉 정감의 박약화가 모든 악의 근원이다. 따라서 유가 덕목의 핵심인 인仁의 실현을 위해서는 예민한 직각을 견지하고 정감을 풍부하게 배양해야 한다는 결론에 이른다.

정감을 배양하려면 그것이 발단하는 곳에서 착수해야 하는데, 유학은 부모와 형제자매에게서 느끼는 가족적 친밀성, 즉 효제孝弟에서 그것을 찾았다고 한다. 그래서 양수명은 단지 효제의 본능을 배양하기만 하면 사회·세계·인류에 규범을 가르칠 필요가 없이 저절로 바르게 된다고 보았다. 이는 기본적으로 맹자가 말하는 "친친親親―인민仁民―애물愛物"의 사유방식을 계승하는 것이고, 『대학』의 "수신―제가―치국―평천하"와 맥락을 같이하는 범도덕주의적 관점이다.

양수명에 따르면, 오직 직각만이 우리 내면의 생명이 외부와 통하는 유일한 통로이다. "우리 내면의 생명과 관련있는 것은 감각과 결합된 직각, 이지와 결합된 직각이다. 우리 내면의 생명이 외부와 소통하는 것은 오직 직각이라는 창문을 통해서이다."(『철학』 234) 따라서 우리가 다른 사람들에게 영향을 미치려면 이 통로를 통하지 않을 수 없다. 그는 감각과 결합된 직각이 이 방면에서 매우 큰 힘을 갖고 있다고 보았다. 그런데 유학에서는 우리의 감각에 호소하는 예악禮樂이 직각을 통해 우리의 참된 생명에 작용한다고 한다. 예악은 전적으로 정감에 작용하며, 직각을 통해 우리의 진정한 생명에 작용한다는 것이다.

양수명은 공자가 음악을 중시한 점에 주목한다. 공자는 음악의 효용을 인식하고 중시하였을 뿐만 아니라, 그것을 유가의 조화의 형이상학과 결합시켜 사람의 정감을 바람직한 방향으로 유도했다고 한다. 반면에, 묵자는 외면적 물질만을 보고 음악을 배척했다고 비판한다. 실제로 묵가에서 음악을 비판하는("비악非樂") 근저에는 인간의 정서("육벽六辟")를 홀시하는 공리주의적 관점이 깔려 있다. 춘추전국시기의 사회경제적 변화와 그 때문에 발생한 혼란상과 관련하여 볼 때, 묵가사상은 사회적 약자의 편에서 민생을 중시하는 사상이념을 제시하여 일정한 의의와 영향력을 갖고 있다.[3] 하지만 양수명에 의해 묵가사상은 근대 서구문명의 공리주의적 경향과 동일시됨으로써 비판의 대상이 된다.

3 송영배, 『제자백가의 사상』, 현음사, 1994, 69~113쪽.

## 정감과 욕망

**강상명교**
강상명교에서 강상은 삼강三綱과 오상五常을, 명교는 사회의 정치제도를 뜻한다.

예민한 직각을 두터운 정감과 동일시하며 유학의 인仁을 이해한 양수명은 천리天理를 직각과 연계시켜 새롭게 해석하고 욕망을 긍정하는 방향으로 나아간다. 그의 관점에 따르면, 천리는 이제 더는 봉건적 강상명교가 아니라 생명의 자연스런 발현이다.

> 천리란 신하가 충성하고 자식이 효도해야 한다는 것 같은 '인정'된 '객관적 도리'가 아니라, 나 자신의 생명이 자연스럽게 변화하고 유행하는 이치임을 알아야 한다. 사심·사욕이란 꼭 음란한 소리나 문란한 성욕이나 명성과 이익을 추구하는 욕망과 같은 것이 아니다. 그것은 이지의 모든 계산·비교·안배이며, 직각에 말미암아 대상에 따라 감응하지 않음을 말한다.(『철학』 209~210)

천리에 대한 새로운 해석은 욕망의 긍정으로 연결된다. 양수명은 유학에서는 본래 생을 찬미하며 욕망을 배척하지 않는다고 보았다. 식욕과 성욕 같은 본능적 욕망도 우주의 변화유행에 따른 자연스런 현상, 즉 생명의 자연스러운 발현으로서 긍정된다. 욕망이 비판의 대상이 되는 것은 오직 이지가 개입하는 경우다. 이지는 항상 사적인 점유충동에서 나와 이기심과 결합하고, 더욱이 이지의 개입은 정감(직각)의 둔화·마비를 초래한다(『철학』 210~211). 이지(이해타산)가 배척되고 욕망을 부정적인 것으로 보는 것은 이 때문이다. 문제는 욕망 자체가 아니라 그 현현방식에서 이지의 개입 여부인 것이다. 양수명은 이지가 정감을 방해하고 이기심과 결합한다는 점 때문에 극단적으로 배척하기까지 한다.

양수명이 이지를 배척하는 데에는 베르그손 철학에 대한 자의적인 이해가 작용한 듯하다. 그는 베르그손이 이지를 배격하고 직각만을 사용할 것을 주장했다고 보고, 베르그손의 직관과 지성(양수명의 표현으로는 '이지')의 대비를 예민한 직각(즉 인仁)과 이지의 이해타산의 대비로 전환시킨다. 베르그손은 지성이 행위를 위한 도구의 성격을 본질로 하며 그 행위는 대상(자연)을 이용하려는 실용적인 목적을 위한 것으로 드러난다고 한다. 그러나 사실 베르그손은 지성을 배척하지 않는다. 베르그손은, 지성이 정신이 물질에 쏟는 관심이라면 직관은 정신이 자기 자신에게 쏟는, 그것도 그 대상인 물질에 집중하면서 쏟는 관심을 가리킨다고 하면서, 양자를 보완적인 관점에 의거하여 조직적으로 경작하고 육성할 수 있다고 보았다. 그는 지성이 시간을 거부하고 정신을 거부하거나 혹은 부정을 통해서 그것을 정의한다는 점에서 비판하지만, 지성의 영역을 기꺼이 보장해준다. 그러나 양수명은 베르그손이 이지를 배격하고 직각의 사용만을 주장하는 것으로 파악한다. 그러한 인식 위에서 양수명은 베르그손의 직각을 수용하여 유학에서 이지의 이해타산을 배격하고 예민한 직각을 숭상하여 그것에 일임한다는 주장과 연결시킨 것이다.

한편, 양수명은 양지·양능과 같은 도덕성의 선천적 근거를 부정하고 윤리도덕이 순전히 후천적으로 배양된다고 보는 호적胡適의 도덕습관론을 비판한다. 호적은 덕을 좋아하는 마음이 선천적으로 구비되어 있는 것이 아니고 후천적으로 배양되며 배양이 숙성하게 되면, 즉 습관화되면 자연스럽게 우러나온다고 보았다. 호적은 『대학』의 "아름다운 모습을 좋아하듯이, 악취를 싫어하듯이如好好色, 如惡

**양지·양능**
『맹자』, 「진심(상)」 15에 근거하고 있다. 그 내용은 어린아이들도 부모나 형제를 사랑하고 공경할 줄 알고 실천할 수 있다는 것이다.

**호적**
1891~1962. 듀이의 제자로 실용주의자이다. 정치적으로는 개량적인 호인정부론好人政府論을 제창했고, 사상적으로는 유교를 비판함으로써 문화혁명에 동참했으나 끝내 전통문화를 수용하게 된다.

惡臭"라는 구절이 도덕습관이 형성된 상태를 가리킨다고 보았다.[4]

호적의 도덕습관론에 대해, 양수명은『논어』의 "본성은 서로 가까운데 습관 때문에 서로 멀어진다性相近也, 習相遠也"라는 구절을 인용하면서 도덕이 보편적 근거를 가지고 내면에서 우러나와야 한다는 점을 들어 비판을 가한다.

> 본성이 가깝다는 것은 사람의 심리가 원래 비슷하며, 이 비슷한 심리가 바로 선善이고, 맹자가 말하는 인간의 '마음의 동질성心之所同然者'이다. 본래 좋아하고 싫어하는 것이 다른 사람과 같으나, 단지 후래의 습관으로 인해 점차 한 쪽으로 치우침으로써 비로소 어긋나고 혼란스러워져서 그 바름을 얻을 수 없게 된다. 그래서 가장 좋은 것은 시종 그 본래 모습을 잃지 않는 것이고, 가장 염려스런 일은 습관이 되는 것이다.(『철학』 216~217)

양수명은 습관 그 자체에 비판적이며, 유학에서는 근본적으로 습관을 배척한다고 보았다. 유학에서 습관을 배척하는 이유는 좋은 습관이든 나쁜 습관이든 한 번 습관이 되면 정형화되어 직각이 완전히 둔해지기 때문이라고 한다. 좋은 습관이라 해도 습관에서 나오는 것은 오직 일종의 형식일 뿐이고 미덕이라 할 수 없다는 것이다. 양수명에 따르면, 미덕은 내면에서 발동하는 직각에서 나와야 한다. 일단 습관에 빠지면 고정화되고 마비되어버리고, 도덕을 근본적으로 말살시킨다. 습관에 의해서는 단지 자신에게 익숙해진 그런 종류의 형세 혹은 국면에만 대응할 수 있고 새로운 문제가 나타나면 전혀 대처하지 못한다. 그러나 직각이 예민하면 대응하지 못할 일이 없

4 胡適,『中國哲學史大綱』, 東方出版社, 1996.

다. 직각에 일임하면 자연스럽게 활동하여 날마다 새로울 수 있고, 습관에 빠지면 자연스런 유행을 가로막아 생기生機를 막히게 한다.

한의학에서는 수족 등이 마비되어 감각이 없거나 무뎌진 것을 '불인不仁'이라고 한다. 유학에서는 생명에 대해 동정同情을 느끼지 못하고 타인의 처지를 함께 마음 아파하거나 기뻐하지易地思之 못하는 것을 불인不仁이라고 한다. 양수명이 습관에 비판적인 이유는 바로 정형화되고 경직되어 직각이 둔해지고 정감이 박약해지기 때문이다. 달리 말하면 사람이 불인해지고 교조적인 태도인 '인정認定'에 빠지게 되기 때문이다.

## 생의 찬미와 절대적 즐거움

양수명은 여러 유가 경전에서 생生을 가장 중요한 관념으로 삼았다고 보았다. 양수명에 따르면, 유가는 본래 생을 찬미하여 음식남녀의 본능적 정욕이 생명의 자연스런 흐름에서 나오는 것으로 보고 배척하지 않는다. 생명은 이치에 따라 중용을 얻고 생기가 활발할 수 있기를 추구하며, 염려하는 바는 오로지 이지가 작용하여 물아物我를 구분하고 이해타산함으로써 직각이 쇠약해져 불인해지는 것이다(『철학』 210). 또한 우주는 결국 전진적으로 생성발육하는 것이고, 만물이 생겨날 때 각자의 생성작용에 맡기고 조작을 가하지 않아야 우주와 계합할 수 있으며, 전 우주로 하여금 생의生意·춘기春氣가 충만하게 해야 한다고 보았다(『철학』 197). 여기서 생의는 생명의 의지 또는 생명력으로 우주가 만물을 낳고 또 낳는 마음天地生物之心이며, 춘기는 겨우내 움츠려 있다가 생명력이 약동하기 시작하는 봄의 기운이다. 생의와 춘기는 바로 유학에서 전형적으로 인仁의 함의를 표현하는 용어들이다.

양수명은 전통 유학에서 말하는 인仁을 조화의 형이상학과 생기론生機論에서 도출되는 인생태도와 연결시킨다. 생기는 상호대대의 조화라는 메커니즘, 바로 우주의 변화유행이고, 사람의 경우에는 생명력의 자연스러운 발현 과정을 가리킨다.[5] 이지의 이해타산에 의해 생기를 해치지 않고 직각에 맡겨서 생기의 흐름에 순응해야 한다는 주장은 바로 생명, 생활에 대한 긍정, 찬미와 맞물려 '절대적 즐거움'으로 나타난다.

양수명은 생명의 역동적인 발현이 '절대적 즐거움'으로 나타난다고 보았다. 그는 공자의 이해타산하지 않는 태도, 즉 직각에 일임하는 '불인정不認定'의 태도를 '절대적 즐거움'에 연결시킨다.

> 공자의 저 가늠하지 않고 타산하지 않는 태도로부터 어떤 생활이 나오는지 살펴보자. 우리는 그런 생활이 즐거운, 절대적으로 즐거운 생활이라고 말할 수 있다. 일반 사람들의 생활은 대부분 즐겁지 않다. 즐겁다고 해도 상대적이다. 상대적인 즐거움이란 무엇을 말하는가? 그 즐거움이 외물에 의존하며 관계가 끊어지지 않았으므로 상대적이다. 그 즐거움이 고통과 서로 대립하면서 짝이 되므로 상대적이다. 관계를 끊고 서로 대립하여 짝이 되는 것을 초월하면 절대적 즐거움이다. 보통 사람들은 계산적인 길을 걸어서, 결국 수단을 통해 목적을 획득하려 하고, 이에 반드시 획득하는 바가 있은 연후에야 즐겁고 획득하지 못하면 괴롭게 된다. 그 즐거

5 강중기, 「양수명의 현대 신유학」, 제4장 "유학 사상"의 "조화의 형이상학과 생기론적 우주론"과 "직각주의 인식론", 서울대학교 박사논문, 2000.

움이 순전히 목표로 삼는 외물에 달려 있고 외면에 의존하므로 절대적이지 못하고 관계적이라고 한다. 또한 즐거움이 가면 괴로움이 오고 괴로움이 가면 즐거움이 와서 즐거움과 괴로움이 분명히 서로 대립하여 짝이 되므로 절대적이 아니라고 한다.(『철학』 227)

양수명에 따르면, 공자는 어떤 절대적인 원리를 추구하여 그것에 얽매이지 않으므로, 즉 '불인정'의 태도를 취하므로 외물에 얽매이지 않고, 이른바 득실이라는 관념이 전혀 없다. 생의 정취가 가득하고 생명의 기운이 활발하고 자득하지 않음이 없고, 한순간도 마음이 흥겹지 않은 때가 없다. 공자의 즐거움은 상대적인 즐거움이 아니고, 자득적 즐거움, 절대적 즐거움이다.

공자의 절대적 즐거움에 관하여 양수명은 『논어』의 "인자불우仁者不憂"라는 구절을 원용하여 설명한다. 이 구절은 "지자불혹智者不惑, 용자불구勇者不懼"와 짝을 이루고 있다. 양수명은 지혜가 미혹의 반대이고 용기가 겁냄의 반대라는 것은 사람들이 알지만 인仁이 걱정 근심의 반대라는 것은 매우 독특하여 이해하기 어렵다고 지적한다. 앞에서 살펴보았듯이, 양수명에 따르면 인仁은 곧 예민한 직각이고 '불인정'은 이지의 이해타산을 배격하고 이 예민한 직각에 맡기는 태도이다. '불인정'의 태도에 입각하여 유학에서는 "의도적으로 가늠하고 안배하면 유행의 이치를 막고 사물에 얽매이므로, 작위적인 의도를 가지고 행하면 선한 일이라도 옳다고 여기지 않는다."(『철학』 229) 양수명은 『논어』에서 증점曾点이 "늦은 봄에 봄옷이 완성되면 어른 오륙 명, 동자 육칠 명과 함께 기수에서 목욕하고 무우에서 바람 쐬고 노래 부르며 돌아오고 싶다"고 하자, 공자가 탄복하여 "나는 점과 함께 하겠다"고 했다는 대목이 공자가 의도적으로 가늠하고 안배하지 않음을 보여준다고 해석했다.

양수명의 '절대적 즐거움'은 태주학파 왕간王艮의 견해와 매우 가깝다. 양수명은 일찍이 왕간 부자가 즐거움을 학문의 핵심으로 삼았기 때문에 자신의 뜻에 가장 합치되었다고 고백한 적이 있다(『철학』 229). 왕간이 즐거움을 학문의 핵심으로 삼았다는 것은 그의 〈낙학가樂學歌〉를 염두에 둔 말일 것이다. 〈낙학가〉의 핵심 내용은, 이 마음은 본래 즐거움으로 가득 차 있는데 단지 사욕에 얽매임으로써 그것이 드러나지 못하므로, 학문이란 양지의 자각을 통해 사욕을 제거함으로써 마음의 본래적인 즐거움을 회복하는 것이고 이 즐거움이 없으면, 즉 즐거움을 회복하지 못하면 진정한 학문이 아니라는 것이다. 왕간에 따르면, 즐거움은 초공리적이다. 공리와 연계된 즐거움은 가짜 즐거움이고, 인심에 고유한 초공리적인 즐거움이 진정한 즐거움이다. 양수명이 말하는 절대적 즐거움 혹은 참된 즐거움도 초공리적인 즐거움이고 생명의 자연스런 발현에 따라 내면에서 저절로 우러나오는 즐거움이다. 양수명이 말하는 '절대적 즐거움'은 왕간이 〈낙학가〉에서 말하는 '진정한 즐거움'과 상통한다.

## 대인 의식大人意識

양수명은 사람이 자신을 작은 세계, 즉 자사자리自私自利의 세계 안에 집어넣고 스스로 제한하기 때문에 왜소하고 비참하게 되며, (『양수명전집』 제8권 「思索靈悟輯錄」 7~8) 이에 작은 세계를 넘어 마음 깊은 곳에 원대한 소망을 품음으로써 우주가 나에게 의존하고 스스로

운명을 개척해나가는 위대한 존재가 될 수 있다고 한다(『양수명전집』 제5권 「精神陶煉要旨」 494). 그는 붓다가 그런 원대한 소망을 품은 사람이며, 장재張載의 "온 백성이 나의 동포요 만물이 나의 동료이다民胞物與" 라는 사상이 유학이 사람들에게서 불러일으키려는 원대한 소망을 대표한다고 보았다. 이는 천하와 우주만물에 대해 무한한 책임감을 느끼는 위대한 인간, 곧 대인大人의 정신이다.

이러한 대인 의식은 양수명 자신이 공자의 진정한 정신을 계승하고 있다는 자부심·사명감과 연계되어 있다. 그는 일찍이 그런 자부심과 사명감을 이렇게 토로하였다.

> 종래 서양인의 생활은 옹졸하고 열등하며 동양인의 생활은 어리석고 그릇된 것이었다. 한 마디로 말하면 모두가 인생의 참 의미를 맛보지 못했다고 할 수 있다. 그러니 내가 파악한 공자의 인생을 어찌 그들에게 보여주지 않을 수 있겠는가! 그러나 서양인이 공자를 이해할 수 없음은 말할 나위가 없다. 나아가 오늘날 중국에 서학을 제창하는 자가 있고 불교를 제창하는 자는 있지만 공자에 대해서는 입에 올리기를 부끄러워하여 중국인들도 서양인과 마찬가지로 알지 못한다. 공자의 참모습을 내가 나서서 알리지 않으면 누가 나서겠는가?(『철학』 341~342)

양수명은 『인심과 인생人心與人生』의 「머리말」과 일본군이 홍콩에 침입하여 광서 오주로 도피한 후 두 아들에게 보낸 편지에서도 "이전 현인들은 '과거 성인을 위해 끊어진 학문을 잇고 다가올 세상을 위해 태평성세를 연다爲往聖繼絕學, 爲萬世開太平'고 했는데, 그것이 바로 내 일생의 사명이다"(「香港脫險寄寬恕兩兒」)라고 하였다. 1942년 향촌건설 운동과 정치운동이 실패로 돌아갔을 때에도 "나는 지금 죽을 수 없다. 내가 죽으면 천지가 변색하고 역사가 바뀔 것이다. (…) 중국이 멸망할 뿐만 아니라 세계도 장차 멸망할 것이기 때문이다"(『인심과 인생』)라고 하였다. 문화대혁명 말기에 임표와 공자를 비판한 비림비공非林非孔 운동이 고조되면서 공자를 옹호하는 태도에 대한 자아비판을 요구받은 한 소조회의에서도 양수명은 "삼군의 장수를 탈취할 수는 있어도 필부의 뜻을 빼앗을 수는 없다三軍可奪帥, 匹夫不可奪志"고 선언하면서 자신의 입장을 견지하였다.[6]

**현성양지설**
별도의 수양이나 노력이 필요 없이 지금 그대로도 양지는 완전하다고 보는 견해다.

**유의지론**
마음이 외부의 사물과 접할 때 의지가 생기는 것이 아니라 나의 의지가 능동적으로 작용한 곳에 사물이 있게 된다는 논의이다.

**회남격물설**
왕간王艮(1483~1541)의 격물설로, 수신을 근본으로 삼는다고 한 『대학』에 근거하여 나의 몸이 천지만물의 근본이고 천지만물은 말단이라고 주장한다.

양수명의 대인 의식은 '절대적 즐거움'이 그러한 것처럼 왕간의 그것과 매우 흡사하다. 왕간은 현성양지설現成良知說에서 주체의 개체성을 긍정하고 인격화한 의지를 자아로 설정하여 의지의 적극성·능동성·자주성을 강조함으로써 유의지론적인 경향을 띤다.[7] 왕간은 자신과 외물을 본말의 관계로 파악하고, 나아가 "우주가 나에게 의존한다宇宙依于己", "내가 운명을 만든다造命由我"고 선언한다. 그리하여 주체의 실천의지에 의한 현실세계의 변혁을 긍정·권면하게 되고, 인간이 결코 작지 않음, 바꿔 말하면 인간의 위대함을 인식하게 된다. 이와 같은 왕간의 대인 의식은 '회남격물설淮南格物說'에도 나타난다. 회남격물설에 따르면, 나 자신이 근본本이고 천하·국가는 지말末이다. 따라서 천하의 안정과 국가의 통치는 수신을 근본으로 한다. 이런 인식에 의하면, 천하만물이 나에게 의존하는 것이지 내가 천하만물에 의존하는 것이 아니다. 천지만물이 자기 자신에게 의존하는 대인은, 바로 맹자가 말하는 대장부이다.[8]

6 汪東林, 「梁漱溟先生在"非林非孔"運動中」, 『梁漱溟先生紀念文集』, 中國工人出版社, 1993, 177~187쪽.
7 楊天石, 『泰州學派』, 中華書局, 1980, 27~46쪽.
8 王艮, 『王心齋全集』, 中文出版社 影印本, 66쪽.

그렇지만 양수명의 대인 의식은 연원을 더 거슬러올라가 공자에게서 찾을 수 있다. 앞서 살펴본 바와 같은 양수명의 자부심, 사명감은 공자가 생명이 위협받는 상황에 처했을 때 "문왕이 돌아가신 후 문화가 여기에 있지 않은가? 하늘이 장차 이 문화를 없애려 한다면, 후대 사람들이 이 문화를 얻을 수 없을 것이다. 그러나 하늘이 이 문화를 없애려 하지 않는다면, 광 땅의 사람이 나를 어찌하겠는가?"(『논어』「자한」5)라고 한 발언을 연상시킨다. 그래서 양수명의 전기를 쓴 알리토Guy S. Alitto는 양수명이 공자의 기백·신념·생활방식을 몸소 계승·실천하려 했다는 점에서 그의 전기 제목을 "마지막 유자the last Confucian"라고 붙였다.

## 마지막 유자儒者

이상으로 마음에 관한 양수명의 관점을 직각과 정감 개념을 중심으로 살펴보았다. 양수명은 직각을 중심으로 하여 이지를 배척하고 정감과 욕망을 자리매김하고 생의 찬미와 절대적 즐거움을 도출해내고 원대한 포부를 지닌 대인 의식을 그려냈다. 직각에 의거하여 양수명은 인간의 마음을 시비선악에 대한 즉각적인 판단능력을 선천적으로 구비하고 있는 도덕적인 것으로 상정하였다.

양수명은 일찍이 자신의 세 가지 사상적 연원 가운데 베르그손 철학과 불교 유식학을 꼽은 적이 있거니와, 직각 개념을 도입해서 유식학의 개념들을 수정하여 자신의 인식론을 건립할 때 양수명은 베르그손의 직관 개념을 이미 알고 있었고 자신의 인식론에 직각 개념을 도입하는 데 이론적 시사를 받았을 가능성이 크다. 유식학은 이지를 중시하는 데 비해 베르그손은 이지를 배척하고 직관을 중시한다는 점에서 양자가 다르다고 주장하고 있기 때문이다(『양수명전집』 제4권 「唯識家與柏格森」 644~649).

베르그손 철학에서 직각은 대상의 주위를 맴돌지 않고 직접 대상 안으로 들어가 대상과 공감하는 인식방식이다. 바로 우리가 직각을 통해 물 자체에 직접 다가갈 수 있다는 것이다. 불교식 용어로 표현하면 진여를 증득할 수 있다는 것이다. 양수명은 우리가 현량 및 비량과 결합된 직각이 감각자료를 간별·종합하여 추상적 개념을 획득하는 과정에서, 직각의 인식내용이 순전히 주관적인 것이 아니고 절반은 대상 자체에서 획득한 객관적인 것이라 주장한다. 말하자면 '지속'으로서의 세계를 인식해내는 베르그손의 직관을 절반만 받아들인 셈이다.

그러나 객관적 진리의 획득 혹은 보편타당한 지식의 건립이라는 인식론적인 문제는 양수명의 관심사가 아니다. 그는 유학의 현대화를 꾀하는 현대의 유자다. 그의 관심은 기본적으로 인생철학 혹은 도덕철학에 놓여 있다. 베르그손 철학에서 직각의 인식론적 무오류성이 양수명의 현대 신유학에서는 도덕적 선의 자연스런(혹은 선천적인) 인식 능력으로 전화된다. 그리고 직각을 인仁을 재해석하는 데 원용하여 인이 바로 예민한 직각이라고 설명함으로써 직각이 도덕성의 내적 근거로 기능하게 된다.

양수명은 진짜 유학과 가짜 유학의 구분을 통해 진정한 유학을 복원해내려 하였고, 주로 직각 및 그것과 동일시되는 정감 개념을 원용하여 전통 유학의 주요한 개념과 이론을 새롭게 해석함으로써 유학의 진정한 정신을 계승했다고 자부한다. 특히 전통 유학의 인仁을 직각과 정감이라는 현대적인 개념을 원용하여 재해석함으로써 양수명은 현대 신유학이 나아갈 길을 보여주었다.

한편, 생生의 찬미와 절대적 즐거움은 양수명이 일생 동안 갖은 역경에도 굴하지 않고 불굴의 의지로 신념을 견지하면서 생에 대한 긍정과 희망을 잃지 않을 수 있었던 철학적 지주였다. 양수명은 자신이 불학에서 유학으로 전환하게 된 계기가 유학(특히 『논어』)에서 불교의 고苦와 대비되는 낙樂을 발견한 것이었다고 고백한 적이 있다. 그것은 바로 생에 대한 회의와 사회현실에 대한 혐오로 자신의 내면으로 침잠한 데로부터 사회적 실천을 통해 현실의 변혁을 추구하는 길로 전환하였음을 의미한다. 생의 찬미와 절대적 즐거움은 양수명이 생에 대한 희망과 열정을 가지고 마지막 유자의 삶을 치열하게 영위할 수 있었던 내면적 힘의 원천이었다고 하겠다.

## 더 읽을거리

梁漱溟,『人心與人生』, 三聯書店, 1985

1924년에 저술할 결심을 하고 그후 세 차례의 강연을 거쳐 1960년부터 집필을 시작하여 1975년 7월에 완료해서 1984년 9월 상해 학림출판사에서 간행하였다. 근대의 심리학과 생물학을 원용하여 인류의 심리를 분석하고 그것을 인간의 이지와 본능, 자각과 의식, 몸과 마음, 그리고 도덕·예술·종교 등의 주제와 연관지어 논하고 있다.『동서 문화와 철학』및『중국 문화 요의』와 더불어 양수명의 철학사상 3부작으로 꼽힌다.

梁漱溟,『梁漱溟全集』(전8권), 山東人民出版社, 1989. 5.~1993. 6.

양수명의 글을 모두 모아놓은 전집으로, 양수명 연구의 기본자료이다.

양수명 지음,『동서 문화와 철학』, 강중기 옮김, 솔출판사, 2005

양수명의 출세작이자 대표작으로, 현대 신유학의 존재를 세상에 알리고 문화보수주의로서 현대 신유학의 학문적 정체성을 정립한 선구적인 저술이다. 이 책은 근현대 중국 사상계에서 동서 문화에 대한 체계적인 비교연구를 수행한 저술이라는 점에서 중요한 의미가 있다.

강중기,「양수명의 현대 신유학」, 서울대학교 철학과 박사학위 논문, 2000

양수명의 현대 신유학을 종합적으로 서술한 것으로, 국내에서 처음으로 양수명을 주제로 쓴 박사학위 논문이다. 이 논문에서는 개인사적 배경에서부터 사상사적 배경, 그리고 문화론, 유학 사상, 사회실천론이 하나의 일관된 체계를 이루고 있음을 논증하고 있다.

H. 베르그손,『도덕과 종교의 두 원천』, 송영진 옮김, 서광사, 1998

1932년에 간행된 베르그손의 마지막 저술로, 도덕적 의무의 본성과 발생 원천을 분석하여 '닫힌 도덕'과 '열린 도덕'의 본성상 차이를 지적하고, 닫힌 도덕에 의존하는 닫힌 사회로부터 열린 도덕에 기초하는 열린 사회로의 이행에 정서적 감동의 역할이 중요함을 역설한다.

Guy S. Alitto, *The Last Confucian, Liang Shu-ming and the Chinese Dilemma of Modernity*, University of California Press, 1986 (王宗昱·冀建中 譯, 『最後的儒家: 梁漱溟與中國現代化的兩難』, 江蘇人民出版社, 1993)

알리토가 쓴 양수명의 전기로, 양수명의 부친 양제에 관한 사항을 포함한 개인사적 배경을 상세하게 밝혔을 뿐 아니라, 양수명의 철학사상을 전 세계적인 차원에서 근대화에 뒤진 지역에서 나타나는 문화보수주의의 한 사례로 설명하고 있다.

이황

# 체용적體用的 전일성全一性으로서의 마음

## 이광호

서울대학교 철학과에서 학사, 석사, 박사를 마쳤다. 동양철학을 연구하기 위하여 고전번역원에서 4년의 한문연수과정을 수료하고, 태동고전연구소에서 5년의 한문연수과정을 수료하며 사서삼경을 암송한 다음 유가철학에 몰두하기 시작하였다. 유학을 보편적 학문으로 정립하기 위하여 석사논문으로 「주자의 격물치지설에 대한 고찰」, 박사논문으로 「이퇴계 학문론의 체용적 구조」를 썼다. 유학은 학문의 방법과 학문의 목적, 학문을 통하여 성취하고자 하는 경지가 과학이나 서양철학과는 다르다는 입장에서 유학의 독자적 방법을 중시하며 도의 자득을 통한 삶의 고양된 경지를 얻기 위하여 노력하고 있다. 태동고전연구소의 연구교수와 소장을 역임하고, 한림대학교 조교수, 부교수를 거쳐 연세대학교 철학과 교수를 역임하였다. 『삼경천견록』, 『성학십도』, 『근사록집해』, 『이자수어』 등의 역서가 있다. 조선조의 경연자료집성 사업, 고전번역원 문집번역 사업, 주자가례 집성번역 사업 등 고전의 정리와 번역 사업도 주관하고 있다.

## 과학과 도학

**경학**
유가 경전의 뜻을 풀이하고 연구하는 학문.

고대 그리스의 철학이 자연철학에서 시작되었다면 육경六經에 기초한 경학으로서의 유학은 수기修己와 치인治人이라는 삶의 철학에서 시작되었다. 자연철학의 물음은 현상으로서의 객체적 자연에 대한 근원적인 물음을 제시함으로써 과학적 사유와 과학적 인식의 시작이 되었다. 유학의 경학은 인간의 주체적 삶의 문제에서 시작하여 자연을 창조적 주체로 이해하는 도학적 사유의 뿌리가 되어 성리학에 의하여 사상의 꽃이 피게 되었다.

자연철학은 현대의 물리학을 통하여 모든 자연현상을 물질적으로 해명하는 단계에 도달하였다면, 동아시아 도학은 과학지향적인 학문과 사유에 기초한 서구 과학 문명에 의하여 비판되고 부정되어 방황하며 정체성을 상실하고 있다. 동아시아의 도학적 사유와 도학적 자연관이 하이젠베르그W. Heisenberg, 닐스 보어N. Bohr, 카프라F. Capra 등 현대의 일부 물리학자들에 의하여 새롭게 조명되고 재평가되는 것은 매우 아이러니컬하게 보인다. 필자는 이를 인류역사의 가장 커다란 희망으로 여긴다. 자연을 객체적으로 바라보던 서구의 자연철학과 자연을 주체적으로 체험하던 동아시아의 도학적 자연철학이 하나가 되면, 자연에 대한 주체적·객체적 이해가 통합될 수 있기 때문이다. 서구 자연철학의 문제의식은 현대의 물리학이 계승하여 자연을 물질적 차원에서 해명하는 단계를 뛰어넘고자 하는 시도를 하고 있다.

동아시아의 도학은 현상적 자연을 일원적으로 이해하지만 현상

보다는 물질을 넘어서 있는 형이상의 도에 대한 관심에 치중하였다. 이황의 철학적 사유와 그의 자연관·인간관·학문관은 도학적 사유의 대표격인 성리학적 사유의 전형이다. 『성학십도聖學十圖』는 도학의 자연관과 심성관과 학문관을 하나로 통합한 이황의 대표작이다. 이황은 『성학십도』에서는 물론, 자신의 전체 학문체계를 통하여 도학적 자연관에 기초하여 도의 인식과 실천에 관한 문제를 다루고 있다. 특히 이황은 진리로서의 도를 인식하고 실천하는 문제를 마음을 중심으로 전개하고 있다. 마음을 중심으로 문제를 풀어감에 있어 가장 중요한 자세와 방법은 마음을 삶의 주인으로 안정시키는 경敬이다. 이러한 학문의 방법과 태도는 물론 유학적 전통과 성리학적 전통을 계승하여 발전시킨 것이다. 이황의 마음에 대한 문제의식은 유학에서 궁극적 진리로 여기는 도를 인식하고 실천함으로써 성인된 삶을 이루는 데 있다는 것을 항상 염두에 두어야 한다.

**사단칠정**
사단은 『맹자』에 나오는 네 가지 도덕적 감정을 말하며, 칠정은 『예기』에 나오는 일곱 가지 인간의 기본적인 감정을 가리킨다. 사단과 칠정을 동일한 범주로 볼 것인지, 그리고 두 가지의 발원처를 동일한 것으로 볼 것인지를 놓고 이황과 기대승이 논쟁을 벌였다.

## 유학에서 마음 인식의 배경

유학을 국교로 숭상한 조선왕조는 정이程頤(1033~1107)와 주희朱熹(1130~1200)가 확립한 송대의 성리학을 주된 이념으로 하며 사단칠정四端七情, 인물성동이人物性同異, 미발심체선악未發心體善惡 등 마음과 관련된 철학적 문제들에 관하여 수백 년 동안 논쟁을 지속할 정도로 심학적 경향이 강하였다. 조선 유학의 심학적 경향에 가장 큰 영향을 미친 유학자는 퇴계退溪 이황李滉(1501~1570)이다.

**인물성동이**
권상하–한원진을 중심으로 한 호학과 김창협·창흡–이간–이재를 중심으로 한 낙학 간의 논쟁 주제 중 하나로 사람과 사물의 본성이 동일한지 따진 것이다. 호학은 인간과 사물의 본성이 동일하지 않다고 주장하는 반면, 낙학은 인간이든 사물이든 본성은 동일하다고 주장한다.

주희의 재전 제자인 진덕수眞德秀(1178~1235)는 유교경전과 송대

미발심체선악

호학과 낙학 사이의 논쟁 주제 중의 하나로, 아직 감정이 드러나지 않은 미발의 마음을 선한 것으로 볼 것인지 악의 가능성이 있는 것으로 볼 것인지를 문제 삼은 것이다. 호학은 마음이 아직 외부대상의 자극을 받지 않은 상태에서도 기질이 존재하므로 선과 악이 있다고 주장한 반면, 낙학은 미발의 마음은 기질과 무관한 순수한 영역이므로 선할 뿐이라고 본다.

선현들의 가르침 가운데서 마음과 관련되는 내용을 모아 『심경』을 편찬하였으며, 명대의 정민정程敏政(1445~1499)은 여기에 주석을 더하여 『심경부주』를 편찬하였다. 이황은 『심경부주』에 대하여 "성인이 되고 현인이 되는 공부가 심경 가운데 있으므로 이 책을 신명神明처럼 공경하고 부모처럼 존중한다"고 말하였다. 이황이 『심경』을 이렇게 중시하게 되면서 이황 이후, 조선의 유학자들은 누구나 『심경』을 공부였으며, 왕과 신하들이 학문을 강론한, 세계사에서 유래를 찾을 수 없는 최상급의 학술토론의 자리인 경연經筵에서도 이 책을 텍스트로 사용하였다. 중국과 일본에서는 『심경부주』에 관한 연구가 없는 것과는 대조적으로 조선의 유학자들은 많은 주석서를 남기고 있다.

유학은 사농공상으로 구성된 유교국가에서 학문과 정치를 직업으로 하는 사대부들이 전승한 학문이었다. 유교사회에서 학자와 정치가는 같은 직업군에 속하였다. 생활에 필요한 물자를 생산하여 유통하고 제조하는 일이 아니라 다양한 사람이 사는 세상을 질서 있게 다스려 평화로운 세상을 만드는 것이 이들의 직무였다. 맹자는 천하를 경영하기 위해서는 정신노동자에 속하는 노심자勞心者와 육체노동자에 속하는 노력자勞力者가 모두 필요하며, 노심자는 사람들을 다스리고 노력자는 노심자의 다스림을 받게 된다고 하였다. 사람을 다스리는 자는 녹봉을 받고 다스림을 받는 자는 다스리는 자를 먹여 살리게 되는 것이 천하의 보편적 의리라고 하였다.

세상을 다스리기 위해서는 먼저 인격수양이 필요하였다. 삼강령 팔조목으로 구성된 유학 사상의 강령인 『대학』에서는 인격수양修身을 정치의 전제조건으로 제시하고 있다. 정치를 담당할 사대부들에게 인격수양은 다스림의 선결과제였다.

팔조목 가운데서 격물格物·치지致知·성의誠意·정심正心·수신修身 다섯 조목은 인격수양과 관련된 것이며, 제가齊家·치국治國·평천하平天下 세 조목은 정치와 관련된 것이다. 인격수양은 마음과 관련된 문제다. 격물치지라고 하면 객관적 지식을 추구하는 듯 하지만 그렇지 않다. 부모, 형제, 아내(또는 남편), 자식, 상급관리, 어른(또는 어린이) 등의 인간관계와 세상의 온갖 일을 어떻게 처리하면 지선至善인가를 연구하여 선이 무엇인지 밝히는 것이 격물치지다. 선이 무엇인지 알고 나면 자신의 생각이 선을 벗어나지 않게 하는 것이 성의이며, 마음을 선과 일치시키는 공부가 정심이며, 성의와 정심이 되면 한몸 전체의 수양이 완성된다.

유학은 이처럼 자신을 수양하고 사람들을 다스리는 삶에 대한 물음과 그에 대한 실천적 해결에 기초하여 사회와 우주대자연에 대한 이해로 인식의 지평을 확대해나간다. 이는 자연에 대한 대상적 지식에서 앎을 시작하는 서양의 자연철학과는 상당히 다르다.

서양 철학이 대상 세계에 대한 인식, 즉 자연철학을 시작으로 하여 현대에 과학문명의 꽃을 피우는 기초가 되었다면, 인격수양을 기초로 하는 덕치의 왕도정치는 요·순 시대와 하·은·주 삼대 때에 이루어졌다고 한다. 육경은 유학적 이상정치의 경험적 기록물인 셈이다. 오늘날 사람들은 과학에 의해서만 진리를 인식할 수 있다고 생각하는 경향이 있지만, 유학에서는 인식과 실천을 통한 인격의 완성을 통해서만 인간이 진리인 도에 도달할 수 있다고 생각한다.

이황은 유학의 진리 개념인 도의 인식과 실천을 위하여 평생을 헌신한 학자다. 이황은 유학을 진리인식의 학문으로 정립하여 후대에 전하기 위하여 제자들과 장문의 편지를 통하여 유학과 관련된 많은 주제를 토론하고, 성리학 이후 최초의 유학사인 『송계원명이학통록宋季元明理學通錄』을 비롯하여 많은 저술을 남겼다.

이황의 마음에 대한 학설은 유학, 그중에서도 성리학에 기초하여 이해해야 한다. 성리학은 유학의 진리관에 투철하여 도통관을 확립하고 도통관에 기초하여 유학사를 재정리한다. 유학의 도통관이 최초로 드러나는 곳은 『논어』 마지막 장인 「요왈堯曰」편의 "진실되게 모든 일의 중도를 지키라允執其中"인데, "순舜도 이 말을 가지고 우禹에게 전하였다"고 한다. 요가 순에게 왕의 지위를 양도하며 전했다는 이 말을 주희는 유학 도통의 제일성第一聲으로 여겼다. 『고문상서』 「대우모」편에는 "순도 이 말을 가지고 우에게 전하였다"는 『논어』의 내용이 "인심은 위태롭고 도심은 은미하니 정밀하게 살피고 한결같이 지켜야 진실되게 모든 일의 중도를 지킬 수 있다人心惟危, 道心惟微, 惟精惟一, 允執厥中"라는 16글자로 나온다. 주희는 이를 유학 도통의 제이성第二聲으로 여기게 된다.

이황은 유학의 도통관을 수용하고 중시함은 물론 육경사서六經四書로서 전하는 유학의 가르침과 유학의 도통관을 계승하기 위하여 노력한 유학사의 축적을 모두 중시하였다. 이와 같은 유학적 진리관과 학문관의 핵심을 총정리하여 유학적 진리를 인식하고 실천하는 사람, 즉 성인이 되는 길을 분명하고 알기 쉽게 보여주기 위하여 저술한 책이 『성학십도』다.

『성학십도』에 따르면 '무극이태극無極而太極'의 진리와 인간의 삶의 길, 인간의 마음과 인간의 구체적 삶은 서로 분리될 수 없는 관계에 있다. '무극이태극'은 천지와 만물을 포괄하는 전체성의 세계이며, 인간은 천지로부터 작은 전체성을 부여받아 인간이 되었다. 인간의 마음은 인간의 전체성이다. 우주의 전체적 현상이 우주적 전체성의 실현이라면, 인간의 구체적 삶은 인간이 자연에서 부여받은 전체성인 마음의 실현이라고 설명하고 있다.

## 이황의 전일적 자연 이해[1]

이황은 자연을 체용일원體用一源 현미무간顯微無間이라고 하는 대전적大全的 구조로 이해한다. 이것은 자연을 전일적·통일적·유기체적인 것으로 이해하는 것을 의미한다. 이러한 자연관은 이황의 독창적 자연관이 아니라 동양의 전통적 자연관이다. 동양인이 자연이나 마음을 그릴 때 원을 많이 그리는 데서 이러한 자연관을 볼 수 있다. 「태극도」는 10개의 원(양의권兩儀圈의 동심원 3개는 제외)으로 되어 있으며 「천명도」와 「심통성정도心統性情圖」 역시 원이다. 이것은 총체적 자연이 전일적·통일적·유기체적 존재일 뿐 아니라, 천명天命을 부여받아 생성된 동식물을 포함한 전체 사물도 전일적·통일적·유기체적 존재들임을 보여준다.

**체용일원 현미무간**
본체와 작용은 하나의 근원에서 나온 것이고, 나타난 것과 은미한 것은 아무런 차이가 없다는 뜻으로, 정이가 『주역』을 풀이한 『역전易傳』의 서문에 나오는 말이다.

주희는 「태극도해」의 기화권氣化圈에서, "건도乾道가 남성을 이루고 곤도坤道로 여성을 이룬다는 것은 기화를 가리킨다. 각기 하나의 성을 지녀 남녀가 각각 하나의 태극이다"라고 설명한다. 그리고 형

1 이 글의 3~5장은 필자의 박사학위 논문 「이퇴계 학문론의 체용적 구조에 관한 연구」(서울대, 1993. 2)에서 취한 내용이 대부분이다. 유학은 온몸과 온 마음으로 자신을 변화시켜가며 실천적으로 자연의 영원한 진리에 접근하는 학문이었다. 대상의 인식을 목적으로 하는 과학과는 학문의 목적과 방법이 매우 다르다. 현대의 학문을 익힌 필자가 논문 형식을 통하여 유학과 이황의 학문을 이해한다는 것은 쉽지 않은 일이다. 이는 독자의 경우에도 마찬가지일 것이다.

화권形化圈에서는, "만물이 조화하며 생성한다는 것은 형화를 가리킨다. 각각 하나의 성을 지녀 만물이 각각 하나의 태극이다"라고 설명한다. 인간과 만물이 각각 하나의 태극이라는 것은 인간과 만물이 모두 체용일원 현미무간의 관점으로 이해될 수 있는 전일적·통일적·유기체적 존재라는 것이다. 자연계의 만물이 그러하며, 자연의 빼어난 기운을 부여받아 태어난 인간은 더욱 그러하다.

이 절에서는 이황이 이와 관련하여 인간을 어떻게 설명하고 있는가를 살펴본 다음, 이황 학문론의 출발점이 되는 심의 체용론적 구조를 고찰하고자 한다.

## 이황의 전일적 인간 이해

**주돈이**
1017~1073. 북송 시대의 유학자. 태극→음양→오행→남녀→만물의 층위로 세계가 구성되어 있고, 인간만이 가장 우수한 존재라고 주장한다. 이는 우주의 생성원리와 인간의 도덕원리는 본래 하나라는 전제를 갖고 있다.

중국의 전통적인 학자들과 마찬가지로 이황은 '천지'를 전체 자연으로 이해함과 동시에 우주 전체로 이해하였다. 「태극도」와 「천명도」의 내용은 이러한 자연관과 우주관을 그림으로 나타낸 것이다. 주돈이周敦頤가 지은 「태극도설」은 앞부분에서 자연의 조화와 생성을 설명하고 뒷부분에서는 인간도 「태극도」의 다섯 단계에 대응되는 소우주라는 설명을 하고 있다. 「태극도」는 「도설」의 전반부만을 그림으로 그렸다. 이황은 『성학십도』 제일 「태극도」의 후설後說에서 주희의 설명을 인용하여 「태극도설」의 뒷부분에 나오는 소우주적 구조로서의 인간을 「태극도」의 다섯 단계에 대응시켜 설명하고 있다. 그뿐만 아니라 그는 이러한 인간의 소우주적 구조를 「천명도설」에도 그려넣었다.

하물며 사람의 그림人位에서 보면, [「태극도」에서 無極而太極] 하나를 다섯으로 나누어 그린 내용이 완연하게 갖추어졌다. 그 뜻은 이미 태극도설에 다 갖추어져 있다.(『퇴계전서』(이하 『전서』) 2-41 「天命圖說後敍」)

이황이 우주를 체용일원 현미무간의 대전적 존재로 이해함과 동시에 인간도 그에 대칭되는 소우주로서 이해한다는 것은 의심의 여지가 없다. 이황은 인간이 「태극도」에 대칭된다는 설명을 다음과 같이 하였다.

천지의 태극은 사람의 성이며, 천지의 동정음양은 사람의 심이며, 천지의 금목수화토는 사람의 인의예지신이며, 천지의 화생만물은 사람의 만사이다.(『전서』 1-22 「答李剛而」)

인간의 본성은 태극, 인간의 마음은 양의, 인간의 오상은 오행, 인간의 만사는 만물에 각각 대응한다고 하였다. 네 번째 단계의 기화와 다섯 번째 단계의 형화를 화생만물로 포괄함으로써 인간의 만사와 관계지운 것 이외에는 각 단계를 그대로 대응시키고 있다는 것을 알 수 있다. 천지의 '무극이태극'이 음양조화의 돌쩌귀樞紐이며 만물의 뿌리라면, 그것에 대칭되는 사람의 성은 인간적인 모든 일萬事의 돌쩌귀이며 뿌리다. 성은 곧 천명이므로, 이황은 인간의 삶을 천명의 실현으로 이해하고 있다. 또한 음양의 동정動靜·변화에 의하여 자연의 조화가 일어나 만물이 조화 생성된다면, 그것에 대칭되는 심의 동정·변화에 따라서 인간의 모든 일이 발생한다. 이황이 "음과 양이 유행하며 조화하는 것이 천지의 심이므로 사람도 이것을 얻어 태어나서 이것을 심으로 삼는다"(『전서』 1-22 「答李剛而」)고 한

**오상**
한대漢代의 동중서董仲舒가 오행설五行說에 기초하여 맹자의 인仁·의義·예禮·지智에 신信의 덕목을 보탠 것이다.

것은 천지 자연의 조화가 음과 양의 유행과 조화에 의하여 전개되듯이 인간의 삶을 통하여 전개되는 모든 일도 마음의 유행과 조화를 통하여 이루어진다고 보는 것이다.

이러한 심은 때로는 '정신'(우리가 지금 쓰는 정신이라는 말과는 구별해야 한다)이라고도 불린다. 이황의 '정신' 개념을 살펴보면 심과 천지 사이의 이러한 유비類比는 더욱 확실하다.

> 신神은 양의 영靈이고, 한몸에 두루 가득찬 혼기로서 헤아릴 수 없는 오묘함을 지닌 것이다. 정精은 음의 영상英爽이고, 체백體魄이 엉기어 정해진 것으로 신혼神魂을 싣고 있는 것이다.(『전서』 1-10 「與盧伊齋寡悔別紙」)

이황이 정은 음의 영상이고 신은 양의 영이라고 설명하는 것은, '정신'을 자연의 음과 양으로 이해한다는 것을 의미한다. 영상이나 영은 음기와 양기 가운데 있는 리, 즉 기질과 함께 있는 리를 가리키는 말이다. 정과 신이 인간이 자연에서 받은 음과 양의 작용이라는 것은, '정신'도 마음心과 마찬가지로 「태극도」의 제2권인 음양권에 해당된다는 것을 말한다. 그러므로 이황에게 '정신'은 마음과 동일한 개념이라는 것을 알 수 있다. 그러나 음양이 하나의 태극이라는 말에 비추어 생각한다면, '정신'의 작용은 보다 근원적으로는 사람에게 내재된 태극 곧 성性의 동정체용動靜體用이다.

그런데 「태극도설」에서는 "사람만이 빼어난 것을 얻어 가장 신령하므로, 형체가 생기자 신이 지혜를 발휘한다"고 하였다. 이황은 이것을 다음과 같이 해석한다.

> 빼어난 것은 기와 질이다. [「천명도」의] 오른쪽에 그려진 질은 음의 작

용이니 '형체가 생기자'라는 것이며, 왼쪽에 그려진 기는 양의 작용이니 '신이 지혜를 발휘한다'를 가리킨다.(『전서』 2-41 「천명도후서」)

우리는 이황의 해석을 통하여 신은 양인 기의 작용이며 육체는 음인 질의 작용임을 알 수 있다. 양의 신은 활동성을 유지하여 신(우리가 보통 말하는 정신精神)이 되고, 음의 신은 질을 거쳐 형체화하여 육체가 된다는 것이다. 따라서 이황에서 '정신'은, 우리가 통상 말하는 육체와 분리된 정신mind은 아니다. 이황에서 '정신'은 단지 의식의 활동만을 가리키는 것이 아니다. 그를 세분해서, 신은 의식 활동인 반면 정은 신을 담는 육체를 의미한다. 다시 「태극도」와 관련지어 생각한다면 기는 음양권에 속하며 질은 오행권에 속한다. 오행이 하나의 음양이며 음양이 하나의 태극이라는 것을 생각한다면, 육체는 곧 정신이며, 정신은 곧 태극인 성과 하나라고 말할 수 있다. 결국 인간의 정신과 육체는 분리될 수 없는 것이며, 인간의 본성을 축으로 하여 전개되는 양극이다. 마치 천지의 음양이 태극의 양극인 것과 마찬가지라 하겠다. 천지의 태극이 작용에 의하여 다섯 단계를 거치며 만물을 화생하듯이 인간의 성 역시 다섯 단계를 거치며 인간의 만사를 이루게 된다는 것이 이황의 인간에 대한 소우주적 이해다. 천지가 조화생성한 만물에는 태극이 내재하듯이 인간의 만사 가운데는 인간성이 내재한다는 것이다. 이황은 천지의 조화를 음양의 조화로 이해하듯이, 인간의 만사가 생기게 되는 것을 정신 곧 심의 동정 변화로 이해한다.

## 이황의 체용적 마음 이해

자연본체인 태극은 체용의 묘법에 따라 음양동정의 변화를 일으키고, 음양은 다시 오행으로 전개되며, 태극과 음양오행이 묘응함으로써 만물이 끊임없이 생성된다. 소우주로서 인간도 천지의 마음을 마음으로 삼고, 이 마음의 동정 변화를 통하여 삶을 이루어나간다. 이황의 마음에 대한 설명은 다양하지만 그 총괄적인 정의는『성학십도』의 여섯 번째 그림인「심통성정도」상단에 나온다.

> 마음은 리와 기의 합으로, 성정을 통회한 것이며, 한몸을 주재하고, 온갖 일을 겸해한다.(『성학십도』제6도「心統性情圖」)

마음에 대한 이러한 정의는 종합적·총괄적 해명의 의미가 있다. '리와 기를 합한 것'이라는 것은 마음의 존재론적 성격을 설명하고 있으며, '한몸을 주재한다'는 것은 마음이 몸의 주인으로서 몸에서 일어나는 모든 일을 주재한다는 마음의 주재성을 가리킨다. 이황은 리를 절대진리로서 모든 현상적인 사물의 근원으로 생각한다. 마음은 절대진리인 리와 기로 된 실재하는 것으로서 몸에서 일어나는 모든 일을 주재하는 몸의 주인이라고 생각하고 있다. '성정을 통회한 것'은 곧 마음의 체용을 가리킨다. 성과 정을 포괄하여 마음이라고 한다. 마음이 고요한 상태, 발하기 이전의 상태를 성이라고 부르며, 마음이 이미 발한 상태를 정이라고 한다. 마음은 성과 정을 함께 가리키는, 즉 성정을 통섭하는 개념이다. 통회란 통섭과 같은 의미다. 마음이 성정을 통괄하는 측면도 있지만 성정의 통괄은 마음의 주재적 성격과 통한다. 마음의 체용은 마음이 성정을 통회하는 측면을 가리킨다. 마음의 체용은 물론 리기의 합이라는 존재론적 성격을 전제한 체용이다. 마음이 모든 일을 겸해한다는 것은 천지 자연의 경우 음과 양이 유행하며 만물을 낳는 것처럼, 성정·체용을 통회한 마음이 동정·유행하며 모든 일이 일어나게 한다는 것이다. 마음의 작용 결과가 곧 만사라는 것을 의미한다. 마음은 여러 측면에서 설명될 수 있다는 것을 알 수 있다.

그러나 이러한 설명도 마음에 대한 개념적 정의에 지나지 않는다. 마음의 구체적 내용은 심의 체용적 구조를 고찰하는 가운데 드러나게 될 것이다. 심의 존재론적 성격이나 주재적 성격이 체용과 분리되어 있는 것은 아니기 때문에 심의 체용의 구조를 이해할 때도 그러한 성격을 염두에 두고 고찰해야 한다.

이황은 마음의 체와 용을 설명하기 위하여, 우선 경전에 나오는 체와 용을 의미하는 다양한 표현에 주목한다.

> 고요하여 움직이지 않는 것寂然不動과 느끼어 통달하는 것感而遂通을 각각 체와 용으로 삼는 것은『주역』「계사」에 근거한 것이다. 동과 정을 체와 용으로 삼는 것은『소대예기』에 근거한 것이다. 미발과 이발을 체와 용으로 삼는 것은 자사子思에 근거한 것이다. 성과 정을 체와 용으로 삼은 것은『맹자』에 근거한 것이다.(『전서』 2-41「心無體用辯」)

이황은 경전에 나오는, 고요하여 움직이지 않는 상태와 정靜·미발未發·성性 등을 체로 하고, 느끼어 통달하는 것과 동動·이발已發·정情 등을 용으로 삼는 것을 알 수 있다. 아직 발현되지 않고 고요

---

**『소대예기』**
『소대기』라고도 한다. 서한西漢 예학가인 대덕戴德과 그의 조카 대성戴聖이 편정하였다. 대덕이 편찬한 85편을 본래『대대예기大戴禮記』라고 불렀는데, 당나라에 이르러서는 39편만 남았다. 대성이 편찬한 49편을 본래『소대예기』라고 불렀는데, 지금의『예기』다.

**자사**
483~402 BC. 이름은 급伋이고 공자의 손자이며, 『중용』의 저자로 알려져 있다. 『한서』,「예문지」, 자사의 사상을 담은 『자사자子思子』가 존재했다고 기록되어 있지만, 현재는 전해지지 않으며, 『중용』이 그중의 일부라는 논의가 있다.

하여 움직이지 않는 본성의 상태가 체며, 이미 발현되고 움직여 사태에 대하여 느끼어 통달한 상태가 용이라는 것이다. 요컨대 마음은 정의 상태가 체이고 동의 상태는 용이라는 것이다.

도리에는 동과 정이 있으므로 정의 상태를 가리켜 체라 하고, 동하는 상태를 가리켜 용이라고 한다. 그래서 도리가 동정하는 내용이 바로 도리의 체용에 관한 내용이다.(『전서』 2-41 「심무체용변」)

마음은 존재론적으로는 리와 기가 합하여 이루어진 하나의 마음일 뿐이지만, 마음에는 발현되기 이전의 고요한 상태의 체가 있고 외부의 모든 것에 대하여 감응하는 용이 있다는 것이다. 인간의 마음은 상하 사방의 모든 현상과, 과거와 현재, 삶과 죽음 등에 관한 모든 이치를 인식할 수 있지만, 인간이 하는 모든 일은, 체용을 두 계기로 하는 마음의 오묘함을 벗어나지 않는다고 하였다.

한 사람의 마음이 육합六合에 가득차고 고금에 미치며 유명幽明을 관통하고 온갖 미묘한 것에 다 통하지만 그 요체는 이 두 가지를 벗어나지 않는다.(『전서』 2-41 「심무체용변」)

마음의 요체가 체용을 벗어나지 않는다는 것은 마음은 동정의 두 계기를 벗어나지 않는다는 것을 말한다. 마음을 체용으로 이해하는 것이 마음의 실재성을 전제로 한다는 것은 더 지적할 필요도 없을 것이다.

이황은 심을 리와 기의 합이라고 보기 때문에 '심즉리心卽理'를 주장하는 양명학이나 '심즉기心卽氣'를 주장하는 기론자들과는 마음에 관한 개념을 달리한다. 이황은 심을 리와 기의 합이라고 하면서도 가끔은 심을 태극이라고도 한다. 물론 이 경우 심과 태극이 동일하다는 의미가 아니라 심의 본체가 태극이라는 의미임을 아래에서 알 수 있다.

> 마음은 고요할 때는 태극의 체를 갖추고 있고 마음이 움직이면 태극의 용이 행하여지므로 마음이 태극이라고 말하는 것이다.(『전서』 2-31 「答禹景善」)

마음은 리기의 합이지만 이황은 마음의 체용을 설명하면서 곧 바로 리의 체용을 이야기하기를 좋아한다. 이황의 심의 체용적 구조의 특수성은 바로 이 점에 있다.

> 사람의 마음으로 말한다면 충막무짐沖漠無朕이 지극히 텅 비고 지극히 고요한至虛至靜 체로서 이미 모든 용을 다 갖추고 있다.(『전서』 2-31 「답우경선」)

여기서 우리는 이황이 리기의 합인 마음의 체용을 바로 리의 체용으로 설명하고 있음을 알 수 있다. 마음의 체용을 곧 리의 체용으로 본다는 것은 마음을 중심으로 하여 인간을 체용일원의 관점에서 이해하는 것이다. 이황은 『성학십도』 제6도인 「심통성정도」에 정복심程復心이 그린 「심통성정도」 외에 자신이 그린 두 개의 「심통성정도」를 포함시켰다. 이 두 그림은 배치된 위치에 따라 「중도」와 「하도」라고 불린다. 「중도」는 "기품 가운데서 본성만을 가리키는" 심의 그림이며, 「하도」는 "성의 근원은 하나지만 기품 가운데서는 두 개의 이름이 있게 되었다"는 설명이 붙은 심의 그림이다.

이황은 마음을 설명할 때 항상 본성을 중심으로 설명하고자 한다. 그래서 「중도」에서는 마음의 체용을 본성의 체용으로 그리고 있으며, 「하도」에서도 성은 근원이 하나라는 것을 강조하고 있다. 이것은 이황이 마음의 발용을 바로 리의 발용으로 보려는 태도와 연결된다. 그리고 두 그림 중 이황이 더욱 강조한 것은 「중도」이다. 그는 맹자와 자사를 인용하면서 「중도」의 타당성을 입증하고자 하였다.

> 정이가 말하기를 "성을 논하고 기를 논하지 않으면 완비하지 못한 것이며, 기를 논하고 성을 논하지 않으면 밝지 못한 것이다. [성性과 기氣를] 둘로 나눈다면 옳지 않다"라고 했다. 그렇다면 맹자와 자사가 리만 가리켜 말한 것은 완비하지 못한 것이 아닌가? (그렇지 않다.) 맹자와 자사가 리만 가리켜 말한 것은 기와 함께 말하면 성이 본래 선하다는 것을 드러낼 수 없기 때문에 그렇게 했을 뿐이다. 이것이 「중도」의 의도다.(『성학십도』 제6도 「심통성정도」)

리와 기는 본래 함께 체가 되고 함께 용이 되어, 리 없는 기도 없고, 기 없는 리도 없다(『전서』 1-16 「答奇明彦」)고 한다. 어느 한 가지만을 말하면 완비한 설명이 되지 못한다는 것을 알면서도 리만 가리켜 말하려는 데서 이황의 주리적 경향이 드러난다. 리가 있으면 그에 따라 기가 있게 되지만, 리가 주인이 된 경우에 기는 리의 명령을 따르는 혹은 리를 성취시키는 재료에 지나지 않기 때문에 기가 있더라도 말할 필요가 없다고 한다. "비유하자면 사람이 말을 타고 가는 경우 말이 사람의 명령에 따라서 간다면 말이 간다고 말할 필요없이 사람이 간다고 말하면 된다"(『전서』 1-16 「答奇明彦」)는 것이다. 요컨대 리가 모든 것의 주재이며 없는 곳이 없는 절대진리라는 사실을 사람들로 하여금 깨닫게 하기 위하여, 이황은 리를 말할 수 있는 때에는 언제나 리를 중심으로 말한다.

성性은 리이므로 본래 선善만 있고 악惡은 없다. 마음은 리와 기를 합한 것이므로 악이 있는 상태를 면할 수 없는 듯하지만, 마음의 처음 상태를 논한다면 마음에도 선만 있고 악은 없다.(『전서』 1-13 「與洪應吉」)

마음은 리와 기의 결합이므로, 기의 청탁수박清濁粹駁에 따라 순수한 리를 실현하기가 힘들다. 그럼에도 기가 작용하지 않는 상태의 마음에는 선만 있고 악은 없다고 굳이 주장하는 것은, 순수리를 드러내고자 하는 이황의 의도와 연관된다. 마음에서 순수리의 강조는 리발 리동으로 이어지는 퇴계 도학의 특성이다.

**청탁수박**
맑음과 혼탁함,
순수함과 그렇지 않음.

이황은 자사가 "천명을 성이라고 한다"고 한 의도나 맹자가 "인간의 본성은 선하다"고 한 의도는, 자신이 본성만을 그림으로 그린 까닭과 같다고 한다. 사람들은 자주 성을 말하지만 성으로서의 리를 참되게 알지 못하기 때문에 온갖 학설의 차이가 생기고, 심성의 관계나 심성의 동정 문제를 알지 못하는 것도 성의 근원을 몰라서 그렇다고 하였다. 사람들의 인식이 밝지 못하여, 성인 리를 진실하게 모르는 데서 모든 문제가 발생한다는 것이다. 이황은 성과 리에 대한 참다운 인식을 모든 문제 해결의 열쇠로 보기 때문에 심의 구조를 설명하면서도 항상 심체인 성·리를 강조한다.

그러면 이황이 「천명도」에서 심기心氣 심질心質까지 그려넣은 것은 어떻게 이해하여야 하는가? 「심통성정도」에서는 순수한 리를 드러내기 위하여 '본연의 성'만을 그린 데 반하여, 「천명도」에서는 심기·심질 가운데에 '텅 비고 희게虛白' 원을 그리고 그 안에 성이라고 써 넣었다. 이것은 마음이 기질 가운데 있는 성이라는 것을 도식화함으로써 성·리와 기·질이 서로 뒤섞이지 않는다는 것을 드러낸 것이다. 이황은 인간의 마음 가운데 리가 기·질과 섞이지 않은 순수한 상태로 존재한다는 것을 드러내기 위하여, 리의 순수한 모습을 '텅 비고 흰' 모습으로 그리고 있다. 그래서 이황은 자신이 그린 「천명도」의 심권心圈이 간결 명백한 그림이라고 주장한다.

> 리와 기가 합하여 심이라는 이름이 있게 되니, 「천명도」의 기권이 이것이다. 그 가운데의 텅 비고 흰 것은 리다. 이 하나의 권을 합하여 심권이라고 부른다. 리가 기 가운데 있다는 것을 나타내고 또 기가 리와 섞이지도 않게 하였으니, 가운데를 텅 비게 한 것은 어찌 간결하고 명백하지 않은가!(『전서』 2-38 「答申啓叔」)

**허령지각**
허령이 지각할 수 있는 능력으로서 마음의 본체라면 지각은 허령이 구체적인 작용으로 나타난 것이라고 할 수 있다.

그러면 심의 체의 내용은 무엇이며 심의 용의 내용은 무엇인가? 이황은 「심통성정도」의 「중도」에서 심체를 그린 원권의 안에 허령지각虛靈知覺과 인의예지仁義禮智라는 글자를 써넣었다. 심체의 아래에 정情자를 쓰고 그 아래로 사단·칠정과 연결시키고 있다. 즉 허령지각과 인의예지가 심체의 내용이라면 사단칠정은 심용의 내용이라는 것이다. 「하도」는 이러한 심체와 심용의 체용적 실현이 기氣의 청탁淸濁이나 질質의 수박에 따라 정상적인 발현을 할 수 없는 경우를 드러내기 위하여, 본연성과 기질성 및 청탁수박을 심체 가운데 기록하고 있다.

마음을 허령한 존재라고 하는 것은 주돈이 이후 성리학 일반뿐 아니라 불교나 노자·장자에도 공통된 견해지만, 허를 리로 파악하고 령을 기로 이해하는 것은 성리학의 독특한 견해다. 성리학이 불교나 노장 사상을 비판할 때에는 허를 리로 보지 못한다는 점을 강조하는 경우가 많다. 성리학에서 마음이 허령하다고 할 때, 이 허는 태극의 형이상적 성격을 가리키며, 령하다는 것은 인식 능력을 갖추었다는 의미다. 그리고 이 허령지각 자체를 심체로 이해하기도 하지만 "허령을 심의 체요 지각을 심의 용"이라고 보기도 한다. 어떻게 이해하든 마음은 무한한 인식능력을 체로서 갖추고 있다고 본다. 이 인식능력은 바로 인의예지의 지에 해당된다. 그러나 허령지각이라고 하여 특별히 심체 안에 기록하고 있는 것은 심의 인식의 측면에 대한 강조다. 심체의 내용은 인의예지 네 글자에 지나지 않는다. 그러나 심체가 용으로 발휘되면 무한한 인간적 삶의 세계가 전개된다. 맹자는 공자에 대한 존경을 "어질고仁 또 지혜로우시니智, 선생님은 성인이시다"라고 표현하였다. 인간이 지닌 인의예지의 덕성은 무한으로 열려 있다.

심용의 내용은 사단칠정이며 이것을 통하여 인간의 만사가 전개된다. 사단칠정에 대해서는 연구 논문도 많지만, 궁극적인 해결의 길은 이황이 강조하는 리의 인식과 관련된 문제로 보인다. 리를 인식하지 못한 상태에서 전개되는 리와 관련된 토론은 아무런 의미를 지니지 못한다. 그래서 이황은 학술의 차이가 생기는 모든 원인은 리를 참되게 알지 못하는 것이라고 하였다.

이황은 「심통성정도」나 「천명도」에서 정을 심체의 외부에 그리고 있지만 이것은 그림으로 나타내기 위하여 부득이하게 그렇게 한 것이며, 실제로 정이 심체 밖에서 이루어지는 것은 아니다. 이것은 마치 「태극도」가 음양권 이하의 네 단계를 태극권 밖에 그린 것과 마찬가지다. 이황은 다른 성리학자들과 마찬가지로 마음을 체용의 구조로 이해하였지만, 순수리로서 본연성을 특히 강조하여 「심통성정도」를 그릴 때나 「천명도」에서 사람의 마음을 그릴 때에 순수리와 본연성을 독립하여 그리고 있다. 이것은 이발, 리의 체용, 리도와 함께 이해되어야 하는 리의 철학으로서 퇴계철학의 특성이다.

한편 이황은 인의예지와 사단칠정을 심체와 심용으로 하는 심의 가능성은 무한하다고 한다.

> 사물에 촉발되지 않을 때는 조용히 움직이지 아니하여 모든 리를 다 갖추고 있어서 마음의 온전한 덕이 보존되지 않음이 없다. 사물이 이르게 되면 느끼어 드디어 통하여 절도에 잘못이 없어 마음의 대용이 행해지지 않음이 없다.(『전서』 1-19 「答黃仲擧」)

**격물궁리**
주희가 확립한 수양방법 중 하나로, 사물에 나아가 그 도덕적 의미를 철저히 탐구해야 한다는 뜻이다.

이황은 "심체는 갖추지 않은 것이 없어서" 심용을 통한 "응용이 다함이 없다"고 한다. 심체는 허령지각하여 무한한 인식 능력을 지녔기 때문에, 격물궁리를 통한 인식의 노력이 전개되는가 하면, 인식된 진리를 실천하려는 실천공부가 이루어진다. 갖추지 않은 것이 없는 심체를 가꾸기 위해서 '보존해서 기르려는 노력致中'과 심용을 '절도있게 실현하려는 노력致和'이 체용공부로서 이루어진다.

체용적 관점에 따르면 모든 존재는 자신의 체 가운데 가능성으로 주어지지 않은 것을 용으로 실현할 수는 없다. 그러나 인간의 심체는 구비하지 않은 리가 없어서 심용의 가능성도 무한하기 때문에, 인간의 삶은 무한한 발전을 위하여 열려 있다고 볼 수 있다. 그래서 이황은 인간이 인식하고 실천해야 하는 "의리가 무궁하기 때문에 학문도 끝이 없다"(『전서』 2-26 「與鄭子中」)고 한다. 이황의 학문론이 심의 체용에 뿌리를 두면서도 일생을 두고 무한하게 고양되고 진전된 것은, 체용의 의미를 이와 같이 무궁한 것으로 이해했기 때문에 가능하였던 것이다.

## 과학과 도학의 상호 이해

이황은 우주자연을 체용일원 현미무간의 전일적 존재로 이해하였을 뿐 아니라 소우주인 인간도 그렇게 이해하였다. 인간을 본성과 마음을 중심으로 이해할 때는 체용일원으로 이해하고 몸을 중심으로 이해할 때는 현미무간으로 이해하였다. 이황의 학문론은 체용일원과 현미무간의 관점을 병용하며 완성된다. 체용일원의 관점에서는 '존체응용存體應用의 심법'이라고 하여 『중용』의 존양 성찰을 주된 방법으로 삼고, 현미무간의 관점에서는 '정일집중精一執中의 성학聖學'이라고 하여 『대학』의 인식 실천의 방법을 주된 방법으로 삼고 있다. 그러나 두 가지 방법이 다 마음이 주재가 되어 하는 공부이기 때문에 마음의 주재성을 유지하기 위한 경敬은 전체의 학문론에 일관된다. 이황은 도학으로서의 유학을 학문으로 정립하기 위하여 고심하였으며 그 결과물이 만년의 『성학십도』이다.

**존체응용**
마음의 본체를 잘 보존함으로써 마음이 작용할 때 잘 응하게 한다는 뜻이다.

**정일집중**
「상서」 「대우모」에 나오는 "(인심은 위태롭고 도심은 은미하니) 정밀하게 살피고 한결같이 지켜야 진실되게 모든 일의 중도를 지킬 수 있다"는 말을 가리킨다.

이황의 도학적 학문은 성리학이 형성되던 시대의 천동설적 우주 이해에 기초한다. 서구 과학이 동아시아에 수용되며 음양과 오행은 지구의 자전과 공전에 의한 현상으로 이해된다. 태양을 중심으로 한 태양계를 기본으로 하는 현대적 우주관에서도 체용일원·현미무간적 자연관이 용인될 수 있을까. 동아시아 전통 사상은 현대적 우주관에 기초하여 버릴 것은 버리며 과감한 재해석이 필요하다.

그러나 이황의 사상은 과학만이 유일한 진리인식의 학문인 듯 착각하고 있는 현대인에게 눈에 보이지 않는 마음에 접근할 수 있는 방법을 제공하며, 보이지 않는 마음을 통하여 도달된 도의 세계가 보이는 세계를 생산하고 주재하는 형이상의 진리의 세계일 수 있다는 반성적 성찰을 요구한다. 인간의 정신세계와 자연계 안에 있는 보이지 않는 텅 빈 세계의 중요성에 눈을 뜨기 시작한 현대의 지성에게 이황은 커다란 나침반을 제공할 수 있다고 생각한다. 이황의 학문을 통하여 유학의 철학인 도덕철학과 심학·리학 등이 단순한 관념의 학문이 아니라 과학과는 다른 방법으로 자연과 인간에 접근하는 중요한 방법이라는 것을 알게 되었다. 이황의 학문을 통하여 자연은 더 이상 물질적인 것으로만 이루어진 것이 아니라 정신과 물질의 양면성의 통일적 구조로 이해된다. 이 둘의 관계와 역할에 관한 연구는 앞으로 꾸준히 진행되어야 하며 이를 위하여 도학과 과학은 상호 이해를 통하여 협조해야 한다.

## 더 읽을거리

이황, 『퇴계전서』, 성균관대학교 대동문화연구원, 1985

사서四書와 『주역』의 번역본들

다양한 번역본이 있다. 유학을 이해하기 위해서는 여기서 시작하지 않으면 안 된다.

주희·여조겸 편저, 『근사록집해』 1·2, 엽채 집해, 이광호 역주, 아카넷, 2004

유학의 진리관과 학문관에서부터 수양론, 정치관에 이르기까지 14권으로 이루어진 책이다. 『근사록』은 주희와 여조겸이 송대 초기의 주돈이, 정호, 정이, 장재의 어록을 편집한 책으로 유학 철학의 입문서이다. 엽채는 주희의 어록에 바탕하여 여기에 주를 달아 『근사록집해』를 저술하였기 때문에 이 책을 통하여 송대 성리학의 전모를 이해할 수 있다.

이황, 『이자수어』, 이익 안정복 편집, 이광호 옮김, 예문서원, 2010

성호 이익과 순암 안정복이 이황의 어록과 문집에서 가려뽑은 퇴계학의 정수이다. 『근사록』의 체제로 편집되어 『근사록』과 비교하여 읽으면 유학 사상의 핵심을 이해하는 데 도움이 된다. 실학자로 알려진 이익과 안정복의 사상과 이황 사상과의 관계를 이해하는 데 도움이 된다.

이황, 『성학십도』, 이광호 옮김, 홍익출판사, 2001

이황이 만년에 저술하여 선조에게 바친 글이다. 성리학의 대표적인 도설 10개를 뽑아 유학 사상의 요체를 설명하고 있다. 그 안에는 존재론, 학문론, 심성론, 수양론과 관련된 대표적 도설들이 실려 있다. 성리학 이해의 필독서이다.

이이

---

# 마음은 기

## 정원재

서울대학교 철학과에서 박사학위를 받고 지금은 서울대 철학과에서 가르치고 있다. 「서경덕과 그 학파의 선천 학설」, 「지각설에 입각한 이이 철학의 해석」, 「조식이 본 김굉필」, 「왕정상 철학에서 도덕규범 실천의 근거」 등의 글을 썼다.

**심기학**
마음을 기로 보는 유학사의 흐름. 장재와 이이 등이 이 흐름에 속한다.

이이李珥(1536~1584, 중종 31~선조 17)는 조선중기의 학자이며 정치가로, 자는 숙헌叔獻, 호는 율곡栗谷이다. 이이는 1564년에 과거에 급제하여 호조좌랑을 지낸 것을 시작으로, 대사간, 대사헌, 호조판서, 이조판서, 형조판서, 의정부 우찬성, 병조판서 등의 관직을 지냈다. 당시 조선의 정계는 외척인 심의겸의 국정 간여를 배제하자는 동인과, 심의겸의 편에서 기득권을 고수하려는 서인의 대립이 본격화되고 있었다. 이이는 양시양비론에 근거한 동서화합론을 폄으로써 상대적으로 명분에서 밀리는 서인의 견지를 옹호하려 하였다. 또 변통變通 또는 경장更張의 이름 아래 조세 제도의 개선을 중심으로 한 몇 가지 시책을 제시하기도 하였다. 철학자로서 이이는, 미발 중심의 성격이 짙은 이황의 철학을 비판하고, 그 대안으로 이발 중심의 철학적 전통인 지각설에 근거하여 이일분수理一分殊·이선기후理先氣後·성즉리性卽理·심통성정心統性情·거경궁리居敬窮理 등 주희 철학의 핵심적인 명제를 부정하고, 대신 기발이승氣發理乘·이통기국理通氣局·심시기心是氣·성심정의일로性心情意一路·거경궁리역행居敬窮理力行 등의 이론을 축으로 한 심기학心氣學의 체계를 세운다. 이이의 이론을 근간으로 하여 성립한 율곡학파는 이후 300년간 지속되면서 퇴계학파와 대립한다. 곧 이이는 조선 유학사의 지형을 형성하는 데 지대한 역할을 했다고 할 수 있다.

1 이 글의 논의는 대부분 아래 논문의 내용을 바탕으로 하고 있다. 정원재, 「지각설에 입각한 이이 철학의 해석」, 서울대 박사논문, 2001.

## 지각설의 전통과 이이 철학

이이의 철학은 마음의 핵심 기능을 지각知覺으로 보는 동아시아의 전통적 이론체계인 '지각설'의 견지를 계승하고 있다. 따라서 먼저 중국의 예를 참조하여 지각설의 일반적인 개요를 간단히 설명하고, 이와 견주어 이이 철학을 설명하는 편이 좋을 것이다.

지각설은 중국 철학에서 선진 이래 특히 인간의 마음에 대한 이해 방식의 하나로 이어져온 것이다. 지각설에서 말하는 '지각'이란 외부의 대상에 반응하고 이 반응을 계산하는 능력이다. 곧 지각설에서는 인간의 정서적 반응, 나아가 인간의 활동 전체를 외부의 자극感에 대한 반응應으로 파악한다. 이 반응은 자극하는 대상을 좋아하고好 싫어하는惡 두 가지로 크게 구분되며(『예기』「악기」), 이것들은 다시 희로애락의 다양한 형태로 세분할 수 있다. 여기서 외부 대상을 좋아하는 반응은 다시 그 대상을 가까이 하려는 욕구로 나타나며, 외부의 대상을 싫어하는 반응은 그 대상을 밀쳐내려는 욕구로 나타난다.

인간이 삶에서 부딪치는 외부적 계기에 우선적으로 주목하는 이같은 사고는, 인간 행위의 내부적 기원을 따지는 사고, 예컨대 맹자의 성선설과 같은 이론과 정면으로 대립하는 것이다. 이 대립은 이미 맹자와 고자의 논변에서 극적으로 드러난 바 있다. 맹자가 인간에게는 선하게 행위하려는 경향이 있음을, 물에 아래로 내려가는 성질이 '본래적으로' 있다는 사실로 논증하려 한 데 반해, 고자는 빙빙 돌고 있는 물은 동쪽으로 터주면 동쪽으로 흐르고, 서쪽으로 터주면 서쪽으로 흐르는 것과 같이 인간도 외부의 자극에 따라 반응할 뿐이라고 말한다(『맹자』「고자」 2).

이 논변에서 알 수 있듯이, 지각설에서는 인간 외적인 자극을 먼저 고려하는 까닭에, 도덕적 실천의 계기가 인간의 본성 안에 선험적으로 내재해 있다는 식으로는 생각하지 않는다. 따라서 인간의 도덕 실천이 가능하기 위해서는, 먼저 외적 자극에 의해 산출된 특정한 반응이 도덕적으로 정당한지를 판정할 수 있는 외적 기준의 도입窮理이 필요하다. 현실적으로 이 기준은 그 사회에 이미 존재하는 규범의 체계, 구체적으로는 예를 그대로 수용하는 것이 된다. 외부의 자극에 의해 최초에 생겨난 정서적 반응은 이 기존의 규범 체계와 접촉함으로써 옳고 그르며, 선하고 악하다는 구분이 생겨난다. 따라서 지각설에서는 인간의 정서적 반응, 나아가 인간의 행위는 본래적으로 선과 악이 결정되어 있는 것이 아니라, 도덕적 기준이 되는 규범 체계에 들어맞는지에 따라 그 선악이 결정된다. 이는 이치에 들어맞음中理(『순자』), 혹은 절도에 들어맞음中節(『중용』)의 논리로 발전한다. 그리고 절도에 들어맞는 반응을 도심으로, 그렇지 못한 반응을 인심으로 부름으로써, 인심도심론人心道心論이 성립하게 된다(『순자』「해폐」, 『상서』「대우모」).

이렇게 도덕적 기준에 비추어 각 개인의 정서적 반응이 옳고 그른지 계산하고 살필 때察, 識, 이는 그 반응의 결과를 반성하는 것이기도 하다. 이 반성의 결과 어떤 반응이 옳다거나 그르다고 판정되면, 인간은 이 반응이 유도하는 욕구대로 계속 행위할 것인지 아니면 이 욕구의 방향을 다른 쪽으로 전환하여 행위할 것인지를 선택하게慮(『순자』「정명」) 된다. 문제는 이 선택이 그리 쉬운 일이 아니라는 것이다. 왜냐하면 인간의 욕구가 항상 도덕적인 방향으로 흘러가는 것은 아니기 때문이다. 감각 기관을 통한 자극에서 비롯된 지각의 특성상 좋아함好의 정서적 반응이 촉발하는, 가까이 하고 잡아 당기려는 욕구는 감각적 대상으로 향하기 쉽다. 그래서 인간의 욕구는 오히려 도덕과는 상반되는 경우가 대부분이다. 그러므로 인간이 도덕적으로 행위할 수 있으려면, 자신의 욕구를 제어하여 예를 좇아가려는 강력한 의지가 필요하다. 그래서 지각설 계열의 철학에서는 도덕 실천의 여부는 인간의 의지에 달려 있다고 보고, 의지志의 중요성을 극단적으로 강조한다. 도덕 실천의 굳은 의지로 충만하여 규범을 실행할 때, 그것은 천리를 보존하는 것이지만, 규범을 저버리고 자신의 욕구대로 행동할 때 그것은 천리를 없애면서 인욕을 추구하는滅天理而窮人欲 것이 된다(『예기』「악기」).

외부의 자극에 의해 정서적 반응이 발생할 때부터 예를 실천하기까지의 과정을 놓고 볼 때, 처음의 정서적 반응이 나아가던 흐름이 바뀌면서 도덕 실천의 계기를 포착하는 지점은 다름 아닌 인간이 자신의 의식을 살펴서 굳센 도덕적 의지를 형성하는 것이라고 할 수 있다. 따라서 지각설에서 상정하는 인간의 수양 공부는, 감정이 발생하기 이전未發이 아니라, 감정이 발생한 이후已發인 의식의 자기 점검 쪽에 초점이 모아진다. 이를 지각설론자들은 성의誠意(『대학』), 찰식察識(호상학), 성찰省察 등으로 부른다. 한편, 이같은 의식의 자기 점검은 결국 예와 같은 기존의 규범 체계를 수용함으로써 완결된다는 점에서, 지각이란 처음부터 자아에 대한 앎이 아닌, 자아 외부에 대한 앎을 겨누고 있는 '밖으로 향해 열린 창'의 성격을 갖는 것이라고 할 수 있겠다.

지각설의 경향은 여러 선진 사상가를 거쳐 순자에 이르러 어느 정도 일정한 체계를 갖추게 되며, 이와 함께 『예기』의 「악기」와 「대학」, 그리고 『주역』의 「계사」 등에 압축된 형태로 편입된다. 이후 지각설은 송대 신유학에서 주돈이, 장재 등을 거쳐 마침내 호굉에 이르러, 성체심용性體心用의 마음 이론과 치지·거경·역행力行의 수양 이론을 축으로 하는, 호상학이라는 하나의 학파를 형성하기에 이른다. 호상학파는 당대에 가장 큰 영향력을 가진 학파였으며, 주희 역시 중화구설의 시기에는 호상학의 자장 안에 있었다. 이후 주희는 중화신설을 통해 자신의 독자적인 이론을 정립함으로써 호상학의 틀에서 벗어나지만, 지각, 인심·도심, 찰식 등 호상학의 주요한 이론적 장치들을 완전히 버리지는 않는다. 오히려 그는 이것들을 성즉리와 심통성정의 전제에 근거하여 재구성함으로써 자신의 이론 체계에 복무하게 만든다. 이를 통해 궁극적으로 주희는 '지각'하는 마음에서 나아가 '주재主宰'하는 것으로서 마음의 모델을 제시한다. 주희가 효과적으로 호상학을 논파한 이후, 지각설은 현저히 그 활력을 상실한 채 나흠순(1465~1547), 왕정상(1474~1544), 왕부지(1619~1692), 대진(1724~1777) 등의 이론을 통해 간헐적으로 드러나곤 한다.

**호상학**
호남성의 형산을 기반으로 호안국, 그의 아들 호인·호굉이 이룩한 학파이다. 이들은 선찰식 후존양, 즉 이발의 마음 중에 선한 것을 가려서 키우는 공부를 중요하게 여긴다. 주희의 중화구설이 바로 호상학의 영향 아래 형성된 것이다.

송대 이후 이들 지각설 사상가의 이론적 특징은 대략 다음과 같이 정리할 수 있다. 첫째, 지각설에서는 대체로 리일理一보다는 분수리分殊理를 중시하는 사고를 보이며, 이같은 분수리 위주의 사유는 수양론에서 예의 실천을 가장 중요시하는 태도로 이어진다. 둘째, 지각설에서는 본성과 마음을 명확히 분리하는 호굉의 '성체심용'과 같은 마음의 모형을 공통적으로 제시한다. 이것은, 지각하는 것으로서 마음을 이발의 영역에 국한하여 이해하기 때문이다. 또, 지각설에서는 도덕 실천의 계기가 인간 안에 선험적으로 내재해 있다고 보지 않으므로, 인간의 행위는 절도에 들어맞는지 여부에 따라 그 선악이 판정된다고 주장한다. 셋째, 지각설에서는 선악 판단

**리일**
본체의 측면에서 만물의 근거로서 리를 강조하는 것이다.

**분수리**
현상의 측면에서 예의 실천을 강조하는 것이다.

의 기준으로서 기존의 규범 체계를 수용하는 궁리, 획득한 기준에 비추어 각 개인의 정서적 반응을 살피는 찰식, 의식의 자기 점검에 따라 철저히 예를 엄수하는 역행의 공부를 설정한다. 이 중 특히 중요한 것은 궁리와 역행의 두 축이다. 넷째, 지각설의 사상가들은 대체로 제도론에 강한 관심을 드러낸다. 이들은 자극과 반응의 기제를 통해 인간의 행위를 이해하므로, 개개 인간에게 주어지는 외부의 자극 자체를 통제하는 방법을 모색하게 되며, 이것이 사회의 제도적 장치에 대한 현실적 방책의 고안으로 나타나는 것이다. 이제 이런 맥락을 염두에 두고 이이의 마음 이론을 검토해보자.

## 기질지성 중심의 본성론

앞에서 본 것처럼 지각설에서는 대체로 인간 외부의 자극을 먼저 고려하는 까닭에, 인간의 내부에서는 도덕 실천의 계기를 상정하려 하지 않는 경향이 있다. 이것이 순자의 경우에는 성악설로, 호굉의 경우에는 '본성은 선악으로 말할 수 없다'는 주장으로 나타난다. 이러한 순자와 호굉의 주장에 상당하는 이이의 본성론이 기질지성氣質之性에 대한 이론이다.

이이에 따르면, 사람이 태어날 때는 기질이 리理(이하 '理'를 홑으로 적을 때는 편의상 '리'로 표기한다.)를 싸고서 사람과 함께 생겨나며, 이것을 가리켜 본성性이라고 말한다. 즉, 리는 반드시 기질에 깃든 뒤에야 본성이 된다. 단지 기질 속에 있는 리만을 가리킬 때는 본연지성이라고 말하지만, 본연지성만 있는 경우란 실제로는 없다. 곧 인간의 본성이란 처음부터 기질지성을 말한다. 그래서 그는 "본성이란 리와 기가 합쳐진 것이다性者, 理氣之合也"고 말한다(『율곡전서』「답성호원」 10-22ㄱ).[2] 이에 따라 맹자의 성선설을 리로써 포착한 '본성은 리性卽理'라는 주희 철학의 핵심 명제는 간단히 무너진다.

따라서 모든 인간은 태어날 때부터 기질의 제약에 놓이며, 맑고 흐리고 순수하고 잡된 기질의 차이가 인간의 차이를 결정한다. 이는 본연의 리가, 기를 탄 리가 됨으로써 리 본래의 완전성이 왜곡되듯이, 본연지성은 기질이라는 그릇에 담김으로써 본래의 성선을 상실한다는 점을 시사하는 것이다. 이 세상에서 기질이 완전히 맑고 순수한 사람은 오직 성인聖人밖에 없으므로, 대부분의 인간은 자기 안에 본연지성으로서 리가 깃들어 있다 하더라도 실제로는 리를 그대로 드러내지 못하게 된다. 이는 이이가 애초부터 인간의 현실을 극히 비관적으로 인식하고 있음을 말해주는 것이다. 거꾸로 이 점에서 기질은 인간이 안고 가야 할 현실로서 주어진다고 할 수 있다. 주희와 이황이 리인 본성에서 출발한다면, 이이는 기질에서 출발하는 것이다.

그래서 이이는 도덕 실천의 가능성을 본성의 존재에서 찾는 것이 아니라, 특별히 빼어난 기인 지각의 성격에서 찾게 된다. 또, 그의 수양론 역시 결국 기질을 바로잡을 것矯氣質論을 핵심으로 하게 된다.

2 이하 『율곡전서』에서 인용한 경우는 『율곡전서』를 생략하고 편명과 쪽수만을 적는다.

## 마음은 기氣이다

이이의 마음心 이론은, 이같은 그의 독특한 기질지성론이 전제된 것이다. 이이는 인간의 마음을 지각의 측면에서 파악한다. 즉, 인간의 마음은 반드시 자극이 있어야 반응하며, 이때 자극은 모두 외부의 사물에서 주어지는 것이다. 따라서 자극을 받지도 않고서 마음속에서 저절로 감정이 발하는 경우란 없으며, 감정의 발생은 모두 이같은 자극과 반응이라는 단일한 경로를 거쳐서 이뤄진다. 자극과 반응이라는 지각의 기제에 의해 정서적 반응이 발생하는 이 과정을, 이이는 존재론적으로는 '기가 발하고 리는 타는 것'이라고 설명한다. 가령 '어린아이가 우물에 빠지려 하는 것을 보는' 외부의 자극과 이에 대해 '측은히 여기는' 정서적 반응 자체는 '기'이며, 이 반응은 근원적으로는 리인 인仁에서 나온 것이므로, '리'가 탔다고 할 수 있다는 것이다.

이것은 다시 물과 그릇의 비유로 설명된다. 이이는 인간의 마음은 그릇이며, 본연지성은 그릇에 담긴 물과 같다고 설명한다. 그리고 감정은 외부의 충격에 의해 그릇이 흔들리면서 그릇에 담긴 물이 밖으로 쏟아지는 것이라고 한다. 이것은 리인 본연지성의 운동이 애초부터 기인 마음에 제약된 것으로 보면서, 외부의 자극에 의해서 마음의 온갖 현상이 일어나는 것으로 설명하는 지각설의 의도가 담긴 비유이다. 그래서 이이는 감정은 본연지성이 아니라 마음이 움직인 것임을情是心之動也 힘써 강조한다(「답안응휴」 12-20ㄴ).

여기서 이이는 지각하는 것으로서, 곧 외부의 자극에 의해 '움직이는' 것으로서 마음은 곧 기心是氣라고 말한다. 왜냐하면 유형有形하고 유위有爲한 것은 리가 아닌 기의 특성이기 때문이다. 그런데 이렇게 마음은 기인 반면 본연지성은 리라고 봄으로써, 이이 철학에서는 인간의 본연지성과 마음은 서로 다른 존재론적 위상을 갖는 것으로 이원화되고 만다. (이런 생각이 이이의 이기론에서는 본체와 현상 사이의 분리를 드러내는 이통기국설이라는 엄격한 이원적 세계관으로 나타난다.)

이는 동시에 '마음은 본성과 감정을 거느린다'는 주희 철학의 핵심 명제를 포기하는 것이기도 하다. 주희에 따르면 마음은 미발의 본성과 이발의 감정을 모두 아우르면서, 본성의 리에 근거하여 기인 감정과 행위를 이끌어나간다. 그러므로 이때 마음은 리도 아니고 기도 아니며, 이 둘 사이에서 이들을 주재하는 것, 굳이 따지자면 리와 기를 합친 것合理氣이다. 이 점에서 주희가 보는 마음은 본체와 현상의 두 측면을 모두 가지고 있다.

반면 이이는 마음의 가장 중요한 기능이 지각이라고 봄으로써, '움직인다'는 현상적 측면에 국한하여 마음을 이해하는 것이다. 이는 이이가 생각하는 수양의 방법 또한 주희 철학의 그것과는 달라질 것임을 예고하는 것이다. 이이는 마음을 현상의 측면에서 포착하므로, 주희 철학에서처럼 마음의 움직이지 않는 본체의 영역을 기르고涵養, 이에 근거하여 마음의 움직이는 현상의 영역을 주재하는 수양론을 따라가기는 힘들게 된다. 따라서 이이에게는 오직 움직이는 마음에 나아가 이를 다스리는 방식만이 남게 될 것이다.

지각설에 근거한 이상과 같은 이이의 마음 이론, 특히 감정의 발생에 대한 설명은 대략 네 가지 점에서 이황의 그것과 갈라지게 된다.

첫째, 인간의 감정은 자극과 반응이라는 단일한 경로에 의해 본성의 리라는 단일한 원천에서 발생한다는 점이다. 그래서 이이는 마음에 일어나는 현상은 오직 '한 길'임을 강조한다. '기가 발하고 리는 타는 하나의 길氣發理乘一途說'이라는 말이나, 본성·마음·정·의식이 하나의 길 위에서 연속적으로 작용한다는 '성심정의 일로설性心情意一路說' 등의 주장이 그것이다. 여기서 그가 마음의 작용은 결국 한 길임을 강조하는 것은, 이황의 호발설互發說을 겨냥한 것이다.

이이는 이황의 호발설은 마음의 정서적 반응이 일어나는 경로를 둘로 분리해서 생각하고 있다고 비판한다. "가만히 이황 선생의 의도를 살펴보면, 사단은 마음속에서 발하고, 칠정은 밖에서 자극받아 발한다고 간주한다."(「답성호원」 10-6ㄱ) 즉, 이황은 사단과 칠정을 내출內出과 외감外感으로 구분해서 본다는 것이다. 이는 다시 이황이 호발설을 뒷받침하기 위해 사단은 본연지성에서 나오고 칠정은 기질지성에서 나온다고 '두 근원을 설정하는' 것에 대해, 이이가 인간의 본성이란 처음부터 리와 기가 합쳐진 것으로서 기질지성을 가리키며, 본연지성은 기질지성에 깃든 리를 가리킬 뿐 별도의 본성이 아니라고 비판하는 것으로 연결된다.

따라서 이이는 이황과 달리 사단과 칠정을 본질적으로 다른 것이라고 보지 않는다. 이이는 지각에 의해 일어난 정서적 반응의 전체가 칠정이며, 이 칠정 중에 선한 감정만 사단으로 부를 뿐이라고 말한다. 그러므로 사단은 칠정 안에 포함된다.

둘째, 감정의 선과 악은 '근원과 경로에 따라 본래적으로' 판정되지 않는다는 점이다. 이황은 사단은 본연지성에서 내출하는 것이기 때문에 본래적으로 선한 반면, 그렇지 않은 칠정은 악의 가능성이 농후한 것이라고 본다. 반면 이이에 따르면 감정은 자극과 반응이라는 단일한 경로에 의해 본성의 리라는 동일한 원천에서 발

**호발설**
이황의 학설로 '사단은 리가 발한 것이고, 칠정은 기가 발한 것이다'라는 주희의 말에 근거하고 있다. 이는 리와 기가 서로 뒤섞일 수 없다는 리기불상잡 理氣不相雜의 측면을 강조하는 것이다.

하는 것이므로, 이황과 같은 방식으로 선악을 논할 수는 없다. 이이에 따르면, "그 반응이 절도에 들어맞는 것과 들어맞지 않는 것이 있어서 선과 악의 구분이 있는 것이다."(「답성호원」 9-38ㄴ) 이렇게 감정의 선악을 절도에 맞는지의 여부로 판정할 수 있다고 하는 것은 지각설의 전통을 그대로 잇는 것이다.

셋째, 마음의 반응은 기질의 차이에 따라 달리 나타난다는 점이다. 이이에 따르면, 인간의 본성은 처음부터 기질지성으로 주어진다. 그래서 이이는 "감정은 본성의 작용이다"(『주자어류』 5-2)라는 주희의 말에 나오는 '본성'도 기질지성을 가리킨 것이라고 말한다. 기질지성의 작용이 인간의 감정으로 드러나므로, 그것은 각 개인의 기질의 차이에 따라 무수히 다른 양상으로 나타날 것이다. 그리고 완전한 기질을 지닌 인간은 성인聖人밖에 없으므로, 대부분의 인간이 발하는 정서적 반응에서 "선한 감정은 항상 적게 나오고 악한 감정은 항상 많은 법이다."(「어록」 상 31-5ㄱ)

이 때문에 이이는 이황을 이렇게 비판한다. "만약 감정이 선하지 않음이 없는 것으로 여겨서, 감정대로 내맡겨 행동한다면 어찌 일을 그르치지 않겠는가?"(「논심성정」 14-32ㄱ) 이황은 본연지성의 발함인 사단의 감정이 선하지 않음이 없다고 봄으로써, 감정을 검속하는 공부는 없이 감정을 방임하면서 무반성적으로 행위하는 길을 열어놓았다는 것이다. 이는 이황의 이론, 특히 이발설을 양명학적 사유라고 은근히 몰아붙이는 것이다.

넷째, 감정은 외부의 자극에 대한 반응이므로, '내 뜻대로 나오는 것이 아니다'는 점이다. 인간의 감정이 발생하는 데에 자극이라는 외부적 계기는 개인의 뜻대로 통제할 수 없는 우연적인 것이다. 또한 특정 자극에 대해 어떻게 반응하는지도 역시 개인별로 이미 타고날 때부터 기질에 의해 어느 정도 결정되어 있으므로, 최초의 정서적 반응 자체를 '필연적으로 선하게' 발하도록 만들 수는 없다. 이같은 생각은, 인간의 정서적 반응을 칠정과 사단으로 구분하면서 사단이라는 선한 감정이 주로 드러날 수 있도록 미발의 함양 공부에 힘쓰자는 이황의 주장을 정면에서 반박하는 것이다. 이이에 따르면 인간에게 선한 감정만 드러나게 한다는 것은 애초에 불가능하기 때문이다.

이 때문에 이이의 철학 체계에서 사단칠정론은 이황과 달리 그다지 의미 있는 역할을 하지 못한다. 이이는 감정이 발생하기 이전未發이 아니라 감정이 발생한 이후已發에 의식을 변화시키는 데에 주력한다. 그래서 이이에서 이황의 사단칠정론에 맞먹는 중요성을 갖는 것은, 오히려 이발의 의식에 대한 논의인 인심도심론이라고 할 수 있다. 이로부터 이이의 마음 이론은 사단칠정론에서 인심도심론으로 옮겨간다.

**사단칠정론**
사단과 칠정의 발원처를 리와 기로 나누어 볼 것이냐 아니면 기로 볼 것이냐, 그리고 리가 발하는 것이 성립가능한가의 문제를 다룬다.

## 의식意의 역할과 인심도심론

이이의 인심도심론에서 중요한 역할을 하는 것이 의식意이다. 이이에 따르면 의식은 지각이 반응한 일차적 결과인 뭇 정서를 특정한 기준에 맞추어 계산하고 비교하여 어떻게 할지 생각한다. 즉, 정은 자신의 뜻대로 나오는 것이 아니기 때문에, 이 정을 놓고 다시 선의 방향으로 나아가려는 것이 의식이다. 인간의 정서적 반응은 의식의 반성 작용에 의해 크게 둘로 구별된다. 그것은 인심과 도심이다. 그래서 인심과 도심은 "정과 의식을 통틀어서 말하는 것이다." 이렇게 정은 본래 하나의 근원, 하나의 경로에서 나온 것이지만, 의식이 가해짐으로써 둘로 분열된다. 즉, "그 원천은 하나이지만 그 흐름은 둘이다原一而流二."(「답성호원」 10-12ㄱ) 이이의 인심도심론은 주희의 인심도심론에 대한 반론에서 출발한다.

**천리와 인욕**
하늘의 이치와 사람의 욕망. 『예기』, 「악기」에서 처음 나온 말로, 일반적으로 천리는 선하며 인욕은 악하다.

그 연원이 순자였다는 점에서 알 수 있듯이, 인심도심론은 본래 지각설의 근본 발상 중 하나였다. 그것의 핵심은 도덕적 기준에 비추어볼 때 두 가지로 대립하여 나타나는 의식에서 하나를 '선택'하는 것이었으며, 이는 필연적으로 천리인욕론으로 이행된다. 본래 주희 역시 청년기에는 도심과 인심을 천리와 인욕으로 이해하고 있었다. 그러나 이는 둘로 대립된 의식에 대한 선택이라는 호상학의 해석에 더 가까운 것이라고 할 수 있다. 그래서 주희는 후기에는 '성즉리'의 견지에서 인심도심론을 재해석함으로써 지각설의 자취를 씻어내고, 이를 자신의 이론체계에 편입시킨다. 이는 그가 60세에 쓴 「중용장구서」에 집약된다.

주희는 우선 도심은 인간이 하늘의 명령으로 받은 도덕으로서 본성性命에서 나온 것이며, 인심은 육체形氣에서 생겨난 것이라고 함으로써, 도심이 본성으로서 리의 발현임을 분명히 한다. 그리고 리의 발현인 도심이 인심의 주재가 되고 인심은 도심의 명령을 들을聽命 때에 모든 행동이 절도에 들어맞게 된다고 함으로써, 도심과 인심을 서로 대립적인 선택의 관계가 아니라 주재에 의해 하나가 되어야 할 상호 요청적인 관계로 설정한다. 따라서 도심이 인심을 주재한다는 것은, 미발의 알맞음中이랄 수 있는 본성 곧 리에 따라 육체적 욕구를 조화롭게和 충족시키는 것이 된다. 즉, 주희는 인심도심론을 정이程頤 이래의 '성즉리'설에 근거한 '중용'의 이론으로 만들어버린 것이다. 도심은 인심을 운용하는 주체이므로, 마음의 주재로 삼을 것이지 확충할 수 있는 대상은 아니다. 또 인심은 그 자체로는 선한 것도 악한 것도 아니므로, 반드시 없애야만 할 것은 아니다. 오히려 인심이 도심의 주재를 따를 때, 인심은 도심의 실현 수단이 된다. 그래서 주희는 도심은 확충하고 인심은 억누르라는 식으로는 결코 말하지 않는다. 이는 도심과 인심을 선택적인 대립의 관계에 놓아야만 할 수 있는 말이기 때문이다.

이이는 기본적으로 중용에 대한 이론인 주희의 인심도심론을 지각설의 본래 입론대로 재차 의식상의 선택 이론으로 만든다. 우선 그는 도심과 인심을 각각 본성 및 육체와 결부시켜 나눠 볼 수 있음을 인정한다. 그러나 이것이 주희의 말처럼 도심은 본성'에서 나오고' 인심은 육체'에서 생겨난다'는 뜻은 아니라고 말한다. 인심이든 도심이든 그 근원은 모두 리이고 모두 기의 작용에 의해 발하며, 단지 도덕률을 실천하기 위해 발했는지 몸의 욕망을 채우기 위해 발했는지에 따라 양쪽으로 구분된다는 뜻이라는 것이다. 곧 인심과 도심은 모두 동일한 근원에서 나온 것이며, 단지 무엇을 '위해서' 발했는지 의식함으로써 둘로 갈라지는 것일 뿐이다.

그래서 이이는 도심은 본연의 기本然之氣라고 본다. 반면 인심은 본연의 상태에서 변한 기이다. 따라서 도심과 인심은 한쪽이 다른 한쪽을 주재하는 것이 아닌, 이발의 의식상에서 서로 대립하는 관계가 된다. 여기서 이이는 대립하는 두 의식 중에서 도심은 확충하고 인심은 절제하라고 한다. "도심이 발하는 것은 마치 불이 처음 타오르기 시작하고 샘물이 처음 솟아나기 시작하는 것과 같아서 보기 어려우며, 인심이 발하는 것은 마치 매가 끈에서 풀려나고 말이 굴레를 벗어난 것과 같아서 날고뛰는 것을 제어하기 어렵기"(「답성호원』 10-47ㄴ) 때문이다. 이이는 인심도심론을 선택의 구조로 돌려놓은 것이다.

이는 결국 천리인욕론의 틀로 포섭된다. 도심은 모두 천리이고, 육체적 욕구인 인심은 천리도 있긴 하나 인욕으로 흐를 가능성이 더 많다. 따라서 천리는 보존하고 인욕은 막아야 한다. 이는 의식 안에서 천리와 인욕의 치열한 싸움을 빚어낸다. 한편, 무엇이 천리이고 인욕인지를 구분하는 것은, 역시 절도에 들어맞느냐 여부에 달려 있다. 그래서 이이는, 천리와 인욕도 근본적으로는 하나이며, 단지 정서적인 반응으로 나타난 이후에 이를 기준에 맞추어 판정함으로써 천리인지 인욕인지의 구분이 있게 된다고 말한다. 천리와 인욕을 판정하는 기준이 절도에 맞는지中節의 여부라는 데에서 알 수 있듯이, 천리를 보존한다는 것은 결국 구체적인 규범으로서 예를 실천하는 것으로 이어진다.

마음의 반응을 살펴서, 도심을 확충하고 인심을 절제하며 천리를 보존하고 인욕을 막는 방향을 선택하는 것은, 자신의 결단에 의해 도덕적 의지를 세우는 것이다. 즉, "의식이 방향을 정하면 의지志가 세워진다."(『성학집요』 20-59ㄱ) 그런데 의식은 계산하고 비교하는計較 것이라는 규정에서 알 수 있듯이, 본질적으로 기능적인 것일 뿐 그 자체로 도덕적인 것은 아니다. 따라서 외물에 이끌리면 개인적인 욕망을 계산하고 비교함으로써 악한 생각에 빠지는 것이 의식이다. 이 점에서 감정은 자신의 뜻대로 할 수 없기 때문에 거짓으로 가장할 수도 없는 반면, 의식은 거짓으로 꾸밀 수 있다. 그래서 의식을 성실하게 하는 성의誠意의 공부가 필요하다. 이이는 "성의 공부는 수기와 치인의 근본이다"(『성학집요』 21-6ㄱ)라고 말한다. 이는 곧 성찰의 공부이기도 하다.

## 이이의 수양론

이이의 수양론은 궁리·거경·역행의 세 조목을 근간으로 하는 체계이다. 이 체계는 이이가 39세 되던 1574년 1월에 「만언봉사」에서 처음 제시한 이후 일관되게 강조한 것이다. 이이의 수양론 체계는 주희의 거경궁리설과 비교해볼 때, 무엇보다도 역행을 거경 및 궁리와 맞먹는 중요한 항목으로 설정한 점에 가장 큰 특징이 있다.

이이의 수양론에서 가장 먼저 등장하는 조목은 궁리이다. 궁리의 공부가 먼저 설정되는 이유는 지각설과 관계가 있다. 지각설에서 중시하는 인심도심론의 성찰 공부가 가능하기 위해서는, 먼저 자신의 정서적 반응이 도덕적으로 정당한 것인지 검증할 수 있는 기준이 필요하기 때문이다. 이 기준의 확보가 바로 궁리이다.

이이는 궁리의 대상인 리가 인식 주관과는 상관없이 '본래 지극한 곳에 있다'고 함으로써, 리가 나의 밖에 객관적으로 실재하는 것으로 간주한다. (이는 리의 초월성을 시사하는 이통기국설에서 이미 어느 정도 예견되었던 진리관이라고 할 수 있다.) 그래서 궁리는 나의 지각으로 이 외재적인 리를 '비추는' 것이며, 궁리의 성공 여부는 나의 지각이 밝은지 어두운지에 달려 있을 뿐이라고 본다. 이이는 이를 등불이 어둠 속의 사물을 비추는 비유로 설명한다. 진리의 객관성을 극단적으로 강조하는 이런 식의 궁리에 대한 설명은, 궁리의 출발점인 나의 일상과 진리 사이에 넘어설 수 없는 간극이 있음을 전제하는 것이다. 그리고 이 점에서 이이의 궁리는 주희 철학과 미묘한 차이를 드러낸다.

**이통기국설**
이는 보편적인 것이지만, 그것이 현상 세계에 실현되는 것은 기에 달려 있으므로 실제로는 기에 국한된다는 것이다.

주희의 경우에 궁리 공부는 다양한 방법이 있지만, 그중에서도 핵심이 되는 것은 구체적인 일상의 일을 실천하는 과정에서 그 도덕적 의미를 체득하는 것이라고 할 수 있다. 이는 비록 많은 이탈이 있기는 하지만 궁극적으로는 일상에서 부딪치는 일 속에 진리理가 그 근거로서 관류하고 있음을 믿기 때문이다. 그래서 주희의 궁리는 앎과 실천의 일치를 최종적인 목표로 삼는다. '이치를 끝까지 파고듦窮理'이라는 말은, 그 목표에 대한 추구의 결과 나와 진리가 하나가 됨으로써 진리가 나에게 주체화됨을 뜻하는 표현이기도 하다. 반면 이이의 경우에는 나의 일상과 진리 사이의 간극을 전제하므로, 처음부터 직접적으로 진리가 기록된 경전을 공부하는 독서가 궁리에서 가장 중요한 과정이 된다. 또, 진리는 끝까지 나에게 외재적인 것이므로, 이이는 '궁리' 대신 '이치를 밝힘明理'이라는 말을 더 즐겨 사용한다. 이는 진리가 주체화되는 것이 아니라, 나의 밖에서 확립된 권위로서 강제됨을 의미한다.

궁리가 실제적으로는 리의 외현인 예의 수용을 의미한다는 점을 고려할 때, 궁리를 이해하는 이같은 차이는 예의 실천에서도 서로 다른 태도로 나타날 수 있다. 주희의 경우에 예는 처음부터 실천의 과정 속에서 수용되었으므로, 실천을 위한 별도의 공부가 필요하지 않다. 또, 그 수용 과정이 항상 '나'와 관련된 것이었듯이, 그 실천에서도 나의 견지, 나의 상황에 따른 탄력적인 대응이 가능하다. 반면, 이이의 경우에 예는 실천과 분리된 채 독서를 통해 '무조건적으로' 수용된다. 따라서 이이에게는 이렇게 수용된 예의 의미를 따지면서 이것을 몸에 배도록 하는 훈련의 과정이 반드시 필요해진다. 그래서 이이는 참된 앎眞知에 이르기 위해서는 '직접 함親'이 꼭 뒤따라야 한다고 강조한다. 이 연장선에서 이이의 수양론에는 역행力行의 공부가 설정된다고 할 수 있다. 또, 예의 실천에서도 이이는 구체적인 세목까지 철저히 준수하기를 요구하는 강경한 입장을 보일 가능성이 높아지게 된다.

이이 수양론의 두 번째 조목인 거경은 다시 함양과 성찰로 구분된다. 이이는 함양 공부의 특징을 '염려를 일으키지 않도록 하는 것'이라고 설명한다. 이는 마음의 장애 중에서 특히 뜬생각을 없애는 것을 말한다. 뜬생각은 생각의 내용 자체로는 좋은 것도 나쁜 것도 아니지만, 끊임없이 계속 일어나서 마음을 추스를 수 없게 하는 것이다. 이이에 따르면, 뜬생각을 없애는 것이 가장 어렵다고 한다. 뜬생각을 없애지 못하면 생각이 들끓게 되어 결국은 마음이 어지러워지기 때문이다. 이렇게 본다면 주희 철학의 함양이 미발의 본성 자체에 대한 공부인 데 반해, 이이의 함양이란 우선 기氣인 마음의 안정을 확보하는 것이라고 할 수 있으며, 이것이 곧 '미발의 때'이다.

이렇게 마음의 안정을 확보하는 목적은 지각의 기능을 예민하게 유지하기 위한 것이다. 이를 이이는 "또랑또랑하여惺惺 조금도 어둡지昏昧 않게 한다"(『성학집요』 21-21ㄴ)고 말한다. 마음이 안정되어 지각의 기능을 예민하게 유지해야만 외부의 자극에 대해 잘 반응할 수 있으며, 이 반응을 의식하는 성찰의 공부가 가능해진다. 이이의 함양은 결국 성찰 공부를 예비하는 것이라고 할 수 있다. 이는 미발 함양을 가장 중요한 공부로 치는 주희에 비교할 때, 이이가 분명한 이발 중심의 노선을 걷고 있음을 말해준다.

성찰은 인심도심론을 수양론의 측면에서 이름붙인 것이다. 곧, 성찰이란 마음의 반응을 살펴서, 도심을 확충하고 천리를 보존하여 도덕적 의지를 세우는 것이다. 도덕적 의지를 확립함으로써, 인간은 인간 밖의 리가 구체화된 예를 실행할 수 있게 된다. 이것이 곧 역행의 공부이다.

이이는 역행으로 기질의 제약을 극복할 수 있다고 함으로써, 역행이 자신의 수양론에서 핵심이 됨을 밝힌다. 역행의 구체적인 행위는 극기克己이며, 이는 사욕을 극복하는 것이다. 그런데 이이에 따르면, "사욕을 없애려거든 반드시 몸과 마음을 다스려 한결같이 예를 준수해야 한다."(「극기복례설」 14-6ㄴ) 왜냐하면 예는 '욕심을 완전히 없애주는 것'이기 때문이다. 따라서 역행은 실제로는 예의 엄격한 준수라는 형태가 되고 만다. 이렇게 예의 준수가 곧 역행이며, 이를 통해 극기하여 기질을 바로잡을 수 있다고 보는 까닭에, 이이의 수양론에서는 『논어』의 극기복례설克己復禮說이 중요하게 부각된다. 이이는 『성학집요』를 완성한 직후인 1575년 10월에 『대학연의』를 선조 앞에서 진강하면서 특별히 극기복례의 의미를 논하였고, 47세 때인 1582년에는 「극기복례설」을 지어 자신의 생각을 정리한다. 여기서 이이가 주장하려는 것은 "예야말로 몸과 마음을 검속하는 것"(「극기복례설」 14-6ㄴ)이라는 점이다. 마음이 몸을 주재하는 것이라면, 이이에서는 그 마음을 검속하는 것이 곧 예인 셈이다. 이것은 경敬이 온 마음의 주재임을 강조하는 이황과 극명한 대조를 보이는 부분이다.

이이의 수양론에서 가장 중요한 공부 조목은 '예의 엄수'를 내용으로 하는 역행이다. 즉, 이이 수양론의 핵심은 예에 있다고 할 수 있다. 이렇게 이이의 수양론이 예를 중시하는 결과로 나타난 것은, 그가 리가 아닌 기, 인간의 본성이 아닌 지각에 의해 인간의 수양이 가능하다고 볼 때부터 예정된 것이었다. 지각이란 처음부터 '외부로 향해 열린 창'이며, 이 창을 통해 내 마음의 밖에서 찾을 수 있는 도덕 원리란, 성현들이 이미 제정해놓은 예일 수밖에 없을 것이다.

이이의 수양론에서 예를 실천하는 관건이 되는 계기는, 마음의 반응을 성찰하여 예를 따르겠다는 도덕적 의지를 세우는 것이다. 그런데 문제는 아무리 마음의 움직임을 잘 살핀다 하더라도, 도덕적 의지가 저절로 생겨나지는 않는다는 점이다. 즉, 의식意이 의지志로 전화하기는 무척 힘들다. 지각설이 상정하는 인간성의 구도에서는, 좋아하고 싫어하는 정서적 반응이 유도하는 이끌림의 욕구는 자연적으로 감각적 대상으로 향하기 마련이다. 반면, 예란 결국 나의 바깥에 있는 것이므로 그것의 실천은 나의 자연적 욕구와 반하는 엄청난 노력이 필요하다.

이황의 이론에서는 처음부터 도덕 실천의 원동력이 전제되어 있다. 이발설이 시사하듯이 내 안에 있는 본성인 리가 선의지로 그대로 드러나므로, 이를 자연스럽게 실천하기만 하면 되는 것이다. 따라서 이 원동력을 확보하지 못한 이이의 수양론 체계에서는, 도덕 실천의 자발성을 이끌어내지 못한다는 점이 가장 큰 문제로 대두된다.

## 동아시아 철학사에서 이이의 심기학心氣學이 차지하는 위치

이이의 철학이 지각설의 계보를 잇고 있음을 보여주는 주요한 이론적 특징을 다음과 같이 정리할 수 있다. 첫째, 지각설에서 보이는 분수리 중시의 사고는, 이이에서는 본체와 현상을 엄격히 구분하면서 분수리에 더 비중을 두는 이통기국의 세계관으로 나타난다.

둘째, 호굉胡宏의 성체심용설은, 이이에서는 '마음은 기'라는 말로 명제화된다. 즉, 본연지성은 리이고 마음은 기라고 함으로써, 본성과 마음이 이원화되는 것이다. 또, 지각설이 일반적으로 그러하듯 이이 역시 선한 감정인 사단은 칠정이 절도에 들어맞은 것이라고 봄으로써, 인간의 행위는 절도에 들어맞는지 여부에 따라 그 선악이 판정된다고 주장한다. 셋째, 이이는 자신의 수양론을 궁리·거경(성찰)·역행으로 제시하는데, 이는 궁리와 역행을 수양론의 두 축으로 설정하면서, 의식의 자기 점검으로서 찰식을 중시하는 지각설의 경향을 반복하고 있는 것이다. 넷째, 지각설이 드러내는 제도론에 대한 강한 관심은, 이이에서는 경장론 또는 변통론으로 나타난다.

호굉
1105~1161.
호안국의 아들로,
20세 무렵부터 양시나
후중량 같은 이정의
제자들에게 배웠고,
그후 주로 호남성의
형산에서 강학하면서
호상학을 세웠다.

중국 신유학에서 지각설의 정점은 호상학이라고 할 수 있다. 그러나 앞에서 언급했듯이 호상학은 주희 이후에는 그 영향력을 급격히 상실하면서 사실상 명맥이 끊기고 만다. 이후 중국에서는 나흠순, 왕정상, 왕부지, 대진 등의 경우에서 보듯이, 간헐적으로 지각설이 대안의 하나로서 잠깐씩 나타났을 뿐, 사대부 집단의 이념으로 다시 전면에 등장하지는 못했다.

반면 조선에서는 16세기에 이이가 지각설에 근거하여 이일분수, 이선기후, 성즉리, 심통성정, 거경궁리 등 주희 철학의 핵심적인 명제를 부정하고, 대신 기발이승, 이통기국, 심시기, 성심정의일로, 거경·궁리·역행 등의 이론을 축으로 한 체계를 세운다. 이는 지각설의 전통과 주희 철학의 자산을 완전히 소화해낸 뒤에 이이 자신의 독창적인 관점에서 재구성함으로써, 호상학 등 그 이전의 지각설 체계와 비교할 때 이론적 깊이와 폭에서 비교할 수 없을 만큼 풍부한 내용을 담고 있는 새로운 형태의 철학 체계를 수립한 것이라고 할 수 있다. 그것은 지각설의 신유학적 완성이라고 할 수 있는 종합적인 체계이다. 이 체계를 근간으로 하여 성립한 율곡학파는 이후 정치적으로는 서인-노론이라는 집권세력이 되어 300년간 지속되면서, 17세기에는 예송禮訟논쟁을 벌이고, 18세기에는 호락논변을 통해 지각론과 미발론의 문제에 대해 집중적으로 논의하며, 다시 19세기에는 이항로 학파를 중심으로 명덕주리주기明德主理主氣 논쟁을 벌인다. 이 논쟁들은 모두 지각설의 이론적 문제점을 해결해 나가는 과정에서 일어난 것으로서, 조선에서 지각설이 발전해간 양상을 확연히 보여주는 것이기도 하다. 이는 중국 등의 신유학사에서는 발견할 수 없는, 조선 신유학에서만 나타나는 면모이다. 주희 철학과 왕수인의 철학에 가려 중국에서는 비주류의 위치에 머물렀던 지각설이, 조선에서는 이이 이래로 학계의 중심을 차지한 것이다. 따라서 이론의 독창성은 물론, 사상사적 영향력이라는 점에서도 이이의 철학은 주희 철학이나 왕수인의 철학 등과 견줄 만한, 별도의 문호를 연 철학이라고 할 수 있다.

그렇다면 이 새로운 철학을 무엇이라고 규정할 수 있을까? 이이의 마음 이론을 다른 철학자들이 내세운 이론과 대비하면서 그 실마리를 찾아보자. 주희는 자신의 철학적 핵심을 '본성은 리이다性卽理'와 '마음은 본성과 감정을 거느린다心統性情'는 심성론의 주장으로 요약한 적이 있다. 뒤에 주희의 제자 진순陳淳은 '마음은 본성과 감정을 거느린다'는 주희의 이론을 다시 '마음은 리와 기를 합친 것이다'라고 이기론으로 표현한 바 있다. 주희 철학을 적극 계승한 이황 역시 진순의 표현에 동의하여, 마음에 대해 설명할 때는 늘 '마음은 리와 기를 합친 것이다'는 말을 반복하곤 했다. 반면 주희의 명제에 대항하여 왕수인이 자기철학의 구호로서 제시한 것은 '마음은 리이다心卽理'와 이를 심화시킨 '양지를 밀고나가라致良知'는 말이다. 이런

**예송논쟁**

조선 현종 때 인조의 계비인 조대비趙大妃의 상례喪禮 문제를 둘러싸고 남인과 서인이 두 차례에 걸쳐 논쟁한 일. 1659년 효종이 죽자 효종의 어머니 조대비의 복상기간을 놓고 서인은 둘째 아들에 대한 복상인 기년朞年(만 1년)을, 남인은 효종이 국왕인 점을 근거로 큰아들에 대한 복상인 3년상(만 2년)을 주장했으나 서인의 주장이 받아들여졌다(1차 예송). 1674년 효종의 비가 죽자, 다시 조대비의 복상 기간에 대해 서인은 대공大功(8개월)설을, 남인은 기년설을 주장해서 남인의 주장이 받아들여졌다(2차 예송).

**호락논변**

송시열의 문하인 권상하와 김창협을 필두로 충청(호중湖中) 지역과 서울(낙하洛下) 지역의 학자들이 벌인 논쟁이다. 주요 쟁점으로 인물성동이人物性同異, 미발심체순선未發心體純善, 지각론知覺論, 성범심동이聖凡心同異 등이 있다.

**명덕주리주기 논쟁**
19세기 중엽 이항로와 홍직필의 문하에서 벌어진 것으로 명덕으로서 마음이 리이냐 기이냐의 문제를 다루고 있다. 이항로, 김평묵 등은 명덕이 리라고 주장하는 반면에 임헌회, 전우 등은 '마음은 기이다'는 명제에 입각해서 명덕 또한 기라고 논박한다.

예를 고려한다면, 지각설 이론가로서 이이 철학의 견해가 집약된 명제는 '마음은 기이다心是氣'라고 할 수 있다. 여기서 주희의 핵심 주장은 '마음은 리와 기를 합친 것이다'는 명제로 표현된다는 점에서, 주희의 철학은 '심리기학'이라고 부를 수 있을 것이다. 반면 왕수인의 철학은 '심리학'이라고 부를 수 있고, 이이의 철학, 나아가 지각설의 신유학 이론은 '심기학'이라고 부를 수 있을 것이다.

동아시아 신유학의 역사에서 가장 두드러진 활동을 보였던 세 흐름을 이렇게 놓고 본다면, 이이 철학은 그 이론적 지향에서 특히 왕수인 철학의 대척점에 있는 것임을 알 수 있다. 이 점에서 조선 유학계에서 왕수인 철학이 그다지 영향력을 발휘하지 못했던 것은, 이이 철학이 득세했던 상황과 무관하지 않다고 할 수 있다. 즉, 조선에서는 중국과 달리 주희의 심리기학과 이이의 심기학이 대립하는 속에서, 왕수인의 심리학은 그다지 부각되지 못한 것으로 볼 수 있겠다. 이이의 철학은 여러 면에서 조선 유학의 독자적 전개에 결정적인 역할을 한 것이다.

## 더 읽을거리

이진영 외 옮김, 『국역 율곡전서』 전7책, 한국정신문화연구원, 1984~88

이이의 저술 대부분이 들어 있는 『율곡전서』를 우리말로 완역한 책이다.

『율곡학연구총서』(자료편) 전10책, 율곡학회, 2007

위의 『국역 율곡전서』를 재편집하고, 『사서 율곡언해』, 『정언묘선』, 『순언』, 『고산구곡가』, 『자경별곡』 등 『율곡전서』에 들어 있지 않은 이이의 다른 저작과 번역본을 모은 총서이다.

『율곡전집』(CD-ROM), 고려대 민족문화연구원 편찬, 율곡학회, 2004

『율곡학연구총서』의 자료 전체와 『율곡전서』 원전, 율곡 관련 자료(『조선왕조실록』 기사, 『한국문집총간』 기사, 이이 연구서와 논문 목록, 유물·유적 자료)를 수록해놓았다.

『국역 율곡집』 전2책, 민족문화추진회, 1968

『율곡전서』에서 중요한 내용을 뽑아서 번역한 책이다. "한국고전종합DB 〉 고전번역총서 〉 율곡전서"http://db.itkc.or.kr/index.jsp?bizName=MK로 들어가면 이 번역본을 볼 수 있다.

『율곡집』, 정종복 옮김, 명문당, 2009

『율곡전서』의 선집 중 비교적 최근에 나온 책이다.

『율곡학연구총서』(논문편) 전10책, 율곡학회, 2007

이 총서의 2~4책에 수록된 연구논문들을 통해, 이이의 철학에 접근하는 다양한 시각을 살펴볼 수 있다.

금장태, 『율곡평전』, 지식과교양, 2011

한국유학 전문 연구자가 쉽게 풀어쓴 이이 평전이다.

김창협

---

# 본마음을 향한 순례

## 문석윤

서울대학교 철학과 학부와 석사과정을 마치고, 같은 대학원에서 「조선 후기 호락논변의 성립사 연구」라는 논문으로 박사학위를 받았다. 명지대학교 철학과 교수를 거쳐 지금은 경희대학교 철학과에 재직하고 있다. 학위 취득 후에는 이황과 관련된 논문을 몇 편 발표하였으며, 이황 저작의 정본定本을 편성하는 사업에도 참여하고 있다. 조선 성리학사에서 제기된 문제와 개념을 이해하고 분석하며, 그 역사적 전개를 살펴보는 데 관심이 있다. 최근에는 성호星湖, 담헌湛軒, 다산茶山 등 실학자들에 대해, 조선 성리학의 전개와 그에 대한 계승과 극복이라는 관점에서 몇 편의 논문을 썼다. 저서로는 『호락논쟁 형성과 전개』가 있다.

## 낙학의 종장

**호학**
지역으로는 호중(충청), 인물로는 권상하–한원진–윤봉구를 중심으로 형성된 노론 계열의 학파이다.

**낙학**
지역으로는 낙하(서울), 인물로는 김창협·창흡–이간–이재를 중심으로 형성된 노론 계열의 학파이다.

**호락논쟁**
호학과 낙학 계열 학자들 간의 논쟁으로, 주요 쟁점은 인물성동이人物性同異, 미발未發, 지각知覺, 성범심동이聖凡心同異 등이 있다.

김창협金昌協(1651~1708)의 자는 중화仲和이고, 호는 농암農巖이다. 본관은 안동으로 과천에서 태어났다. 척화론으로 유명한 김상헌의 증손자이며, 영의정을 지낸 김수항의 둘째아들로서, 노론 명문가 출신이다. 그의 형인 김창집, 동생들인 김창흡, 김창업, 김창즙, 김창립 등이 모두 당대의 탁월한 학자–관료요 문장가들로서 육창六昌이라 불렸다.

농암 김창협은 당대 서울 지역의 정신적 기풍을 대표한 낙학洛學의 종장宗匠이었다. 조선후기 이이를 계승한 노론 내에서는 충청도 지역의 호학湖學과 서울 지역의 낙학 사이에 심성心性 문제를 두고 대규모의 논쟁이 일어났으니, 이른바 호락논쟁湖洛論爭이다.[1] 김창협은 비록 호락논쟁이 본격화되기 전에 생을 마쳤으나, 그의 생애를 거쳐 낙학의 기본 이론을 형성하였으며, 그것은 자신의 가장 가까운 동생이자 이후 낙학의 중심이 된 김창흡에게, 그리고 나중에는 이재李縡에게 계승되었다.

김창협이 활동한 17, 8세기의 조선은 임진왜란과 병자호란이라는 양대 국난을 거치고 극복하는 과정에서, 한편으로는 사대부 중심의 유교적 세계가 확립되어갔으며, 다른 한편으로는 그에 따른 여러 가지 문제점이 드러나는 동시에 사회 경제적인 발전에 따라 새로

1 '낙학洛學'의 '낙洛'은 '서울'을 의미하며, '호학湖學'의 '호湖'는 '충청도'를 의미한다. 따라서 둘 사이의 대립은 당시 심화되어가던 '경京·향鄕'의 대립을 또한 반영하는 것이었다.

운 역사적 전개가 전망되는 복잡한 상황이었다. 집권 사대부들은 그러한 상황에서 사대부의 세계관으로서의 주자학에 관한 이론적인 탐색과 실천을 강화해갔다. 그것은 곧 사대부의 정체성과 사대부 지배의 정당성을 확보하고자 하는 노력이었다고 이해할 수 있다.

그러한 학술적 노력에서 초점이 되었던 것은 포괄적인 의미에서의 '심心' 곧 '마음'에 관한 탐구였다. 17, 8세기 학문적 지향은 마음의 여러 측면에 관한 탐구, 곧 '심학心學'으로 요약할 수 있다. 유가적 전통에서 순자가 군주로 유비되는 주재자로서의 심心을 강조하였고, 맹자가 국가의 구성원을 육체노동자에 해당하는 '노력자勞力者'와 마음노동자에 해당하는 '노심자勞心者'로 구분하고, 전자에 대한 후자의 지배를 정당화한 이래로, 심心은 유교 지식인들의 자기정체성을 구현하는 주요한 개념으로 이해되어왔다. 심에 대한 이러한 관심은 중국 송대 이후 신유학의 전통에로 계승되어, '심'을 비롯하여 '성性', '정情', '의意' 등 '마음'의 다양한 측면을 나타내는 개념이 이론적이고 실천적인 탐구의 주요한 대상이 되었다.

이는 조선도 예외가 아니었다. 16세기 퇴계 이황과 고봉 기대승 사이의 사단칠정논변이 '정情'에 관한 이기론적 해명에 집중한 것이었다면, 18세기의 호락논쟁은 심心의 고요한 상태를 가리키는 미발의 성격을 둘러싼 논변, 성性과 심의 관계를 둘러싼 지각知覺 논변, 그리고 심心의 체體인 성과 심의 고유한 능력이라고 할 수 있는 명덕明德의 보편성과 특수성에 대한 해명 등을 둘러싸고 다양하게 전개되었다. 이는 곧 '마음'에 관한 전면적인 탐색이었다고 해도 과언이 아닐 것이다.

김창협은 그러한 탐색의 한 축을 이룬 낙학의 기본 이론을 구성한 낙학의 창립자로서, 그가 남긴 언설들은 실로 심, 성, 정이라고 하는 '마음'의 전 영역에 걸쳐 있다. 그런 점에서 김창협은 조선 후기 성리학의 대표적인 '심학' 이론가로서 당시의 시대정신을 대표한다고 할 수 있다.

## 유교에서 마음의 문제 – 성과 심의 교차

마음의 문제와 관련하여 김창협이 초기에 관심을 기울인 것은 '성性'에 관한 것이었다. 성은 원래 후천적으로 학습된 것에 대해서 타고난 것生, 인위적인 것에 대해서 자연스러운 것을 의미하는 말이었다. 즉, 그것은 어떤 인위적인 학습이나 교육이 있기 이전에, 타고난 인간의 원초적인 본성, 혹은 그에 따른 자연스러운 마음을 의미하였다. 성과 거의 같은 시기에 인간을 해명하는 또 하나의 중요한 개념으로 주목된 것이 심心이다. 성이 자연스러운 마음, 혹은 본성이라면, 심은 인간적인 것, 즉 인간의 인식, 사유와 의지와 관련된 기능을 담당하는 기관 혹은 그 작용 결과로서의 마음을 의미하였다.

심과 성이 중요 개념으로서 부각된 것은 중국의 전국시대, 개인과 자연적 공동체에 대한 국가의 간섭과 강제가 강화되는 상황에서였다. 그러한 상황에서 지적 선구자들은 인위적 질서에 대해 '자연自然' 혹은 타고난 것으로서의 '생生'과 그것과 질서 사이의 관계에 대한 철학적 성찰을 수행하였다. 도가 계열의 사상가들이 자연과 생의 이름으로 국가 질서의 강제의 부당성을 역설하였다면, 자연과 생을 배제하지 않되 효용성에 대한 지적 판단의 관점에서 국가 질서의 우선성을 주장하는 묵가와 법가 계열의 사상가들이 존재하였다.

그러한 사상적 흐름에 대해 공자의 뒤를 이은 유가 계열의 사상가들은 도가 계열의 사상을 일종의 무정부주의적 개인주의로 규정하는 동시에, 묵가나 법가 계열의 사상을 개인의 생과 자연적 질서체로서의 공동체를 억압하는 폭압적 전제주의로 비판함으로써, 중도적 입장을 표방하였다.

유가 계열의 대표적 사상가 맹자는 '생' 곧 '성'이 선한 것, 즉 사회적·도덕적 질서와 일치하는 것이라고 보았다. 즉, 도덕 질서를 생과 자연에 내재한 것으로 이해하는 '확장된 자연주의'를 취함으로써, 생과 도덕 질서(규범)를 서로 대립하는 것으로 보았던 도가적 입장과 단지 이익에 대한 공리적 계산에 의해서 인위적 질서를 정당화한 묵가와 법가의 견해를 모두 부정하였다. 맹자에서 자연과 도덕 질서, 개인과 공동체(사회)는 통합된 것이었으며, 그러한 통합을 가능하게 한 근거가 그의 인성론人性論이었다. 그에게서 성은 인간의 심층적인 마음으로서, 현실 속에서 생명력 있게 작동하는 본래의 선한 마음이었으며, 심은 그러한 성을 바탕으로 그것을 자각적으로 인식하고 의지적으로 실천하는 주체였다.

반면, 공자를 계승한 또 한 사람의 사상가였던 순자는 맹자와는 달리, 생과 도덕 질서의 대립을 받아들여 성을 그 자체로는 도덕 질서에 배치되는 것, 즉 악한 것이라고 주장하였다. 그러나 그는 국가보다는 공동체의 질서 원리로서의 예禮와 강제나 유인보다는 심心의 인지 능력에 기초한 자발적 학습을 강조하였다는 점에서 여전히 유가의 후예였다. 그에 따르면 선왕지도先王之道, 곧 국가의 이상적 제도들은 위정자의 임의적 창작물이 아니라 탁월한 지자인 성인聖人이 우주적 질서를 반영하여 만들어낸 것이며, 효용성의 이름으로 강제되는 것이 아니라 우리가 그것들의 정당성과 효용성을 이해할 수 있고 학습과 실천을 통해 개인적으로 내면화할 수 있으며 자발적으로 그에 순응할 수 있는 것이었다. 그에게 중요한 것은 심心이었으며, 그 심은 현실 속에서 이념을 실현하는 인식과 실천의 주체였다.

유가의 전형적인 정치적 견해를 계승한 중국 송대 신유학의 유가 사상가들은 한편으로는 실무적 관료 일군의 과도한 국가(황제) 중심주의와 다른 한편으로는 더욱 강력해진 개인주의 종교로서의 불교와 대립하였다. 특히 불교는 심성에 관한 강력한 이론을 가지고 있었다. 송대 신유학 사상가들은 맹자와 순자가 각각 성과 심에 대한 성찰을 내놓았던 것처럼, 새로운 심성 이론을 제시함으로써 그에 대응하고자 하였다. 그러한 시도와 노력을 집약한 주자학의 전통에서 심, 성, 정, 의 등에 관한 심도 있는 성찰이 이루어졌다.

주자학의 전통에서 성性은 애초의 확장된 자연주의적 맥락에서 벗어나, 심心과 정情이라는 인간 마음의 표층과 구별되는 인간 마음의 심층으로서, 그러한 인간 마음의 표층을 가능하게 하는 근거, 원리로서, 더 나아가 인간의 마음의 표층을 감별하는 표준, 기준, 규범을 의미하는 개념으로 확대하여 사용되었다. 그런 점에서 성은 곧 리와 동일한 것으로 정의되었다.(곧 성즉리性卽理다.) 심과 정이 기와의 내적 관련성을 뿌리칠 수 없는 존재론적 지위를 가지고 있다고 한다면, 성은 형이하形而下의 기의 차원에 내려와 있지만, 그 본질은 리로서의 지위를 가지고 있는 것, 곧 형이상形而上의 존재로 이해되었다. 불교는 성의 그러한 차원을 포착하지 못함으로써, 인간의 개인적 실존이 보편적·사회적 질서의 차원에서 규정되고 있음을 알지 못하고 있다고 비판되었다.

유교적 관점에서, 현실의 우리의 삶과 그러한 삶 속에 펼쳐지는 우리의 마음의 세계는 바로 그러한 심층의 보편적 질서인 지선至善한 리, 곧 성이 자신을 실현해낸 진실한 세계로 이해할 수 있다.(이것이 성발위정性發爲情이다.) 그러나 주자학적 관점에서 그러한 리, 곧 성은 어디까지나 이념적인 것이요, 그것이 현실세계에서 구체적으로 실현되기 위해서는 기와 심의 활동을 매개로 하지 않을 수 없다. 그것은 성 즉 리를 인식하고 실천하는 주체로서의 심의 활동을 통해 실천된다.(이것이 심통성정心統性情이 함축하고 있는 하나의 의미다.) 그런 점에서 자연과 이념의 통합체로서의 성과 인간적 주체로서의 심의 구별이 포착되며, 심의 중요성이 강조된다.

반면, 자기를 실현하는 성의 관점에서는 심은 성의 자기실현이 일어나는 장소로서의 성격을 지닌다고 할 수 있다. 심은 아직 발현하지 않은 미발의 상태에서는 곧 성性이라고 할 수 있으며, 그것은 곧 심의 체體이다. 이미 발현한 이발의 마음은 정情으로서, 그것은 곧 심의 용用이다.(이것이 심통성정이 함축하고 있는 또 하나의 의미다.) 이때 성은 곧 심의 체이자, 동시에 심의 용을 통해 자신을 실현하는 것으로서, 심의 주체적 성격보다는 심을 통한 성의 자기실현이 강조된다.

성발위정과 심통성정 명제에 내재한 이중적 의미에서 표출되는 심성 관계의 두 가지 양상은 주자학의 이론적 틀 안에서 나름의 역할을 하면서 하나로 통합되어 있지만, 또한 서로 충돌하는 측면이 있었다. 즉, 성은 한편으로는 심의 자각적이고 주체적 활동을 통해 내재-초월적인 규범 혹은 규율로 인지되면서 간접적으로 그리고 정적으로 자신을 이루어가는 것으로 이해되는가 하면, 다른 한편으로는 심의 자연스러운 전개 속에서 그것을 무대로 자신을 직접적이고 동적으로 실현해가는 초월-내재적인 주체로 이해되고 있는 것이다. 전자를 성은 심에 부여된 표준이라면, 후자는 성은 인간 본래의 자연스러운 마음 자체라고 할 수도 있을 것이며, 혹은 적어도 그 마음을 통해 경험적 혹은 체험적으로 추정할 수 있는 본성이라고 할 수 있는 것으로서, 양자 사이에는 충돌 혹은 긴장이 있는 것이다.

이러한 충돌 혹은 긴장은 조선 성리학에서는 이미 전기前期의 사단칠정논변에서 성과 정의 관계를 어떻게 해명할 것인가를 두고 일차적으로 제기되어 논의되었다면, 후기에 이르러 인간과 동물(다른 존재)의 성性의 동이同異 문제에 대한 논변, 미발의 심체의 성격을 둘러싼 논변, 그리고 심의 지각知覺과 성으로서의 지智의 관계 등의 문제로 다양하게 표출되고 음미되었다. 김창협의 마음에 관한 이론은 그러한 긴장을 자신의 시대적 상황에서 포괄적이고 심도있게 구현한 것이라 할 수 있다.

## 성 — 자연스러운 마음

김창협은 20세가 되던 1670년 순자의 성악설을 비판한 「성악논변」(『農巖集』 권25 17b~21b)을 썼다. 거기에서 그는 순자의 성악론을 다음과 같이 비판한다.

인간의 성은 선하다. 순자가 악하다고 한 성은 기氣이지 성이 아니다. 사람이 태어날 때, 기氣가 질質이 되며, 리理가 성이 된다. 리에는 선만 있고 악은 없다. 반면에 기에는 선도 있고 불선不善도 있다. 사람에게 불선이 있는 것은 기의 작용 때문이다. 그의 성은 혼연渾然한 리이니 어찌 불선이 있겠는가? (…) 아주 오랜 옛날 처음에 사람은 만물과 더불어 살면서 짐승을 잡아 산 채로 먹었으며, 나무 위나 동굴 속에서 살았다. 그가 짐승과 다른 점은 거의 없었다. 남자와 여자는 서로 친하여 구별이 없었다. (…) 이때 성인聖人이 나타나 중매를 두어 혼인하는 법을 정함으로써 남녀의 구별이 명확해졌다. 또 성인은 (…) [그 외에도 여러] 제도禮를 만들었다. 이와 같이 해도 여전히 음란하고 게으르며 오만하게 법을 어겨 여러 나쁜 짓을 하는 자들이 있었으므로 강제 규정刑法을 두어 그들을 다스렸다. 그런 다음에야 백성들은 비로소 짐승과 구별되었고 천하는 평화로워졌다. 저 순자라는 이는 인간의 옛 모습이 그러했고, 또 지금은 이러함을 보고서는 설을 지어 말하기를 '인간의 성은 악하다. 그것이 선하게 되는 것은 인위僞에 의해서이다'라고 했으며, 또한 '성인은 사람의 성이 악하다고 하여, 제도를 만들고 강제규정을 두어서 그로써 사람의 정성情性을 교정하여 바로잡았다'라고 말했다. 심하도다, 그 설의 어긋남이여. 또한 생각지 않은 것이다. 남자와 여자가 서로 친하여 구별이 없이 음란한 지경에 이르는 [등등 그와 같은 것이] 어찌 인간 성의 본래 모습이겠는가? [기질에] 가린 바가 있기 때문에 결과적으로 방탕함이 생겼던 것이다.(『농암집』 권25 17b~18b 「성악논변」)

김창협에 따르면, 순자는 인간의 원초적 자연 상태, 자연스러운 마음을 짐승과 다름없는 야만적 상태로 보았으며, 법과 예와 같은 사회적·도덕적 질서는 그러한 자연 상태와 대립하는 것으로서 성인에 의해 만들어져 그것을 교정하는 역할을 한다고 보았다는 것이다. 그러나 김창협은 그것은 인간의 기의 측면만을 본 것이고, 리의 측면은 보지 못한 것이라 비판한다. 그는 기가 아니라 리가 성의 본래 모습을 규정하는 것이라고 말한다. 현실적인 악한 모습은 기에 의한 것이고, 그와는 다른, 그에 영향을 받지 않은 선하기만 한 성의 본연, 곧 본래 모습이 있다는 것이다.

그런데 김창협이 성의 본래 모습, 혹은 본연의 성을 현실의 자연 상태와는 관련 없는 어떤 이념적·초월적인 것으로 본 것은 아니었다. 김창협은 성의 본래 모습에 대해 다음과 같이 말한다.

> 순자는, 외부의 자극을 받았을 때 저절로 그렇게 되는 것自然이 정성情性이고, 자극을 받았을 때는 그럴 수 없고 반드시 일事[제도]을 기다린 후에야 그렇게 되는 것이 작위僞라고 생각했다. 그러나 맹자가 말하지 않았는가? 어린아이가 우물에 들어가는 것을 보면 반드시 측은한 마음이 일어나고, 그 어버이의 시신이 골짜기에 뒹굴고 있는 것을 보면 이마에 땀이 흐르기 마련이라고. 이것이 어찌 자극을 받았을 때 저절로 그렇게 되는 것이 아니겠는가? 혹 측은한 마음이 일어나고도 그 어린아이를 건져내지 않거나, 이마에 땀이 흐르면서도 그 시신을 수습하여 매장하지 않는다면, 그것이 곧 사의私意가 해친 것이며, 그것을 작위라고 부를 수 있을 것이다. 순자가 말하는 '작위'는 우리가 말하는 '작위'와는 다르다.(『농암집』 권25 20b 「성악논변」)

김창협은 맹자에서 리에 의해 규정된 성, 곧 성의 본연은 또한 우리의 현실세계에서의 상호작용 가운데 자연스러운 마음으로 드러나고 있음을 말하고 있다. 곧 인간에게는 측은히 여기는 마음 즉, 자연적이면서 동시에 도덕적인 마음이 있다. 그것은 곧 맹자가 말한 사단四端의 마음으로서, 리에서 비롯된 자연 상태라고 할 수 있다. 그러한 자연 상태에서 볼 때, 인간의 성은 선하다고 할 수 있다. 순자적인 자연 상태에서 드러나는 악한 심리적 현실은 기에 의해 일시적으로 왜곡되고 은폐된 것일 뿐이며, 그 본래의 모습은 아니다. 인간 존재에 있어 더욱 근원적인 것은 리이며, 인간 존재의 본질, 혹은 본성은 기가 아닌 리에 의해 규정되는 것이라고 해야 한다는 것이다.

「성악논변」에서 김창협은 인간의 성을 리에 기원한 자연 상태와 관련시킴으로써, 맹자적 전통을 이어 인간의 성의 선함과 그에 기초한 질서의 내적 필연성을 역설하였다. 인간은 현실적으로 악할 수도 있으나, 그 심층은 선하다고 할 수 있다. 성은 곧 그러한 인간의 마음의 심층을 가리키는 것으로서, 사단이라고 하는 심리적 현실에서 체험적으로 확인할 수 있다는 것이다.

## 성 — 부여된 표준

주자학의 전통에서, 주로『맹자』의 '사단'과 관련하여 성에 대한 내재적 접근이 수행되었다면, 성에 대한 초월적 접근은『중용』을 중심으로 제시되었다. 중국 남송의 철학자 주희는『중용』의 "하늘이 명한 것을 성이라고 한다天命之謂性"라는 구절의 주석에서 성에 대한 초월적 접근을 수행하였다. 그것은 다음과 같다.

명命은 명령한다는 것이다. 성은 곧 리다. 하늘은 음양과 오행으로 만물을 화생化生한다. 기로 형形을 이루고, 리 또한 거기에 부여하는데, 이는 마치 명령하는 것과 같다. 이렇게 사람과 만물이 생겨남에, 각각 그 부여받은 리를 원인으로 하여 건순오상健順五常의 덕으로 삼으니, 이른바 성이다.(『중용장구』 제1장 주)

여기에서 성과 동일시된 리는 우리 실존의 자연 상태의 내용과는 무관하게 외부에서 부여된 것으로서 그 기원은 외재적이다. 그것은 하늘天에서 부여된 것인 만큼 불가역不可易의 절대적 타당성을 가지는 것으로서, 모든 존재에게 무차별적으로 명령되는 규범적인 것으로 묘사되었다. 이는 위의 내재적 입장과 긴장을 일으키는 것으로서, 그러한 긴장은 김창협에 의해 다음과 같이 포착되었다.

제1장 주註에 '사람과 사물이 각각 그 부여받은 리를 원인으로 하여 건순오상健順五常의 덕으로 삼았다'고 했습니다. 이 말은 만물이 생겨남에 각각 오성五性을 온전히 구비하여서 다시 사람과 구별이 없다는 것을 의미합니까? 아니면 혹 그렇지 않음이 있습니까? 사람과 사물이 생겨남에 본래 모두 같은 리를 얻어 생겨나지만, 일단 [각기] 성을 이루고 나면 편전偏全의 다름이 없을 수 없습니다. 벌이나 개미의 사회에도 군신의 관계가 있고, 호랑이나 이리의 무리에게도 부자의 관계가 있습니다. 혹 인仁한 것도 있고, 또 혹 의義로운 것도 있습니다. [그러나 어느 경우든 그것들은] 오성 가운데 오직 한 가지만을 겨우 부여받았을 뿐입니다. (…) [물론 그렇다고 해서] 그것이 어찌 천명이 [원래] 균일하지 않아서 그렇겠습니까? 기에 통색通塞이 있음에 따라 리에도 편전이 있게 된 것일 뿐입니다. (…) 사람과 사물을 통틀어 말하자면 이 성을 함께합니다. [그러나] 그들의 통색편전通塞偏全의

다양성으로 말하자면 다름이 없을 수 없습니다.(『농암집』 권12 18b~19a 「上尤齋中庸疑義問目〈戊午〉」)

초월적 관점에서는 인간과 동물(다른 존재)의 근원에 공동의 리가 있고, 그것이 공동의 성을 구성한다고 할 수 있을 것이다. 그러나 이는 인간과 동물의 차이를 간과하고 있는 것은 아닌가? 동물의 자연 상태에서도 인간의 자연 상태와 마찬가지로 리에 기원한 것이 있음을 확인할 수 있지만, 동물의 자연스러운 마음에서 발휘되는 리는 그의 기에 제한을 받는다고 해야 하지 않는가? 그들 사이의 동일성은 초월적 관점—곧 명命—에서는 말할 수 있으나 내재적 관점에서는 엄연히 한계가 있는 것이 아닌가? 하는 것이다.

김창협은 한편으로 주희의 초월적 관점을 인정하면서 여전히 초기의 내재적 관점을 고수함으로써 새로운 문제를 제기하고 있다고 할 수 있다. 인간과 동물의 성 혹은 오상五常의 동이同異의 문제는 후에 호락논쟁에서 중심 문제 중의 하나로 부각된다. 김창협의 견해는 표면적으로는 호락논쟁에서의 낙학의 기본 관점인 인물성동론人物性同論보다는 인물성이론人物性異論에 더 가까운 것으로 보인다. 김창협이 낙학의 종장으로서 성에 대해 독자적으로 접근한 시기는 그로부터 조금 지나서였다. 김창협은 자신의 초기의 성에 대한 위의 양 방면의 접근방식을 지양하고, 심心과 관련하여 성에 대해 새롭게 접근하였으며, 그를 통해 낙학의 기본 종지를 정립하였다.

**인물성이론**
호학의 주요 이론으로 '사람과 동물의 본성이 다르다'는 주장이다.

# 지각
# —
# 표준으로서의 성과 그것을 실천하는 심의 구별

**민이승**
1649~1697.
조선후기의 유학자.
윤증尹拯의 문하이며,
윤증이 보기 드문
실심實心, 실공實功이라
칭찬하였다.

김창협은 1697년 민이승閔以升과 지각知覺 문제에 대해 논변을 벌였다. 성性으로서의 지智와 심心의 지각 사이의 관계를 두고 벌인 논변이었다. 김창협은 이 논변을 통해 성에 대한 초월론적 접근의 의의에 대해 새로운 인식에 이르렀다. 이 문제에 관한 김창협의 입장은 다음과 같다.

> 지智는 곧 인심人心 시비是非의 리理로서, 확연確然하여 준칙準則을 가진 것입니다. 지각知覺은 이 심心의 허령虛靈의 용用으로서, 신묘神妙하여 헤아릴 수 없는 것입니다.(『농암집』 권14 1a~b 「答閔彦暉〈丁丑〉」 1)

지智는 성性으로서 심心에 갖추어진 것이기는 하지만, 심이 따라야 할 준칙이지 심의 운동, 곧 지각 자체는 아니므로, 심 지각과는 구별되어야 한다는 것이다. 성과 심의 구분에 대해 그는 더욱 분명하게 다음과 같이 말한다.

> 성性은 심心이 갖춘 리입니다. 심이란 성이 담겨 있는 그릇器입니다. (…) 성이 아니라면 심이 준칙으로 삼을 것이 없어지며, 심이 아니라면 성은 운용할 수 없습니다. 이것이 바로 심과 성의 구별입니다. 둘은 서로 떨어질 수

없지만 또한 서로 뒤섞여서도 안 됩니다. 그러므로 심과 성에 대해 말하는 자는 심에 즉卽해서 성을 지적한다고 하면 되지만 심을 그대로 성이라고 해서는 안 됩니다. 유자儒者의 학學이 정밀하게 살펴 명확하게 분별해야 하는 것으로 이것보다 우선해야 할 것은 없습니다.(『농암집』 권14 2a~b)

심에 대해 성은, 심이 실현해야 할 준칙으로서 외재적인 것이라고 할 수 있다는 것이다. 김창협은 지각논변을 통해 성이 리임을 다시 한번 확인하는 동시에 심에 대해 외재적인 것임을 확인하였다. 이는 위의 초월론적 관점과 통하는 것으로서, 초기의 내재적 접근과 구별된다. 성이 초월적인 것이 되면서, 그것을 현실세계에서 인식하고 실천하는 심의 역할이 상대적으로 강화된다. 김창협이 특별히 유학자의 학문에서는 심과 성의 분별이 무엇보다도 중요하다고 말한 것은 그렇게 성 즉 리를 실현 혹은 실천하는 매개 혹은 주체로서의 심에 대해 독자적 중요성을 부여한 것이라고 이해할 수 있을 것이다.

한편, 김창협은 논변의 과정에서 성을 심의 상태와 구별해야 한다고 강조하는 동시에 성을 심과 매우 밀접하게 관련지어 논의해야 한다는 인식의 진전을 보이고 있다. 먼저 그는 민이승이 지智를 심心의 신명神明이라는 견해를 끝내 고집하는 이유를 다음과 같이 이해를 겸한 추론을 한다.

그대의 취지는 다음과 같은 것으로 생각됩니다. 정이천이 비록 성을 곧 리라고 보았으나, 만약 다만 리라고만 한다면 그것을 통해서는 이른바 인의예지라고 하는 것이 구체적으로 어떤 맛, 어떤 색깔을 가지고 있는지를 알 수 없게 된다. 즉 성을 공허하게 말하는 것에 지나지 않는다懸空說性. 예를 들어 주희가 말한 시비是非 분별分別이라고 하는 것이 비록 또한 지智의

호병문

1250~1333. 원나라 시대의 유학자. 주희의 종손에게 『주역』과 『서경』을 배웠고, 특히 『주역』에 뛰어났다. 『사서통四書通』 등을 지었다.

작용이라고 해도 그것은 또한 [지智의] 참된 맛, 참된 색깔은 아닌 것이다. 만약 지智의 참된 맛, 참된 색깔을 구하려고 한다면 반드시 그것이 밝게 비춘다는 것光明照燭을 곧바로 지적하여 말한 후에야 절실하게 된다. 이것이 호병문胡炳文이 [지智를] 신명이라고 정의한 것을 취할 만한 이유인 것이다. 그것을 거울에 비유한다면, 오직 그것이 자체로 밝게 빛나기 때문에 연치妍蚩를 분별해낼 수 있는 것이다. 만일 그 밝게 빛나는 성질을 제쳐두고 다만 분별의 공용功用만을 말한다면 오히려 부차적인 것일 뿐이며 친절親切한 형용이라고 할 수 없다.(『농암집』 권14 25b~26a 「답민언휘」 5)

이러한 이해를 전제로 그는 다음과 같이 말한다.

당신의 말은 본래 옳습니다. 그러나 제가 리로써 성을 말하는 것은 바로 또한 실사實事에 나아가 그 본연의 도리를 지적한 것이지 허공에서 리를 말하고자懸空說理 하는 것이 아닙니다. 지금 또한 지智를 가지고 말해본다면, 시비를 분별하는 것이 바로 지의 실사實事이니, 그 상면上面의 본연의 도리가 곧 그 체體입니다. 이것으로써 지를 말한 것이니, 또한 어찌 실사를 버리고 공허하게 리를 말하는 것이 되겠습니까?(『농암집』 권14 18b~19a 「답민언휘」 4)

즉, 자신이 성을 리라고 본 것은 우리의 기, 혹은 심의 활동에 대해 성을 단지 외재적인 것으로 보고자 하는 것은 아니라는 것이다. 성이란 이 심의 활동에 나아가 그 '본연'의 도리를 지적해낸 것이다. 그것은 기와 구별되지만 그렇다고 일체의 기의 세계의 맥락을 떠난 공허한 경지에서 말하는 것은 아니다. 심의 활동에 즉해서 성을 말한다고 하는 이 사고의 계기는, 이어지는 마음의 미발에 대한 논변과 더불어 김창협을 새로운 사유의 단계로 이끌었다.

## 미발
## —
## 아직 발현되지 않은 나의 마음에서 성을 발견하다

지각논변에서 김창협은 심의 매개작용을 강조하면서, 그를 통한 성의 실현을 말하였지만, 성 자체의 운동에 관해서는 말하지 않았다. 그러나 성을 살아 움직이는 구체적인 것으로 이해하려 한 민이승의 의도에는 일면 동정을 표하고 있었다. 이와 관련하여, 김창협은 미발 문제를 다루면서 성과 심에 대해 새롭게 접근한다.

미발은 아직 외부 사물과 접촉하지 않아 사려가 일어나지 않았을 때의 심이다. 곧 심이 고요한 정靜의 상태에 있을 때로서, 『중용』에서 그것은 일체의 치우침이 없는 중中으로서, 성性에 접근하지만 성 자체는 아니고, 이발已發의 사단과 마찬가지로 여전히 우리의 심리적 현실로서의 심에 속한다. 주희의 스승 이통李侗은 미발에서 천리天理의 기상氣像을 체인體認할 수 있다고 하였다. 미발의 마음에서 천리를 체인할 수 있다는 것은 양시楊時에서 이통으로 이어지는 주장이었으며, 주희는 그러한 전통을 함양涵養 공부와 관련하여 독자적인 방식으로 계승하였다.

김창협은 1698년 이후 주변 인물들과의 대화와 논변을 통해 미발에 대한 자신의 견해를 제시하였다. 그는 자신의 족질 김시좌金時佐에게 전한 편지에서 미발과 관련된 논점을 다음과 같이 제시하였다.

**이통**
1093~1163. 주희가 불교로부터 유교로 귀의하는 데 도움을 준 스승으로 미발체인未發體認과 리일분수理一分殊를 전수한다.

**체인**
양시로부터 이통과 주희로 이어지는 공부방법으로 미발의 본성을 자신이 직접 체험하고 확인하는 것이다.

**양시**
1053~1135. 정호와 정이 형제에게 사사했는데, 특히 형 정호의 신임을 받았다. 유작, 여대림, 사량좌와 함께 정문사선생程門四先生으로 불렸다.

대저 지금 여기에서 논쟁하는 바는 다만 미발의 전前에 이 심에 편의偏倚, 중中과 부중不中이 있는지 없는지 하는 데 있다. 이는 다른 데서 구할 필요가 없다. 다만 자사子思의 말을 보면 된다. (…) 만약 미발 때에 이 심에 편의가 있다면 자사는 마땅히 '희로애락이 미발함에 편의가 없는 것을 중이라고 한다'라고 해야 했을 것이다.(『농암집』 권19 11b 「答道以」)

즉, 미발의 마음은 중中의 상태를 가리키는 것으로서, 다만 심이 아직 외물과 접촉하기 이전의 상태를 의미하는 것은 아니라는 것이다. 그저 고요히 있는 것이 미발인 것은 아니다. 미발이 중中이요, 본연의 성의 상태와 일치하기 위해서는 단지 외부 사물과 접촉하지 않는 것만으로는 부족하다는 것이다. 그렇다면 그것은 일반 사람들은 이를 수 없는 어떤 특별한 경지인가? 그에 대해 김창협은 다음과 같이 말한다.

지금 일반인衆人에게는 원래 정靜한 때가 없다고 한다면 진실로 지나친 것이며, 만약 일반인의 미발은 중이 되기에 부족하다고 한다면 이는 천명지성天命之性이 일반인에 있어 오히려 편의偏倚가 없을 수 없게 되는 것이다. 그 대본大本을 알지 못함이 또한 심하지 않은가?(『농암집』 권19 13a 「답도이」)

미발의 중은 천명의 성이 그러한 것처럼 모든 인간에게 보편적이라는 것이다. 그것은 그저 마음을 가진 사람이라면 누구에게나 현실적으로 존재하는 그러한 마음의 한 상태다. 그것은 지극히 평정한 상태이며, 그대로 성의 상태, 나아가 성이 그대로 드러나는 상태다. 그것은 측은한 마음이 우리의 심리적 현실이듯이, 생생한 심리적 현실이다.

김창협은 "다만 일반인은 그것을 드물게 가질 뿐이다但衆人鮮有未發之時, 故中體不立"(『농암집』 권19 14a「답도이」)라고 말한다. 혹 그런 순간을 접해도 잘 보존하지 못하고 곧 망각하거나 쉽게 상실함으로써, 그것이 확고한 인격적 특성으로 정립되지 못한다. 그러므로 이발에서의 도덕적 실천에 실패하고 마는 것이다. 김창협은 다음과 같이 말한다.

> [일반인의 경우에도] 비록 짧은 순간이지만 이 심의 미발에는 이른바 중이라고 하는 것이 본래 그에 즉하여 존재한다. 다만 계구戒懼 공부를 하여 체로 삼아 보존하는 것이 없어서 곧 또한 묻혀서 잃어버리는 것일 따름이다. 일반인이 성현과 다른 이유는 다만 이에 있다.(『농암집』 권19 13a「답도이」)

즉, 일반인과 비교하면 군자는 계구 함양 곧, 조심하고 두려워하며 잠기어 기르는 수양을 통해 그것을 보존하여 확고한 인격, 곧 덕성으로 확립하며, 이발에서, 즉 세상 속에서 다른 존재와 관계하면서 법도에 어긋나지 않은 중절中節 조화和를 실현할 수 있다. 미발은 공부를 통해 비로소 도달할 수 있는 어떤 경지가 아니다. 그것은 성이 그러하듯이 누구에게나 보편적으로 일단 주어져 있다. 그렇다고 해서 미발에서의 공부가 부정되는 것은 아니다. 그것은 그러한 순수한 마음, 성과 일치하는 마음을 잃어버리지 않도록 보존하고 나의 존재가 그에 충만할 수 있도록 길러가는 공부로서 불가결한 것이다.

지각논변에서 김창협은 성과 심을 구별했으며, 심의 신명은 성性으로 이해될 수 없다고 하였다. 그러나 여기에서 김창협은 다시 심의 미발 상태에서 성의 드러남을 이야기하는 것이다. 적어도 심의 미발 상태에서 심과 성은 하나가 되는 듯하다. 성은 순수한 마음으로 생생하게 체현된다. 김창협은 1704년에서 1706년에 걸쳐 자신의 처남이자 동문인 이희조李喜朝와 미발지각未發知覺의 문제를 둘러싸고 펼친 논변을 통해, 그러한 미발이 단지 사려미맹思慮未萌의 것이 아니라 지각불매知覺不昧의 것임을 강조함으로써, 순수한 마음의 생생함을 강조하였다(『농암집』 권13 30a~41a 「與李同甫〈丙戌〉」). 김창협의 이러한 시도들은 성에 대한 내재적 접근을 새로운 방식, 즉 체험적이고 실천적 방식으로 복원한 것이라고 평가할 수 있다. 이러한 내재적 접근은 심의 이발에 대한 이해에까지 이어진다. 김창협의 「사단칠정설」은 그것을 명료하게 보여준다.

## 사단
## —
## 이미 발현한 나의 마음에서 성을 발견하다

김창협은 1701년 「사단칠정설」(『농암집』 續集 卷下 65b~75a)이라는 글을 썼다. 성性이 가능성 혹은 본래성으로서 본성을 의미하는 것이라고 한다면 사단칠정四端七情이란 곧 정情으로서, 현실화된 의식, 정서 혹은 감정 등을 지칭하는 용어라고 할 수 있다. 이황과 고봉에 의해 본격화된 사단칠정논변은 먼저 현실화된 정서를 사단과 칠정이라는 두 가지로 유형화하고, 그 두 가지가 세계를 구성하는 두 원리인 리와 기를 통해서 각각 어떻게 해석할 수 있는가 하는 데서 생긴 것이었다. 이는 곧 우리가 평소 체험하고 있는 우리 자신의 현실화된 정서를 통해 인간 존재의 성격을 원리적으로 구명하고자 한 것이었다.

사단과 칠정은 모두 현실화된 정서로서 결국 현실화의 원리인 기氣에 의해 구체화한 것이라 할 수 있다. 이이가 기발일도설氣發一途說[2]을 주창한 것은 바로 이러한 점에 유의한 것이었다. 그런데 같은 현실화한 정서지만 사단은 칠정에 비해 독특성이 있다. 이이는 사단의 독특성을 기껏 칠정 중에서 선한 것이라고 이해하거나, 또는 칠정과 별다를 바 없다—사단에도 선불선善不善이 있다—고 보아 그 독특성을 인정하지 않는 경향이 있지만, 사실 사단이 유교 자체에서 가지는 의미는 그 이상이다. 사단과 칠정 모두 성이 현실화한 것이긴 하지만 사단은 곧 우리의 성, 즉 존재 본래의 순선함을 드러내주는 본래의 마음으로서, 맹자 이래 유학의 관건으로 이해되어 온 부분이기 때문이다. 사단이 독자적으로 분류되는 것은 바로 그러한 사정이 있는 것이다. 사단도 현실화된 정서이긴 하지만, 사단은 그 리性의 발현에 초점을 맞추어 말한 것이라는 독특성을 지닌다는 것이다. 김창협은 이이의 기발일도설을 받아들이면서도 바로 그러한 점에서 이황의 호발설의 취지도 수용하였다.

> 사단은 리를 주主로 해서 말한 것으로 기는 그 속에 들어 있다. 칠정은 기를 주로 해서 말한 것으로 리는 그 속에 들어 있다. 사단의 기는 곧 칠정의 기이며 칠정의 리는 곧 사단의 리다. 서로 다른 두 가지가 아니다. 다만 개념을 설정하는 가운데 각각 주로 하는 바가 있을 따름이다. (…) 인간의 심에는 리도 있고 기도 있다. 그것이 외부 사물에 감응함에, 기의 기틀이 발동하고 리는 그에 올라탄다. 칠정은 기의 기틀이 발동하는 데

2 사단과 칠정 모두 기발이승氣發理乘이라는 동일한 방식으로 나타난다는 주장으로, 이황이 사단은 이발기수理發氣隨, 칠정은 기발이승이라고 한 것을 비판한 것이다.

나아가 개념을 정립한 것이며, 사단은 그 도리가 드러나는 것을 곧바로 가리킨 것으로, 기의 일에 간섭하지 않는다. 이른바 기의 일에 간섭하지 않는다고 하는 것은 사단이 기 없이 스스로 움직인다고 하는 것이 아니며, 그것을 논할 때 이 기의 맥락을 끼어들이지 않는다는 것을 말하는 것일 뿐이다.(『농암집』 속집 권하 65b 「사단칠정설」)

김창협은 더 나아가 사단은 칠정으로 환원될 수 없고, 칠정 역시 사단으로 환원될 수 없다고 하여 이이가 사단을 칠정의 일부로 환원시키는 것에 반대하며, 인심도심 문제와 연결하여 리理의 발發을 옹호하는 발언을 하였다.

이이는 「인심도심설人心道心說」에서 '선善이란 청기淸氣가 발현한 것이고, 악惡은 탁기濁氣가 발현한 것이다'고 했다. (…) 후에 생각해보니 율곡설은 진실로 조금 잘못된 것이다. 청기의 경우 실로 그 발현이 선하지 않음이 없지만, 선한 정서를 모두 청기 발현에 돌려서는 안 된다. 또한 악한 정서는 실로 탁기에서 발현한 것이지만, 탁기에서 발현한 모든 것을 악하다고 할 수는 없다. 이는 깊이 체인해보면 알 수 있다. 일반인 이하의 수준에서는 실로 그 기가 탁濁한 것은 많고 청淸한 것은 적다. 그러나 그들이 어린 아기가 우물에 빠져들어가는 것을 보면 놀라고 측은해 하지 않는 이가 없다. 이것이 어찌 모두 청기의 발현이라 할 것인가? (…) 천리가 그 성에 뿌리박고 있어서 자극에 따라 반응하여 일어난 것이어서, 비록 그것이 탄 기가 탁하여 청하지 않아도 그것이 발현하는 것을 덮어 가릴 수 없었던 것이다. (…) 부지중에 참된 마음眞心이 발출한 것이요, 바로 거기에서 인간의 성의 선함을 볼 수 있으며, 천리의 쉬지 않고 운행함不容已을 볼 수 있다. 그것이 어찌 청기의 발현에 의한 것이겠는가? 비록 리가 무정의無情意하고 무조작無造作하다고 하지만 (…) 또한 일찍이 만연漫然히 주재主宰함이 없었던 적이 없었다. 그러므로 인간의 심이 움직일 때는 리가 비록 기를 탄다고 해도, 기 또한 리의 명을 듣는 것이다. 지금 선악의 정을 오로지 기의 청탁淸濁에만 돌린다고 하면 아마도 그것으로써는 리의 실체實體와 성의 선함을 볼 수 없을 것이다.(『농암집』 속집 권하 69a~70a 「사단칠정설」)

사단에서 리는 주재하고 기는 리의 명령을 듣는다. 그러나 그것은 자연스럽게 일어나는 일이며, 심의 사유 작용을 거친 것이 아니다. 김창협은 사단에서 리의 실체를 볼 수 있다고 말한다. 여기에서는 '실實'이라는 용어가 중요하다. 사단이 리 자체인 것은 아니지만, 그것은 현실세계에서 드러난 리의 실상이라는 것이다. 그것은 곧 성, 즉 리가 현실세계에서 자신을 실현하는 것인 동시에 심이 성 즉 리의 명령을 듣고 그것을 실현하는 것이다.

이것은 심의 미발에서 성의 실상이 드러나는 것과 마찬가지다. 즉, 김창협은 초월적으로 상정된 성, 곧 리가 현실세계에 실상으로서 드러난 것을 마음의 미발과 이발에서 추적하고 확인하고 있는 것이다. 김창협은 그를 통해 우리 마음의 전체, 곧 우리 인간 존재 전체를 통해서 성, 리의 관여를 명확히 말할 수 있게 되었으며, 동시에 그에 기반하여 철두철미한 심의 실천론을 구축할 수 있었다.

# 다시 앞에 놓인 길
—
# 모든 사람은 평등하다

마음에 대한 김창협의 탐색은 단적으로 본마음本心, 곧 본래의 순수하고 선한 마음을 찾아 나선 순례라고 요약할 수 있다. 김창협은 그것을 미발의 중, 이발의 사단에서 발견하였다. 그것들은 성 즉 리와 구별되는 심이되, 우리의 공부와 실천 이전에 이미 주어진 존재로서 발견되는 것이었다. 그러한 존재로서 그것은 성 즉 리와 일체의 것으로서, 실제로는 구별되지 않으며, 우리의 현실의 일상적인 마음에서 생생하게 체험된다. 김창협은 그러한 순수한 마음에 확고하게 발을 내디디기를 원했다. 바로 그러한 성의 차원, 성의 자연스러운 발현으로서의 순수한 마음의 차원에서 모든 인간은 혹은 더 나아가서 모든 존재는 같다. 즉 평등하다.

그러나 김창협에게서 그것은 또한 심에 의해 의지적으로 실천되는 것이었다. 심과 성은 공부와 실천, 즉 학學과 행行의 차원에서는 명확하게 구별되어야 한다. 성과 구별된 심은 현실세계에서 성을 실현하는 주체로서, 의지적으로 성 즉 리를 실천한다. 그때 성은 외재적(객관적)인 것으로서, 심의 실천을 위한 표준과 규범이 된다. 김창협은 지각에 대한 해석을 통해 심의 그러한 성격을 명료하게 하였다. 심의 이러한 실천에 사대부의 정체성이 놓여 있다. 일반인에 대해 사대부들은 심의 실천, 곧 학행學行의 탁월성에서 일반인과 구별되며, 그들에 대한 지배의 정당성을 부여받는다.

김창협에게서 성 즉 리는 한편으로는 심 내부에서 자신을 실현하는 순수한 마음으로 발견되며, 동시에 심의 실천에서는 외재적 규범으로서 접근된다. 성의 그 두 측면은 어느것도 폐기될 수 없었다. 김창협은 그 둘 사이의 괴리를 객관적 규범으로서의 성 즉 리에 대한 생생한 체험을 통해 극복하고자 한 것으로 보인다. 그 체험은 주관적이지만 동시에 보편성을 지닌 것으로 이해되었다. 김창협에게서 그것은 어디까지나 성에 대한 체험이요, 발견의 성격을 지니는 것이었다. 심의 실천은 그러한 체험 혹은 발견에 기초를 두었다.

김창협은 그렇게 하여 심의 실천과 성의 실현을 통합하였다고 할 수 있다. 심의 실천은 단지 외재적 규범을 준수하는 것이 아니라, 성의 자기실현으로서, 그리고 심이 성으로서의 자기 자신을 확고하게 정립해가는 과정으로 이해된다. 그것은 한편으로는 사대부의 실천이 지닌 보편적 지평을 강화하는 것이라 할 수 있다. 즉, 그것은 곧 사대부 지배의 보편적 정당성을 확고하게 하는 것이었다. 그러나 그것은 다른 한편으로는 심의 실천의 이면에 있는 성의 실현에서의 보편적 평등성을 함축하고 있었다. 김창협이 그러한 측면을 적극적으로 인지한 것은 분명 아니었지만, 그러한 함축은 언제고 새로운 의미를 부여받으면서 발현될 수 있는 것이었다.

## 더 읽을거리

『국역 농암집』 1~6, 민족문화추진회(현 한국고전번역원), 2001~2008

김창협 문집의 완역본이다. 대본은 같은 기관에서 간행한 한국문집총간 161·162집 『농암집農巖集』으로, 번역본 뒤에 영인하여 붙여놓았다. 해당 원문과 번역은 한국고전번역원의 한국고전종합DB 웹사이트에서 온라인으로도 확인, 검색할 수 있다. 한국문집총간본 『농암집』은 이 글에서 인용한 원전의 대본이기도 하다.

오용원, 『역주 농암잡지』, 동국대학교출판부, 2005

『농암잡지農巖雜識』는 김창협이 28세(1678)에서 57세(1707) 사이에 행한 다양한 언설을 모아놓은 것으로, 내편 3편과 외편 1편, 총 410조목의 기사로 구성되어 있다. 철학, 경학, 사학, 문학, 인물평 등 다양한 주제에 대한 김창협의 생각을 생생하게 접해볼 수 있는 자료들이다.

강명관, 『농암잡지평석』, 소명출판, 2007

『농암잡지』 중에서 주로 문학에 관한 내용으로 되어 있는 외편 146조목에 대한 상세한 주해다. 각 언설의 배경에 대해 꼼꼼하게 탐색하여 학술적 주석과 해설을 붙였다.

진영미, 『농암 김창협 시론 연구』, 보고사, 1999

김창협의 문학, 특히 그의 시詩에 대한 전문적인 연구서다. 김창협의 시세계가 자연론自然論과 인위론人爲論의 통합이라고 하는 관점을 제시하고 그 의의에 대해 논하였다. 김창협의 마음에 대한 철학적 이해의 문학적 구현을 엿볼 수 있다.

문석윤, 『호락논쟁 형성과 전개』, 동과서, 2006

김창협과 떼어놓고 생각할 수 없는 호락논쟁에 대한 포괄적인 연구서다. 호학과 낙학 각각의 형성 과정 및 그 기본적인 정신과 지향, 그리고 둘 사이의 논쟁적 전개와 논점에 대해 기본 자료들을 중심으로 설명하고 해석하였다.

이천승, 『농암 김창협의 철학사상연구』, 한국학술정보, 2006

김창협의 철학 사상, 특히 그 심학心學적 성격에 대해 집중적이고 심도 있게 조명한 전문 연구서다.

차용주, 『농암 김창협 연구』, 경인문화사, 2007

김창협의 생애와 학술에 대한 전반적인 소개를 하고 있다. 김창협의 생애를 전기와 후기로 나누어 꼼꼼하게 살피며, 그의 저술, 철학과 문학 전반을 다루고 있다. 김창협에 대한 기본적인 정보를 얻는 데 유용하다.

# 정약용

# 기호, 저울, 그리고 덕의 실천

## 김영우

서울대학교 철학과를 졸업하고 같은 학과 대학원에서 「정약용의 역학 사상 연구」로 철학박사 학위를 받았다. 현재 인제대학교 자유전공학부 교수로 재직 중이다. 지은 책으로는 『조선전기심성론』, 『퇴계, 달중이를 만나다』(공저) 등이 있고, 논문으로는 「다산의 사단칠정론고찰」, 「다산과 대진의 『맹자』 해석 비교연구」, 「정약용과 모기령의 역학사상 비교연구」 등이 있다.

## 새로운 경학과 실천 유학

**성호학파**
이익(1681~1763)을 중심으로 이루어진 학파이다. 이들은 경전의 해석방법과 서양문물을 수용하는 태도에 따라 온건파와 급진파로 나뉜다. 온건파는 안정복, 황덕길, 허전 등을 들 수 있다. 급진파는 정약용, 권철신, 정약전 등이 꼽힌다.

**이벽**
1754~1785. 천주교 신자이며 세례명은 요한이다. 이벽은 권일신權日身, 정약용과 함께 이승훈李承薰에게서 세례를 받았다. 이는 조선에서 거행된 최초의 세례식으로 한국 천주교회의 창설로 간주된다. 이후 권일신과 함께 전도부의 간부로 활약하다가 1785년 페스트에 전염되어 32세의 나이에 사망하였다.

17세기 이후, 일부 지식인을 중심으로 조선 성리학의 학문 경향에 대한 비판적 시각이 대두하면서 주희의 경학 체계를 벗어나 경전經傳에 대한 새로운 해석을 시도하는 움직임이 나타난다. 윤휴(1617~1680)와 박세당(1629~1703)이 주희와는 다른 경전 해석을 했다는 이유로 사문난적斯文亂賊으로 몰려 죽임을 당하는 비극을 겪지만 그럼에도 주자 경학에 대한 비판적 흐름은 계속된다. 특히 성호 이익(1681~1763)과, 그의 제자들 가운데 진보적 그룹에 속하는 권철신, 이가환, 이병휴 등은 이기심성론 중심의 성리학적 경전 주석과는 다른 새로운 해석을 내놓는다. 주희의 『대학장구』를 비판하고 고본『대학』을 원본으로 인정하거나, 명덕明德을 효제자孝悌慈로 해석하는 등 이들은 새로운 해석 방법을 찾는 일정한 학풍을 형성해나갔다. 정약용은 윤휴, 이익, 권철신, 이가환을 거쳐 자신에게 이어져온 흐름을 이어, 육경사서에 관한 주석을 집대성한다.

정약용(1762~1836)은 16세에 이익의 경학에 대해 배웠고, 이후 성호학파의 신진 학자들과의 활발한 교유를 통해 남인계 학문의 전통은 물론 성리학의 해석과는 다른 경학의 새로운 해석에 대해서도 공부하게 된다. 다른 한편 이벽李蘗에게서 『천주실의』를 소개받아 성리학의 이기심성론 체계에 대한 학적 비판의 논리를 갖추게 된다. 23세 때, 정조가 내려준 『중용』에 관한 질문에 답변하는 과정에서 그는 『천주실의』에 나오는 리理와 기氣에 관한 정의를 원용하여 이황의 호발론互發論이 아닌 이이의 기일도설氣一途說을 지지함으로써 정조의 주목을 받게 된다. 정약용은 또한 당시 조선학계에 활발히 소개된 청조 고증학의 연구 성과에도 주목하였는데 특히 주희의 경학 체계 전반을 비판했던 모기령毛奇齡의 경학을 비판적으로 수용하였다.

정약용의 경학 연구는 유배 이후 집중되어 큰 결실을 보게 되는데, 그는 육경사서 전체에 관한 새로운 주석서를 집필하였으며, 경학 연구를 토대로 일표이서一表二書라 불리는『경세유표』,『목민심서』,『흠흠신서』의 정법서政法書를 저술하여 개인의 도덕 실천과 천하국가의 경영이라는 자신의 학문적 목표를 실현하였다.

정약용에 의해 새롭게 제시된 유학은 실천 유학의 성격을 가진다. 이때의 실천이란, 개인적 마음 수양을 넘어 현실의 문제에 적극 대처하고 그것을 해결하는 사회 정치적 실천을 포괄하는 의미다. 심성 수양을 중심으로 전개된 조선 성리학의 흐름을 벗어나 개인의 도덕적 실천과 경세를 아우르는 새로운 실천 유학을 구축하고자 했던 정약용의 학문적 기획을 마음과 본성에 관한 그의 해석을 중심으로 살펴보자.

## '성'은 리가 아니라 기호이다

정약용의 심성론은 성기호설性嗜好說, 즉 성은 리理가 아니라 기호嗜好라는 주장에 그 핵심이 있다. 정약용의 학문적 벗이기도 했던 둘째형 손암 정약전은 1811년 정약용에게 보낸 편지에서 "맹자의 성선설에 관하여 의심이 없지 않았었는데, 정약용에게서 '성'이라

**호발론**
이황의 학설로 '사단은 리가 발한 것이고, 칠정은 기가 발한 것이다'라는 주희의 말에 근거하고 있다. 이는 리와 기가 서로 뒤섞일 수 없다는 리기불상잡理氣不相雜의 측면을 강조하는 것이다.

**기일도설**
이이가 논한 '기가 발하고 리는 타는 하나의 길이다'라는 말이다. 이는 인간의 본성, 마음, 정, 의식이 하나의 길 위에서 연속적으로 작용한다는 '성심정의일로설性心情意一路說'과 일맥상통한다.

**모기령**
1623~1716. 청나라 학자로 양명학의 영향을 받았고 고증학을 좋아하였다. 저술로는 주희를 비판한『사서개착四書改錯』, 염약거閻若璩의『고문상서소증古文尙書疏證』을 반박한『고문상서원사古文尙書寃詞』등이 있다.

는 글자의 의미가 기호에 있다는 것을 듣고서는 구름을 제치고 하늘을 보는 것과 같았다"고 하였다. 1811년이면 정약용이 강진으로 유배된 지 10년이 되고 그의 나이 50이 되는 중년 이후의 시기다. 정약전의 기록으로 보면 성을 기호라고 보는 정약용의 성기호설은 유배 이후 상당히 오랜 시간이 지나서야 정립된 것임을 알 수 있다.

그런데 정약전의 표현이 다소 과장되었다고 하더라도 성을 기호로 해석하는 것이 어떻게 맹자의 성선설에 대한 의심을 털어낼 수 있을 정도의 중요한 의의가 있는 것일까? 정약전이 맹자 성선설에 의심이 없지 않았다고 한 것은 성선설 그 자체에 대한 의구심이라기보다는 성을 리로 해석하는 성리학의 성선론에 대한 의구심일 것이다. 이렇게 본다면, 1811년의 이 기록은, 이제 성을 리가 아닌 기호로 해석함으로써 맹자의 성선에 대한 이해가 분명해졌다는 것을 의미할 것이다. 정약용 이전 맹자의 성선에 대한 주희의 해석은 정통적 권위를 지니고 있었다. 주희는 맹자의 성선설을 주해하면서, 성性을 사람이 태어나면서 부여받은 천리天理로 해석하였다. 맹자는 성선을 말하였지만 그것을 비유의 방식으로 설명하였을 뿐 이론적 근거를 제시하지는 않았다. 그러나 주희는 자신의 이론적 체계에 따라 경전의 주요 개념을 재해석하고자 하였다.

구미학자들은 주희에 의해 집대성된 유학을 신유학新儒學, Neo-Confucianism이라고 부른다. 이때 새롭다는 것은 이전의 유학과 달리 송대의 유학이 불교와 도교의 영향을 받아 인간 본성을 우주론과 연관하여 형이상학적으로 설명하려는 새로운 시도를 하였다는 것을 말한다. 주희가 성을 리라고 해석한 것이 바로 이 새로운 유학적 해석 방법의 대표적인 사례다. 주희는 맹자가 말한 성선론이 옳기는 하지만 맹자의 설명만으로는 논란의 여지가 있다고 보았다.

**신유학**
송나라 때 발흥한 유가의 새로운 학풍을 일컫는 말로 주돈이, 소옹, 장재, 정호·정이 형제에 의해 새로운 철학체계로 자리 잡기 시작한다. 이후 신유학이 성리학, 송학 또는 정주학으로서 집대성된 것은 주희에 의해서다.

먼저 주희는 맹자의 성선론은 확고한 이론적 근거를 제시하지 못하여 반론에 취약한 문제가 있다고 보았다.[1] 두 번째로 주희는 맹자의 성선설이 현실에서 일어나는 악惡의 문제를 설명하는 데도 취약하다고 보았다.

주희는 성선을 이기론에 근거하여 논증하고자 하였다. 즉 맹자의 성이 선하다는 주장은 우주론적 근거에 의해 입증되어야 할 문제로 본 것이다. 주희는 천지 사이에는 리와 기가 있어서, 사람과 사물이 생겨날 때 천지의 기를 받은 것은 형체가 되고 천지의 리를 받은 것이 본성이 된다고 설명하고, 성이 선한 이유를 천리에서 찾았다.

> 이어가는 것이 선善이요 완성하는 것은 성性이라 하였으니, 리가 천지 사이에 있을 때에는 선 자체로 불선이 없으며 사물이 생겨나서는 비로소 성리性理라고 부르게 된다. 다만 이 리가 하늘에 있으면 명命이라 하고, 사람에게 있으면 성이라 하는 것이다.(『주자어류』 권5)

리가 천지 사이에 있을 때는 불선이 없는 선이었고 그러한 리를 품부받은 사람의 성은 선하지 않을 수 없다. 하지만 인간의 본성은 단지 이 천리에 의해 이루어지는 것은 아니므로 주희는 기를 이야기해야 한다고 보았다. 근원에서 말한다면 성은 천리지만 현실에서 일어나는 악의 문제를 설명하기 위해서는 리 이외에 기가 있어야 한다.

1 실제로 맹자의 성선론에 대해 맹자 당대에도 많은 이견이 있었고 순자에 의해 전혀 다른 비유의 방식으로 반대 논증이 있었을 정도로 논란이 끊이지 않았던 것을 생각해보면, 이러한 주희의 해석은 맹자 성선론을 확실한 이론적 기반 위에 정초하기 위한 작업으로 평가할 수 있을 것이다.

> 맹자는 이미 성이 선하다는 것을 보였지만 이것은 단지 큰 근본처에서 이해한 것일 뿐이고, 다시 현실에서 선악이 말미암아 일어나는 곳에 기품이 각기 다름이 있다는 것을 생각하지 않았다. 이 때문에 후인이 잘못 이해하여 선악이 섞여 이루어진 설을 허다하게 이끌어내어 서로 떠들었으나 그중 정자程子의 설이 비교적 정밀하다. 그래서 성을 논하면서 기를 논하지 않는 것은 완전하지 못한 것이며, 기를 논하면서 성을 논하지 않는 것도 지혜롭지 못한 것이니, 둘로 나누는 것은 옳지 않다고 말한 것이다. 비록 이와 같지만 성과 기를 겸하여 말해야 온전한 것이 된다는 것은 주돈이의 태극도설에서 음양오행에 고르지 못한 것이 있다고 한 데서 나온 것이고 두 정씨가 그 설을 바탕으로 기질지성을 추론해낸 것이다.(『주자어류』 권59)

주희는 맹자의 성선의 의미를 그 근본적인 취지에서는 천리로 이해하였으나 현실의 악을 설명하는 데 미진하다고 보고 그것에 기질지성이라는 개념을 덧붙여야 인간의 도덕 행위 문제를 설명하는 가장 완성된 체계가 구축된다고 생각했다.

그러나 정약용은 맹자의 성선설, 나아가 심성론 전반을 이기론의 체계와 연결하여 설명하는 것은 적절하지 않을 뿐만 아니라 거기에는 심각한 문제가 있다고 비판한다. 이기론 자체에 문제가 있을 뿐 아니라 그러한 이론 틀로 경전을 해석하는 것은 경전 자체에 대한 심각한 오독을 낳기 때문이라는 것이다. 정약용은 『맹자』의 성선性善은 물론 『중용』의 천명지성天命之性 등 고경古經에서 사용되는 성자의 용례는 모두 성을 기호로 보고 있음에 근거하여 성은 리가 아닌 기호로 해석해야 한다고 주장한다.

> 무릇 성은 모두 기호이다. 하늘이 부여한 성이란 '선'을 좋아하고, '올

바름'을 좋아하는 것이다. (…) 불의한 재물이 있어도 의지를 가지고서 받지 않으면 마음이 즐겁고, 잘못인 줄 알고도 마침내 물들게 되면 부끄러우니 그 좋아하는 바를 알 수 있다. 오늘 좋은 일 하나를 하고 내일 의로운 일 하나를 하여 선을 쌓아나가서 심성을 기르면 심기는 날로 편하게 된다. (…) 오늘 마음을 어기는 일을 하나 하고 내일 마음에 부끄러운 일을 하나 하면 마음은 부끄러움을 느낀다. (…) 보리의 성향은 오줌을 좋아하여 그것을 오줌으로 배양하면 쑥쑥 자라나서 통통하게 된다. 오줌으로 기르지 않는다면 시들고 마르게 된다. (…) 사람의 성향은 선을 좋아하기 때문에 선으로 길러나가면 마음이 넓어지고 강대해진다. 선으로 배양하지 않으면 초췌하게 쇠잔해진다. (…) 성이란 기호를 가지고 그 이름을 얻은 것이 아니겠는가?(『매씨서평』)

맹자가 성선의 이치를 논하면서 기호로써 이를 밝혔고, 공자가 '백성이 떳떳함을 지녔으니 이 아름다운 덕을 좋아한다'라는 시를 인용하여 사람의 성품을 증명하였으니, 기호를 버리고 성을 말하는 것은 공맹의 옛 법도가 아니다.(『중용자잠』)

성이 기호라는 정약용의 주장은 성리학과 관련하여 두 가지 중요한 의미가 있다. 첫째, 성을 실체로 보는 입장에 대한 비판을 함축하고 있다. 성이 리라는 언명에는 성을 본체로 이해하는 사고가 반영되어 있다. 그러나 정약용은 리가 기라는 실체의 속성에 대한 이름이듯 성도 마음이라는 실체의 속성일 뿐이라고 한다. 성 그 자체는 실체일 수 없다. 성은 우리 마음이 가진 여러 속성 가운데 특히 선을 좋아하고 악을 싫어하는 속성에 중점을 두어 말한 것일 뿐이다. 벼가 물을 좋아하고 기장은 건조함을 좋아하듯이 인간의 마음은 선을 좋아하고 악을 싫어하는데 그것이 바로 인간 마음의 본성이라는 것이다. 성은 어디까지나 실체인 마음의 속성으로서의 기호를 말한다.

둘째로 정약용의 성기호설은 맹자의 성선설이 성리학과 같은 형이상학적 사변에 근거하지 않고 입증될 수 있음을 전제하고 있다. 정약용은 성이 선하다는 것은 경험적인 사실로부터 논증이 가능한 문제이며 형이상학적 정당화가 필요한 문제는 아니라고 보았다. 정약용은 성이 선을 좋아한다는 것을 두 가지의 사실을 근거로 논증한다. 하나는 '현재의 징험'이고, 다른 하나는 '최종 결과로 나타나는 효과'이다.

> 도둑이 잘못 빠져 악을 행하는데, 잘 모르는 사람이 그를 깨끗하다고 칭찬하면 기뻐하니, 그 성이 선을 즐거워함이 이와 같다. 기녀가 잘못 빠져 악을 행하는데, 심히 꾸짖는 사람이 있어 그를 음란하고 더럽다고 욕하면 부끄러워하니, 그 성이 악을 미워함이 이와 같은 것이다. 이런 것이 모두 '현재의 징험'이다.
>
> 배추의 성은 오줌을 좋아하고, 마늘의 성은 닭똥을 좋아하며, 벼의 성은 물을 좋아하고, 기장의 성은 건조함을 좋아한다. 무릇 그 좋아하는 바를 얻으면 곧 싹트고 자라고 번성하고 아름답게 되는 것이니, 사람이 그것이 싹트고 자라고 번성하고 아름답게 되는 것을 보고는 그것의 기호를 안다. (…) 오늘 마음에 걸리는 일 하나를 하고 내일 또 마음에 걸리는 일 하나를 하여, 우러러 하늘에 부끄럽고 아래로 사람에게 수치스러워 겉으로 숨기고 속으로 가책을 느끼며, 이 때문에 머리가 수그러들고 눈동자가 흐릿해져 몸의 정기正氣가 막히고 한숨이 절로 나온다. 오래도록 이런 상태가 누적되면 정신이 달아나고 뜻이 어지러워지며 반복하여 눌리고 꺾여 사람의 모습이 되지 않으니, 초목에 비유하자면 이것은 곧 거칠어지고 파리하게 마른

것일 뿐이다. 이로써 보건대, 인간의 성이 선에 마땅함이 배추가 오줌에 마땅하고 마늘이 닭똥에 마땅하고 벼가 물에 마땅하고 기장이 건조한 것에 마땅한 경우와 같은 것이 아니겠는가? 어떤 것에 마땅하다는 것은 그것을 좋아하는 것이다. 이것이 '최종 결과로 나타나는 효과'이다. 성이란 글자가 본래 기호에 사용되었음은 의심할 것이 없다.(「答李如弘」)

주희가 형이상학적 이론으로 성의 선을 입증하고자 하였다면 정약용은 경험적 사실을 통해 성의 선함이 논증될 수 있다고 보았다. 그런 의미에서 성기호설은 성리학의 이론 체계를 벗어나 형이상학적 이론에 의해 가려졌던 경험 세계를 복구하고 그것을 근거로 새로운 인간학을 구상했던 정약용 심성론의 성격을 잘 보여주는 것이라 할 수 있다.

오늘날 사람들은 성이라는 글자를 추존하여 마치 하늘처럼 큰 물건으로 받들고 태극·음양의 설과 혼합하고 본연·기질의 논의와 뒤섞어놓았으니 아득하고 멀며 모호하고도 허탄하다. 그러면서 스스로는 세세하게 분석하여 하늘과 사람에 관하여 아직 밝히지 못한 비밀을 궁구해낸 것으로 생각하고 있으나 결국은 일상생활의 법도에 어떠한 도움도 되지 못하니 이 또한 무슨 이익이 있겠는가? 그러므로 분별하지 않을 수 없는 것이다.(『심경밀험』)

정약용은 성리학이 당대의 인간과 사회 문제에 대한 이론적 의미를 결코 갖고 있지 못하다고 보았다. 성리학 이론은 더는 삶의 현실과 연결될 수 없었다. 이제 새로운 학문이 성리학을 대체하고 삶과의 간극을 메워야 했다. 그러나 그러한 학문은 아직 만들어지지 못했다. 성리학의 이론에 비하면 거칠 수밖에 없는 것이었다. 그리고 불가피하게 그러한 작업에는 개념의 정치精緻함이나 일관성이 떨어지기도 하고, 성리학의 핵심 개념들이 재등장하기도 한다. 성, 심, 인심, 도심, 정, 미발, 사단, 사덕 등 다산의 인성론과 윤리론을 구성하는 개념들은 성리학에서도 똑같이 등장하는 개념이다. 그러나 정약용은 이들 개념에 새로운 의미와 해석을 부여하고 이를 통해 심성론과 윤리론을 새롭게 제시한다.

## 마음
—
## 영명한 본체

주희가 집대성한 유학을 성리학이라고 부르는 것에서 알 수 있듯이 성리학에서 성性은 가장 비중이 큰 개념이라 할 수 있다. 성과 심을 비교하면, 성과 심은 각각 리와 기로 정의되어 성이 중심적인 위치를 차지한다. 그런데 정약용의 성기호설은 성과 심의 위상을 바꾸어놓는다. 정약용은 성性이 심忄과 생生이 조합된 글자로, 마음에서 생겨난 것이 성이며, 성리학자들이 말하듯이 심과 구별되는 본체가 아님을 강조한다.

> 후세의 학자들이 '성性'자 보기를 매우 중하게 하여 성을 오로지 영지靈知와 대체大體를 지칭하는 것으로 여겼다. 그래서 "마음이 성정을 통섭한다心統性情"라고 하면 심은 크고 성은 작은 것이라 여기고, "성명에 근원함을 추구한다推原性命"라고 하면 심은 작고 성은 큰 것으로 여기며, 리니 기니 같으니 다

르니 하여 천 갈래 만 갈래로 이리저리 얽혀서 오늘날 천지 사이에서 깊이 알아볼 수 없는 물건이 되어버렸다. 이제 만약 고지식한 사고 형태에서 벗어나 초연히 위로 옛 성현들의 말씀을 살펴보면 성이라는 글자가 된 것이 본래 기호의 욕欲을 가리키는 것이라는 것을 알 수 있을 것이다. 기호라는 것은 마음에서 생기는 것이니 마음에서 생기는 것이 성이 아니겠는가?(『매씨서평』)

성리학의 심성론이 갖는 문제는 성과 심의 의미를 바로잡는 데서 시작해야 한다. 성리학자들은 성을 지나치게 중시함으로써 심성론에서 여러 논란을 발생시켰다. 성리학자들이 생각하는 것처럼 성은 영지나 대체에 해당하는 말이 아니다. 성이라는 글자는 기호에서 왔으며 마음의 기호를 성이라고 하는 것이다. 대신 정약용은 대체나 영지를 지칭하는 글자에는 성이 아니라 심이 가장 가깝다고 주장한다.

**맹자의 대체**
『맹자』, 「고자(상) 15」에서 유래한 개념으로 소체(감각 기관)를 주재하는 마음을 가리킨다. 감각 기관(소체)이 외물에 끌려다니는 것을 마음(대체)은 생각思을 통해서 제어한다.

신神과 형形이 조화롭게 결합하여 사람이 된다. 신은 형체가 없고 이름도 없다. 그 형체가 없기 때문에 이름을 빌려 신이라 부른다[귀신鬼神의 신이란 글자를 빌린 것이다]. 심心은 피를 주관하는 기관으로, 신과 형이 조화롭게 결합하는 데 중추가 된다. 그래서 이름을 빌려 심이라 부른다[심心은 본래 오장五臟의 하나이며, 간이나 폐와 같은 것이다]. 죽어서 형체가 떠나면 혼魂이라 부른다. 맹자는 그것을 대체大體라 하였고, 불가佛家에서는 법신法身이라 하는데, 문자상의 일정한 명칭은 없다. 선배 학자들은 성性을 말함에 너무 두루뭉술하고, 지금 사람들은 또 더러 착오를 범하고 있다. 살아있을 때는 성性이라 하고, 죽으면 혼魂이라 하는데, 실제로 성과 혼은 다른 것이며, 성은 우리 인간의 대체에 대한 온전한 명칭은 아니다. 내가 성이라고 한 것은 기호에 중점을 두고 말하는 것이다.(『맹자요의』)

**법신**
보신報身·응신應身과 함께 삼신三身의 하나로 석가모니의 진신眞身을 일컫는 말이다. 진신은 덧없는 생사윤회의 지배를 받는 역사적 석가모니가 아니라 항상 보편한 진리 자체이므로 영원하다.

정약용은 인간을 신神과 형形이 묘하게 결합한 존재로 파악한다. 인간이 신의 요소를 지니고 있다는 점에서 인간은 영靈을 지닌 존재이기도 하다. 인간이 신과 영을 지닌 존재라는 특성은 인간을 다른 존재와 본질적으로 구별하게 한다. 다른 존재는 육체形와 지각 작용 등은 가지고 있지만 신과 영의 측면은 지니고 있지 않다. 인간만이 영적인 존재라는 점에서 인간은 다른 존재와 달리 영체靈體를 지니고 있는 존재이다. 영체란 신령하고 밝은 지각 능력을 지니면서 신묘하게 작용하는 본체라는 점에서 '영명묘응지체靈明妙應之體'라고도 한다. 정약용은 '심心', '신神', '영靈'의 개념이나 맹자의 대체大體, 불교의 법신法身은 모두 인간 존재만 지닌 이 영체를 지칭한 이름과 다름없다고 주장한다.

그런데 정약용은 '심이 곧 영체다'라고 정의하는 대신, 심은 어디까지나 영체를 지칭하기 위해 가차假借하여 사용하는 글자로 본다. 정약용은 심장이 피의 순환을 맡는 장기의 일부이면서 동시에 신神과 형形을 조화롭게 하는 신체의 중추기관이라는 점에서 심장의 심 자字를 빌려 지칭하게 되었다고 한다. 심은 영체의 의미를 가장 잘 표현할 수 있기 때문에 가차된 글자일 뿐이라는 것이다. 그래서 정약용은 심이라는 말 대신에 영체 혹은 대체, 영명지체靈明之體라는 용어를 직접 사용하기도 한다. 이것은 전통적인 심 개념의 정의를 따르지 않으려는 다산의 의도가 반영된 것으로 보인다. 심은 성리학의 전통에서도 지각 능력으로 허령·지각으로 정의되어왔으나 정약용은 영체의 의미는 그와는 구별되는 또 다른 성격이 있다고 보았기 때문이다. 성리학에서 심은 지각 능력이지만 선을 좋아하고 악을 싫어하는 기호까지 가지고 있지는 않다는 것도 그 이유 가운데 하나일 것이다.

정약용은 영체를 표현하는 말로 성보다는 심이 적합하다고 하였지만 심의 용례를 구별하여 영체로서의 심의 의미를 더 명확히 하고자 한다. 정약용은 심의 용례에는 세 유형이 있다고 한다. 첫째는 '오장의 하나인 심'이고, 둘째는 '영명의 전체인 심'이며, 셋째는 '영체인 마음이 드러난 심'이다.

> 심心자는 본래 세 가지 등급이 있다. 하나는 영지靈知의 전체를 심이라고 하는 것으로 이른바 '마음의 기능은 생각하는 것이다'라거나 '먼저 그 마음을 바르게 하라'는 것이 그것이다. 다른 하나는 감동하고 사려함이 발동한 것을 심이라 하는 것으로, '측은한 마음'이나 '도리에 어긋난 마음'과 같은 것이 그것이다. 셋째는 오장五臟 가운데 혈血과 기氣를 맡고 있는 것을 심이라 하는 것이니, '심에 일곱 개의 구멍이 있다'고 하는 것과 같은 것이 그것이다. 첫째 것과 마지막 것은 하나만 있고 둘이 없지만 둘째의 심은 넷도 되고 일곱도 되고 백도 되고 천도 되니 운부韻府에 열거된 것이 어찌 한정이 있겠는가?(『매씨서평』)

이러한 마음의 구분에서 핵심은 영지 전체로서의 심이다. 이때의 심은 심장과 같은 유형의 물질을 가리키는 심과 다르며 영체에서 발현되어 나타나는 다양한 양상의 마음과도 다르다. 영체인 마음은 그것이 무형한 것이라는 점에서 유형한 심장과 다르며, 실체라는 점에서 그것이 드러난 현상으로서 정서로서의 마음과도 다르다. 정약용이 성과 대비하여 인간의 마음이라고 말할 때의 심이란 바로 이와 같은 영체로서의 심을 말하는 것이다.

정약용의 심은 성리학의 이기론에서 규정되는 기氣로서의 심과는 본질적으로 다른 것이다. 영체가 유형의 인간 안에 존재하는 것이라는 점에서 형形의 요소의 영향이 없다고 할 수는 없겠으나 영체는 신神의 측면에 중점을 둔 것으로 심장과는 다른 것이다. 물론 성리학에서도 심을 기라고 했을 때 이를 심장이나 물질로서의 기와 같은 것으로 보는 것은 아니다. 인간의 심은 기 가운데서도 가장 빼어난 기로서 인식의 주체가 되는 실체다. 그러나 정약용은 심장에는 기가 적용될 수 있으나 영명지체로서의 인간의 마음은 결코 기일 수 없다고 한다.

> 첫째의 오장지심은 기라고 해도 괜찮지만 둘째의 영명지심을 어찌 기라고 할 수 있겠는가? 선유는 심이 성과 정을 통솔한다고 하였는데 심을 기로 여긴다면 곧 기가 리와 기를 통솔하게 되니 아마도 그렇지는 않을 것이다.(「답이여홍」)

성리학자들은 심이 성과 정을 통솔한다는 '심통성정'의 설을 말하고 있는데 만약 심을 기라고 한다면 그것은 기인 심이 리인 성과 기인 정을 통솔한다는 말이 되어 리가 기를 통솔해야 한다는 성리학의 테제와는 배치된다는 것이다. 더욱이 심이 주재의 역할을 한다면 그것은 더욱이 기가 되어서는 안 된다. 정약용은 영靈이 없는 존재는 결코 주재가 될 수 없다고 선언한다. 마음이 주재자가 되어 주체로서의 역할을 한다면 그것은 영체가 되어야 한다. 이제 정약용의 심성론에서 마음이라고 할 때 실체가 되는 것은 바로 이 영명지체 혹은 영체임을 알 수 있다. 정약용의 심성론은 성을 기호로 보는 성기호설에 그 특징이 집약된 것으로 보이지만 사실은 마음을 영명지체로 파악한다는 것에 더 큰 특징이 있다. 실상 성기호설도 실체로서의 성의 문제가 아니라 영명지체의 본성의 문제를 다루고 있기 때문이다. 성리학의 심성론이 성을 중심으로 전개되었다면 정약용의 심성론에서는 영체로서의 마음이 중심의 위치에 있는 것이다.

## 마음의 세 가지 특성 — 성性, 권형權衡, 행사行事

정약용의 심성론에서 마음은 영체를 의미하고 본성은 이 영체의 특정한 속성을 의미한다. 정약용의 심성론의 중심은 성이 아닌 영체인 마음에 있다. 정약용은 영체인 마음의 특성을 모두 세 가지로 분류한다.

> 총괄해보면 영체 안에는 모두 세 가지 이치가 있다. 성性으로 말하자면 선을 좋아하고 악을 부끄러워하니 이는 맹자가 말한 성선이다. 권형權衡으로 말하면 선할 수도 있고 악할 수도 있으니 이는 고자가 단수의 비유를 든 것이나 양웅의 선악혼재설이 나온 까닭이다. 그 행사行事로 말하면 선을 행하기는 어렵고 악을 행하기는 쉬우니 이는 순자의 성악설이 나온 까닭이다. 순자와 양웅은 성 자에 대한 인식이 원래 잘못되어 그 설에 잘못이 있게 되었지만 우리의 영체 안에 이러한 세 가지 이치가 원래 없는 것은 아니다.(『심경밀험』)

먼저 성性은 선을 좋아하고 악을 부끄러워하는 영체의 본성을 말한다. 벼가 물을 좋아하고 기장이 건조한 것을 좋아하듯이 사람의 영체는 선을 좋아하는 기호, 즉 본성을 지녔다. 정약용은 사람들이 나쁜 일을 하는 도중에도 그 일이 나쁜 것임을 알고 부끄러워하는 것은 바로 영체를 지니고 있기 때문이라고 한다. 그런 점에서 영체의 본성은 도덕 행위의 출발이고 개과천선의 계기가 된다. 인간은 영체가 있으므로 선한 존재가 될 수 있다. 그러나 영체가 있다고 하여 인간이 언제나 선을 행한다는 것은 아니다. 선을 좋아하는 영체가 있음에도 영체의 성과는 반대의 길로 가는 것이 현실의 인간이다.

영체의 둘째 특성인 권형權衡은 바로 선과 악이 사람의 의지나 선택과 관계없이 이미 결정된 것이 아니라 마음의 선택 사항이라는 것이다. 권형은 저울추가 아래쪽이나 위쪽으로 기울어지듯이 우리 마음이 선이나 악 어느 쪽으로 기울어질 수 있다는 것을 비유적으로 나타낸다. 권형이라는 특성은 외부적인 조건에 따라 선과 악으로 기울어지는 것이 아니라 바로 우리 마음이 두 가지의 가능성을 본래 가지고 있음을 의미한다. 권형은 인간의 행위가 자신의 선택에 의한 것이라는 점에서 자주지권이라고도 하는데, 자주지권이라 했을 때 권한의 의미, 즉 주체의 선택이라는 이미지가 좀 더 강하게 된다. 하지만 권형이든 자주지권이든 정약용이 말하려는 것은 선과 악이 인간의 노력 여하에 따라 달라진다는 것이다. 도덕은 결국 자기 책임의 문제라는 것이다.

셋째, 행사行事는 영체로서의 마음이 구체적인 상황에서는 선을 선택하여 그것을 실천하기보다는 악을 선택하기가 쉽다는 것이다. 비록 영체의 본성은 언제나 선을 지향하고 또 선을 선택할 수 있는 능력을 영체 자체가 지니고 있다 하더라도 인간은 구체적인 삶의 상황에 놓이게 되면 선을 행하기보다는 불선을 행하기가 더 쉽다.

행사는 현실에서의 불선이 왜 일어나는가의 이유를 설명하고 있으나, 순자의 성악설과 같이 현실에서의 인간이 선보다는 불선을 더 따른다는 생각을 반영하고 있다.

영체의 특성을 나타내는 성, 권형, 행사는 인간에게 왜 도덕이 문제가 되는지 그리고 도덕 실천의 방법과 실천의 어려움이 무엇인지를 명료하게 보여준다. 성은 도덕의 길에서 나침반 같은 역할을 한다. 나침반이 언제나 남과 북을 가리키고 있듯이 마음은 선을 지향하고 있다. 이렇게 마음이 가리키는 고정된 방향이 있지만 그렇다고 하여 항상 선으로 귀결되는 것은 아니다. 오히려 우리의 마음은 불선으로 기울 수도 있기 때문에 선과 악의 길로 나아가는 것은 결국 우리의 선택이다. 그러나 그러한 선택은 쉽게 얻어질 수 있는 것이 아니다. 현실의 상황은 영체의 본성을 따라 선을 지향하기보다는 악으로 기울기가 쉽기 때문이다.

주희는 본체로서의 본연의 성은 순선하지만 기질로 말미암아 현실에서는 악이 나타난다고 하여 현실에서의 불선의 원인을 기질의 탓으로 돌렸다. 그러나 정약용은 그러한 성리학의 인성론은 영체에 대한 무지에서 비롯된 것이라 비판한다.

> 만약 이 허령하고 형체가 없는 본체가 지극히 선할 뿐이어서 한 터럭의 악도 없다고 한다면 갓난아기가 태어나서 단지 울고 젖을 찾고 안기기만 할 줄 아는데 어찌 억지로 이를 순선하다고 할 수 있겠는가? 만약 그 자주의 권능으로 말하면 그 세는 선을 이룰 수도 있고 악을 이룰 수도 있다.(『맹자요의』)

> 지금 사람들이 순수하고 허령한 것은 의리의 성이요 형기에 말미암은 것은 기질의 성이라고 여겨 온갖 죄악은 모두 식색과 안일에서 나오는 것

이기 때문에 모든 악은 형기로 돌리고 허령불매한 본체는 다만 모든 미를 갖추고 조금의 악도 없다고 인식하고 있는데 절대로 그렇지 않다. 허령한 것이 악을 하지 못한다면 저 무형의 귀신에 어떻게 명신과 악귀가 있을 수 있겠는가. 식색과 안일의 욕심이 모두 형기에서 나오지만 무릇 교만하고 높은 체하는 죄는 허령한 쪽에서 나오니 허령한 것은 악을 행할 리가 없다고 말할 수 없다. 사람 중에 도학이나 문장을 가지고 스스로 높은 체하는 사람이 있을 때 그를 칭찬하면 좋아하고 비난하면 성낸다. 그것이 형기와 어떤 관계가 있는가? 무릇 허령한 것은 순수한 선으로 악을 할 리가 없다는 것은 부처의 말이다.(『맹자요의』)

선이란 전적으로 영체 그 자체에 있는 것도 아니고 기질과 같은 외적 조건에 있는 것도 아니다. 정약용에게 있어 도덕이란 결국 주체의 권한과 행위의 문제다. 마음을 중심으로 하는 정약용의 심성론은 바로 주체의 결단을 촉구하는 것에 무게가 있음을 알 수 있다.

## 인심도심론과 자주지권

1784년 『중용강의』를 통해 이황과 이이의 이기사단칠정논쟁에 대한 견해를 밝힌 이후 정약용은 여러 차례의 수정과 보완을 거쳐 1801년 「이발기발변」으로 최종 결론을 제시한다. 「이발기발변」에서 정약용은 그 동안 사칠논쟁을 이기론의 맥락에서 검토했던 것과 결별한다. 정약용은 사단과 칠정 두 정서는 모두 마음에서 발현된 것으로 이를 리와 기로 나누어 설명할 수는 없으며 나아가 사단과 칠정 또한 우리의 마음을 해명하는 데 적절하지 못한 개념이라고 주장한다. 정약용은 발현된 마음은 모두 두 가지 양상으로 구별할 수 있는데 그 하나는 공정한 천리에서 나온 도심이며 다른 하나는 인욕의 사사로움에서 나온 인심이라고 한다.

인심과 도심은 본래 『상서』「대우모」의 "인심은 위태롭고, 도심은 은미하니 정밀히 살피고 한결같이 지켜서 진실로 그 알맞음을 잡으라人心惟危, 道心惟微, 惟精惟一, 允執厥中"는 구절에서 유래한 것으로, 주희는 이를 「중용장구」 서문에서 성인이 전한 16자 심법이라고 주장하였다. 그리하여 16자 심법은 유가의 초시대적인 근본이념으로 승인되었고, 학자들은 이것을 이학의 종지로 삼았다. 정약용은 바로 이 인심도심설이 자신의 도덕 이론을 설명하는 데 너무나 중요한 내용을 담고 있다는 견해를 피력한다.

**『상서』**
한대漢代 이전까지 서書라고 불렸다. 이후 유가사상의 지위가 상승됨에 따라 한대는 『상서尙書』라고 했고, 송대宋代는 『서경書經』이라고 불렸다. 우虞·하夏·상商·주周 시대의 역사적 내용이 기록되어 있다.

> 인심·도심의 요지는 우리들이 자신을 인식하고 자신을 성찰하는 데에 큰 가르침이요, 성인이 되고 범인을 초월하는 데에 오묘한 비결이다. (『매씨서평』)

그러나 정약용이 주목하는 인심도심설은 주희의 심법과는 거리가 있다. 정약용은 표면적으로는 주희의 「중용장구」 서문이 좋은 말씀이라고 평가하였으나 그는 「대우모」의 16자 4구절 가운데 다만 '인심은 위태롭고, 도심은 은미하니' 두 구절만이 중요한 의미를 지니고 있다고 본다. 정약용은 이 두 구절은 영체인 마음의 특성 가운데 하나인 권형의 취지를 잘 나타내고 있다고 주장하고, 비록 『상서』「대우모」가 후대인의 위작이라 하더라도 인심도심의 설을 함께 부정해서는 안 된다고 역설한다.

> 순자가 업신여김을 받는다고 해서 『도경』을 의심스럽다고 아울러 배척하여 인심·도심의 설까지도 아울러 물리친다면 자신의 마음의 권형이 드디어 주장이 없게 되니, 어떻게 오직 남의 얼굴빛만 보고 남의 입과 입술만 바라보고 이에 따라 근심하고 기뻐하고 떠나가고 나아가고 하겠는가? 하늘이 내려주신 시비 분별의 지혜에 대해서 부끄러움이 없을 수 있겠는가?(『매씨서평』)

정약용은 『상서』「대우모」가 매색의 위작임을 고증하였고, 또 인심도심이 『순자』의 책에서 가져온 말이라는 사실을 밝히고 있으나 그는 그것의 출처가 무엇이든 문제될 것이 없다고 한다. '인심은 위태롭고, 도심은 은미하니' 두 구절은 너무도 자명한 진리이기 때문이다. 그는 「대우모」가 위작이라고 하여 인심도심의 설까지 부정한다면 그것은 마음이 갖고 있는 권형을 부정하는 것이라고 보았다. 마음의 권형이란, 영체인 마음이 인심과 도심 중 한쪽을 선택할 수 있는 능력을 지니고 있다는 의미다. 선택의 능력이라는 점에서 권형은 달리 자주지권으로도 표현한다.

정약용은 영체인 마음에서 발현된 마음이 비록 수백 수천 가지일 수 있으나 그 마음들은 결국에는 인심과 도심 두 가지로 분류할 수 있다고 한다.

> 백 가지 천 가지 마음을 조용히 그 갈래를 살펴보면 인심과 도심에서 벗어나지 아니하니, 인심이 아니면 도심에서 도심이 아니면 인심에서 나와 공公과 사私로 나누어지고 선善과 악惡으로 판별된다.(『매씨서평』)

인심이란 사적 이익을 추구하는 마음이며 결국에는 악으로 귀결된다. 반면 도심은 공적인 도의를 추구하는 마음이며 그것은 선으로 귀결된다. 우리의 마음은 이러한 두 마음이 끊임없이 싸우고 있는 전쟁터다. 인간의 마음은 악으로 귀결되는 인심과 선으로 귀결되는 도심이 동시에 작동하고 있다. 인심과 도심은 한 마음의 다른 두 측면이 아니다. 우리의 마음은 언제나 도심과 인심으로 나뉘어 동시에 발하고 있다. 인심과 도심은 성인이라고 해도 없을 수가 없다. 성인뿐 아니라 모든 인간은 인심과 동시에 도심을 지니고 있다. 성인과 범인, 군자와 소인으로 나뉘는 것은 그러한 마음의 존재 여부가 아니라 인심과 도심 가운데 어떤 마음을 선택하느냐이다.

인심과 도심에 대해 『맹자』의 대체와 소체 개념을 적용하여 그 소종래所從來를 따진다면, 도심은 대체에서 나온 것으로, 소체는 인심에서 나온 것으로 추론할 수 있다. 그래서 정약용은 도심은 영체에서 나온 것이라 하기도 하고 상제上帝가 우리에게 부여해준 것이라고 하기도 한다. 반면 인심은 소체와 같은 기질에서 비롯한 것으로 추론할 수 있을 것이다. 그러나 인심과 도심은 구체적인 현실 상황과의 관계 속에서 발현된 마음이다. 따라서 사실 인심과 도심이 어떠한 곳에서 발생한 마음인가는 중요하지 않다. 중요한 것은 이익을 좇는 인심을 선택하여 불선을 행할 것인가 도의를 좇는 도심을 따라 선을 행할 것인가를 결정하는 문제이고 그 선택을 의지를 갖고 끈기 있게 밀고 나가느냐이다.

> 사람에게는 언제나 상반된 두 개의 의지가 일시에 함께 발하니 이것이 곧 사람과 귀신이 되는 관문이고 선악이 나뉘는 기미이며, 인심과 도심이 교전함이요, 의義가 이기느냐 욕欲이 이기느냐가 판결되는 것이다. 사람이 여기에 맹렬히 성찰하고 힘써 극복할 수 있다면 도에 가까울 것이다. 하지 말아야 할

것을 하고자 않는 것은 도심에서 발현된 것이니 이것이 천리이며, 하지 말아야 할 것을 하고자 하는 것은 인심에서 발하니 이것은 사욕이다.(『맹자요의』)

사람의 마음과 의지는 언제나 두 가지로 나뉘어 다투고 있다. 선의 실천이란 쉽게 얻어질 수 있는 것이 아니다. 두 방향으로 향하고 있는 의지와 마음을 맹렬하게 성찰하고 불선으로 향하려는 마음을 극복해야만 얻을 수 있다. 선의 실천은 자기가 선택한 것이며 힘겨운 노력의 산물이다. 반면 악행은 자신의 선택이기는 하지만 어떤 어려움이나 그 어려움을 극복하려는 노력이 필요하지 않다. 인심에 비하여 미약한 상태로 있는 도심을 마음의 권형, 즉 자주지권이 선택하고 굳은 의지로 그에 따른 실천을 하는 것에 선악이 달려 있는 것이다.

인심도심론은 주희의 수양론에서도 그 의미가 중요한 것이었지만 정약용은 그것을 권형, 즉 자주지권에 초점을 두어 재해석함으로써 윤리적 실천이 결국 행위자 자신의 선택의 문제이며 의지의 문제임을 분명히 하고자 했다. 윤리적 행위의 책임 문제를 명확히 하고자 했던 것이다.

## 마음과 덕의 실천

주희는 『맹자』의 인仁, 의義 개념을 수해하면서 인은 마음이 지닌 덕德이고 사랑의 이치이며, 의는 마음의 절제이고 일의 마땅함이라고 풀이한다. 여기서 인과 의는 모두 마음이 지닌 능력이라는 점에서 성性으로 정의된다. 인과 의는 사람이 지닌 덕이지만 그것이 성품이라는 점에서 덕성德性이라고도 불린다. 그런데 주희는 단지 인을 마음의 성품으로만 풀이하는 것이 아니라 인과 의가 인간관계나 상황에서 도달해야 할 이상적인 결과라는 측면도 고려하고 있음을 볼 수 있다. 인을 사랑의 이치라고 하거나 의를 일의 마땅함이라고 한 것은 구체적인 인간관계나 상황을 염두에 둔 표현이다. 사실 인과 의를 성품으로 보아야 하는가 아니면 행위와의 관계 속에서 보아야 하는가에 대해서는 맹자 당대에도 논란이 있었다. 고자告子는 인은 마음 안에 있는 것이라 할 수 있겠지만, 의란 구체적인 사태 속에서 성립하는 것이므로 마음의 밖에 있는 것으로 보아야 한다는 반론을 제기하기도 하였다.

그러나 맹자는 인과 마찬가지로 의도 마음의 문제에 중점을 두고 이해해야 한다는 견해를 피력한다. 한편『맹자』의 다른 부분에서는 측은지심과 수오지심이 인과 의의 단端이라는 설명이 나오는데, 주희는 이를 해석하면서 인·의·예·지와 측은지심·수오지심·사양지심·시비지심을 성과 정으로 구분하여 네 가지의 정서는 네 가지의 덕성이 드러난 것이라 하였다. 따라서 네 가지 정서는 인간의 덕성을 확인하고 이를 확산시킬 수 있는 실마리緖의 의미가 있다고 주장한다. 인과 의를 모두 마음에 있는 것으로 주장하는 맹자의 견해를 고려해보면 인의예지를 덕성으로 해석하는 주희의 견해는 정합성이 있는 해석으로 평가할 수 있을 것이다.

그러나 정약용의 심성론의 관점에서 보면 인의예지를 덕성으로 해석하는 주희의 견해는 받아들이기 어렵다. 성이란 우주적 본체로서의 천리가 아니고 실체일 수도 없으며 다만 영체인 마음의 특정한 속성이다. 따라서 정약용은 인의예지를 본성으로 보는 주희의 견해를 비판한다.

인의예지의 이름은 본래 사람의 행위에서 성립하는 것이지 결코 마음에 있는 신비한 이치가 아니다.(『중용강의』)

인의예지의 이름은 반드시 일을 행한 뒤에 이루어지는 것이다. 어린아이가 우물에 들어가려 할 때 측은히 여기면서도 가서 구해주지 않으면 그 마음을 더듬어보아도 인하다고 할 수 없으며, 한 그릇의 밥을 멸시하거나 발로 차면서 줄 때 수오의 마음이 있으면서도 그것을 버리지 않는다면 그 마음을 더듬어보아도 의롭다고 할 수 없으며, 귀한 손님이 문 앞에 왔을 때 공경하면서도 맞이하여 절하지 않으면 그 마음을 더듬어보아도 예가 있다고 할 수 없으며, 착한 사람이 참소를 당했을 때 시비를 따지면서도 분변하여 밝히지 못하면 그 마음을 더듬어보아도 지혜롭다고 할 수 없다. 여기서 네 가지 마음은 인성이 본래 가지고 있는 것이며 네 가지 덕은 네 가지 마음을 확충擴充한 것임을 알 수 있다. 확충하는 데 이르지 못하면 인의예지의 이름은 끝내 성립될 수 없다. 인의예지는 필경 일을 행한 뒤에 성립되니 만약 마음 속에 있는 이치라고 여긴다면 또한 본래의 뜻이 아니다.(『맹자요의』)

정약용은 인의예지를 성품이 아닌 덕목으로, 그것도 행사行事와 관련되어 행해졌을 때 비로소 성립하는 덕목으로 파악한다. 측은지심, 수오지심의 사단은 마음이 지니고 있는 것이라 할 수 있으나 인의예지는 행위를 통해 얻어진 결과이며, 사단이 감정으로 표출되었다고 하여 덕이 이루어지는 것은 아니다. 그래서 정약용은 사단의 단端의 의미를 사덕을 확인하거나 덕성을 확충하기 위한 실마리로 보지 않고, 덕을 이루는 단초, 시작의 계기 등의 의미로 해석한다.

이러한 정약용의 해석은 문산 이재의李載毅에 의해 인仁과 의義를 밖으로 생각하는 혐의가 있다는 비판을 받는다. 덕이 행위의 결과

**이재의**
1772~1839. 자는 여홍汝弘, 호는 문산文山. 진사進士 이응오李應五의 아들로 박윤원朴胤源과 송계간宋啓幹의 문인이다. 홍직필洪直弼과는 동문수학으로서 막역한 사이였다. 1801년 생원시에 합격한 후 학문에 전념한다. 말년에 『주역』을 전공했고, 시문에도 능했다. 저서로 『문산집文山集』이 있다.

비로소 성립하는 것이라면 이것은 인과 의가 마음 안에 있다는 맹자의 정의와 어긋나기 때문이다. 이재의의 견해로는 인의예지라는 이름은 밖에서 이루어지지만, 인의예지의 이치는 안에 갖추어져 있다고 해야 하며 만약 정약용과 같이 '성이란 선을 좋아하고 악을 부끄러워하는 것일 뿐'이라고 한다면 이때의 선하다는 것은 눈금 없는 저울이요, 촌寸 없는 자尺와 같은 것이라고 비판한다. 성이 선하다는 것은 바로 인의예지의 리가 갖추어져 있다는 의미이며 이러한 성이 밖으로 나타난 것이 덕이 되는 것임에 틀림없다는 것이다. 그러나 이에 대해 정약용은 맹자의 시대에는 인의예지가 행위의 명칭이었으므로 근원을 거슬러올라가 인의예지의 이치가 마음 안에 갖추어져 있다고 해도 안 될 것이 없겠지만 자신이 살고 있는 시대에는 인의예지가 성리性理의 명칭이 되어 있으므로 성이 곧바로 인의예지라고 해서는 안 된다고 답한다.

이재의의 입장에서 보면 정약용의 성기호설과 사덕설은 도덕을 주관적이고 상대적인 것으로 만들 혐의가 있는 것이다. 즉 정약용의 사덕설은 규범이 주체와 관계없이 외부에서 주어지는 것으로 성기호설은 양명학의 심즉리와 같은 주관주의의 혐의가 있다고 보았던 것이다. 마음이란 주체이지만 완전한 것이 아니므로 성이라는 기준에 의해 제약되어야 하는 것이다. 그러나 정약용은 성을 인의예지의 리理라고 규정하면 그것은 결국 불교식의 내성주의로 빠져들게 되는 문제를 낳을 수밖에 없다고 보았다.

정약용은 덕을 성으로 보고 이러한 덕성을 보존하기 위해 수양에 치중하는 당대의 학문 경향을 신랄하게 비판한다. 행사行事를 떠난 도덕 수양 혹은 도덕 실천이란 나름의 의의는 있을지 모르겠으나 유학이 추구하는 실천은 아니며 그것은 오히려 불교에 가까운 것이다.

후세의 이른바 정존靜存·묵존默存·존양存養·존지存持는 참으로 수도하는 사람의 착한 일이지만, 공자의 이른바 '잡으면 보존되고 놓으면 잃어버린다'는 것은 반드시 이런 말이 아니다. 공자의 이른바 '잡으면 보존된다'는 것은 일에 응대하고 사물에 접할 때 서恕에 힘써 인仁을 행하여 말은 반드시 진실로 미덥게 하고 행실은 반드시 독실하고 경건하게 하여 사욕을 따르지 않고 한결같이 도심을 듣고자 하는 것이지, 눈을 감고 단정히 앉아 보지도 듣지도 않으면서 회광반조回光返照하는 것으로 함양의 공부를 삼고자 하는 것은 아니다. 함양의 공부가 좋지 않다는 말이 아니고, 다만 그것이 공자의 '잡으면 보존된다'고 하는 수양의 유법遺法은 아니라는 것이다.

사람의 휴양休養은 야기夜氣에 있으나 아침이 되고 대낮이 되면 급급함이 행사行事에 있게 된다. 벼슬하는 사람은 임금에게 조회하고, 목민관은 백성에게 임하고, 자식은 아버지에게 문안하고, 며느리는 시어머니에게 문안하고, 농부는 밭을 갈고, 상인은 물건을 내놓고, 빈객이 오면 명을 받들고, 스승이 나오면 학업을 물어야 하니, 어느 겨를에 정존靜存의 공부를 하겠는가? (…) 오늘날 이른바 배우는 이는 깨끗하고 평화로운 세상에 산속으로 숨어들어, 은인隱人의 복장을 하고 묵좌정존의 공부로 임금이 불러도 나아가지 않고 백성이 곤궁해도 구원하지 않는다. (…) 옛날의 학문은 힘쓰는 것이 일을 행하는 데 있어서 일을 행하는 것으로 마음을 다스렸는데, 오늘날의 학문은 힘쓰는 것이 마음을 기르는 데 있어서, 마음을 기르다가 일까지 폐하게 된다. 혼자 제 자신만 선하게 하고자 하는 점은 오늘날의 학문으로도 좋지만 천하를 아울러 구제하고자 한다면 옛날의 학문이라야 가능하니 이 점을 알지 않으면 안 된다.(『맹자요의』)

수양修養이든 수도修道든 그것은 모두 행사行事와 관계되어야 한다. 옛날의 학문은 모두 자신이 맡은 사회적 역할과 직분을 수행하는 데서 마음을 다스렸지만 정약용 자신의 시대에는 사회를 떠나 홀로 고립되어 마음만을 수양하고 있다. 그러한 수양이 나쁘다고 할 수만은 없지만 수기와 치인을 겸비해야 하는 유학의 측면에서 보면 올바른 태도라고 할 수 없다. 주희와 조선 성리학자들이 덕성의 함양과 그를 통한 완성된 인격 완성에 주요한 관심이 있었다면, 정약용은 자기 마음의 기호를 충실히 따라 구체적인 인간관계의 문제를 해결하는 실천에 학문적 관심을 두었던 것이다.

## 더 읽을거리

정약용, 『역주 다산 맹자요의』, 이지형 역주, 현대실학사, 1994

맹자요의라는 제목에서 알 수 있듯이, 이 책은 정약용이 맹자의 글 가운데 중요한 단락을 뽑고 그에 관한 상세한 주석과 함께 자신의 견해를 주석으로 밝힌 글이다. 맹자의 심성론을 이해하는 데 가장 기초적이고 필수적인 저작이라 하겠다.

정약용, 『역주 매씨서평』, 이지형 역주, 문학과지성사, 2002

매색이 만든 고문상서 25편이 위작임을 고증한 『상서』 연구의 대표적 저술이다. 이 책에 실려 있는 「염씨고문소증초」에는 황종희의 인심설을 비판하는 정약용의 주장이 상세히 서술되어 있다. 정약용의 인심도심설, 성기호설 등 정약용 심성론의 완성된 형태를 살펴볼 수 있는 좋은 자료다.

정약용, 『역주 논어고금주』, 이지형 역주, 사암, 2010

정약용이 쓴 논어에 관한 주석서이다. 정약용은 주희의 집주뿐 아니라 주희 이전과 이후의 여러 학자의 주석을 참고하고 자신의 해석을 덧붙였다. 이기론에 근거한 주희의 주석을 집중적으로 비판하고 있다. 정약용의 주석 가운데는 정약용의 심성론을 살펴볼 수 있는 자료들이 기록되어 있다.

금장태, 『다산실학탐구』, 소학사, 2001

정약용의 경학의 학문 방법론, 심성론, 수양론, 경세론 등의 주제를 다룬 논문을 모아 단행본으로 엮은 것이다. 정약용과 비슷한 시대를 살았던 청대의 대진戴震, 일본의 이토 진사이伊藤仁齋의 철학과 다산을 비교한 논문도 수록되어 있다. 다양하고 풍부한 원문을 인용하여 정약용의 경학과 경세학을 밝히고 있는 논문으로 다산의 철학을 학술적으로 이해하는 데 도움이 된다.

박석무, 『다산 유배지에서 만나다』, 한길사, 2003

정약용의 생애와 학술의 역사에 관심이 있는 독자에게 적합한 책이다. 학술 이론만이 아니라 정약용의 교유 관계, 정약용의 흔적이 남아 있는 다양한 지역에 대한 소개 등 정약용의 인간적 면모와 학술적 관심을 동시에 알아볼 수 있는 저작이다. 정약용이 살았던 시대와 함께 정약용의 시대적 고민을 생생하게 그리고 있다.

최한기

---

# 신기神氣의 마음과 추측推測의 인식

## 금장태

서울대학교 종교학과를 졸업하고, 성균관대학교 대학원 동양철학과에서 박사학위를 받았다. 현재 서울대학교 종교학과 명예교수이다. 지은 책으로는 『다산실학탐구』, 『불교의 유교경전 해석』, 『한국유학의 〈노자〉이해』, 『한국 양명학의 쟁점』 등 다수가 있다.

# 최한기의 '신기神氣철학'과 마음의 이해

혜강 최한기惠岡 崔漢綺(1803~1877)는 19세기에 활동한 조선후기 실학파 마지막 단계의 인물이다. 그는 '기氣' 개념의 새로운 해석과 체계화를 통하여 자신의 철학을 '신기神氣철학'으로 정립하였다. 곧 인간과 만물을 형성하는 바탕으로서 '기'를 '신기'로 인식하고, 인간의 신기는 바로 마음으로 파악하며, 신기의 핵심 작용으로서 '추측推測'과 '경험'의 인식 활동을 집중적으로 해명하고 있다. 따라서 최한기에게서 신기 개념을 중심으로 그의 마음에 대한 이해를 해명하는 것은 그의 철학을 이해하기 위한 핵심과제라 할 수 있다.

한국 철학사에서 최한기는 매우 독특한 위치에 있는 인물이다. 그는 성리학의 철학체계와 뚜렷하게 구별되는 자신의 철학적 견해를 제시하고 있다. 성리학의 주류라 할 수 있는 '이理철학'과 견해가 다른 것은 물론이요, 또 하나의 갈래인 '기氣철학'과도 뚜렷한 차이를 보여준다. 최한기의 철학을 일반적으로 '기철학'이라 일컫고 있지만, 성리학 전통에서 장재張載나 서경덕徐敬德의 기철학과는 상당한 거리가 있다. 이런 점에서 그의 철학을 '신기철학'이라 일컫는 것은 그의 철학적 견해의 특성을 좀더 분명하게 구별해줄 수 있을 것이다.

사실 최한기는 기존의 어떤 사상 전통이나 철학적 입장을 계승하고 있다고 보기는 어렵다. 오히려 유교 전통과는 이질적인 새로운 사상조류로서 서양의 자연과학지식을 적극 끌어들이고 있다고 해야 한다. 최한기에게서 기나 신기가 발현되는 기본양상으로서 '통通'은 서로 다른 기의 양상이 소통하는 것이다. 바로 이 점에서 그의 신기철학이 지닌 기본적 지향은 유교 전통의 도덕적 사유와 서양의 자연과학적 사유를 소통시키는 데 있다고 볼 수 있다. 그의 신기철학은 소통을 위한 사유체계로서 어떤 전통에도 얽매이지 않고 양자를 통합할 수 있는 논리를 추구하는 제3의 사유체계로 보인다.

최한기의 사상체계를 구축하는 대표적 저술은 34세 때(1836)의 저작인 『신기통神氣通』과 『추측록推測錄』이다. 그는 이 저술에서 자신의 신기철학이 지닌 중심과제로서 신기의 마음 개념과 그 전개로서 '추측'의 인식 활동을 해명하고 있다.

기는 성리학의 전통에서 매우 익숙한 용어지만, 최한기가 기를 신기로 해석하는 것은 성리학에서 말하는 기 개념으로서 맑고 비어 있는 유일한 존재인 본체로서 태허太虛의 기도 아니고, 음양·오행으로 전개되는 현상으로서의 기도 아니다. 또한 신기도 문헌에 자주 나오는 친숙한 용어지만 '신령한 기운神妙靈異之氣'이거나 '정신精神氣息' 등과 뚜렷한 차이가 있다. 신기는 통通이라는 소통기능을 중심으로 해명하고 추측의 활동으로 제시하는 점에서 새로운 의미를 부여하고 있다. 이처럼 그는 유교전통의 용어를 끌어다 쓰면서도 자신의 독자적인 철학체계를 구축하고 있다. 따라서 최한기에게서 신기 개념을 중심으로 마음의 문제를 이해하려면 성리학을 비롯한 유교전통적 사유와 어떻게 달라지는지 또 어떤 독자적 개념체계의 틀을 구성하고 있는지 이해하는 것이 중요한 과제라 할 수 있다.

또한 최한기에게서 인간의 마음으로서 신기는 소통을 추구하고 추측의 인식 활동은 '변통變通'으로 활용되는 사실과 더불어, 마음으로서 신기가 실현되는 과정에서 도덕성의 문제나 수양론적 과제와 더불어 사회적 실현으로 확장되는 양상들도 '마음'의 실현 양상이라는 점에 유의할 필요가 있다.

# 기와 신기의 개념

## | 기

최한기의 신기철학에서 신기는 먼저 기 개념을 통해 이해할 수 있다. 그는 "천지를 꽉 채우고 물체를 푹 적시니, 모이고 흩어지는 것이나 모이지도 흩어지지도 않는 것으로 기 아닌 것이 없다"(『신기통』「體通: 天人之氣」)고 하여, 변화하는 존재나 불변의 존재를 포함하여 모든 존재를 기의 양상으로 규정하고 있다.

**기일원론**
우주만물의 근원을 기 하나로 보는 이론으로, 북송대 장재張載의 태허설太虛說에 연원한다. 이후 명대 중기 나흠순羅欽順, 명말 청초 왕부지王夫之를 거쳐 청대 중기 대진戴震에 의해서 그 이론이 완성된다.

우선 최한기는 기의 양상을 전체와 개체의 두 가지로 나누어보면서, 우주적 존재로서 '천지天地의 기'와 개체적 사물인 '형체形體의 기'로 구분하였다(『신기통』「체통: 천인지기」). 곧 인간존재인 나를 포함하여 모든 개체적 존재인 형체의 기는 천지의 기에서 발생해 나오고 또 한정된 시간 속에 개체성을 유지하다가 그 개체성이 소멸하면 다시 천지의 기로 수렴되는 것임을 지적하였다. 인간과 만물이 천지의 기를 받아서 생성된다는 것은 주희를 포함한 성리학자들의 일반적 견해이기도 하다. 최한기는 일단 성리학의 기일원론氣一元論이나 '기학'과 공통점이 많은 것으로 볼 수 있다.

나아가 그는 리理에 대해서도 "리는 기의 조리條理요, 이 조리는 곧 기이다. 항상 기 속에 있으며, 항상 기를 따라 운행한다"(『기학氣學』 권1)고 하여, 리가 기를 초월한 근원이 아니라 단순히 기의 법칙이라고 제시함으로써, 리를 기 속에 흡수시켜, 기 바깥에서는 리를 포함하여 어떤 존재도 배제함으로써 기의 근원성을 강조하고 있다. 그것은 성리학의 측면에서 보면 기의 주체적 능동성을 주장하는 주기론主氣論의 범위를 벗어나 궁극적 근원을 기에 수렴시키는 유기론唯氣論의 입장과 가장 유사하다 하겠다.

**유기론**
기일원론의 극단적 형태. 리와 기가 세계를 구성하는 두 가지 요소라는 점을 부인하면서, 우주에는 오직 기만이 있을 뿐이라고 주장한다.

## 기氣와 질質

기는 스스로 활동하는 존재이므로 활동하고 변화함을 통해 사물의 다양성을 드러내는 것으로 본다. 여기서 최한기는 "기에는 '형질形質의 기'와 '운화運化의 기'가 있다. 지구·달·별·만물·신체는 형질의 기요, 비 오고 별 나고 바람 불고 구름 끼며 춥고 덥고 건조하고 습한 것은 운화의 기이다. 형질의 기는 운화의 기에 말미암아 이루어진다"(『기학』 권1)고 하여, 기가 활동하는 작용의 측면을 '운화'라 하고, 운화의 결과로서 구체적으로 드러나는 형태의 측면을 '형질'로 구분하였다. 이것은 기가 하나의 동질적 존재이지만, 모든 사물과 다양한 현상을 형성하는 근원임을 말하는 것이다.

여기서 기는 하나지만 인간과 만물을 포함한 모든 존재와 다양한 변화현상을 생성하는 조건을 '질質'이라 제시하기도 한다. 구체적으로 인간과 만물은 신체나 형체를 가지고 있는데, 그 다양한 차이를 가능하게 하는 근거가 질(형질)이다. 최한기는 기와 질의 관계에 대해, 두 가지의 이질적 존재가 아니라 동일한 기가 드러내는 다양한 양상의 근거가 질이라고 한다. 기와 질의 관계는 물과 얼음의 관계처럼 하나의 기가 스스로 드러나는 양상으로서 질의 차이가 발생하는 것이라 보았다. 따라서 하늘과 사람과 사물의 현실적인 차이도 동일한 기의 운행으로서 질의 차이에서 나오는 것임을 확인하고 있는 것이다. 곧 기는 질의 형식으로 사물을 형성하지만, 일단 사물이 형성되면 기는 질을 통해 사물이 지닌 성질이나 기능을 발현할 수 있다는 것이다.

여기서 질은 인간과 사물의 형태를 이루는 기의 작용이 일으킨 양상이지만 결코 음양陰陽·오행五行의 형식으로는 설명되지 않는다. 바로 이 점에서 최한기는 비록 기·질의 용어를 성리학 전통과 같게 사용하고 있지만, 성리학의 자연철학이 기반하는 기의 음양오행론적 해석을 폐기하고 있으며, 성리학의 '기철학'에서 벗어나 그 자신의 신기철학을 구축하고 있음을 알 수 있다.

## 기와 신기

최한기는 기를 정의하면서 기와 신神의 관계를 밝혀, "[기는]무릇 한 덩어리의 활동하는 것活物이요, (…) 그 전체의 무한한 작용의 덕을 총괄하여 '신'이라 한다"(『신기통』「체통: 氣之功用」) 하였다. 기의 본성은 동일한 만큼, '신기'란 기 위에 따로 존재하는 것이 아님을 분명하게 밝히고 있다. 곧 기가 무한하게 활동하는 작용 능력을 가리켜 '신'이라 일컫는 것이니, 신기는 기의 활동능력에 따라 일컫는 기 자체의 명칭일 뿐이다.

'질'과 '신'은 하나의 기에서 드러나는 것이다. 따라서 '기질'은 기가 작용하여 나타난 결과를 위주로 말한 것이라면, 신기는 기가 작용의 주체로서 능동적으로 작용하는 의지와 역량을 위주로 말하는 것이라 할 수 있다. 여기서 최한기는 '활동하는' 존재로서 능동적 작용능력을 지닌 기의 본질적 성격을 신기로 제시함으로써, 사실상 성리학의 기철학과 결별하고 자신의 신기철학을 정립하였다. 이처럼 그는 기를 신기로 파악하면서 자신의 독자적 신기철학을 열어갔다.

## 신기와 마음

### 인간의 신기

최한기에게서 기는 스스로 활동하고 무한한 작용능력을 지니고 있기 때문에 그 자체가 신기다. 따라서 우주와 만물과 인간이 동일한 기의 현상이라면 신기도 근원에서는 동일하다. 그는 "하늘과 사람의 신기는 이미 내가 태어나는 처음부터 서로 통하고 서로 이어져 있으며, 처음부터 끝까지 어긋나지 않는다. 오직 사람의 '지각'은 이미 스스로 얻은 것이라, 그 보는 바에 따라 주장함이 같지 않고, 그 주장하는 바에 따라 소통하는 것이 또한 다르다"(『신기통』 「체통: 通有得失」)고 하여, '천지의 신기'와 '형체의 신기'가 근원에서는 동일하지만, 그 작용의 양상과 결과에서는 차이를 드러내는 것임을 주목하였다. 특히 하늘과 사람의 신기는 형질이나 형체의 차이에도 불구하고 선천적 근원에서는 하나의 기로 서로 소통하고 연결된 것이라는 점을 지적하면서, 이와 대조적으로 인간의 신기는 '지각'이라는 후천적 성취에서 각각 서로 달라짐을 제시하였다. 곧 인간의 신기에서 형질이나 형체는 그 드러난 차이에도 불구하고 근원이 같은 것이라면, 지각은 같은 신기가 작용한 것이지만 획득된 결과로서의 내용은 서로 다른 것임을 밝히고 있다.

최한기는 인간의 신기를 '신명神明의 기'라고 언급하기도 한다. 그는 인간에서 신명의 기가 생성되는 조건을 '하늘', '토질', '부모의 정혈精血', '듣고 봄의 습염習染'의 네 가지로 제시하고 있다. 그 가운데 '하늘', '토질', '부모의 정혈'의 세 가지는 이미 받은 바가 있어서 뒤에 와서 고칠 수 없으나, '듣고 봄의 습염'은 변통할 수 있는 공부라 하였다(『신기통』「체통: 四一神氣」). '하늘'의 선천적 조건, '토질'의 자연환경적 조건, '부모의 정혈'이라는 유전적 조건은 인간의 신기가 타고 나거나 외부에서 주어지는 '형질'로서의 불변적 조건들이라면, 듣고 보면서 익히고 물들이는 '습염'은 인간의 신기가 자신의 노력으로 성취하는 '지각'으로서 변화와 소통을 가능하게 하는 가변적 조건임을 제시한 것이다.

## 신기와 마음

인간의 신기는 인간의 형체를 통해 작용한다. 여기서 최한기가 "신기는 여러 감각 기관과 사지四肢의 몸이 모이고 총괄하여 생성한 것이다. (…) 형질이 쇠약해지고 혈액이 고갈되면, 신기도 따라 소멸하니, 신기가 처음부터 끝까지 몸을 주재하며 일찍이 밖으로 나가지 않음을 알겠다"(『신기통』「체통: 氣通而未嘗出入」)고 언급하는 것을 보면, 인간의 신기는 신체의 모든 기능을 주재하는 생명력이면서, 신체를 초월하는 것이 아니라 그것 역시 신체의 기능임을 이해할 수 있다. 이러한 신기는 신체와 함께 생성되고 신체와 함께 소멸하는 것으로, 사후에 신체가 소멸한 다음에도 따로 남아 있을 수 없다. 그렇다면 최한기에게서 인간에게 사후세계나 사후에 영혼의 지속적 존속이란 성립할 수 없다.

이러한 인간의 신기를 최한기는 '마음'이라는 다른 이름으로 일컫고 있다. 곧 "마음이란 한몸을 주재하는 기이다. 추측이 정밀하고 밝으며 실천이 독실하면 저절로 힘을 생성하여 사물에 의해 흔들리거나 빼앗기지 않고 강건한 영역에 들어갈 수 있다"(『추측록』「推氣測理: 積漸生力」)고 하여, 인간의 한몸을 주장하는 것을 신기라 일컫기도 하고 '마음'이라 일컫고 있음을 보여준다. 최한기 자신은 "옛 사람이 말하는 심체心體가 곧 신기다"(『인정人政』「敎人門: 善惡虛實生於交接」)고 하여, 전통의 용어로서 '마음'과 자신의 철학체계에서 신기가 동일한 것임을 분명하게 언급하고 있다. 좀더 엄격하게 차이를 찾아본다면 최한기에게서 신기는 지각과 판단을 하는 '마음'을 중심으로 인간의 기가 지닌 살아 움직이는 활동능력을 전반에 걸쳐 가리키는 것이라 한다면, '마음'은 신기에서 특히 지각능력을 중심으로 신기의 가장 활발한 일면을 가리키는 것이라 할 수 있을 것이다. 그러나 대체로 보면 최한기에게서 '마음'의 개념은 인간의 신기 속에 포함해 같은 말로 쓰이고 있음을 이해할 수 있다.

'마음'이라는 용어는 오랜 세월 많은 사람들이 사용해온 용어이고, 그 명칭도 '방촌方寸', '영대靈臺', '천군天君' 등 여러 가지로 일컬어졌다. 최한기는 마음을 가리키는 여러 명칭이나 정의 중 어느 한 가지만 주장하는 것을 경계한다. 그는 마음의 실체와 작용을 전체적으로 파악하기 위해서는 명칭에 얽매이지 말고 그 참된 실상을 찾아야 할 것을 강조하였다. 여기서 그는 마음의 실상을 찾으면서, "통합하여 말하면 몸은 마음의 실체이며, 나누어 말하면 보는 것은 눈의 마음이고 듣는 것은 귀의 마음이다"(『추측록』「推測提綱: 心離名像」)고 하여, 인간의 신체가 이루어지는 그 자리에 마음이 성립하는 것이고, 신체를 떠나서 마음이 존재할 수 없음을 분명하게 밝히고 있다. 그것은 바로 기 바깥에 신체가 있을 수 없으며 마음도 있을 수 없음을 말하며, 신기의 작용이 바로 마음임을 제시하는 것이라는 이해를 보여준다.

## 신기의 마음과 성리학의 마음

최한기는 마음 개념에 대한 성리학의 인식이 그릇된 점을 지적하였다. 그는 성리학에서 마음을 기라고 규정하는 심즉기설心卽氣說도 자신이 제기하는 신기로서의 마음과 다름을 지적하였다. 곧 "옛 사람이 '마음'은 기라고 말하였는데, 범상하게 보면 비록 근사한 것 같지만, 그 실지는 '성리性理'에 상대시켜 리와 기에 나누어 소속시킨 것이다"(『신기통』「체통: 心性理氣之辨」)고 하였다. 그것은 인간의 신기로서 마음이 리에 상대되는 기로 이해될 수 없음을 분명히 밝히는 것이다. 따라서 그는 성리학적 관점을 리로 기에 맞추려고 추구하는 것이라 규정하면서, 자신의 견해는 신기로 리를 소통시키기를 추구하며 리를 기 속에 내포시키는 것이라 대비시킴으로써, 기와 상대되는 리 개념을 인정하지 않았다.

**심통성정설**
마음이 본성과 감정을 거느린다는 주장이다.

그는 장재張載의 심통성정설心統性情說에 대해서도, "심·성·정이라는 명목으로 마음의 양상을 가리키는 것이야 문제가 없지만, 그 실지에서는 참된 형상을 드러낼 수 없어서 마음의 본말을 알기 어렵게 한다"고 문제점을 지적하며, 주희가 "마음이 모든 이치를 갖추고 모든 일에 대응한다"고 언급한 것에 대해서도, "이것은 익히고 물들임의 미루고 헤아림이 스스로 얻는 지각을 마음으로 삼은 것이다. 처음부터 끝에 이르기까지 하늘이 부여한 신기로 근본과 말단을 소통하고 저것과 이것을 통달한 사람이 [마음이라는] 명목을 따라 실지를 갖추어놓은 것이 아니다"(『신기통』「체통: 심성리기지변」)고 비판하였다. 곧 주희가 말한 마음이란 신기가 추측하여 얻은 결과로서 '지각'을 '마음'으로 삼고 있는 것이지, 신기가 추측하고 지각하여 소통시키는 활동을 마음이라 일컫는 것이 아님을 지적하고 있다.

## 마음의 작용으로서 신기의 통通

### 통의 도구로서 감각 기관

최한기는 인간존재에서 마음으로서 신기의 작용이 형체(신체)와 서로 떨어질 수 없으며 긴밀하게 연결되어 있다는 사실을 주목하여, "사람이 하늘에서 부여받은 것은 한 덩어리의 신기와 더불어 기를 통하는 '제규諸竅'와 '사지四肢'이니, 모름지기 써야 할 도구는 이것뿐이요, 다시 달리 얻어온 것은 없다"(『신기통』「체통: 知覺推測皆自得」)고 하였다. 인간존재가 선천적으로 부여받은 것은 신기와 감각 기관으로서 신체가 전부임을 강조한 것이다. 눈·귀·코·입 등 '제규'와 피부·사지(손·발) 등 '제촉諸觸'의 감각 기관을 신기가 운용하는 도구로 보고 있다. 신기는 이 감각 기관을 통해 외부세계에서 온갖 정보를 받아들이는 지각 활동을 하며, 또한 그 획득한 지각에 근거하여 외부세계의 온갖 변화에 대응할 수 있는 것임을 제시한다.

따라서 인간의 신기로서 마음이 작용하는 것은 일차적으로 지각 활동이 가장 중요한 것이며, 이 신기의 지각 활동은 제규·제촉이라는 신체의 감각 기관을 통해서 비로소 가능한 것임을 밝히고 있다. 곧 신기는 신체의 감각 기관에서 외부세계의 온갖 정보를 거두어들이고, 신기는 이 감각 기관을 통한 경험의 정보를 기억으로 저장하며, 나아가 온갖 기미의 변화에 따라 변통하여 대응할 수 있는 것이라 한다. 따라서 신기는 신체와 서로 떨어질 수 없는 일체를 이루고 있는 것임을 강조하여, 신체기관 속에 이미 신기가 침투되어 소통하고 있으니 신체의 부분으로서 눈·귀·코·입 등 감각 기관은 신기 곧 마음과 분리될 수 없음을 강조하고 있는 것이다. 이런 의미에서 인간의 신기 내지 마음은 신체를 떠나서 성립할 수 없는 것이요, 신체를 통제하는 기능으로서 신체 일부분을 이루는 것으로 보고 있음을 말해준다.

그렇다면 감각 기관을 통하지 않으면 신기가 활동할 수 있는 수단이 없으며, 신체의 감각 기관을 떠나서 신기가 지각하여 깨닫는 것이 있을 수 없다. 최한기는 성리학에서 "마음 속에 모든 이치가 갖추어져 있다"고 언급하는 것도 신기가 전날에 감각 기관을 통해 얻은 지식이 있는 줄을 모르면서 현재에 맞는 이치에 현혹된 그릇된 견해임을 비판한다. 이처럼 그는 감각 기관을 통해 얻은 지식이 아닌 '마음'의 개념이 실상을 벗어난 관념적 허구라 밝힘으로써, 신기의 모든 지각 활동은 일차적으로 신체의 감각 기관을 통해 이루어지는 것임을 역설하였다.

## 통의 방법과 지각

신기는 감각 기관을 통해 외부세계와 소통한 것을 바탕으로 '통'을 실현해가야 하며, 그 실현방법이 바로 '지각'이다. 최한기는 신기가 감각 기관을 통해 외부세계의 정보를 거두어들여 이를 '추측'과

'경험'으로 쌓아가고 저장하여 얻는 지각을 운용하는 것이 인간의 가장 중대한 평생사업임을 강조하였다. 인간이 살아가는 것 자체가 신기 곧 마음의 지각 활동을 벗어나지 않는다는 것이다. 물론 이때 감각 기관을 통해 얻은 정보들은 신기가 외부세계로 다시 소통하여 활용하기 위해서 추측과 경험의 과정을 통해 헛되고 거짓된 것을 버리고 실질적이요 참된 것을 잘 골라서 유용하게 쓰일 수 있는 지식으로 저장해야 할 필요가 있음을 지적하고 있다.

신기는 감각 기관을 통해 외부세계와 소통하여 지각을 형성하고 이를 통해 다시 외부세계와 소통하는 행위를 하는 것이고, 이렇게 신기가 안(자기)과 바깥(사물)을 소통시키는 지각을 이루는 방법을 최한기는 다양하게 점검하고 있다. 곧 "처음 일에 근거하여 다음 일을 증험하고, 앞의 일을 미루어 뒤의 일을 헤아린다. 여러 가지 분별하고 비교하고 증험하여 드디어 지각하며, 이 지각으로 말미암아 확충해갈 수 있다"(『신기통』「체통: 천인지기」)고 하여, 소통의 경험을 누적하고 한 가지 경험으로 얻은 지각을 미루고 헤아리는 '추측'의 활동을 통해 지각을 형성하고 확충해간다는 것이다. 이처럼 지각은 감각 기관을 통해 외부세계와 소통한 경험을 누적하고 '추측'함으로써 얻어지는 경험의 지각임을 밝히고 있다.

최한기는 신기 곧 마음의 지각능력은 감각 기관을 통한 소통의 경험에서 얻어지는 것임을 기본전제로 확인하고 있다. 곧 "신기는 지각의 근본이요, 지각은 신기의 경험이다. 신기를 지각이라 할 수도 없고, 지각을 신기라 할 수도 없다. 경험이 없으면 한갓 신기만이 있을 뿐이다"(『신기통』「체통: 經驗乃知覺」)고 하여, 지각은 신기가 경험을 통해 얻은 성과이며, 경험이 없는 지각은 성립할 수 없음을 분명하게 밝혔다. 그는 경험을 통해 지각을 이루는 과정에서 기억의 중요성을 강조한다. 감각 기관을 통해 들어온 감각의 경험들이 신기에 물들고 배어드는 '염착染着'이 기억으로 남게 되는 과정이고, 이 경험이 반복되어 익숙하게 배어드는 것이 '습염習染'의 기억이다. 그렇다면 신기로서 마음은 경험의 지각으로서 기억을 간직하고 있는 것이지 결코 바깥으로 나가 사물과 만나는 것이 아님을 말하고 있다. 바늘에 찔린 경험이 있는 사람이 바늘을 보면 찔릴까 두려워하는 것도 바늘에 찔린 고통의 기억 때문이다. 따라서 경험의 기억이 일차적으로 지각을 이루는 것이라 본다. 따라서 지각은 결코 마음 속에 선천적으로 주어지는 것이 아니며, 신기가 경험을 통해 후천적으로 얻는 성과임을 확인하고 있다.

## 신기의 소통에서 주통周通과 변통變通

인간은 외부세계와 소통을 실현하기 위해서는 감각 기관에서 얻은 경험을 추측으로 확장하는 과정에서 다양한 경험의 지각들을 서로 연결함으로써 두루 통달하는 '주통周通'을 이루고, 또한 다양한 상황과 변화의 조건에 따라 지각을 끊임없이 변화시켜 외부세계에 대응하는 '변통變通'이 요구된다. 주통과 변통은 소통의 실현과제로서 한 단계 더 나아간 것이라 할 수 있으며, 주통이 지각 활동의 종합과 확장을 성취하는 것이라면, 변통은 지각 활동의 조정과 적응을 실현하는 것이라 하겠다. 이러한 주통과 변통을 통해서 신기의 온전한 소통과 실현이 이루어질 수 있는 것으로 본다.

최한기는 지각의 통달함을 이루는 과정으로, "먼저 일을 처리하고 사물에 대응하는 데 통하지 못한 것으로부터 통함에 이르기를 기약하고, 다음으로 연구하고 사색함에 이르러서 통함을 익숙하게 하고 물들게 하면, 신기의 통합이 빛나고 밝음을 이룰 것이요, 제규의 통합에 이르러서도 그렇지 않음이 없을 것이니, 이것이 곧 두루 통달함周通이다"(『신기통』「주통: 不通偏通周通」)고 하였다. 소통하지 못하는 것을 소통시키는 단계에서 연구와 사색을 통해 소통을 익숙하고 젖어들도록 심화시키는 단계로 나아가야 한다는 것이요, 이렇게 두루 통달함의 주통을 이루면 최종적으로는 천하에 두루 소통하는 경지에까지 확충될 수 있을 것이라 보았다. 신기의 신명함이 지닌 지각능력은 감각 기관을 통한 경험에서 얻어지는 것이지만, 그 역량이 축적되고 성장하면 감각 기관이 미치지 못하는 경지에까지 소통을 이룰 수 있는 것임을 제시하고 있는 것이다.

다음으로 변통은 신기의 독특하고 중요한 능력으로 주목된다. 이미 각각 일정하게 기능이 결정되어 있는 형체의 감각 기관은 변통할 수 있는 것이 아니다. 그러나 이 감각 기관을 통해 소통하는 신기가 여러 감각내용을 통합하는 과정에서 변통할 수 있다는 것이다. 신기가 감각 기관을 통해 경험의 지각을 얻는다면, 이 지각을 미루고 헤아려 판단하는 과정에서 변통할 수 있다. 그렇다면 변통은 주통과 더불어 신기의 지각 작용에서 종합하고 판단하는 양상이라 할 수 있다.

그는 변통을 해야 하는 현실적 조건으로 쉬임없이 순환운동을 하는 '천지의 기'와 늦추었다 당겼다 하면서 권장하기도 하고 징계하기도 하는 '임금의 법령'과 통하고 막힘에 따라 향하기도 하고 등지기도 하는 '인물의 수작과 대응'의 세 가지 조건이 복잡하게 얽힌 현실을 제시하고서, "때에 근거하여 형세를 타고, 기미를 관찰하여 이롭게 이끌어가며, 막힘이 없게 하고 도리에 순응할 것을 구하여, 덜기도 하고 보태기도 하며, 나아가기도 하고 물러가기도 하며, 힘을 빌리고 마음을 합쳐서 기미에 따라 대응하여 마땅함을 제정하면, 변화시켜 소통하게 하지 않는 것이 없다"(『신기통』「변통: 變通條目」)고 하였다. 인간이 현실세계에 대응하여 소통하기 위해서는 상황의 조건이 달라지는 데 따라 자신의 판단과 대응방법을 끊임없이 변화시켜 적응해야 한다는 것이다. 그만큼 무한한 다양성의 조건 속에 놓여 있는 현실을 중시하는 것이고, 이 현실에 적응하여 소통시키기 위한 신기의 지각 활동이 바로 '변통'의 방법임을 확인해주고 있다.

## 추측과 경험의 인식

### 추측의 구조

최한기는 인간에게 외부세계의 만사·만물은 소통되어야 할 대상이요, 인간이 대상과 소통할 수 있는 도구는 인간의 형체에 갖추어진 감각 기관이며, 소통할 수 있는 능력은 신기의 힘이라 본다. 여기서 인간과 대상세계와의 소통은 두 가지 양상으로 구분되어, 신체의 감각 기관이 대상과 소통하는 것을 '형질통形質通'이라 하고, 신기의 신명함이 지각하고 판단함으로써 소통하는 것을 '추측통推測通'이라 한다(『신기통』「체통: 形質推測異通」). 과거나 현재의 감각적 경험을 근거로 비교하고 판단하여 소통시키는 것이 형질통이라는 것이다. 곧 인간은 수동적으로 받아들인 형질통을 근거로 능동적으로 비교하고 평가하는 판단인 추측통을 실현하고 있다. 따라서 형질통은 인간의 신체적 조건에 따라 개인마다 차이는 있지만 그 차이가 매우 한정된 것이라면, 추측통은 사람마다 경험하고 지각하는 활동에서 개인의 경험이나 노력에 따라 무한한 차이를 가능하게 한다.

그렇다면 감각 기관을 통해 거칠게 소통하는 형질통에 비하여 정력을 기울여 궁구함으로써 정밀하게 소통하는 추측통은 인간의 신기가 탁월한 역량을 드러내는 통로다. 물론 인간과 대상의 사물 사이에 소통한다는 것은 사물의 형체가 직접 감각 기관으로 출입하는 것이 아니다. 인간은 감각 기관을 통해 사물의 기질에 따라 드러나는 감각자료를 받아들이는 것이고, 인간의 신기는 이 감각자료를 통해 사물에서 '유행의 이치流行之理'를 추측하여 '추측의 이치'를 구성하는 것이라 할 수 있다. 이처럼 인간은 감각 기관을 통해 사물이 지닌 유행의 이치를 수동적으로 경험하고 축적하여 이를 토대로 추측을 수행함으로써 추측의 이치를 발현하여 이 세계와 더욱 깊이 그리고 더욱 넓게 소통할 수 있으며, 이를 통해 신기 내지 마음의 역량을 실현할 수 있다는 것이다. 최한기는 이러한 신기의 '추측' 활동으로 마음의 본질적 기능인 지각능력이 발현하는 양상을 세밀하게 해명하고 있다.

따라서 최한기는 인간의 마음을 바로 이렇게 추측하고 지각하는 현상이지 별개로 독립된 실체가 있는 것이 아님을 강조하였다. "마음은 실체가 없으며, 사물의 이치를 추측하는 것이 마음이다"(『추측록』「推氣測理: 氣生聲色」)라 하여, 신기 내지 마음을, 추측하는 기능과 작용을 총괄하는 인간의 주체적 양상으로 확인하고, 추측의 기능을 통해 마음의 개념을 확인할 수 있는 것이라 보고 있다. 그만큼 인간의 주체인 신기 내지 마음은 신체를 주재하면서 추측하는 기의 존재양상이요, 기 바깥에 독립된 실체가 없음을 밝히고 있다.

최한기는 추측을 정의하여 "하늘을 이어받아 이루어진 것이 성性이고, 성을 따라 익히는 것이 미룸推이요, 미룸에 근거하여 계량하는 것이 헤아림測이다. 미룸과 헤아림推測의 방법은 예로부터 모든 백성이 함께 말미암는 큰 도리다"(『추측록』「序」)고 하였다. 곧 추측은 인간이 부여받은 기질적 조건性에 따라 활동하는 작용이요, 지각의 확충으로서의 '추측'은 기에 근거함으로써 가능한 것이요, 진실할 수 있는 것임을 지적하였다.

최한기는 '추측'에서도 미룸과 헤아림 사이에는 감각적 지각에 근거하는 '미룸'이 먼저 일어나고, '미룸'에 근거하여 사유의 판단인 '헤아림'이 다음에 이루어지는 것이지만, 실제의 과정에서는 '미룸'과 '헤아림'이 서로 근거가 되어 상호작용하는 것임을 강조하였다. 곧 "미루어나가기만 하고 헤아리는 바가 없으면 활동과 고요함이 모두 막히게 되고, 헤아리기만 하고 미루어나가는 바가 없으면 어찌 허망하지 않겠는가. 반드시 미룸과 헤아림이 서로 참여하여야 그 마땅함을 얻을 것이다"(『추측록』「推測提綱: 推測相參」)라 하여, 미룸이나 헤아림이 상호작용하지 않고, 어느 한쪽에만 치우치면 올바른 지각을 이루지 못하고, 막혀서 넓게 소통시키지 못하거나 실상에서 벗어나 허망한 판단에 빠지게 되는 폐단이 발생하는 사실을 지적하였다.

## 지각과 추측의 방법

최한기는 추측의 일차적 과정이 감각적 지각의 경험을 통해 이루어지는 것임을 주목한다. 그만큼 그의 추측을 통한 인식은 경험적 지각을 전제로 한다. 그는 인간의 신기 또는 마음은 본래의 바탕이 순수하고 깨끗하여 아무것도 없는 상태라는 사실을 거울이나 샘물 또는 흰 비단에 비유하며, 거울에 사물이 비치거나 투명한 샘물이나 흰 비단에 색깔이 물드는 경우로 경험의 지각이 이루어짐을 비유하여 설명하고 있다.

우선 최한기는 마음이 비어 있는 것임을 거울에 비유하면서, "거울이 물건을 비춤은 티끌이나 때가 가리지 않는다면 천하의 사물을 모두 비추어 부족함이 없다. 이것이 어찌 만물의 형상이 거울 속에 갖추어져 있는 것이겠는가. (…) 마음이 사물에 대해서도 이와 같다"(『추측록』「추측제강: 如鏡如水」)고 언급하였다. 그것은 거울 속은 비어 있지만 온갖 사물의 형상을 비추듯이 인간의 마음에도 아무런 이치를 간직함이 없지만 경험에 근거하여 미루고 헤아림으로써 사물의 이치를 인식할 수 있다는 것이다. 성리학에서 마음이 모든 이치를 간직하고 있다는 견해를 정면으로 거부하여 오직 경험을 통한 지각이 가능함을 밝히고 있는 것이다.

또한 마음이 경험을 기억하는 사실을 샘물에 비유하여, "마음의 본래 모습은 비유하자면 순수하고 맑은 우물과 같다. (…) 순수하고 맑음은 우물의 본래 빛깔이요, 색깔을 첨가하는 것은 우물의 경험이다. 첨가한 색깔이 비록 없어져도, 순수하고 맑은 가운데 경험은 스스로 존재하며, 거듭 쌓여가면 추측이 저절로 생긴다"(『추측록』「추측제강: 本體純澹」)고 하였다. 그것은 마음의 본바탕에 아무것도 없다는 거울의 비유에서 한 걸음 나아가 샘물에 색깔을 넣어 물들이는 경우 색깔이 상당기간 남아 있다는 사실을 통해 경험이 마음 속에 물들임이라는 기억의 형태로 남아 있음을 보여준다. 경험이 마음 속에 기억으로 상당기간 남아 있음으로써 비로소 마음 속에서 비교하고 관찰하며 판단하는 추측이 발생하게 된다는 것이다.

이와 더불어 마음이 경험을 축적하면서 숙습習이 이루어짐을 흰 비단에 비유하여, "숙습은 보고 들음에서 생겨서 물들고 고착되어 익숙해진 것이다. (…) 마치 흰 비단이 처음 물들면 비록 빨아서 다시 다른 색깔을 물들여도 끝내 처음 물들인 것만 못한 것과 같다. (…) 비록 익혀진 것을 버리더라도 추측은 오히려 남아 있어서 평생의 쓰임이 되니, 익혀짐은 중대한 일이다"(『추측록』「추측제강: 習變」)고 하였다. 경험에서 발생하는 기억은 오래되면 완전히 사라질 수도 있지만, 경험의 반복으로 익혀져 몸에 배어 숙습이 되면 완전히 사라지지 않고 남아서 영향을 계속 미치고 있음을 주목하였다. 추측과 지각의 과정에 경험과 기억의 단계를 넘어서 숙습이 중요한 역할을 하는 사실을 지적하는 것이다. 추측은 경험이 반복되면서 미루고 헤아릴 수 있으며, 비교하고 조명하여 추측이 이루어지면 익숙하게 배어드는 숙습이 이루어지는 것이라 한다. 이처럼 경험의 반복을 근거로 추측이 이루어지고 깊어지는 것임을 보여준다.

또한 추측의 방법을 활쏘기로 비유하여, "앞서 쏜 득실을 미루어 지금 쏠 표적을 헤아린다. (…) 앞서 쏜 것을 잊지 않음은 다음에 쏘는 데 권고나 경계가 되니, 뒤에 쏘는 데 미리 헤아림은 바로 앞서 쏜 경험이다"(『추측록』「추측제강: 以射諭測」)고 하였다. 활쏘기에서 앞서 쏘았던 결과를 미루어 다음에 쏠 때의 기준을 헤아리는 것처럼, 추측은 끊임없이 먼저 경험한 것을 미루어 이를 근거로 다음에 행할 방향과 기준을 헤아리는 것임을 확인하고 있다. 그것은 모든 추측이 경험에 기반을 두는 것임을 강조한 것이다. 여기서 그는 추측의 기초가 경험임을 전제로, 경험에 기초한 추측에서 나아가 추측을 통해 얻은 이치를 통해 다시 경험을 증험하는 과정이 있음을 제시한다.

## 추측의 실현

최한기는 추측을 올바르게 실현하기 위해서 필요한 몇 가지 조건을 제시하고 있다. 먼저 "보고 들음을 미루어 일을 행함을 헤아리는 것은 추측이 생겨남이고, 일을 행함을 미루어 이익과 마땅함을 헤아리는 것은 추측의 이름이다"(『추측록』「추측제강: 推測生成」)고 하여, 감각적 경험을 미루어 일의 처리방법을 헤아리는 추측의 형성 과정과 일의 처리방법을 미루어 그 성과의 이익과 정당성을 헤아리는 추측의 실현 과정을 대비하고 있다. 결국 추측은 경험을 근거로 일을 행함에 나아가야 하며 그 일의 행함을 유익하고 정당하게 실현함으로써 완성되는 것임을 말해준다.

또한 "'중정中正'은 추측의 표준이요, '지선至善'은 추측이 그치는 곳이요, '동정動靜'은 추측이 다르게 쓰임이요, '변통變通'은 추측이 두루 펴짐이다"(『추측록』「추측제강: 推測諸用」) 하여, 추측을 실현하는 조건으로 정당성의 '표준準的'과 목표로서 '그치는 곳所止'과 다양한 적용으로써 '다르게 쓰임異用'과 널리 응용하는 '두루 펴짐周遍'의 네 가지를 제시하였다. '중정'의 표준이 없으면 추측의 우열을 판단할 수 없고, '지선'의 그쳐야 할 곳이 없으면 넘어가거나 벗어날 위험이 있으며, '동정'에 따른 다르게 쓰임이 없으면 당면한 시기와 처지에 따라 적응을 할 수 없고, '변통'을 통해 두루 펼치지 않으면 온갖 조건의 변화에 따른 활용을 할 수 없다는 문제점을 지적하고 있는 것이다.

특히 그는 추측의 실현에서 변통의 중요성을 주목하여, 경험하고 추측하는 모든 과정의 최종 단계로서 추측의 온전한 실현을 이루는 방법은 기를 변통하는 것임을 보여준다. 추측의 경험적 지각은 현실의 무한한 다양성에 활발하게 응용될 수 있어야 대상세계와 소통이 될 수 있는 것이요, 따라서 소통은 변통을 함으로써 두루 넓게 실현될 수 있음을 밝혀주는 것이다.

## 최한기에게서 마음의 추측과 소통이 지닌 의의

최한기는 조선후기 실학자의 한 사람이니 분명 유학자다. 그러나 그는 유학의 어느 학파나 학맥에도 소속시키기가 어려운 인물이다. 그는 이미 성리학의 '기학'에서 벗어난 독자적 신기철학의 체계를 제시하고 있다. 그의 철학적 기반은 어떤 사유체계를 계승하는 것이 아니라 서로 다른 이질적 사유체계를 소통시키는 논리를 추구하는 것이다. 바로 이 점에서 그의 신기철학은 유교전통 속의 기학과 서양과학의 기학을 소통시키는 논리로서 계발된 것이라 할 수 있다. 그는 서양의 과학기술을 기학으로 이해하고, 새로운 세계를 열어가는 합리적 사유의 기준으로 서양과학을 받아들이고 있다.

그의 신기철학에서 인간의 신기가 추측하는 것은 바로 마음의 지각 활동이요, 따라서 인간의 신기는 마음이라 일컬을 수 있는 것으로 본다. 따라서 실재하는 것은 신기요, 마음은 인간의 내면에 별도로 존재하는 것이 아니라 인간의 신기가 추측의 시각 활동을 하는 양상을 가리키는 명칭일 뿐이다. 바로 이 점에서, 성리학은 심을 기로 파악하더라도 최한기의 신기로서 심 개념과는 다르다. 여기서 인간의 신기가 추측하는 마음의 활동은 감각 기관을 통해 사물의 세계를 느끼는 경험에 기반을 두어 추측의 지각 활동을 전개하며, 추측을 통해 인간은 외부세계와 소통을 이루는 독자적 역할을 하는 것으로 인식한다. 바로 이 점에서 최한기의 신기철학은 '추측'과 '통'을 핵심개념으로 삼고 있다고 할 수 있다.

인간의 마음이 추측하는 지각 활동은 감각 기관에 기초함으로써 철저히 경험적 성격을 띠는 것이요, 감각적 지각의 경험에 따라 미루고 헤아리는 추측의 인식과 판단이 이루어지고, 다시 경험을 근거로 증험되어야 추측의 정당성이 확보될 수 있는 것으로 본다. 이와 더불어 신기로서의 마음이 경험과 추측을 통해 이루는 성과와 목적은 자신과 외부세계를 소통시키는 것이다. 소통의 근거는 인간과 자연이 신기라는 공통기반을 지녔다는 사실이요, 소통의 방법은 인간 마음의 추측 활동이다. 따라서 소통이 이루어짐으로써 추측도 정당하게 되고 완성될 수 있는 것이라 보았다.

최한기에서 신기의 추측으로서 마음의 활동은 경험을 통한 지각 활동이요, 도덕의식과 규범도 경험을 통해 형성되는 것이며, 추측의 지각 활동이 소통을 지향하는 것과 더불어 도덕의 사회적 실현도 궁극적으로 천하가 화합하고 일치하는 소통의 실현을 추구하는 것이다. 바로 이 점에서 그는 분명히 유학자요, 유교전통의 도덕규범으로서 '강상'과 '인의'를 기본으로 받아들이지만, 다른 한편으로 유교와 더불어 불교·기독교 등이 소통하여 천하가 하나의 '교'로 행해지는 이상을 제시하고 있다. 이는 동양과 서양이 소통해야 하는 새로운 세계질서의 이상 속에서 유교조차도 상대화되고 선택적 조건으로 남게 되는 것임을 보여준다. 곧 새로운 시대가 지향하는 소통의 기본모형으로 유교적 도덕규범과 서양의 과학기술이 결합하는 동도서기東道西器의 성격을 보여주고 있지만, 이미 유교전통의 계승론이 아니라 서양과학의 경험적·합리적 사유에 의한 유교전통적 사유의 변혁을 통한 소통을 추구하는 것이라 할 수 있다.

## 더 읽을거리

「국역 기측제의」, 민족문화추진회, 1979

최한기가 『신기통』(3권 2책)과 『추측록』(6권 3책)을 합친 것을 번역한 것이다. 주요한 특징은 정통 성리학적 관점에서 벗어나 유학 사상을 실증적·과학적 방법으로 분석하고 발전시킨 데 있다.

「국역 인정」, 민족문화추진회, 1980

최한기가 인사 행정의 문제를 정치·사회·경제·교육 등 모든 분야의 원리에 대한 고찰 위에서 논한 『인정』을 번역한 것이다.

「기학」, 손병욱 역, 여강출판사, 1992

저작 시기는 『기측체의』와 『인정』의 중간에 위치한다. 주요 내용은 인식의 문제가 경세의 문제로 일관성 있게 연결될 수 있도록 기학 전체의 철학적인 구조를 제시하려고 한 것이다.

박종홍, 「최한기의 경험주의」, 『아세아연구』 20, 1969

최한기가 전통적인 유학 사상을 실증적·과학적인 근대화와 관련시켜 새로운 태도로 발전시킴으로써 그 근본정신을 시대적으로 살리려 했다는 내용이다.

금장태, 『한국실학사상연구』, 집문당, 1987

조선후기 실학사상에서 현실적·실용적 문제의 근거가 되는 철학적·종교적 근본 문제에 대한 이해를 밝히고자 하였고, 실학사상의 사상적 전개와 이념적 특징, 다산 정약용의 실학사상과 혜강 최한기의 실학사상을 논의하였다.

권오영, 『최한기의 학문과 사상연구』, 집문당, 1999

조선후기 실학자이며 과학사상가인 최한기의 생애와 업적, 사상을 고찰한 연구서이다. 사상 형성 배경, 학문관과 기학의 성격, 사회사상, 우주관과 과학사상 등을 다룬다.

진단학회, 『명남루총서』, 일조각, 2001

실학의 철학적 기반을 확립한 학자로서 철학뿐만 아니라 천문, 지리, 수학 등에 폭넓은 이론을 펼친 19세기 실학자 최한기의 대표적인 저서인 『인정』을 중심으로 사회문제, 특히 인도人道와 정치에 대한 관점을 검토하고 아울러 기학의 이론체계 중 신기神氣, 운화運化 등의 의미 등을 개괄적으로 살폈다.

# 찾아보기

**마음과 철학 유학편**

공자에서 최한기까지

초판 1쇄 발행 2013년 11월 10일
초판 7쇄 발행 2025년 1월 15일

기획 서울대학교 철학사상연구소
글쓴이 강중기 금장태 김수중 김영우 문석윤 성태용 손영식 신정근
오이환 이광호 이규성 이현선 장원태 정원재 조남호

펴낸곳 서울대학교출판문화원
주소 08826 서울 관악구 관악로 1
도서주문 02-889-4424, 02-880-7995
홈페이지 www.snupress.com
페이스북 @snupress1947
인스타그램 @snupress
이메일 snubook@snu.ac.kr
출판등록 제15-3호

ISBN 978-89-521-1334-4 04100
978-89-521-1335-1 (세트)